“十二五”职业教育国家规划教材
经全国职业教育教材审定委员会审定
高职高专财经类专业规划教材

市场营销学概论与实务

侯贵生　彭澜　胡波　主编

中国财政经济出版社

图书在版编目（CIP）数据

市场营销学概论与实务/侯贵生主编．—北京：中国财政经济出版社，2014.7
“十二五”职业教育国家规划教材
ISBN 978－7－5095－5278－0

Ⅰ.①市…　Ⅱ.①侯…　Ⅲ.①市场营销学－高等职业教育－教材　Ⅳ.①F713.50

中国版本图书馆 CIP 数据核字（2014）第 069935 号

责任编辑：康　苗　　　　责任校对：黄亚青
封面设计：华乐功　　　　版式设计：兰　波

中国财政经济出版社 出版

URL：http：//www.cfeph.cn
E－mail：jiaoyu＠cfeph.cn

社址：北京市海淀区阜成路甲 28 号　邮政编码：100142
营销中心电话：88190406　北京财经书店电话：64033436　84041336
北京财经印刷厂印刷　各地新华书店经销
787×1092 毫米　16 开　18 印张　421 000 字
2015 年 1 月第 1 版　2015 年 1 月北京第 1 次印刷
定价：34.00 元
ISBN 978－7－5095－5278－0/F·4269
（图书出现印装问题，本社负责调换）
本社质量投诉电话：010－88190744
打击盗版举报热线：010－88190492、QQ：634579818

序言

市场营销学的教与学

在今天的互联网时代，强大的搜索引擎功能可以让我们在知识的海洋中找到很多疑问的答案，可是“绕开商品交换”是一个无法找到的答案，这是因为市场经济以商品生产和商品交换为前提，而我们处在一个市场经济的社会，于是“绕开商品交换”当然无解。既然绕不开，只有闯过去，才能得以前行。市场营销学就是研究智慧闯关的学问，它破解了交换障碍的密码，找到了通关的金钥匙，打开了“顺利实现商品交换的那扇窗”，因而市场营销活动成为当今世界活动中不可或缺的重要组成部分。

就如同本书的编者和读者，双方如要建立以交换为纽带的关系，编者就要回答本书的读者是谁？他们有什么需求？本书有什么价值？读者就要回答为什么买这本书？解决什么需求问题？能得到什么价值？无论双方各是一种什么身份，是学者、教师、学生、机构、企业……，只要同时置身于市场经济条件下，都必须回答这些问题，概莫能外。因为你已经准备使用交换的方式取得某种资源来实现自己的某些价值目的了。市场营销的精彩之处就是其具有发现需求与满足需求的价值创造和价值实现功能，它能有效地帮助人们克服交换的障碍，有效率、有效益地达成要追求的价值目标。

正因为我们抱着目的而来，在学习本课程之前，至少必须回答三个基本问题：一是为什么要学；二是学什么；三是怎样进行学习。

一、学习和应用市场营销理论与方法是市场经济社会对社会组织或个人提出的客观要求

（一）通过市场成功地实现潜在交换，是社会组织或个人生存与发展的重要条件

任何组织或个人欲达成自己的目标，都必须清楚地知道能帮助自己达到目标的资源是什么，谁能提供这些资源，要以一种什么样的方式取得这些资源，取得这些资源要付出何种代价。由于在市场经济社会中，交换是市场经济社会转动的轴心，所以回答以上问题的前提是先确定乐于接受这种代价的对象是谁，这种代价能否从对象这里换回这些资源，即能否成功地实现潜在交换。我国实行社会主义市场经济制度，任何社会组织或个人的生存与发展都不可避免地受制于这种规律的作用。因此研究并应用市场营销理论和方法，推动潜在交换的顺利实现，是取得良好经济效益和社会效益的客观要求。

（二）通过市场进行资源的合理配置，是社会再生产顺利进行的重要保证

在社会主义市场经济制度下，社会总供给与总需求的平衡要通过市场活动来实现，有效地引导潜在交换的顺利实现是社会再生产顺利进行的重要保证。市场营销学是研究市场活动规律的科学，市场营销理论研究和应用的程度，一定意义上决定着对社会资源合理分配的水平。因此，学习和应用市场营销理论与方法，是避免因工作失误造成经济上的波动，保证社会再生产健康运行的客观要求。

（三）通过市场对接加入国际经济循环，是国际经济一体化条件下扩大对外开放的客观要求

在经济全球化的进程中，如何从全球经济的角度来提高自身的竞争能力，主要包括两大内容，一是学会在国内市场与国际跨国公司进行竞争，二是学会将国际市场作为自身竞争的市场，从而使国际资源为我国国民经济的发展作贡献。学习和应用市场营销理论与方法，尽快地与国际市场的活动惯例接轨，是了解国际市场，掌握国际市场活动的规律和特点，把握对外开放的主动权，进一步扩大对外开放的客观要求。

因此，无论从微观上还是宏观上讲，市场营销都处于经济活动的核心地位，学习和应用市场营销学的理论和方法，对经济活动的成败具有十分重要的意义。

二、学习市场营销学，掌握打开“顺利实现商品交换的那扇窗”的理论与方法

（一）学习市场营销学经典思想，建立现代营销价值理念

企业是市场经济活动的主体，而市场经济活动得以持续保持活力的原因是市场（顾客）不断地产生需求并能从企业获得需要的产品。满足需求价值是企业与市场（顾客）建立联系的纽带。因此，发现、创造、实现需求价值就是打开“顺利实现商品交换的那扇窗”的关键。这是营销王道，是营销者打通市场天眼的慧根所在。

（二）学习并应用挖掘营销价值机会的工具，发现营销价值

市场（顾客）不断产生且变化着的需求，是创造营销价值机会的源头，而它的生长条件根植于我们身边的环境变化之中。掌握营销分析工具则远能达寰宇、近能辨善恶、形可察真伪、深可洞心灵，帮助我们在万变之中找到并锁定营销价值机会，避开或减轻风险的冲击，这是营销者的核心能力。

（三）学习并应用市场分筛、取舍技术，找准需求靶心，定位营销价值

市场（顾客）看似相同的需求，其实有很多的不同。“一样的花儿不一样的开”，你看好了机会但不一定只有你独具慧眼，有吸引力的目标你无法一口吃下，于是“类聚、取舍与定位”成为企业价值创造能力与市场（顾客）需求匹配的核心，是校准需求靶心、定位营销价值的重要技术，彰显的是营销者的大智慧。

（四）学习并应用营销产品和品牌构建技术，创造营销价值载体

在完成了营销价值定位构想的基础上，首先要变虚为实，把构想变成产品实体（服务），把营销价值变成满足需求的效用功能，把交换价格变成价值表现，从而因第一次华丽转身完成交换准备。同时，要变实为虚，把产品实体（服务）特色功效变成顾客个性，把产品实体（服务）的标志变成顾客识别标志，把产品实体（服务）的文化变成顾客生活方式，从而因第二次华丽转身完成品牌打造。两次华丽转身是营销者自身价值的两次升华。

（五）学习并应用营销终端的布局与导演技术，传递营销价值体验

营销价值的最终实现是在产品实体（服务）与市场（顾客）的真实接触中产生的，布局产品（服务）传递的管网，连接传递过程中各种角色的价值，搭建与顾客真实接触的终端平台，导演触动顾客情感的真实体验剧，是营销者帮助顾客完成满足其自身需求的购买活动的重要路径，也是营销者核心能力关键的外在彰显。

（六）学习并应用营销状态调试、营销方向调整技术，管理营销价值实现

营销价值的发现、创造、传递与实现要依赖于营销者自身的有机运行系统来完成，对营销系统运行状态进行科学的监控、检测、调试，是营销价值实现的重要保障条件。而对营销环境进行监控、检测，形成适应环境变化的具有自我调试功能的战略机制，是持续实现营销价值的重要保障。管理营销价值实现，是营销者生存之基、发展之要。

三、学习市场营销理论与方法的态度及要求

（一）学习市场营销理论与方法的态度

进入21世纪后，市场竞争的特点从以往的“大鱼吃小鱼”转变为“快鱼吃慢鱼”，市场环境以从未有过的速度在发生着变化，市场竞争者中的成败究其原因，虽不能一概而论，但其中不乏相似之处：对变化的环境应变态度的不同。成功者往往使事情发生，即能预见环境的变化趋势，蓄势待发，与时俱进。跟进者往往看事情发生，即当环境发生变化时能顺应发展，调整应变，脱离困境。落伍者往往惊讶事情发生，即当环境发生变化时惊慌失措，无以应对，怨天尤人，终成“慢鱼”。

市场营销理论与方法是成功者制胜的重要武器，学习与应用这种理论与方法须持有成功者的态度，当别人还在议论时就应采取行动，能动地在学习过程中有效地寻求和整合各种学习资源并结合实际探索学科的规律性，在实践中加以灵活应用。这不仅是市场营销学的学科性质所决定的，更是将其学科理论转化为实际执行力所必需的过程。

（二）学习市场营销理论与方法的要求

建立一种意识。牢固树立以市场为中心的思想意识。市场营销学全书的重点是战略、策略和方法，而战略、策略和方法都是有很强的市场针对性的，脱离了现实市场的实际问题就会变成空谈。只有心中装着市场，在市场中发现问题，在市场上解决问题，一切以市场的动态变化为转移，才能深刻领悟市场营销的精华，也才能抓住重点，举一反三，扩大知识面。

形成两种思维。在学习中要以发散性的思维，广泛关注市场营销环境因素的变化，即要注意运用所学的理论对各种市场营销环境要素的变化进行分析，以便训练自己对威胁与机会反应的灵敏性，加深对已学知识的理解。同时应建立起严密的逻辑思维习惯。市场是一个多要素、多层次组合的系统，既有营销要素的结合，又有营销过程的联系，还有营销环境的影响，只有联系企业实际并结合在市场营销环境中发现的威胁与机会，寻求合理的企业市场营销反应模式，才能学会对市场营销理论的应用。

培养三种习惯。即时时想的是市场营销、事事用的是市场营销、处处做的是市场营销。要把自己摆到市场营销职业角色的位置上去考虑问题，在运用所学的市场营销知识为企业提供优异的决策方案、解决难题的过程中产生成就感，以保持持久学习的激励力。同时也使自己在市场营销理论的应用上产生飞跃，真正形成市场营销的职业能力。

四、市场营销学教学中的角色定位与学习组织的形式

（一）教与学的角色定位

教师既是市场营销理论的传播者，又是市场营销职业人才的生产者。既导演着产出市场营销职业人才的全过程，又充当着学生市场营销职业能力塑造的顾问。

学生既是接受市场营销理论的受众，又是市场营销职业人才这样一种特殊的产品。在产出市场营销职业人才的过程中既是被加工的对象，更是产品成形过程中不可或缺的重要的加工者，是最终产品成形的关键性因素。

鉴于教与学角色定位的这种特殊性，必须形成与之对应的学习组织形式。

（二）学习组织的形式

市场营销学由于学科特殊性的影响，要求在教学活动中引入动态不可控的环境要素，使学生在学习过程中就置身于这样的环境中，在教师的引导下汲取专业知识，养成职业素质，磨炼职业能力，为此学生学习和教师教练都要依托市场营销实战的动态环境，要有仿真或全真的实战训练。

因此，应建立以实战或全仿真实战项目为依托的市场营销项目小组，并将此作为实训的基本教学单位，学生成为教学单位的主体，教师在其中起着主导的作用，充分扮演好学生市场营销职业能力形成过程中的引导者和顾问。学生项目小组完成任务的成绩作为课程考核的重要依据，应占到课程总成绩的 50% 。

侯贵生

2014 年 12 月

目录

模块一 市场营销与市场营销核心价值观

模块二 市场营销环境分析与营销价值机会挖掘

模块三 市场细分与营销价值甄别和优势定位

模块四　创造营销价值载体与表现营销价值

模块五　布局分销网络与传递营销价值

模块六　营销管理与营销价值实现

模块一

市场营销与市场营销核心价值观

价值观是指一个人对周围的客观事物的意义、重要性的总评价和总看法。像这种对诸事物的看法和评价在心目中的主次、轻重的排列次序，就是价值观体系。核心价值观就是放在首要位置的价值观，是决定人对客观事物的意义、重要性的总评价和总看法的首要基础。企业是市场经济活动的主体，而市场经济活动得以持续保持活力的原因是市场（顾客）不断地产生需求并能从企业获得具有需求价值的产品。满足需求价值是企业与市场（顾客）建立联系的纽带。因此，发现、创造、满足需求价值就是打开“顺利实现商品交换的那扇窗”的关键。这是营销王道，是营销者打通市场天眼的慧根所在，是“指挥”我们评判意义、选择好坏的指导思想。“水能载舟，亦能覆舟”，不管是品牌还是产品，其重心最终要落在需求价值上，因为不管营销环境怎么变化，满足需求价值才是营销的真义。要实现成功的营销，就必须视需求价值至上。在今天的市场背景下，发现、创造、满足需求价值，它既是营销的起点，也是营销的终点，因此这就是市场营销工作的核心价值观。

项目一
构建营销价值理念

现代企业最重要的职能只有两个，一个是创新，再一个就是营销。市场营销是如此基本，以至于不能视之为一个独立的职能。从最终结果的角度，或从顾客的角度来看，市场营销是整个企业活动。企业的成功并不是取决于生产者，而是取决于顾客。

——彼得·德鲁克

【项目学习目标】

知识目标	(1) 市场营销；(2) 市场营销观念；(3) 4P及4C理论；(4) 市场营销的创新。
能力目标	(1) 准确掌握市场营销相关核心概念和市场营销组合的科学内涵； (2) 了解市场营销价值观念，建立市场营销核心价值观； (3) 了解市场营销创新发展的方向与趋势。
职业素养	(1) 团队学习；(2) 行动导向；(3) 专业理念；(4) 归零心态。
项目实践及考核	(1) 以5人左右为一组，组建营销项目团队；(2) 进行人才市场调研，了解企业营销岗位类别及任职要求、待遇条件；(3) 对照个人现状，提出未来营销职业成长目标及实现路径；(4) 提出团队愿景、团队口号、团队成长评价方式；(5) 以团队展示方式进行考核。

导入案例

"苹果"创造价值

在1997年的一次技术展会上，戴尔公司的创始人戴尔称，"修补苹果公司的最好办法，是关闭企业，由股东均分资产"。然而，2010年5月26日，美国发生了一件大事。那天，苹果公司以2213.6亿美元的市值，一举超越了微软公司，成为全球最具价值的科技公司，而这一切，除了乔布斯的天才领导，更要归功于"苹果"的创新模式。苹果公司的过人之处，不仅仅在于它为新技术提供时尚的设计，更重要的是，它把新技术和卓越的商业模式结合起来。"苹果"真正的创新不是硬件层面的，而是让数字音乐下载变得更加简单易行。利用iTunes + iPod的组合，"苹果"开创了一个全新的商业模式——将硬件、软件和服务融为一体。这种创新改变了两个行业——音乐播放器产业和音乐唱片产业。商业模式的创新对价值进行了全新的定义，为客户提供了前所未有的便利。从"苹果"将客户价值主张、盈利模式、关键资源、关键流程系统化整合为一体的商业模式可以看出，"苹果"在明确客户主张和公司盈利模式方面做了很多创新，从而在为客户创造价值的同时，也为公司创造了价值，并得到了投资者的认可。支持苹果公司的创新动力的，则是乔布斯卓越的领导力，优秀的产品设计人员，优秀的产品营销人员以及苹果公司强大的鼓励创新的企业文化和制度。这些要素缺一不可，相互影响并相互转化，形成了推动"苹果"创新的"动力火车"，创造出一个又一个伟大的产品。

（资料来源：摘自哈佛商业评论网《揭秘苹果创新模式》。）

启示：最好的产品就是按照顾客的心理模型，用最低的交易成本、最愉悦的方式帮助顾客解决问题。

任务1　市场营销与市场营销管理过程

"市场营销"的英文为"Marketing"。我国在引进这门学科的过程中，对其译法有好几种。曾经有段时间将"Marketing"翻译为"销售学"，后来又翻译为"市场学"，而"市场营销学"的译法，则比较准确地反映了"Marketing"这门学科是企业以市场为导向、以实现潜在交换为目的，去分析市场、进入市场和占领市场这样一种基本的特征，所以是现有的译法中比较能被接受的一种；此外，在我国的台湾地区，将"Marketing"比较普遍地翻译为"行销学"，而在香港地区，则曾经将其翻译为"市务学"，其语义也同"市场营销学"比较类似。讨论这一翻译方法的意义并不仅仅是语义学方面的问题，而主要反映了对市场营销概念的认识过程。

一、市场营销及相关概念

1. 市场营销的定义

美国著名的营销学者菲利浦·科特勒对市场营销的核心定义进行了如下的描述："市场营销是个人或集体通过创造，提供并同他人交换有价值的产品，以满足其需求和欲望的一种社会和管理的过程。在这个核心概念中包含了：需要、欲望和需求；产品或提供物；价值和满意；交换和交易；关系和网络；市场；营销和营销者等一系列的概念。"（见图1－1）

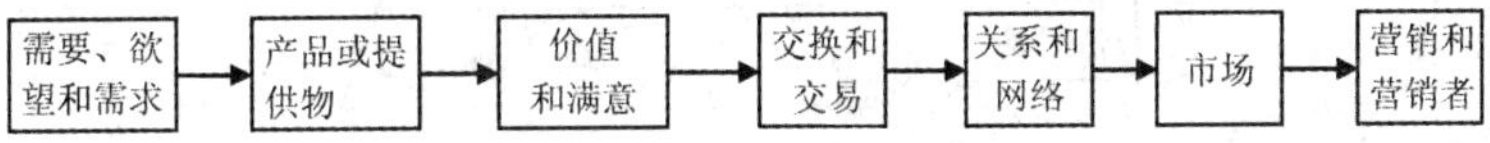

图1－1　市场营销的核心概念

市场营销的核心定义告诉了我们以下几个基本要点：

（1）市场营销的核心功能是交换。交换是以提供某物作回报而与他人换取所需要物品的行为。因为交换活动存在于市场经济条件下的一切社会经济生活中，如供应方用商品换取需求方的货币，纳税人用税金换取政府的服务等。因此不论是谁，市场营销就是帮助其更有效地实现交换的一种重要的方法。

（2）市场交换活动的基本动因是满足交换双方的需求和欲望。用市场营销的视角观察市场交换活动，顾客购买的是对某种需求和欲望的"满足"，企业产出的是能使顾客的这种需求和欲望的"满足"的方法或手段。企业为达成自己的效益目标而努力使顾客的需求和欲望得到"满足"。由于在买方市场条件下，顾客处于主导地位，企业利润目标能否实现将取决于顾客是否愿意购买你的产品，从而决定了企业市场营销活动的出发点是满足顾客的需求和欲望，归宿是通过满足顾客的需求和欲望而实现企业效益目标。

（3）市场营销活动的价值实现手段是创造产品与价值。"市场营销意味着企业应先开市场后开工厂"，企业必须在充分了解顾客的需求和欲望的前提下，整合各种可利用资源，创造出能使顾客的需求和欲望得到"满足"的方法或手段，即产品与价值。

（4）市场营销活动是一个社会和管理过程，而不是某一个阶段。市场营销活动包括决策的过程和贯彻实施该决策的过程，需要全部工作的协调平衡才能达到目标。否则，如果只有某一项或某几项工作做得好，其他工作做得不好，就无法实现决策目标，达不到应有的企业效益。

2. 市场营销相关核心概念

（1）需要、欲望、需求。需要，就是身心没有得到基本满足的一种感受状态。对于消费者而言，需要是客观存在的，且是多方面、多重的，但又是有限的。美国心理学家亚伯拉罕·马斯洛于1943年在《人类激励理论》论文中，把需要分成生理需要、安全需要、社交需要、尊重需要和自我实现需要五类，依次由较低层次到较高层次排列（见图1－2）。并指出，人们总是在力图满足某种需要，一旦一种需要得到满足，就会有另一种需要取而代之，已经满足的需要，不再是激励因素。这一理论为唤起消费者需要提供了方法论，说明企业营销运用外部刺激可以激起消费者的潜在需要。潜在需要是人们条件没有成熟或尚未表现出来的需要，它被认为是无主的财富，谁先发现就归谁所有。市场营销的

"创新"和"开发"等实际上就是发现和唤起消费者潜在需要。

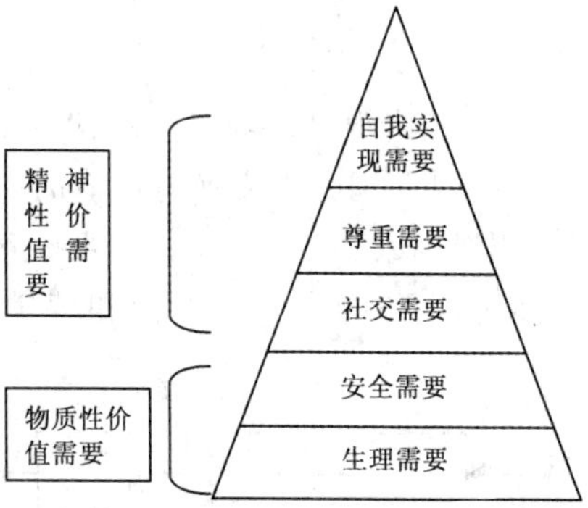

图 1-2 马斯洛需要层次体系

在商品经济发达的现代工业社会，通过自己的产品和服务去满足消费者的需要，是企业存在的唯一正当理由。当然，有远见的企业并不是完全被动地去满足消费者的需要，而是努力去创造性地激发和刺激目标市场上的消费者产生更多的需要。

欲望，是人们欲获取某种能满足自己需要的东西的心愿。欲望是人类所共有的本性，是一种占有某物、感受某过程的心理冲动。在相同的需要前提下，人们的欲望各不相同，程度也有很大差异。人的欲望是无止境的，一个欲望满足之后，会有更多的欲望产生，欲望促使人们努力创造条件以使之得到满足。正是这种无止境的欲望才构成了人类社会生存和发展的原动力。欲望的多样性和发展性为市场营销打下了坚实的基础，并创造了广阔的发展空间。企业只有认真研究人们的欲望，通过自己的生产经营活动去充分满足人们的欲望，才能在为广大消费者提供优质产品和优质服务中求得生存和发展。

需求，是人们有支付能力作保证的欲望。如前所述，人的欲望是无止境的，但人们的收入在特定时期和特定条件下是有限的。需要与欲望是强调人的主观愿望，当人们有更多的收入，有一定的支付能力时，需要与欲望才能够得到满足并构成需求。

知识拓展 1-1

需求是人们有支付能力作保证的欲望

笔本身只是一种书写工具，在物质短缺年代，人们的消费理由只是为了满足其因生活、工作和学习而产生的书写和记录的需要。随着社会经济的发展，不同消费群体之间对笔类产品相应地就产生了更高的要求，简单地说，不仅要好写（质量好），而且要好看（审美），最好还要便宜（价格）。正是基于这几个因素的影响，使得不同的消费人群对笔的需求日益呈现出不同的特点。就目前而言，笔类市场大致可以分为两块，即办公用笔和学生用笔。

综上所述，需求对市场营销最具现实意义，企业市场营销的全部活动目标就是为了把握、适应、引导和满足消费者的需求，从中获得盈利并得到发展。企业必须高度重视对市场需求的研究，研究需求的种类、规模、人群等现状，尤其是研究需求的发展趋势，准确把握市场需求的方向和水平。

（2）产品。产品是满足人们各种欲望与需要的任何方法或载体。它分为有形产品与无形产品、物质产品与精神产品。对于产品来说，重要的并不是它们的形态、性能和对它们的占有，而是它们所能解决人们因欲望和需要而产生的问题的能力。有形产品在本质上是服务的工具和传送服务的载体。对于生产商来说，不能过分重视有形产品而忽视由此产生的服务，否则就难以满足人们真正意义上的需求。就无形产品或精神产品而言，其本身就是服务，可视其满足人们需要的程度不同而显示其优劣。

（3）价值和满意。价值是产品或服务所具有的、带给消费者并使消费者在消费过程中所感受到的满足程度，是人们满足欲望时的主观感受和评价。一种产品或服务对消费者是否有价值，一方面要看消费者是否对它有欲望和要求；另一方面要看它是否具有满足消费者既定欲望和要求的能力。

市场交换能否顺利实现，往往取决于人们对效用和代价的比较。如果人们认为产品的效用大于其支付的代价，再贵的商品也愿意购买；相反，如果人们认为代价大于效用，再便宜的东西也不会要，这就是人们在交换活动中的价值观。市场经济的客观规律告诉我们，人们只会去购买有价值的东西，并根据效用和代价的比较来认识价值的实现程度。人们在以适当的代价获得了适当的效用的情况下，才会有真正的满足；当感到以较小的代价获得了较大的效用时，则会十分满意；而只有在交易中感到满意的顾客才可能成为企业的忠实顾客。所以，企业不仅要为顾客提供产品，更要使顾客在交换中感到价值的实现程度比较高，这样才可能促使市场交易的顺利实现，才可能建立稳定的市场。

（4）交换、交易和关系。只有当人们决定通过交换来取得产品，满足自己的需要时，营销才会发生。交换是以某些东西从其他人手中换取所需要产品的行为。交换是定义营销的基础。买卖双方一般都有不同的要求。例如，对机器设备的购买方来说，要求生产制造者提供高质、耐用的设备，价格公平，按时交货，提供零部件和服务；而生产制造方要求卖一个好价，及时支付等。这些要求要通过双方谈判，达成交换协议，才能加以解决。

市场交换一般包含五个要素：①有两个或两个以上的买卖者；②交换双方都拥有对方认为有价值的东西；③交换双方都拥有沟通信息和向另一方传送货物或服务的能力；④交换双方都可以自由接受或拒绝对方的产品；⑤交换双方都认为值得与对方进行交换。

这五个条件满足以后，交换才可能发生。但是，交换是否真正发生，最终还取决于交换双方是否找到了交换的条件，或者说，交换双方是否能认同交换的价值。如果双方确认通过交换能得到更大的利益和满意，交换就会实际发生。

交换不同于交易。交换不仅是一种现象，更是一种过程，只有当交换双方克服了各种交换障碍，达成了交换协议，我们才能称其为形成了交易。交易是达成意向的交换，交易的最终实现需要双方对意向和承诺的完全履行。所以，如果仅从某一次交换活动而言，市场营销就是为了实现同交换对象之间的交易，这是营销的直接目的。

应该指出的是，交换不仅仅是一种交易，而且是建立关系的过程。精明的市场推销人员总是试图与顾客、批发商、零售商以及供应商建立起长期互利、相互信任的关系。这就要求企业保证提供优质的产品、良好的服务以及公平的价格。买卖双方要加强经济、技术和社会联系。良好的关系能大大减少交易成本和时间。总之，只有建立了良好的关系，有利的交易才会随之而至。因此，营销不仅仅是一种交易营销，而且是一种关系营销，交易营销是关系营销概念中的一个组成部分。

关系营销的结果，是企业建立了一个营销网络，这种网络由公司及其他利益相关者构成，包括顾客、员工、供应商、分销商、零售商、广告代理人等。现代市场竞争，不仅仅在公司与公司之间进行，而且在网络与网络之间进行。因此，拥有完善的营销关系网络的企业，在市场竞争中就能取胜。

（5）市场。要深刻理解市场营销的含义，首先应理解市场的含义。一般所说的市场，是指买卖双方聚集以实现交换的场所，如集贸市场、批发市场、零售市场等。现代经济学所说的市场，是指一切交换关系的总和，包括卖主和买主，包括供求关系。市场营销学中的市场，则是指一切具有特定欲望和需求并且愿意和可能从事交换来使欲望和需求得到满足的潜在顾客所组成的消费者总体。市场营销学认为卖主构成行业，买主构成市场。所以，衡量一个市场的规模大小，主要有三个要素：人口、购买欲望、购买力。现代社会由无数的市场组成，根据买主购买目的的不同进行划分，可以分为消费品市场、生产者市场、转卖者市场、政府市场等。

在市场交换的双方中，如果一方比另一方更加主动、更加积极地寻求交换，则前者被称为营销者，后者被称为预期顾客。

市场营销核心概念之间的关系如图 1－3 所示。

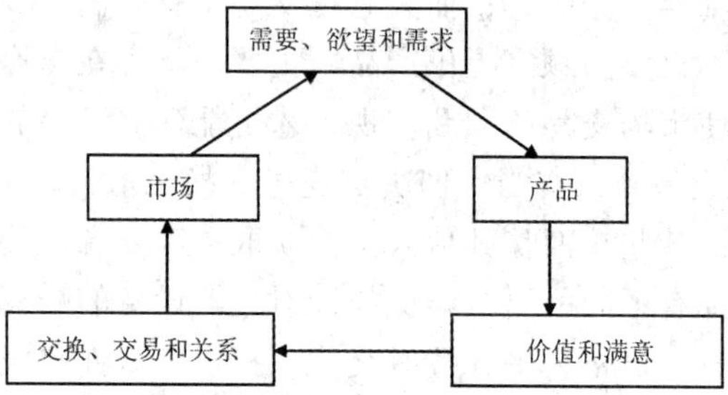

图 1－3　市场营销核心概念之间的关系

二、市场营销管理过程

1. 市场营销管理

市场营销管理是指为了实现企业目标，创造、建立和保持与目标市场之间的互利交换的关系，而对设计方案进行分析、计划、执行和控制。市场营销管理的任务，就是为促进企业目标的实现而调节需求的水平、时机和性质。市场营销管理的实质是需求管理。

2. 市场营销管理的任务

企业在开展市场营销的过程中，一般要设定一个在目标市场上预期要实现的交易水平，然而，实际需求水平可能低于、等于或高于这个预期的需求水平。换言之，在目标市场上，可能没有需求、需求很小或超量需求。市场营销管理就是要对付这些不同的需求情况。

（1）负需求与改变市场营销。负需求是指绝大多数人对某个产品感到厌恶，甚至愿意出钱回避它的一种需求状况。在负需求情况下，市场营销管理的任务是改变市场营销，即分析市场为什么不喜欢这种产品以及是否可以通过产品重新设计、降低价格和积极促销的市场行销方案来改变市场的信念和态度，将负需求转变为有需求。

（2）无需求与刺激市场营销。无需求是指目标市场对产品毫无兴趣或漠不关心的一种需求状况。在无需求情况下，市场营销管理的任务是刺激市场营销，即通过大力促销及其他市场营销措施，努力将产品所能提供的利益与人的自然需要和兴趣联系起来。

知识拓展1-2

无需求分为三种情况。一是无价值的产品，例如垃圾、空气；二是市场饱和；三是新产品出现，客户不愿接受旧产品，例如数码相机出现后客户不再接受胶卷，手机出现后客户不再接受BP机。

潜在需求，指有需要并且有购买力，但由于时机不成熟暂不购买的需求，例如脑白金，年轻人不在过节送礼的时候不买，但是他是有需求的并且有能力购买，只是在等待时机。

（3）潜在需求与开发市场营销。潜在需求是指消费者对市场商品和服务有消费需求而无购买力，或虽有购买力但并不急于购买的需求状况，或消费者对某物有强烈的需求，而现有的产品或服务又无法使之满足的一种需求状况。在潜在需求情况下，市场营销管理的任务是开发市场营销，即开展市场营销研究和潜在市场范围的测量，进而开发有效的物品和服务来满足这些需求，将潜在需求变为现实需求。

（4）下降需求与重振市场营销。下降需求是指市场对一个或几个产品的需求呈下降趋势的一种需求状况。在下降需求情况下，市场营销管理的任务是重振市场营销，即分析需求衰退的原因，进而开拓新的目标市场，改进产品特色和外观，或采用更有效的沟通手段来更新刺激需求，使老产品开始新的生命周期，并通过创造性的产品再营销来扭转需求下降的趋势。例如餐馆的菜式和服务一直不变，客户厌倦后会寻找新的菜式和服务，就导致了对原来餐馆的下降需求。

（5）不规则需求与协调市场营销。不规则需求是指某些物品或服务的市场需求在一年中的不同季节或一周中不同的日子，甚至一天中不同的时间下波动很大的一种需求状况。在不规则需求情况下，市场营销管理的任务是协调市场营销，即通过灵活定价、大力促销及其他刺激手段来改变需求的时间模式，使物品或服务的市场供给与渴求在时间上协调一致。

（6）充分需求与维持市场营销。充分需求是指某种物品或服务的目前需求水平和时间等于预期的需求水平和时间的一种需求状况。这是企业最理想的一种需求状况。但是，在动态市场上，消费者偏好会不断变化，竞争也会日益激烈。因此，在充分需求情况下，市场营销管理的任务是维持市场营销，即努力保持产品质量，经常测量消费者满意程度，通过降低成本来保持合理价格，并激励推销人员和经销商大力推销，千方百计地维持目前需求水平。

（7）过量需求与降低市场营销。过量需求是指某种物品或服务的市场需求超过了企业所能供给及所愿供给的水平的一种需求状况。在过量需求情况下，市场营销管理的任务是降低市场营销，即通过提高价格、合理分销产品、减少服务和促销等措施，暂时或永久地降低市场需求水平，或者是设法降低盈利较少的市场的需求水平。需要强调的是，降低市场营销并不是杜绝需求，而是降低需求水平。

（8）有害需求与反市场营销。有害需求是指消费者对某些有害物品或服务的需求。对于有害需求，市场营销管理的任务是反市场营销，即劝说喜欢有害产品或服务的消费者放弃这种爱好和需求，大力宣传有害产品或服务的严重危害性，大幅度提高价格以及停止生产供应等。降低市场营销与反市场营销的区别在于，前者是采取措施减少需求，后者是采取措施消灭需求。

三、市场营销管理步骤

市场营销管理过程包括如下步骤：分析市场机会、选择目标市场、设计市场营销策略组合、管理市场营销活动。

1. 分析市场机会

市场营销学认为，寻找和分析、评价市场机会，是市场营销管理人员的主要任务，也是市场营销管理过程的首要步骤。在现代市场经济条件下，由于市场环境要素不断变化，市场需求处于动态的变化之中，因此，任何企业都不能永远依靠其现有产品过日子。正因为如此，每一个企业都必须经常寻找、发现新的市场机会。市场营销管理人员不仅要善于寻找、发现有吸引力的市场机会，而且要善于对所发现的各种市场机会加以评价，决定哪些市场机会能成为本企业有利可图的企业机会。这是因为某种有吸引力的市场机会也许不能成为某些企业的企业机会。

在现代市场经济条件下，某种市场机会能否成为某企业的企业机会，不仅要看利用这种市场机会是否与该企业的任务和目标相一致，还取决于该企业是否具备利用这种市场机会、经营这种业务的条件，取决于该企业是否在利用这种市场机会、经营这种业务上比其潜在的竞争者有更大的优势，因而能享有更大的“差别利益”。

2. 选择目标市场

市场营销管理人员在发现和评价市场机会以及选择目标市场的过程中，除了要广泛地分析、研究市场营销环境和大体了解消费者市场、生产者市场、转卖者市场和政府市场之外，还要进行市场营销研究和信息收集工作、市场测量和市场预测工作，据以决定企业应当生产经营哪些新产品，决定企业应当以哪个或哪些市场为目标市场。

3. 设计市场营销策略组合

市场营销策略组合是现代市场营销理论的一个重要概念。市场营销策略组合中所包含的主要是以下四个策略的整合应用，即产品、价格、地点（渠道）和促销。由于这四个名词的英文字头都是P，所以市场营销策略组合又称为4Ps组合。

市场营销策略组合中的“产品”，代表企业提供给目标市场的物品和服务及组合，包括产品质量、外观、所有权、式样、品牌名称、包装、服务、保证、退货等。

市场营销策略组合中的“价格”，代表顾客购买商品时的价格，包括价目表所列的价格、折扣、折让、支付期限、信用条件等。

市场营销策略组合中的“地点”，代表企业使其产品可进入和到达目标市场（或目标顾客）所进行的各种活动，包括渠道选择、仓储、运输等。

市场营销策略组合中的“促销”，代表企业宣传介绍其产品的优点和说服目标顾客来购买其产品所进行的种种沟通与传播活动，包括广告、营业推广、公共关系、人员推销等。

但是近年来，在国际市场竞争激烈，许多国家政府干预加强和贸易保护主义再度兴起的新形势下，企业不应单纯地顺从和适应环境，更应能动地影响自己所处的市场营销环境。因此，在4Ps之外，还应加上两个P，即权力与公共关系，成为6Ps。这就是说，要运用政治力量和公共关系打破国际或国内市场上的贸易壁垒，为企业的市场营销开辟道路。这就是菲利普·科特勒提出的大市场营销理论。

4. 管理市场营销活动

企业市场营销管理过程的第四个主要步骤是管理市场营销活动，即执行和控制市场营销计划。这是整个市场营销管理过程的一个带有关键性的、极其重要的步骤。因为企业制定市场营销计划是为了指导企业的市场营销活动，实现企业的战略任务和目标。因此，企业制订市场营销计划之后，还要花大力气去执行和控制市场营销计划。

任务2 市场营销观念的演变和发展

建立与环境相适应的市场营销观念，是企业正确开展市场营销活动的重要保证。所谓市场营销观念，就是企业在开展市场营销活动的过程中，在处理企业、顾客和社会三者利益方面所持的态度和指导思想。市场营销观念的核心问题是：在企业、顾客和社会三者之间，以谁为导向来开展企业的生产经营活动。

一、市场营销观念的演变

市场营销观念是随着市场环境的变迁而不断演变的。市场环境不同，企业感受到的竞争压力也不同。在市场竞争压力的客观作用下，企业为生存与发展必须对所持的市场营销观念进行适应性转换。

1. 传统观念

传统观念建立在以生产者为导向的基础上，市场处于一种供不应求或由供不应求趋向供求平衡的状态下，而且购买者总体呈现出的是一种无差别的需求。

（1）生产观念。生产观念是最陈旧的一种企业经营观念。以这种经营观念为指导的企业认为，获得产品的基本效用是消费者的主要目的，企业的任务就是生产并向市场提供顾客所买得起的产品。提高生产效率和降低生产成本是经营者所关心的全部问题。企业主要以提高劳动生产率，扩大生产规模，并以此降低产品价格来吸引顾客，获得自己的市场地位，很少关注除此之外的其他市场因素，甚至不注重对产品的更新和改良。随着科学技术和社会生产力的发展以及市场供求形势的变化，生产观念的适用范围必然受到极大的限制。

同步案例1-1

只卖黑色汽车的福特

背景资料：

1919年美国福特汽车公司的创始人福特先生，曾对建议其生产彩色汽车的人说过这样的话："不管顾客需要什么，我们生产的汽车就是黑的。"因为他认为福特公司的汽车物美价廉，不愁没有销路。然而当其他公司所生产的彩色汽车开始风靡市场之后，福特才醒悟到自己决策的错误，公司在竞争中日益失利，1927年5月终于停产。

问题：

福特汽车公司采取的是什么观念？对你有什么启示？

分析提示：

福特汽车公司采取的是典型的"生产观念"。

（2）产品观念。这一观念的假设前提是：随着市场产品供应量的增加，消费者在同样价格下会欢迎质量最优、性能最好和功能最多的产品。企业的一切生产经营活动以质量为中心，围绕质量来安排一切业务。因此，企业的任务是致力于制造优良产品并经常加以改进。因而，企业经常迷恋自己的产品，而未看到市场需求的变化，导致产生市场营销近视症。

同步案例1-2

营 销 近 视 症

背景资料：

日本有家保险箱生产公司的经理抱怨消费者没有眼光，对于该公司生产的"牢不可破"的保险箱很少问津。一次在对一位朋友谈起此事时，他怒不可遏，竟然抬起一台该公司的产品从五楼扔了下去，然后让这位朋友去看它有没有损坏。然而，这位朋友只是淡淡的一笑，说道："我想您的顾客购买保险箱决不会是为了从楼上往下扔吧？"

问题：

这个案例对你有什么启示？

分析提示：

这个例子说明，如果不是从消费者的需要出发去开发和设计产品，自以为很好的产品可能也不会有市场。企业围绕质量来安排一切业务，而未看到市场需求的变化，导致产生市场营销近视症。

（3）推销观念。这一观念的假设前提是：随着市场产品供应量更为丰富，市场供求趋势由卖方市场向买方市场过渡，消费者一般不会自觉地购买足够用的产品，因而，企业的一切经营活动以推销为中心，重在诱导消费者购买产品。其具体表现是"企业卖什么，人们就买什么"，企业十分重视采用广告术与推销术去推销产品。然而，当市场进一步形成买方市场后，广告术与推销术似乎也失去了原有的魅力。

2. 现代观念

现代观念建立在以消费者为导向的基础上，市场处于一种供过于求的状态下，买方市场已经形成，而且购买者总体呈现出的是一种差异性的需求。

（1）市场营销观念。这一观念的假设前提是：买方市场已实际形成，消费者个人收入和消费水平不断提高，对商品的选择性大大增强，消费需求呈现出个性化、差异化，市场需求瞬息万变。企业在激烈的市场竞争环境中要求得生存与发展，就必须一切行为以市场需求为出发点和归宿，其具体表现为“顾客需要什么，就生产或经营什么”，“哪里有消费者需求，哪里就有市场营销”。

在这种经营思想的指导下，市场从以生产者为主转变为以消费者为主，决定生产者生产什么产品的主导权不在于生产者，而在于消费者的需求。市场营销观念的产生，是企业观念的一种质的飞跃或革命，这是因为市场营销观念与企业的传统观念存在着本质区别。

在这种观念的指导下，企业的一切活动都以市场需求为中心，在满足消费者需求的基础上实现企业的利润。因此，人们把这一观念也称为“顾客导向观念”。在市场营销观念指导下的营销活动具有如下四项基本特征：

①市场中心。以目标市场消费者的潜在需求为中心，并集中企业的一切资源占领目标市场是企业成功的关键。企业将消费者需求作为其经营活动的出发点，首先要发现消费者潜在需求，重视对消费者潜在需求的挖掘，然后根据需求确定目标市场；一旦目标明确，企业就集中其一切可控资源进入目标市场。

②顾客导向。市场营销观念下企业以顾客需求为导向，成立专门的市场调研部门，培养专业的市场分析研究人员，花费大量的人力、物力、财力了解消费者需求的特点和变动趋势，根据市场消费需求组织生产。企业的经营过程已变为“需求——生产——销售——消费”。这种变化使顾客需求成为企业经营活动的出发点。

③营销协调。要满足顾客的需要并实现企业的营销目标，就必须综合运用各种营销手段，使企业的营销活动形成一个有机的整体。如市场调查与预测、产品设计与开发、生产组织与财务分析、分销渠道与仓促运输、销售与公关、包装商标、广告宣传等，这一切都要贯穿于企业经营活动的全过程，形成完整的体系，以便发挥营销的整体效果。

④盈利能力。在以市场为中心的营销理念的引导下，企业追求利润的目标尽管没有改变，但开始注重企业的长远利益。消费需求满足的程度越大，说明企业在消费者心目中的地位越高，企业盈利的可能性越大。因此，企业在营销过程中首先要注重商品或服务对消费者需求的满足程度。

市场营销观念虽然抓住了“顾客”这个市场核心，成为在买方市场条件下影响企业行为的主流思想，但仍存在不足之处，其片面注重顾客的短期需求和眼前利益，忽视了社会其他利益的存在。

(2) 社会市场营销观念。这一观念的假设前提是：社会环境、自然环境恶化，资源短缺，人口爆炸等问题成为影响社会进步与发展的重大问题。如果企业只片面注重顾客的短期需求和眼前利益，忽视社会其他利益的存在，将使这些问题进一步恶化。因而要求企业提供的产品和服务，不仅要满足消费者的市场需求或短期欲望，而且要符合消费者的长远利益和社会的长远发展，改善社会福利。企业决策者在确定经营目标时，应当根据自己企业的优势，既要考虑市场需求，又要注意消费者的长远利益和社会利益，综合运用各种营销手段，引导消费者合理消费，实现企业利益和社会效益的统一。

以“社会市场营销观念”为指导思想的营销活动的特点是：

①消费者利益和社会利益并重，成为企业经营活动的双层中心。它克服了企业单纯以

消费者需求为中心的片面性，在关注消费者现实需求的同时，还关注消费者的长远利益和整个社会的整体利益，倡导资源的有效合理利用，维护人类生存的环境。

②全面、完整地运用营销手段是企业成功的关键。企业不仅综合利用各种营销手段，尽力寻找和满足消费者的需求，而且通过各种措施引导消费者进行合理消费。

③重视追求企业的长远利益和社会的全面进步。它克服了企业以往主要考虑自己眼前利润的做法，开始把社会利益作为市场营销决策时必须考虑的因素，认为企业必须全面兼顾消费者利益、社会利益和企业的长远利益。

市场营销传统观念与现代观念的区别如表 1－1 所示。

表 1－1　　市场营销传统观念与现代观念区别

营销观念		市场特征	出发点	手　段	策　略	目　标
传统观念	生产观念	供不应求	生产	提高产量、降低成本	以产定销	增加生产、取得利润
	产品观念	供不应求	产品	提高质量、增加功能	以高取胜	提高质量、获得利润
	推销观念	生产能力过剩	销售	推销与促销	以多销取胜	扩大销售、获得利润
现代观念	市场营销观念	买方市场	顾客需求	整体市场营销	以比竞争对手更有效满足顾客	满足需要、获取利益
	社会市场营销观念	买方市场	顾客需要社会利益	整体市场营销		满足顾客需要、增进社会利益、获得经济效益

二、市场营销观念的深化和发展

近年来，随着生产的发展和消费者的日益成熟，市场环境发生了极大变化，具体表现为：各国国内市场竞争日趋激烈；顾客需求发生了极大的变化；消费者日益成熟和消费者权益保护运动的兴起。市场环境的变化，促进了市场营销观念的深化和发展。

1. 顾客让渡价值

顾客让渡价值是指顾客总价值与顾客总成本之间的差额。

（1）顾客总价值。顾客总价值是指顾客购买某一产品与服务所期望获得的一组利益。它主要包括：

①产品价值。即产品的性能、特征、质量、式样等所产生的价值。这是顾客需要的中心内容，也是顾客选购商品的首要因素。所以，它是决定顾客总价值大小的主要因素。

②服务价值。即伴随产品实体的出售，企业向顾客提供的各种附加服务。一般来说，服务项目越多越周到，服务价值越高。

③人员价值。即企业员工的经营思想、知识水平、业务能力、工作效率以及应变能力等所产生的价值。

④形象价值。即企业及其产品在社会中形成的总体形象所产生的价值，如企业产品形象、人员形象、广告形象等产生的价值。

（2）顾客总成本。顾客总成本是指顾客在购买某种产品或接受某种服务时的总支出。顾客总成本主要由以下成本构成：

①货币成本。即购买商品或服务时所支付的货币额，这是总成本中的主要部分。

②时间成本。即顾客在购买过程中所耗费的时间的价值。如等候时间、路途时间、服务时间等。

③精神成本。即顾客在购买过程中的精力支出。

④体力成本。即顾客在购买过程中耗费的体力。

顾客在购买过程中首选那些顾客让渡价值最大的商品或服务。因此，企业在营销活动过程中，就必须尽可能使顾客让渡价值最大化，一切有利于顾客让渡价值最大化的营销策略组合都是企业所应当采用的。

企业在以顾客让渡价值为理念开展市场营销工作的过程中，应当注意以下几点：

第一，顾客是把购买总价值和总成本的各个要素作为整体看待的，其中的某一项价值最大或成本最低不一定能吸引顾客。因此，企业要着眼于总价值最大或总成本最低。

第二，顾客让渡价值的大小受顾客总价值和顾客总成本两个因素的影响，因此，必须从两个方面努力，以增加顾客让渡价值。

第三，不同顾客对顾客总价值和总成本中各因素的重视程度不同，不同时期顾客对产品价值的要求也不一样。因此，企业应区别对待，针对不同顾客群体的特点，有针对性地设计与增加顾客总价值，降低顾客总成本。

第四，追求顾客让渡价值最大化会导致企业成本增加，利润减少。因此，企业在实际运营中应掌握一个合理的界限，不要片面追求顾客让渡价值最大化。

2. 4C 理论

随着经济的发展，消费者日益成熟，个性化消费已经成为消费品市场不可逆转的大趋势。所以，营销理论也要与之相适应，20 世纪 90 年代，美国市场营销专家们提出了 4C 理论。

（1）4C 理论的基本含义。它强调消费者是企业一切经营活动的核心。企业要开发产品，但更要注重满足消费者的欲望和需求，加强顾客关系管理与产品开发并重，即“消费者请注意”已被“请注意消费者”所取代。

研究消费者的需要和欲望（consumer wants and needs）。即：企业应先把产品（product）放在一旁，研究“消费者的需要与欲求”（consumers）。不要卖你能制造的产品与服务，而是要卖消费者想要买的产品与服务。

了解消费者要满足其欲望所需付出的成本（cost）。即：企业应先暂时忘掉定价策略（price），去了解消费者，达到满足需要与欲求所须付出的“成本”（cost）。

如何使消费者更方便地购得产品（convenience）。即：企业应不考虑流通渠道（place），而考虑消费者购买的“方便性”（convenience）。

正确有效的沟通（communications）。即：企业营销推广重点不在促销（promotion），而是与消费者的正确“沟通”（communication）。

（2）4P 理论与 4C 理论的关系。

第一，从产品的角度比较。4P 虽然强调提高产品质量，但强调的核心是自己要把产品质量提高；4C 则强调消费者到底需要什么产品和什么样的产品。虽然产品的高质量对消费者总是具有吸引力，但并不是所有高质量的产品都为消费者所需要。所以，不能单纯强调高质量，必须是在市场需求的基础上强调高质量。

第二，从价格的角度比较。4P 所强调的价格是企业生产某商品所消耗的成本加上企业的合理利润；4C 强调的是消费者所能接受的价格减去合理利润才应该是企业生产某产品的成本。所以，市场营销强调企业要按照市场对产品确定的价格销售，而不是把工作重心放在降低成本上。

第三，从渠道的角度比较。4P 强调的是企业如何方便地把自己的产品通过合适的地点和渠道转移到消费者手中；4C 强调的是如何最大限度地便于消费者购买产品和接受服务，比如，售前多提供产品及与产品有关的准确信息，售中方便顾客挑选并免费送货上门，售后提供维修、咨询等多方面的服务。最近几年，以社区服务为根本宗旨的日用消费品连锁企业生意兴隆，就是因为它们便于消费者购买。

第四，从推销的角度比较。4P 强调的是促销，即千方百计地劝导消费者购买本企业的产品和接受本企业的服务；4C 强调的是企业与消费者之间的沟通，培养与顾客的感情，追求企业与顾客的共同利益。现阶段我国企业的产品确实应该有一定力度的推销，但实践证明，过度的推销使人反感。比如，在比较受欢迎的电视节目之前或之中把相同的广告连续播放两次以上，或在制作广告时把相同的广告词重复两次以上都属于此类。这种广告最容易使人产生一种“强卖”的感觉，有时甚至构成了对被推销者的一种精神损害。4C 强调感情、沟通与共同利益，这当然是现代企业最高超的经营之道。

4P 与 4C 的关系如表 1－2 所示。

表 1－2　　4P 与 4C 的关系对照表

类别	4P		4C	
阐释	产品	服务范围、项目、服务产品定位和服务品牌等	产品	研究客户需求欲望，并提供相应的产品或服务
	价格	基本价格、支付方式、佣金折扣	价格	考虑客户愿意支付的成本，代价是多少
	渠道	直接渠道和间接渠道	渠道	考虑让客户享受第三方物流带来的便利
	促销	广告、人员推销、营业推广和公共关系等	促销	积极主动与客户沟通，寻找双赢的认同感
时间	20 世纪 60 年代中期（麦肯锡）		20 世纪 90 年代初期（劳特朋）	

3. 4R 营销理论

近年来美国营销专家提出 4R（关联、反应、关系、回报）营销理论，阐述了在新的市场环境下一个全新的营销四要素。4R 营销理论的最大特点是以竞争为导向，在新的层次上概括了营销的新框架。它根据市场不断成熟和竞争日趋激烈的态势，着眼于企业与客户的互动与双赢。4R 营销理论的营销四要素包括以下 4 个：

（1）关联（Relevancy）。认为企业与顾客是一个命运共同体。建立并发展与顾客之间的长期关系是企业经营的核心理念和最重要的内容。

（2）反应（Respond）。在相互影响的市场中，对经营者来说最现实的问题不在于如何控制、制订和实施计划，而在于如何站在顾客的角度及时地倾听和从推测性商业模式转移成为高度回应需求的商业模式。

(3) 关系 (Relation)。在企业与客户的关系发生了本质性变化的市场环境中，抢占市场的关键已转变为与顾客建立长期而稳固的关系。与此相适应产生了5个转向：从一次性交易转向强调建立长期友好合作关系；从着眼于短期利益转向重视长期利益；从顾客被动适应企业单一销售转向顾客主动参与到生产过程中来；从相互的利益冲突转向共同的和谐发展；从管理营销组合转向管理企业与顾客的互动关系。

(4) 回报 (Return)。任何交易与合作关系的巩固和发展，都是经济利益问题。因此，一定的合理回报既是正确处理营销活动中各种矛盾的出发点，也是营销的落脚点。

4R体现并落实了关系营销的思想。通过关联、关系和反应，提出了如何建立关系、长期拥有客户、保证长期利益的具体操作方式。此外，反应机制为互动与双赢，为建立关联提供了基础和保证。

“回报”兼容了成本和双赢两方面的内容。追求回报，企业必然实施低成本战略，充分考虑客户愿意付出的成本，实现成本的最小化，并在此基础上获得更多的客户份额，形成规模效益。这样，企业为客户提供价值和追求回报相辅相成、互相促进，客观上达到的是一种双赢的效果。

此外，4R和4P (产品、价格、地点、促销) 营销理论之间不是取代关系，而是完善、发展的关系。由于企业层次不同、情况千差万别，市场、企业营销还处于发展之中，所以至少在一个时期内，4P还是营销的一个基础框架，是有价值的理论和思路，因而该理论仍具有适用性和可借鉴性。所以，在了解、学习和掌握体现了新世纪市场营销新发展的4R理论的同时，根据企业的实际，把它们结合起来指导营销实践，可能会取得更好的效果。

任务3　市场营销的创新

一、绿色营销

企业的生存与发展同所处的自然生态环境息息相关。保护生态环境、促进经济与生态的协同发展，既是企业自身生存与发展的需要，又是企业不可推卸的社会责任。同时，市场竞争优胜劣汰规律的作用，迫使企业改变经营观念，开展绿色营销，唯有如此才能有力地对付竞争对手，不断地提高市场占有率。

绿色营销是指企业在绿色消费的驱动下，从保护环境、充分利用资源的角度出发，在研制开发产品、保护自然等营销过程中融入安全、环保与健康的概念，来满足消费者的绿色需求，从而实现营销目标的全过程。

1. 企业生产过程绿色化

在开始构思、开发和制造产品时，就以维护自然、节约自然资源为核心，以便在产品的使用寿命结束时，可回收再利用。在生产过程中，以节能、降耗、减污为目标，着重使用无公害的新能源 (如太阳能、风能等)，采用无污染、少污染的新技术、新设备，实施生产全过程污染控制，以使污染物的产量最小化。包装作为商品使用后的主要废弃物，企业应选用无毒性、少公害、易分解处理或可回收的材料来制成包装物，或使用可重复使用的包装盒、包装箱等。同时，还要避免过度包装，使包装材料尽可能单纯化、简单化，并加强对消费者如何使用和处理包装物的宣传说明。

2. 企业促销绿色化

在广告过程中注意环保，无论是经费的分配还是媒体的选择，都要遵循“绿色”的原则。要尽量选择能高效使用资源、顾客涵盖率高、成本低的媒体来传递绿色产品信息，避免造成资源浪费及光、声等感官污染。网络促销具有覆盖面广、非强迫性等特点，企业的各种信息能迅速地传递给众多的消费者，其受众可以自由选择是否查询、快速浏览或仔细阅读，因而为消费者节省了大量时间，并消除了对其视觉、听觉强行灌输信息的“广告污染”。

3. 企业形象绿色化

树立绿色企业形象，是营销战略绿色化的重要组成部分。它可以帮助企业把绿色信息更直接、更广泛地传达到细分市场，进而给企业带来竞争优势。企业应从高层做起，重视内部绿色教育，使员工认识到环境问题带来的挑战和机遇、环保与个人的关系、与企业的关系以及本企业将怎样把环保融入日常工作中等，在员工中逐步形成绿色文化。同时应加强对外进行绿色宣传，在公众心目中树立绿色形象，可利用传媒宣传企业的绿色表现，积极参与有关部门组织的重大绿色活动，义务编印、分发环保知识宣传手册，进行与环保有关的赞助与慈善活动等。更要结合本企业具体情况，突出自身特点，灵活地创造展示企业绿色环保意识的条件。企业在绿色观念指导下，可通过制定环境管理规划和环境管理制度，加强对企业经营全过程的环境管理。

4. 攻克绿色壁垒

在市场竞争激烈、贸易保护主义盛行的当代，许多国家以进口商品不符合健康安全和环保标准为由限制进口，对一些影响生态环境的产品除征收一般关税外，再加征额外关税，作为本国的环保基金。有些发达国家，通过立法手段制定严格的强制性环保技术标准，严禁可能导致环境污染的国外产品进口。同时，发达国家为限制外国产品的进口设置严格的卫生检疫标准，对蔬菜水果中的农药残留量、放射性残留量的要求极为苛刻。企业若想开拓国际市场，应该对这些国家的绿色保护及绿色壁垒有所认识与了解，并在努力提高自身绿色水平的前提下，攻克绿色壁垒，进军国际市场。

二、关系营销

企业与顾客之间建立长期关系是关系营销的核心，保持和发展这种关系是关系营销的重要内容。关系营销把营销活动看成是一个企业与消费者、供应商、分销商、竞争者、政府机构及其他公众发生互动作用的过程，其核心是建立和发展与这些公众的良好关系。企业与各方通过互利交换及共同履行承诺，实现各自目标。要实现关系营销的目标，企业必须提供优质的产品、良好的服务和公平的价格；同时与各方加强经济、技术及社会等各方面的联系和交往。

1. 开展关系营销的一般原则

（1）主动沟通原则。在关系营销中，各主体都应该主动与其他关系方接触和联系，相互沟通信息，为关系方服务和为关系方解决困难和问题。关系营销强调社会组织通过恰当的媒介，与公众进行协调沟通，建立和谐、稳定、融洽的关系。

（2）承诺信任原则。在关系营销中，各关系方相互之间都应做出一系列书面或口头的承诺，并以自己的行为履行诺言，以此赢得关系方的信任。

（3）互惠原则。在关系营销中，通过企业与关系方的交往，双方必须得到相应的经济利益。因为各营销关系方通常都是经济利益的主体，在市场上地位平等，应依据经济规律，在公开、公正、公平的条件下进行等价交换，有偿让渡，使关系方都能得到实惠。

2. 关系营销的一般过程

（1）创立阶段。在这个阶段中，一般要经历对顾客关系的识别、接触、销售和反馈四个过程。首先，企业根据网络中大量的数据和信息，识别潜在顾客群，然后根据不同顾客，采用不同方式进行接触，建立起交易关系；最后根据交易结果与信息反馈，重新完善数据和信息。

（2）维持阶段。顾客关系一旦建立，就应该千方百计地维持下去，时刻了解他们的需求与渴望、抱怨与不满，经常与他们沟通信息、交流思想。如果企业有关人员出现升迁、调动、转行、跳槽等情况，一定要在制度上保证进行全面的工作交接，并将人事变动情况以合适的方式尽快让顾客知晓，这样可以给顾客一种受到尊重的感觉，不但不因人事变动造成消极影响，反而将顾客关系稳固化和长期化。

（3）提升阶段。这是维持顾客关系基础上的一种积极努力，使顾客与企业关系不断紧密，因而企业应不断用合适的产品与服务来满足顾客新的需求，实现其新的价值。

3. 关系营销的主要手段及选择

不同层次的市场细分，建立不同程度的顾客数据库，将顾客细分化、团体化都是一些关系营销可以采用的方法。这些手段都是直接面向顾客层的，直接考虑到他们的一些需求，重心都在于要与顾客建立一种稳定的、有价值的、密切的联系，以更好地使企业的产品或服务能真正满足不同类型顾客的需要。关系营销的手段多种多样，不同企业应根据自身的不同特点，在发展的不同阶段，针对不同的需要进行选择，也可以多种营销手段结合使用，达到企业、顾客利益最大化。

三、个性化营销

1. 基本条件

（1）个性化需求的兴起。不同的历史时期，人们有不同的价值观、不同的审美观、不同的行为规范、不同的社会心理。在现代社会，人们尽可能表现得与众不同，追求的是“你有我就不想再有”。这种个性化需求，已经表现出不可逆转的趋势。

（2）传统渠道的饱和。由于商品数量、品种的增多，商品生命周期的缩短，传统的商品销售渠道诸如交易市场、百货商场、超级市场等越来越拥挤不堪。如果企业一味地固守在传统的销售渠道上，必然会增加渠道成本、降低工作效率、影响产品销售。这样一来，企业就要千方百计地寻求新的出路，自然会对新的销售渠道提出需求。

（3）信息技术的发展。电信业的发展、计算机网络技术的发展，使数据库的建立成为可能。它可以针对每一个潜在的顾客，了解其需求、喜好，同其接触并建立良好的关系，进行直销，满足各个层次的不同需求。

2. 个性化营销的方式

（1）商品目录销售。由企业提供完整的商品目录给顾客，让其自由选择。通常是采用人员销售，具体做法是采用发放订单、目录等给顾客的方式，形式灵活多变。美国安利公司正在推行这种新的直销方式，且取得了一定的成效，发展前景看好。企业可以根据具体情况采用，要注意的是决不能搞成传销。

（2）电视直销。随着电视事业的发展，电视机在中国广大城乡日益普及，通过电视销售越来越受到企业的重视。通过电视媒体销售也称为媒体直接反映营销，即在电视上做大量商品广告，顾客做出决定以后，可以采取电话订购、传真订单或其他方式联系。电视直销，要求制作引人注目，以便刺激消费者马上采取选购行动。由于电视台还处于垄断地位，如价格过高、宣传夸张等，影响了电视直销方式在消费者心目中的形象，但仍具有广阔前景。

（3）网络直销。20 世纪末，网络技术飞速发展，已经成为继报纸、杂志、电台、电视之后的第五大媒体，几乎渗入了人们的全部生活。网络之所以具有如此大的影响，主要是因为网络具有如下几个特性：第一，无限制。企业可以在网站上的任何时间、地点，以任何形式向市场发布各种各样的信息，其所能承载的信息量是其他媒体不能相比的。站点的传播范围极广，没有地域的限制，可以随时调整网站的结构、风格、形式，具有很大的灵活性。第二，便利。它为企业开展跨国、跨地域的营销提供了前所未有的便利，使企业足不出户便迅速而又经济地开拓市场成为可能。因为在因特网上信息充分地流动，搜集信息的范围拓宽，所有企业都以真正平等的方式展开竞争，从中得到一切已知行业发展趋势乃至包括竞争对手在内的有关资料，为企业决策提供了有力支持。第三，平等。网络是一个完全虚拟的世界，在这里每一个企业的机会都是平等的。通过网站的精心营造，小企业同样能夺取更大的网络市场份额。网络竞争要求的是先进理念、成功的战略以及高技术的支持。

网络营销具有不同的层次，从企业对网络营销理念的接受程度、进入网络的程度、技术支持的程度和行业、产品的特征等情况看，基本上有两个层次。第一层是信息发布层，这是最简单、最基本的一层，企业主要利用因特网来发布信息，与外界进行双向沟通。企业对信息技术没有太高的要求，只是最基本的使用。比如，通过发 E－mail 与消费者进行沟通与交流，定期给客户发各种产品信息邮件、产品推荐邮件、电子刊物等，加强与顾客的联系；建立企业网站，将一些有关企业及产品、服务的介绍放在上面，供访问者浏览。第二层是战术营销层。目前国内企业的网络营销主要是进行网络营销调研和网上销售。传统的调研方式需要庞大的调查队伍，耗资巨大，而且周期太长，往往等到企业有调研结果时，市场已经发生了变化。利用因特网在线调研则可以轻松地完成大量复杂的调研工作，能够充分满足各种统计数据的要求，提高营销调研的质量。目前网络营销最具诱惑力的就是网上销售。网上销售主要利用高配置的电脑，成本低，效率高，是一种最有前景的营销手段。

本项目知识脉络

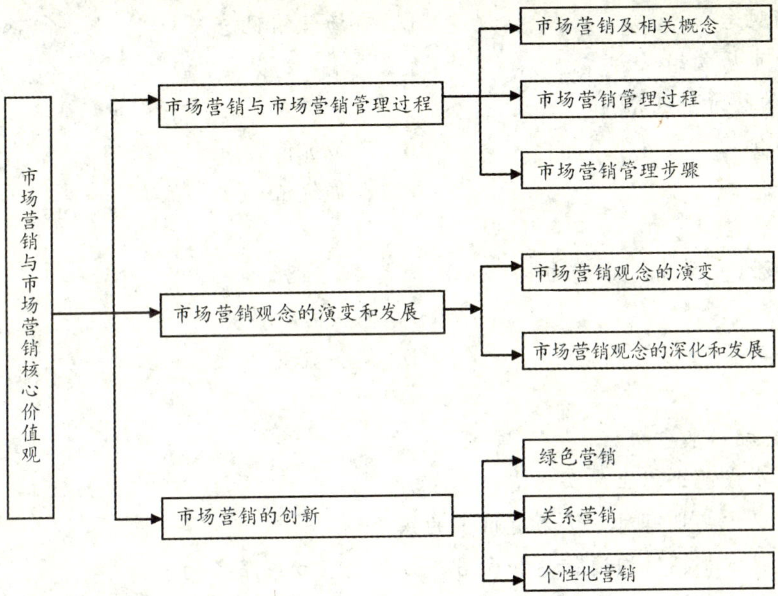

思考与练习

1. 理论题

(1) 单选题

①“不管顾客需要什么颜色的空调，我们只生产白色”是（　　）的典型的表现。

A. 推销观念　　B. 市场营销观念

C. 生产观念　　D. 产品观念

E. 社会市场营销观念

②市场营销运行的基本要求是一切经济活动都要围绕（　　）而进行。

A. 企业　　B. 市场

C. 市场营销　　D. 等价交换

③市场营销的核心是（　　）。

A. 生产　　B. 分配

C. 交换　　D. 促销

④与顾客建立长期合作关系是（　　）。

A. 关系营销　　B. 绿色营销

C. 公共关系　　D. 相互市场营销

⑤市场营销管理的实质是（　　）。

A. 刺激需求　　B. 需求管理

C. 生产管理　　D. 销售管理

（2）多选题

①传统的营销观念包括（　　）。

A. 生产观念　　B. 产品观念

C. 推销观念　　D. 市场营销观念

E. 社会市场营销观念

②顾客的总价值包括（　　）。

A. 成本价值　　B. 产品价值

C. 服务价值　　D. 人员价值

E. 形象价值

③在市场营销学中，市场由（　　）构成。

A. 人口　　B. 购买力

C. 购买欲望　　D. 购买数量

E. 地点

④市场交换一般包含（　　）要素。

A. 有两个或两个以上的买卖者

B. 交换双方都拥有对方认为有价值的东西

C. 交换双方都拥有沟通信息和向另一方传送货物或服务的能力

D. 交换双方都可以自由接受或拒绝对方的产品

E. 交换双方都认为值得与对方进行交换

⑤ 4R 营销理论包括（　　）。

A. 关联　　B. 反应

C. 关系　　D. 回报

E. 渠道

（3）判断题

①生产观念就是产品观念。（　　）

② 4C 和 4P 没有本质性的区别。（　　）

③市场营销的核心就是研究消费者的需求。（　　）

④市场是指一切具有特定欲望和需求并且愿意和可能从事交换来使欲望和需求得到满足的潜在顾客所组成的消费者总体。（　　）

⑤与顾客建立长期合作关系是绿色营销。（　　）

（4）简答题

①什么是市场营销？其核心概念有哪些？

② 4P 与 4C 的关系是怎样的？

③新旧市场营销观念的区别是什么？

④试比较推销观念与营销观念的联系与区别。

2. 实务训练题

【案例分析】

案例资料：

海尔网络时代大数据营销的真实故事

海尔 SCRM（社交化客户关系管理）会员大数据平台，是一个帮助企业切换视角，在网络化时代为用户提供精准营销与互动服务的平台。2013 年 1 月这个平台已经运营。

2012 年，海尔创新推出帝樽空调。因其外形由方到圆的颠覆性创新，被 ICEC 评为“影响世界的十大创意产品”，这款产品已被数以万计的用户选购。如何精准地预测还有哪些用户可能选购？如何及时送去个性化的服务方案？这是每个营销人员殚精竭虑寻找的答案。海尔把视角投向了大数据。2013 年 4 月，海尔把需求探针伸入了 SCRM 会员大数据平台：提取数以万计的海尔帝樽用户数据，与中国邮政的名址数据库匹配，建立“look - alike”模型。这个模型可以将已经购买帝樽空调的几万名用户所在的小区分成几类，并打上标签，拥有帝樽用户的上海虹桥新城小区被打上了一系列标签。再把这些数据标签映射回中国邮政的名址数据库，找到有相似特点的所有小区。这类小区在北京就有 65 处，北京景泰西里小区就是其一。

海尔 SCRM 会员平台同几家旅游、健康类杂志合作，作为杂志订户关怀活动的一部分，为北京地区订户提供购买帝樽空调的优惠。就像判断一个人的品位可以先看他交什么样的朋友，同样，看一个人的特点可以先看他订阅什么样的杂志。北京景泰西里小区有人订阅旅游杂志，其中一位是陈某。显然，他对环境、自然应该感兴趣。海尔 SCRM 会员大数据平台由此预测：住在北京景泰西里小区的外企高级经理陈某可能需要购买能除 PM2.5 的海尔帝樽空调。大数据大海捞针，陈某这位潜在用户终于浮出水面。

几天后，陈某收到了海尔投递的一封直邮单页，除了送去公益环保知识之外，重点介绍了帝樽空调的除 PM2.5 功能。5 月 1 日，陈某带着收到的直邮单页，来到北京杨桥国美店。陈某对店员说，他这段时间正在费力寻找能除 PM2.5 的空调，恰好收到了海尔给他直邮的资料，上面的内容正是他想看到的，省掉了他到处搜寻的时间。现场体验海尔帝樽空调后，陈某付款购买了一套。成交后，陈某登录海尔官方网站，自主注册为海尔梦享 + 会员。通过海尔的精准营销，陈某享受到了个性化服务。

海尔没有把成交看成销售的结束，而是看成互动的开始。5 月 6 日，通过陈某留下的手机号码，梦享 + 会员专线 400 - 999 - 8888 回访陈某，告知他不仅可以通过购买获得会员“消费积分”，而且可以通过互动获得会员“创新积分”。交流中，陈某还透露出打算购买彩电。当天，陈某关注了海尔官方微博。相应地，SCRM 大数据平台获取了他在微博上的公开数据。微博的文字、照片、视频等结构化数据和非结构化数据，往往能完整地勾勒出博主的性格、兴趣、形象。陈某的微博同样如此。海尔 SCRM 会员大数据平台利用智能语义分析工具，从陈某的微博中得出信息：陈某是一名体育爱好者。微博中不断出现的格隆，就是例证，因为格隆是厄瓜多尔的一位足球名将。爱看足球，则一定常看电视体育节目，一定很看重画面流畅。很快，海尔 SCRM 会员大数据平台将海尔智能电视高速画面无拖尾的特点精准地推送给了陈某。不过，这一次不再是直邮单页，而是 SCRM 会员大数据平台触发电子邮件。因为陈某自主注册会员后，SCRM 会员大数据平台已经获得了他自愿提供的电子邮箱地址。注册会员时，陈某接受了“同意信息推送服务”条款。5 月 12 日，陈某购买了一台海尔彩电。

从 SCRM 会员大数据平台从亿万人群中精准预测出住在北京景泰西里小区的外企高级

经理陈某可能需要购买能除 PM2.5 的海尔帝樽空调，到陈某成为海尔的忠诚用户，大数据平台显示出独特的营销魅力。

（资料来源：据北京网信未来信息技术有限公司 2014 年 6 月 9 日新闻动态整理。）

思考题：

（1）海尔的营销理念是否适应我国当代市场环境的要求？

（2）海尔如何通过杂乱无章的北京景泰西里小区、外企高级经理陈某、海尔除 PM2.5 帝樽空调、旅游杂志、厄瓜多尔足球名将格隆、海尔智能平板电视等数据，最终精准锁定陈某的？体现出什么营销观念？

模块二

市场营销环境分析与营销价值机会挖掘

市场（顾客）不断产生且变化着的需求，是创造营销价值机会的源头，而它的生长条件则植根于我们身边的环境变化之中。掌握营销分析工具则远能达环宇，近能辨善恶，形可察真伪，深可洞心灵，帮助我们在万变之中挖掘并锁定营销价值机会。避开或减轻风险的冲击，是营销者的核心能力。

营销价值机会是指某种特定的营销环境条件，在该营销环境条件下企业可以通过一定的营销活动创造价值。分析市场机会可以为企业可能赢得的利益标明营销价值机会的大小，市场（顾客）有待满足需求越大、越迫切，市场机会的营销价值越大，对企业利益需求的满足程度也越高。营销价值机会的产生来自于营销环境的变化，如新经济政策的实施、自然条件的变化、新市场的开发、竞争对手的失误以及新产品新工艺的采用等，都可能产生新的有待满足需求，从而为企业提供营销价值机会。

项目二
市场营销环境与营销价值机会识别

机会是短趋势，趋势是大机会。

——冯仑

今天，你必须比在同一水平者跑得更快。

——菲利普·科特勒

【项目学习目标】

知识目标 （1）市场营销环境；（2）市场营销微观环境；（3）市场营销宏观环境；（4）SWOT 分析。

能力目标

（1）了解市场营销环境的含义及特征；

（2）熟悉宏观环境和微观环境的主要内容；

（3）掌握 SWOT 分析方法及营销对策。

职业素养 （1）观察力；（2）敏锐力；（3）分析力。

项目实践及考核 在教师指导下，营销项目小组自行组织搜集经济社会中环境变化要素，并罗列 20 个以上的要素对应找到可能引发的需求价值变化，用 SWOT 分析法求证怎样正确应变才能挖掘营销价值机会或减轻发展风险，以团队展示的方式进行考核。

导入案例

可口可乐的本土化

可口可乐的品牌成功秘诀何在？重要原因之一就是其国际化经营中的本土化战略。如今的可口可乐已经成为一种全球性的文化标志，但是在风靡全球的同时，可口可乐仍然保持着清醒的头脑，没有固执己见地一味传播、销售美国观念，而是在不同的地区、文化背景、宗教团体和种族中实施分而治之的策略，比如可口可乐公司“Can't beat that feeling”的广告口号，在日本改为“我感受可乐”（I feel cola），在意大利改为“独一无二的感受”（Unique sensation），在智利又改成了“生活的感觉”（The feeling of life）。它的广告信息始终反映着当地的文化，在不同时期有不同的依托对象和显示途径、生成方式，无一不是随着具体的时空情境来及时调整自身在文化形态中的位置。换言之，可口可乐的本土化随处可见。

（资料来源：摘编自新浪网《可口可乐的本土化营销策略》。）

启示：企业总是在一定的外界环境条件下开展市场营销活动，而这些外界环境条件是不断变化的。它既给企业创造了新的市场机会，又给企业带来了某种威胁。因此，市场营销环境对企业的生存和发展具有重要意义。

任务1　市场营销环境

一、市场营销环境及其对营销的作用

1. 市场营销环境的概述

（1）市场营销环境的概念。市场营销环境是指能够决定或影响企业营销活动以至生存和发展的所有因素的总和。企业是市场的有机体，而市场营销环境是企业生存和发展的土壤和气候。对市场营销环境了解越透彻、预计和判断越准确，对企业的生存和发展就越有利。

（2）市场营销环境的构成。构成市场营销环境的因素是错综复杂的，它是影响企业营销活动的一个完整系统和机制。从环境对企业营销活动影响的直接程度，可将其区分为微观环境和宏观环境。

微观环境是企业在营销过程中与企业发生着直接联系的对象，包括供应者、企业内部员工及机构、竞争者、营销中介、顾客和其他公众。

宏观环境也称总体环境，是决定或影响企业市场营销活动的外在力量，主要包括人口环境、经济环境、自然环境、科技环境、政治环境、法律与道德环境、文化环境等。宏观环境通过影响微观环境间接地制约企业营销活动。

市场营销环境及其对企业营销活动的作用关系可用图 2－1 表示。

2. 营销环境对企业营销活动的作用

（1）市场营销环境是企业营销的不可控制因素。企业无法改变自然条件、社会制度、人口数量及构成等环境因素。相反，营销环境的每个因素都可以决定或影响企业的营销决策。因此，现代营销理论认为：企业研究环境不是为了改造环境，而是为了能更好地适应环境、利用环境，与其协调发展、共生共荣。另外，企业营销活动可以能动地反作用于环

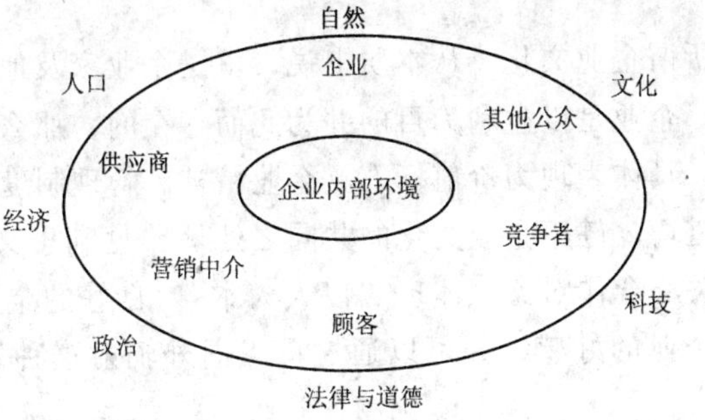

图 2-1 市场营销环境构成

境，从而有效地改善环境。

(2) 市场营销环境对企业发生综合作用。营销环境是一个浑然一体的系统，它对企业营销产生的作用，也是一种全方位的综合效应。如电脑的应用和普及不仅使社会的政治、经济、文化、科技等环境因素发生巨变，而且使企业内部的市场调研、产品开发、生产、销售等营销因素都发生了深刻的变化。但营销环境诸因素的作用程度不会均衡，可能此强彼弱、时多时寡。因此，企业营销决策人员必须具有系统决策观念，要全面考虑，立体思维，内外兼顾，在各因素的联动关系中发现和创造企业机会，避免威胁。

(3) 市场营销环境不断在变化。构成营销环境的最基本因素是自然和社会，这两大因素在一个整体中分别遵循着各自的规律一起变化和发展。任何局部或整体的变动都会触动或打破原来的制衡关系，从而影响相关企业的营销环境。一旦环境发生变化，原来适应于环境的营销策略就难以再适应，必须重新调整。企业处于动态的环境中，其营销策略与某一特定环境相适应的时间是很短暂的。因此，企业营销决策者必须进行动态平衡，跟踪决策，对环境具有高度的敏感性和超强的预见性，能够对营销环境的变化做出准确的判断，在变化中把握先机，避免威胁。

二、市场营销微观环境分析

企业的微观环境是指那些直接影响企业市场营销能力的行为者，是介于4Ps与宏观环境之间的、制约企业营销活动的组织或个人，即供应商——企业——营销中介——顾客。同时，竞争者如影随形，相伴在企业营销的每一个阶段，其他公众对各环节的影响作用也显而易见（见图 2-2）。

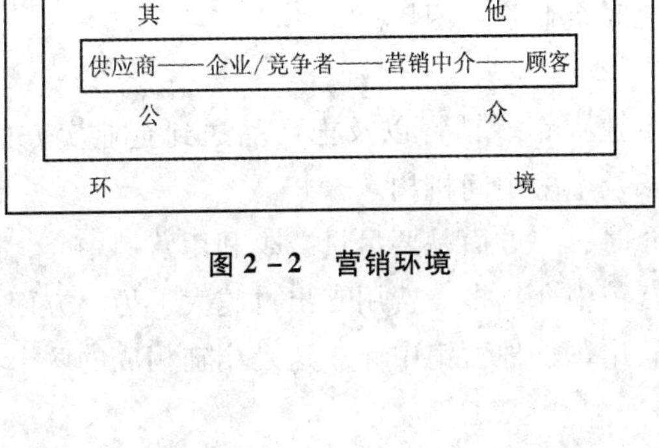

图 2-2 营销环境

1. 企业

（1）企业文化。所谓企业文化，从本质上说，就是企业家及他率领的群体所拥有并积淀的赋予企业的性格。企业是以盈利为目的并为此而存在的，那么不同企业的文化就是各自盈利的思想和方法，具体表现为价值标准、企业精神、管理制度、行为规范等。企业文化的核心是企业治理道德。健康企业文化的共同之处是“见利思义”，多为他人着想，关心顾客，关心员工，关心合作对象，体现“以人为本”。良好的企业文化环境氛围有助于增进企业全体员工对企业的好感，并可以通过员工向外辐射这种感情以美化企业的对外形象。

（2）治理机制。企业内部必须有许多职能部门，它们各司其职、各行其是。企业要求各部门之间相互联系，有效配合。但是，一旦各部门形成以后，就存在各自的利益关系，从而客观上存在着产生矛盾的可能。良好的企业运行机制可使各部门、各环节高效运转，产生“1+1>2”的效果；相反，如果一个企业无法处理好内部各部门的关系，它们各自为营、相互掣肘，势必造成内耗，从而削减总体营销能力。

优良的企业治理机制要通过企业家良好的素养和对员工品质和技能的培养，以及一系列企业制度来保证。

（3）物质基础。企业文化和治理机制强调的是人的内在及与他人之间的群体关系。企业以具备优秀的“人”资源为要，但是,“巧妇难为无米之炊”，还必须具有良好的“物”资源。“人”、“物”双优，加上良好的机制，就能实现企业资源效能的整体优化。

2. 供应商

供应商是向企业及其竞争者提供资源的企业和个人。企业要在生产经营中获得比较优势，就必须从供应环节取得资源优势。比如物质资源的价格、质量、服务优势；运输、信贷及风险承担优势；人才及商誉优势等。这样才能为销售环节提供可靠的物质和精神保证。供应商对企业的影响表现在三个方面：①供货的稳定性与及时性是企业营销活动顺利进行的前提；②供货的价格变动直接影响产品的成本、利润和价格；③供货的质量水平将会直接影响产品的数量和质量。

针对上述影响，企业在寻找和选择供应商时，应特别注意两点：第一，企业必须充分考虑供应商的资信状况。要选择那些能够提供品质优良、价格合理的资源，交货及时、有良好信用，质量和效率都能信得过的供应商，并且要与主要供应商建立长期稳定的合作关系，保证企业生产资源供应的稳定性。第二，企业必须选择适当数量的供应商。如果企业过分依赖一家或少数几家供应商，受到供应变化的影响和打击的可能性就大。因此，企业应当选择适当数量的供应商，向多个供应商采购，尽量避免过于依赖单一的供应商，以免与供应商的关系发生变化时企业陷入困境。

3. 营销中介

营销中介是指协助企业促销、销售以及把产品送到企业卖方的机构。它们包括中间商、物流机构、营销服务及金融中间机构。

企业在利用营销中介时，一方面是要尽量减少利用营销中介，因为每一个营销中介都是盈利机构，企业利用营销中介越多，费用支出也越大；另一方面，为了保证营销的迅速性和效益性，必须充分利用每一种营销中介。这是相辅相成的两个方面。

4. 顾客

顾客是企业最重要的公众。市场营销环境的每一个层级都要对顾客进行研究，其实市场研究就是研究顾客，顾客是企业营销的中心。

按需求特点和购买行为可以将顾客划分为五个市场：

（1）消费者市场。消费者市场指满足个人或家庭生活需要而购买商品和劳务的市场。

（2）生产者市场。生产者市场指为赚取利润而购买商品和服务来生产其他产品和服务的市场。

（3）中间商市场。中间商市场指为赚取利润而购买商品和服务以再出售的市场。

（4）政府市场。政府市场指采购商品和服务以维持组织正常运转的政府机构。政府采购产品有特定的形式，与其他类市场有很大区别。

（5）国际市场。国际市场是一个与商品经济相联系，由国际市场主体、客体、载体、媒体等各种要素组成的有结构、有功能的有机统一整体。

企业营销总是面对上述一个或几个市场，被企业选中作为营销对象的市场就是企业的目标市场。企业通过研究目标市场的特征，以适当的产品、适当的价格、适当的分销渠道以及适当的促销方式去满足目标市场的特定需求。

5. 竞争者

通常人们认为竞争者就是企业的同行。他们与企业是相同的供应商、相同的营销中介，服务于同一群顾客。也就是说，企业的整个营销系统都被竞争者包围着。反过来，企业也包围着其他同行企业。他们是企业的直接威胁者，企业必须随时了解和监视竞争者。

现代企业营销扩展了竞争者的概念。从与企业销售关系的密切程度看，有四个层次的竞争者：即品牌竞争者、形式竞争者、同类竞争者和愿望竞争者。识别竞争对手以后，要研究竞争者的战略、目标，明辨竞争者的优势与劣势，评估竞争者的反应模式，这时企业可以面对竞争对手，发动竞争攻势或应对对方进攻。

（1）市场竞争者的营销目标。企业在营销活动中所承担的营销任务不同，所以有各自的营销目标。市场竞争者的营销目标一般包括以下内容：竞争对手的经营理念；竞争对手的组织结构；竞争对手的财务目标；竞争对手的控制系统。

（2）市场竞争者的营销假设。每个企业都会对自己所处的营销环境进行一系列的假设，其中既有对自身情况的假设，也包括对整个行业及行业中某些企业的情况假设。市场竞争者营销假设一般包括以下内容：竞争对手对优劣势的看法；竞争对手对市场竞争的看法；竞争对手对市场需求及行业发展趋势的看法。

（3）市场竞争者的现行战略。任何一个企业都有自己的竞争战略，从根本上讲一项具体竞争战略的制定，即为企业规定了一种广泛应用的程式，以指导企业在营销实务中该如何投入竞争、应该实现什么样的竞争目标，以及在贯彻执行这些目标时需要采取的措施等。市场竞争者的现行战略一般包括以下内容：竞争对手企业内部实现营销目标的一致性；竞争对手营销目标和方针与营销环境的适应性；竞争对手的特定产品、具体营销策略的业绩。

（4）市场竞争者的营销能力。市场竞争者的营销目标、营销假设和现行战略会影响其对市场竞争做出反应的可能性，同时也决定了这种反应行为的时间选择、性质和强度。市场竞争者营销能力一般包括以下内容：竞争对手的核心能力；竞争对手的成长发展能力；

竞争对手的适应变化能力；竞争对手的持久耐力和快速反应能力。

（5）市场竞争者的反应。在对市场竞争者的营销目标、营销假设、现行战略和营销能力分析的基础上，能明确构成关于市场竞争者可能对营销活动中种种问题如何做出反应的概况。市场竞争者反应一般包括以下内容：进攻性行为；防御性行为；跟随性行为。

同步案例 2－1

谁才是中国服装的真正对手？

背景资料：

中国服装长期以来一直以国外名牌为跟随、模仿和赶超的对象，将之视作扬名立万的标杆。除国际品牌本身，国内消费者对国际品牌的偏爱与认可，竞争日益激烈的内销市场也被视作是国内服装品牌莫大的挑战。但究竟谁才是中国服装的真正对手？

国际标杆的压力效应

“奢侈品牌卖的只是一个符号”，这句话曾被国内服装品牌奉为宝典，把大把的资金投入到宣传，提升知名度方面，即便如此，依旧难以抵挡国际知名品牌的大军压境。提高品牌的知名度、美誉度着实重要，但国际品牌制胜之处并不在此，文化内涵和对消费者需求的精准把握才被视为经典的理由。

商业“特权”来自实力

在北京、上海、广州、深圳这些国内一线大城市的高档商场中，国外品牌和洋味十足的国内品牌占去了大半江山，以民族品牌自居的国内品牌只拥有少数席位。此外，国内商场租金之高、商业业态之单一等，也为人所诟病。商场之于本土品牌，依赖着，也对立着。

同行相伴，是对手更是帮手

国内服装市场的竞争激烈程度日益加剧，除了少数具有市场引领性的品牌，大部分服装企业仍在混战之中，服装同行的抄板、跟风现象几乎不可避免，这让许多品牌商对研发有心无力。

被模仿、被跟随是每一个成功品牌必然的命运。放眼中国，国际名牌之所以被称作潮流的引领者，就在于其风格、元素被不断地模仿，甚至抄袭。中国一直在大力提倡原创，将创新力作为产业进步的引擎动力，同时，国家不断完善保护知识产权的法律体系，遏制不规范的市场竞争行为，取得了显著的成果，而就品牌自身而言，不断创新、不断进步的发展态势则是在竞争力中充满自信的体现。

国内品牌总是陷入一种做大做强的情怀，非一家独大不可称之为大成。在品牌不断升级的道路上，竞争者既是对手，又是帮手，跟随者的不断模仿正是品牌不断加强设计、更新款式的最大动力，连商业巨子马云也说，没有竞争对手会很孤独。

中国服装品牌的未来并不在于取代国际品牌，而是发现真正的自我，发现特有的文化，发掘具有中国特色的服装企业成长路径，从这一角度来看，其实中国服装品牌最难战胜的对手依旧是自己，这才是中国服装。

问题：

中国服装行业的真正竞争对手是谁？从以上案例可以看出企业在竞争过程中应注意些

什么？

分析提示：

这个案例说明任何一个企业都有自己的竞争战略。一项具体竞争战略的制定，即为企业规定了一种广泛应用的程式，以指导企业在营销实务中该如何投入竞争、应该实现什么样的竞争目标以及在贯彻执行这些目标时需要采取的措施等。

6. 其他公众

这是企业核心营销系统以外的所有公众。公众就是对企业实现营销目标的能力有实际或潜在兴趣和影响的一切团体和个人。他们可以促成或阻碍企业营销。因此，企业往往设立专门协调这些公众关系的公关部门，明智的企业家会让所有的员工都树立公关意识。从公众的性质上看，其他公众包括媒介公众、政府公众、群众团体、社区公众及一般公众。

三、市场营销宏观环境分析

宏观环境从总体上可分为自然环境和社会环境，社会环境又可分解为人口、经济、政治、科技等环境因素。企业和同行竞争者以及各微观环境主体，共同受宏观环境的制约。宏观环境及其变化会给企业带来机会，同时也造成威胁。

1. 自然环境

自然环境是指影响企业营销的自然资源、地形地貌和气候条件及其变化等自然因素。自然环境是最重要的营销环境，其他的一切环境都依自然环境而存在。企业营销要考虑三个方面的问题，即资源问题、利用机会、生态环境问题。

（1）资源问题。地球资源可分为三类，即无限资源、有限可再生资源及有限不可再生资源。如阳光、空气是无限资源，但是随着现代工业的发展，水和空气的质量问题日益严重，以至将会影响到整个人类的生存。因此，我们要善待无限资源。生物资源是有限可再生资源，它们需要被精心利用。目前我们对它们的肆意破坏所造成的现实和潜在危机，已经越来越明显了。矿产资源属于有限不可再生资源，这类资源问题严重：一方面是使用量越来越大，另一方面是可使用量越来越少。现在有学者提出的“批判消费，反省快乐”具有现实意义。

（2）利用机会。地形地貌是天然的营销机会，四季更替、风霜雨雪更是企业营销的机会。当然，机会和威胁是并存的，机会如果运用过度或不当，就转化为威胁。

（3）生态环境问题。生态环境成为全人类关注的日益严重的问题。它的危害已经渗透到生产生活的一切领域，并且还在加速地破坏着。企业维护环境会增加成本，而不去保护则不会带来直接危害，因此一般不会主动去保护生态环境。因此，一方面企业要自觉提升管理和营销道德，另一方面政府要进行有力的政策干预。

同步案例 2-2

全球环境污染事件

背景资料：

1. 水俣病事件（1953—1956 年）

日本熊本县水俣镇一家氮肥公司排放的废水中含有汞，这些废水排入海湾后经过某些生物的转化，形成甲基汞。这些汞在海水、底泥和鱼类中富集，又经过食物链使人中毒。当时，最先发病的是爱吃鱼的猫。中毒后的猫发疯痉挛，纷纷跳海自杀。没有几年，水俣地区连猫的踪影都不见了。1956 年，出现了与猫的症状相似的病人。因为开始病因不清，所以用当地地名命名。1991 年，日本环境厅公布的中毒病人仍有 2248 人，其中 1004 人死亡。

2. 印度博帕尔事件（1984 年）

12 月 3 日，美国联合碳化公司在印度博帕尔市的农药厂因管理混乱，操作不当，致使地下储罐内剧毒的甲基异氰酸脂因压力升高而爆炸外泄。45 吨毒气形成一股浓密的烟雾，以每小时 5000 米的速度袭击了博帕尔市区。死亡近两万人，受害 20 多万人，5 万人失明、孕妇流产或产下死婴，受害面积达 40 平方公里，数千头牲畜被毒死。

3. 切尔诺贝利核泄漏事件（1986 年）

4 月 26 日，位于乌克兰基辅市郊的切尔诺贝利核电站，由于管理不善和操作失误，4 号反应堆爆炸起火，致使大量放射性物质泄漏。西欧各国及世界大部分地区都测到了核电站泄漏出的放射性物质，造成 31 人死亡，237 人受到严重放射性伤害。而且在 20 年内，还将有 3 万人可能因此患上癌症。基辅市和基辅州的中小学生全被疏散到海滨，核电站周围的庄稼全被掩埋，少收 2000 万吨粮食，距电站 7 公里内的树木全部死亡，此后半个世纪内，10 公里内不能耕作放牧，100 公里内不能生产牛奶…… 这次核污染飘尘给邻国也带来了严重灾难。这是世界上最严重的一次核污染。

（资料来源：http：//wenku. baidu. com/view/f766e392daef5ef7ba0d3c93. html。）

问题：

全球环境污染事件给人类生存环境带来什么危害？该案例给了我们什么启示？

分析提示：

生态环境成为全人类关注的日益严重的问题。它的危害已经毫无遗漏地渗透到生产生活的一切领域，并且还在加速度地破坏着。因此，一方面企业要自觉提升管理和营销道德，另一方面政府要进行有力的政策干预。

2. 人口环境

企业营销把人作为市场来研究。人口决定市场的存在与否，人口的数量决定市场的容量，人口的结构决定市场产品供应的结构。

（1）总人口。我国的人口占世界总人口的五分之一，因此，我国的市场十分巨大，可以为企业提供无限的市场机会，国外的大企业绝大多数已经挤进我国的市场。

2002 年我国的人口出生率为 12. 86‰；死亡人口为 821 万人，死亡率为 6. 41‰；人口自然增长率为 6. 45‰。这里涉及两个值得注意的人口组，即儿童人口和老年人口，这是我国具有特殊意义的两个市场。儿童在生活、娱乐和教育的消费几乎占城市三口之家的一半，现在对儿童市场的开发还具有巨大的潜力。人口老龄化是我国人口发展的趋势，老人的三大市场是生活、医疗、保健，今后还将形成巨大的老人服务市场。

（2）人口的分布。总体上讲，我国人口分布是西疏东密、乡疏城密。人口分布在我国现实地体现着收入、消费习惯、民族及区域个性的差异，这些因素决定着企业营销的差异性。

（3）劳动力流向。我国劳动力流向规律是由乡至城、由西至东、由落后地区至发达地区。

（4）人口结构。年龄、性别、文化、教育、民族等各种结构，都是企业营销应该考虑的。

中国部分年份人口基本情况统计表如表 2－1 所示。

表 2－1　　中国部分年份人口基本情况统计表

指　标	单位	1982 年	1990 年	2000 年	2006 年	2007 年
总人口（年末）	万人	101654	114333	126743	131448	132129
按性别分						
男性人口	万人	52352	58904	65437	67728	68048
女性人口	万人	49302	55429	61306	63720	64081
按城乡分						
城镇人口	万人	21480	30195	45906	57706	59379
乡村人口	万人	80174	84138	80837	73742	72750
人口比重按性别分						
男性人口	%	51.50	51.50	51.60	51.50	51.50
女性人口	%	48.50	48.50	48.40	48.50	48.50
按城乡分						
城镇人口	%	21.10	26.40	36.20	43.90	44.90
乡村人口	%	78.90	73.60	63.80	56.10	55.10
出生率	‰	22.28	21.06	14.03	12.09	12.10
死亡率	‰	6.60	6.67	6.45	6.81	6.93
自然增长率	‰	15.68	14.39	7.58	5.28	5.17
各年龄段人口比重						
0—14 岁人口	%	33.60	27.70	22.90	19.80	19.40
15—64 岁人口	%	61.50	66.70	70.10	72.30	72.50
65 岁以上人口	%	4.90	5.60	7.00	7.90	8.10
总抚养比	%	62.60	49.93	42.66	38.31	37.93
少儿抚养比	%	54.63	41.53	32.67	27.39	26.76
老年抚养比	%	7.97	8.40	9.99	10.93	11.17
各种受教育程度人口占总人口比重						
小学	%	35.40	37.20	35.70	31.00	29.90
初中	%	17.80	23.30	34.00	36.60	37.80
高中	%	6.60	8.00	11.10	12.10	12.60
大专及以上	%	0.60	1.40	3.60	58.00	6.20
婴儿死亡率	‰	37.61	32.89	28.38		
平均预期寿命	岁	67.77	68.55	71.40		

众多的人口及人口的增长，给企业带来了市场机会，也带来了威胁。首先，人口数量是决定市场规模和潜力的一个基本要素，人口越多，如果购买力同时增加，那么市场就越大。其次，人口的迅速增长一方面促进了市场规模的扩大，但是，另一方面，人口的迅速增长也会给企业营销带来不利的影响。比如人口增长可能导致人均收入下降，限制经济发展，从而使市场吸引力降低。另外，人口增长还会对交通运输产生压力，企业对此应予以关注。

3. 经济环境

从企业营销的角度，经济环境可以从不同层次分析：世界经济格局；"经济成长阶段"；国内经济形势及行业结构；居民货币收支；消费储蓄与信贷等。前两层是跨国公司必须考虑的。从我国的经济形势看，企业要注意三个方面：一是入世和西部开发，二是国外企业闯入对我国企业营销的影响，三是我国市场经济在走向成熟。

（1）居民收入和支出状况。居民收入是以国民生产总值和国民人均收入为前提的。它反映了一个国家或地区居民收入和生活总体水平，在这个基础上再研究居民的总收入、可支配收入及可自由支配收入。企业在分析消费者收入时，既要分析个人收入，又要分析家庭收入。因为绝大部分产品的消费以个人为单位，但是以家庭为单位消费的产品都比较重要，或者是单位价值较大的耐用消费品；同时还要区别货币收入和实际收入。

（2）消费支出模式。即消费者用于不同消费品的支出比例。收入水平决定着消费结构，而消费结构影响产品供应的结构，从而影响企业的投资方向。恩格尔法则是指食物支出占生活消费总支出比例大小，可以用来反映一个国家、地区、家庭的贫富程度。这个比值就是恩格尔系数。恩格尔系数越大，说明生活越贫困，反之，则越富裕。消费者收入的变化，就会使恩格尔系数产生变化。企业必须要根据这种变化，及时调整自己的产品结构，才能适应人们消费模式的变化。

$$\text{恩格尔系数（\%）}=\frac{\text{食物支出的总额}}{\text{家庭或个人消费支出总额}}\times 100\%$$

（3）消费储蓄与信贷。消费者分配有三种倾向，即消费倾向、储蓄倾向和投资倾向。消费者的收入是一个一定的量，其中一种倾向加强了，必然减弱其他倾向。我国居民有良好的储蓄习惯，现在人们的投资意向也在逐渐养成和发展。消费者信贷，就是消费者凭借信用先取得产品使用权，再按期归还已购买产品的货款。随着住房、汽车等高值商品消费的扩大，这种消费方式也正在扩大。中国居民储蓄率和消费率对比如图 2－3 所示。

4. 政治环境

政府部门制定的方针政策对企业营销会产生巨大的影响。企业要善于协调与政府部门的关系，深入研究相关的方针政策及变化趋势，从中发现机会，避免威胁。

5. 法律与道德环境

法律与道德是同一个范畴，都是规范人们行为的准则。法律提供人们行为的下限，道德提供人们行为的上限；提倡道德是让人不做坏事，加强法制是让人恐惧做坏事后的制裁；道德规范人的思想，法制约束人的行为。企业从事市场营销活动，既要有良好的职业

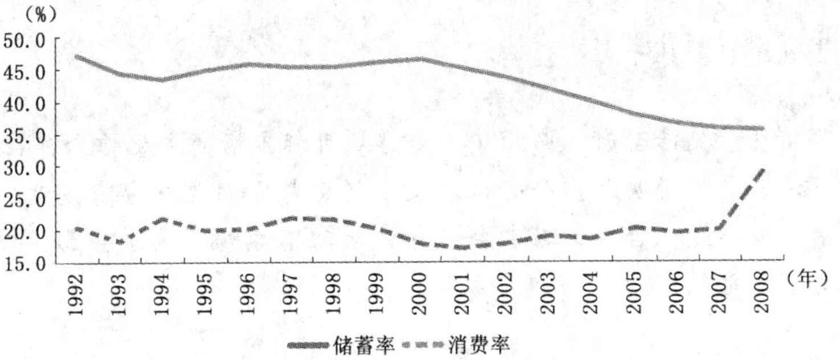

图2-3　中国居民储蓄率和消费率对比

道德，又要有强烈的法制意识。

(1) 法律。法律对于企业有双重作用，即保护企业权益和制约企业行为。市场经济是法制经济，企业必须知法懂法，全面了解法律环境，一方面要“心所欲不逾矩”，另一方面要学会运用法律来保护自己。

(2) 道德。道德环境是最重要的社会环境因素。人们的一切社会活动都应该在尊崇道德的基点上展开。营销是直接牟利的活动，但不可谋不义之财，否则必将害己害人。

6. 科技环境

科技以前所未有的速度越来越快的发展，人们不断地创造科技奇迹同时又被科技左右着。人们享受着科技带来的成果，同时又去努力发展科技。科学技术是一种“破坏性的创造力量”。它破坏旧的事物同时又创造了新的行业、技术、企业和就业机会。科技的普遍发展使专利技术和知识产权与产品的开发紧紧相连，企业用于科技的开支不断上升。

7. 文化环境

简单地说，社会文化就是提供给特定人群的一种生活方式。这种生活方式限定着不同人群，即国家、人种、地域及民族等之间的差异性。不同文化的差异性不仅体现在有形的物质上，如服饰文化、饮食文化、艺术文化、建筑文化等，还体现在无形的精神意识上，如道德观、价值观、思维方式、宗教信仰以及风俗习惯等。

同步案例2-3

冻　鸡　出　口

背景资料：

欧洲一冻鸡出口商曾向阿拉伯国家出口冻鸡，他把大批优质鸡用机器屠宰好，收拾得干净利落，只是包装时鸡的个别部位稍带点血，就装船运出。当他正盘算下一笔交易时，不料这批货竟被退了回来。他迷惑不解，便亲自去进口国查找原因，才知退货原因不是质量有问题，只是他的加工方法不符合进口国的风俗。阿拉伯国家居民信仰伊斯兰教，规定杀鸡只能用人工，不许用机器；只许男人杀鸡，不许妇女伸手；杀鸡要把鸡血全部洗干净，不许留一点血渍，否则便被认为不吉祥。这样，欧洲商人的冻鸡虽好，但仍然难逃退货的厄运。

问题：

从该案例中可以得到什么启示？

分析提示：

企业在从事市场营销活动时，必须了解和遵从目标市场的文化信念，在产品开发、商标设计、包装装潢、文字说明、广告宣传以及谈判交易方面要充分考虑对方的文化因素，让当地的消费者乐意接受，否则，轻者会使营销活动不顺畅，重者会影响与对方的关系，企业在这方面的教训也很多。

任务2　市场营销环境分析及营销对策

市场营销环境分析即监测跟踪市场营销环境发展趋势，发现市场机会和威胁，从而结合企业自身的竞争优势与劣势进行综合分析，能动地调整营销策略以适应环境变化。所谓市场机会，是指有利于企业营销活动的环境要素及发展趋势。所谓市场威胁，是指不利于企业营销活动的环境要素及发展趋势。

分析和评估企业的市场机会和威胁是企业选择营销对策的前提。SWOT 分析法是分析和评估企业的市场机会与威胁和选择营销对策的重要分析方法。

一、SWOT 分析法的原理

SWOT 是一种分析方法，是分析评价企业本身的竞争优势（strength）、竞争劣势（weakness）、面临的环境机会（opportunity）和环境威胁（threat），从而清楚地确定企业的资源优势和缺陷，在了解企业所面临的机会和挑战的基础上，从中找出对自己发展的有利机会及值得发挥的优势，找出对自己发展的不利威胁及应减轻或避免威胁的对策的科学分析方法。SWOT 分析法很有针对性，其优劣势分析主要是着眼于企业自身的实力及其与竞争对手的比较，而机会和威胁分析将注意力放在外部环境的变化及对企业的可能影响上。由于 SWOT 分析方法能够较客观而准确地分析和研究企业现实情况，因此使用这一方法对营销环境进行分析，对于科学制定企业未来的营销发展战略有着至关重要的意义。SWOT 分析法的主要应用步骤是：一是罗列企业的优势和劣势、可能的机会与威胁；二是优势、劣势与机会、威胁相组合，形成 SO、ST、WO、WT 矩阵；三是对 SO、ST、WO、WT 策略进行甄别和选择，确定企业目前应该采取的具体战略与策略。SWOT 矩阵如图 2－4 所示。

	优势	劣势
机会	so 战略	wo 战略
威胁	st 战略	wt 战略

图 2－4　SWOT 矩阵

二、SWOT 分析方法的应用

1. 机会与威胁分析（OT 分析）

（1）环境因素扫描法。由熟悉环境的专家和企业营销人员组成环境扫描小组，将所有可能出现的与企业营销活动有关的因素都列举出来，最后把比较一致的意见作为环境扫描的结果，即得出相关的主要环境因素。

例如，某烟草公司通过信息系统和市场营销调查了解了影响企业营销的一些相关环境因素，最后确定以下这些因素足以影响企业业务的动向：一是政府颁布了法令，规定所有的香烟广告和包装上都要印上关于吸烟危害健康之类的严厉警告；二是某些地方政府禁止在公共场所吸烟；三是发达国家吸烟人数下降；四是经科学研究发明了用莴笋叶制造无害烟叶的方法；五是发展中国家的吸烟人数迅速增加。

显然，上述第四、五条环境因素给烟草公司带来了市场机会，使这家公司可能享有“差别利益”。第一、二、三条环境因素则给烟草公司造成了威胁。

（2）矩阵图法。研究市场营销环境对企业的机会与威胁，一般都可从两个方面的内容进行分析。分析企业的机会可从其潜在的吸引力和企业成功的可能性两个方面进行分析。分析企业面临的威胁可从其对企业影响的严重性和出现的可能性两个方面进行分析。分析可用矩阵方法来进行，如图 2－5 所示。

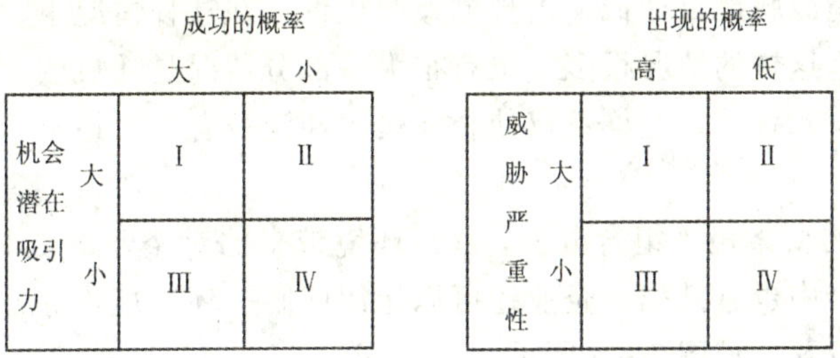

图 2－5　机会、威胁分析矩阵图

①机会分析（机会分析矩阵图）。第Ⅰ象限营销的机会，机会潜在吸引力和成功的可能性都很大，表明营销机会对企业发展有利，同时，企业有能力利用营销机会，企业应采取积极的态度，分析把握。比如，当“非典”来临时，导致板蓝根、84 消毒液和纱布都供不应求，很多销售板蓝根、84 消毒液和纱布的商家就面临着很大的机遇，而且成功的把握很大。企业就可以利用这次机会实现短期利润的增长。

第Ⅱ象限营销的机会，机会潜在吸引力很大，但是可能性很小，说明企业暂时还不具备利用这些机会的条件，应当放弃。面临着国人对健康的追求和渴望，企业可以开发出具有保健功能的产品，这对企业无疑是有很大潜在吸引力的，但对有的企业来说实现的可能性太小。这时，企业就应该好好分析当前的形势，尤其要注意企业的微观条件可否提供支持。

第Ⅲ象限营销的机会，机会潜在吸引力很小，成功的可能性大，虽然企业有利用机会的优势，但不值得企业去开拓。这样的情况很多，比如更换或改进产品的包装会对消费者形成新的刺激，但这种刺激的程度往往是有限的，虽然说成功的可能性很大，但要考虑成本和收益的比较。

第Ⅳ象限营销的机会，机会潜在吸引力很小，成功可能性也小，企业应当主动放弃。这种情况企业就应该有所取舍了。

②威胁分析（威胁分析矩阵图）。第Ⅰ象限，环境威胁的严重性高，出现的概率也高，表明企业面临着严重的环境危机，面对危机企业应处于高度戒备状态，积极采取相应的对策，避免威胁造成的损失。例如，污水排放量很大的造纸厂在政府提倡环境保护而限制排污量的时候，企业面临的环境威胁就很大了，甚至面临着倒闭的危险。对此，企业就需要转变经营策略，把污水治理外包给污水处理公司，或者工厂自己加大治污力度。

第Ⅱ象限，威胁严重性高，但出现的概率低，企业不可忽视，必须密切注意其发展方向，也应制定相应的措施准备面对，力争将危害降低。这种情况也有，例如，流行性病毒对于餐饮行业的打击是惨重的，像“非典”这样的病毒出现的时候，餐饮行业只能选择加大消毒和宣传力度或者是创新，否则只能关门。但是，这种情况出现的概率是很低的。

第Ⅲ象限，营销环境威胁影响程度小，但出现的概率高，虽然企业面临的威胁不大，但是，由于出现的可能性大，企业也必须充分重视。这样的情况也经常见到。

第Ⅳ象限，环境威胁严重性低，出现的概率也低，在这种情况下，企业不必担心，但应注意其发展动向。这样的情况很多，也有很大一部分情况是随机的，所以企业也不能一有什么风吹草动就草木皆兵，这样不仅使企业员工和消费者无所适从，也会使得企业丧失很多机会。

（3）机会与威胁要素矩阵组合分析。营销环境带来的对企业的威胁和机会是并存的，威胁中有机会，机会中也有挑战。企业还可以运用威胁—环境矩阵综合分析，更清楚地认识企业在环境中的位置，见图2－6所示。

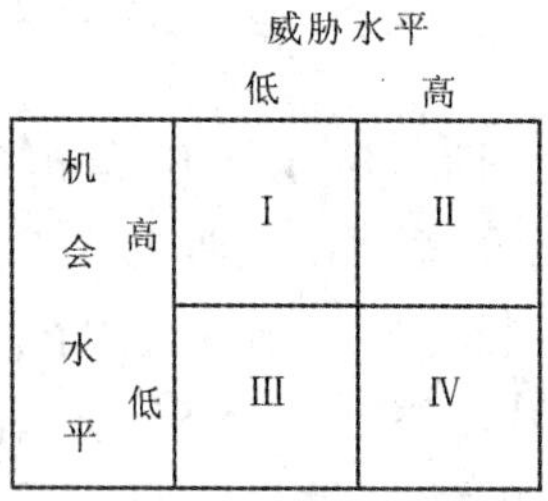

图2－6　威胁—环境综合分析矩阵图

第Ⅰ象限为理想企业。这类企业机会水平高，威胁水平低，说明企业有非常好的发展前景，这样的企业是很少的。比如面对全球环境保护呼声的高涨，绿色企业成为理想企业，它们前期投入了很大的人力物力，就可以在这种时候最先满足条件从而进入市场，占取先机。

第Ⅱ象限为冒险企业。这类企业机会水平和威胁水平低，也就是说在环境中机会与挑战并存，成功和风险同在，因此，这类企业应抓住机会充分利用，同时制定避免风险的对策。前述这家烟草公司既有两个威胁出现的可能性和潜在严重性都大的市场营销环境因素，又有一个成功出现可能性和潜在吸引力都大的市场营销环境因素，总体上说，这家烟草公司处于冒险的市场营销环境中，属于冒险企业。

现实中的企业，尤其是那些大中型企业，一般生产多品种的产品，市场营销环境变化不一定给每一种产品带来同等的威胁或同等的机会。但对具体产品的市场威胁和机会分析，也可采用同种方法。

第Ⅲ象限为成熟企业。这类企业机会和威胁水平低，说明企业发展的机会已经很少，自身发展潜力也很低，企业应该研究环境营造的新机会以进一步开拓，否则，将影响企业的生存。这样的企业有很大一部分集中在大企业，比如我国的服务行业、服装行业、工艺品行业等劳动密集型行业，都已经形成了比较完备的格局，一般情况下不会面临很大的威胁和机会。

第Ⅳ象限为困难企业。这类企业面临较大的环境威胁，而营销机会也很少，这种企业如果不能减少环境威胁将陷入经营困难的境地。比如在绿色经济的呼声中，污染大的企业就很可能成为困难企业。

2. 竞争优势与竞争劣势分析（SW 分析）

（1）竞争优势。当两个企业处在同一市场或者说它们都有能力向同一顾客群体提供产品和服务时，如果其中一个企业有更高的盈利率或盈利潜力，那么，我们就认为这个企业比另外一个企业更具有竞争优势。换句话说，所谓竞争优势，是指一个企业超越其竞争对手的能力，这种能力有助于实现企业的主要目标——盈利。但值得注意的是：竞争优势并不一定完全体现在较高的盈利率上，因为有时企业更希望增加市场份额，或者多奖励管理人员或雇员。

①技术技能优势：独特的生产技术，低成本生产方法，领先的革新能力，雄厚的技术实力，完善的质量控制体系，丰富的营销经验，上乘的客户服务，卓越的大规模采购技能。

②有形资产优势：先进的生产流水线，现代化车间和设备，拥有丰富的自然资源储存，吸引人的不动产地点，充足的资金，完备的资料信息。

③无形资产优势：优秀的品牌形象，良好的商业信用，积极进取的公司文化。

④人力资源优势：关键领域拥有专长的职员，积极上进的职员，很强的组织学习能力，丰富的经验。

⑤组织体系优势：高质量的控制体系，完善的信息管理系统，忠诚的客户群，强大的融资能力。

⑥竞争能力优势：产品开发周期短，强大的经销商网络，与供应商良好的伙伴关系，对市场环境变化的灵敏反应，市场份额的领导地位等。

（2）竞争劣势。它是指某种公司缺少或做得不好的东西，或指某种会使公司处于劣势的条件。①缺乏具有竞争意义的技能技术；②缺乏有竞争力的有形资产、无形资产、人力资源、组织资产；③关键领域里的竞争能力正在丧失等。

当然，SWOT 分析法不是仅仅列出四项清单，最重要的是通过评价公司的优势、劣势、机会、威胁，最终得出以下结论：一是在公司现有的内外部环境下，如何最优地运用自己的资源；二是如何建立公司的未来资源。

三、SWOT分析与企业营销对策

市场营销环境变化给企业营销带来的影响是多样、复杂的。企业应持全面、具体的评价原则，运用环境扫描法、“威胁—机会”矩阵图法，对影响企业营销的相关环境因素及其权重做出准确估析，并在环境分析与评价的基础上，对威胁与机会水平不等的各种营销业务，分别采取不同的对策。

分析评价市场营销环境，目的是为了制订应变对策。由于各个企业的具体情况不同，在同样的市场营销环境变化中，应变对策也不能一样，因此很难确定一种固定模式。

1. 应对环境威胁的对策

(1) 反攻策略。反攻策略即试着限制或扭转不利因素的发展，通过法律诉讼等方式，促使政府通过某种法令或政策等保护自身合法权益不受侵犯，改变环境的威胁。

同步案例2-4

克兰梅在感恩节的反攻策略

背景资料：

感恩节是美国的一个传统节日，这一天美国人要吃一种叫克兰梅的酸果食品。1959年11月9日，美国卫生教育福利部长弗莱明突然宣布，当年克兰梅作物由于除草剂的污染，在实验室用老鼠做试验发现了致癌病变，虽然还不能证明在人身上是否也会有危害，但是他劝告公众自己酌情处理。

弗莱明的公告发布以后，立即在社会上引起强烈反响，克兰梅食品货架前顿时门庭冷落。生产加工克兰梅食品的企业大受其害。尤其是美国海洋浪花公司，这是一家专门生产克兰梅果汁果酱的企业，面临巨大的威胁。该公司认为，必须澄清事实，否则公司和整个行业都有可能破产。为此，他们制定了反攻策略。

首先，公司专门调查了整个过程，发现这是一个误解。于是，公司召开记者招待会，公布调查的全部情况，请有关官员，卫生、食品方面的专家、学者等发表权威性意见，以消除弗莱明公告造成的不良影响。

其次，打电报给弗莱明，要求他立即采取措施，挽回影响；致电艾森豪威尔总统，请他敦促政府改正错误。

最后，当时四年一度的美国大选即将开始，两位年轻的政客——肯尼迪和尼克松的竞选即将开始。海洋浪花公司通过一系列工作，在一次两人与公众见面的电视镜头中，肯尼迪吃了四份克兰梅果酱，尼克松喝了一杯克兰梅果汁。

通过一系列反攻措施，克兰梅又在感恩节前夕回到了货架上。

问题：

克兰梅是如何做到在感恩节前夕回到货架上的？采取了哪些策略？

分析提示：

克兰梅利用反攻策略，通过请有关官员，卫生、食品方面的专家、学者等发表权威性意见、开新闻发布会等一系列的公关活动澄清事实，以消除弗莱明公告造成的不良影响，让消费者对克兰梅有新的认识，使其重新回到了货架上进而起到了促销的作用。

（2）减轻策略。减轻策略即通过改变营销策略，以减轻环境威胁的程度。由于环境因素对企业营销形成一定的威胁，并且这一威胁后果不可避免，此时，减轻策略就是对付威胁的策略之一。

（3）合作策略。企业通过各种合作手段，如联合、合作、合并、参与等，由更多的社会组织组成联合体，充分利用资金、技术、设备，取长补短，分散风险，共同保护自身利益。

同步案例 2-5

360 与卡巴斯基的合作

背景资料：

2006 年，360 安全卫士刚成立时，为了迅速打开市场，就有了“安全软件 + 免费杀毒”的想法。通过对市场的了解，360 决定寻求合作。于是 360 通过与卡巴斯基的沟通与谈判，达成最终协议：360 每年拿出两三百万元购买卡巴斯基为期半年的激活码，卡巴斯基与 360 共同进行推广，如果用户到期后选择继续付费使用卡巴斯基，线上销售收入由大家按比例分成。

在当时免费杀毒软件还很少的情况下，将免费杀毒软件一起推出，的确对 360 安全卫士和卡巴斯基的业务发展都很有帮助。经过一段时间，360 和卡巴斯基双方的业务都得到了迅速的增长，应该说大家通过合作实现了双赢。

问题：

360 和卡巴斯基为什么能实现双赢？

分析提示：

360 和卡巴斯基的合作就是基于双方各自的优势，结合市场的机会，充分利用资金、技术、设备，取长补短，分散风险，共同保护自身利益，从而实现双赢。

（4）转移策略。当受到威胁程度严重的企业，因无条件继续经营原来的业务时，可逐步转移原来的业务或调整业务范围，以减轻环境对企业的威胁。

近些年来，国内不少企业盲目走多元化发展的道路，导致资金紧张和管理失控，造成经营困难，有的公司以“壮士断臂”的决心果断压缩战线，关、停、并、转一批企业，使企业止住“出血点”，从困境中走出来。

2. 把握市场机会的对策

一是准确把握时机选择。如果看准了市场环境趋势，就应当机立断，尽早做出决策，不能等到停工待料时再去寻找市场机遇。

二是慎重行事。美国著名市场学学者西奥多·李维特曾告诫企业家们，要小心地评价市场营销机会。他说：“这里可能是一种需要，但是没有市场；或者这里可能是一个市场，但是没有顾客；或者这里可能有顾客，但没有推销员。”他的告诫说明，机会决策必须准确地预测市场需要和估价企业的能力，否则，从表象出发难免导致决策失误。

三是逐步到位。实施决策应分步骤，边试验、边总结，以进一步摸清市场环境，然后全面实施。

同步案例 2-6

沃尔玛 SWOT 分析案例

背景资料：

优势（Strengths）

沃尔玛是著名的零售业品牌，它以物美价廉、货物繁多和一站式购物而闻名。沃尔玛的销售额在近年内有明显增长，并且在全球化的范围内进行扩张。例如，它收购了英国的零售商 ASDA。

沃尔玛的一个核心竞争力是由先进的信息技术所支持的国际化物流系统。例如，在该系统的支持下，每一件商品在全国范围内的每一间卖场的运输、销售、储存等物流信息都可以清晰地看到。信息技术同时也加强了沃尔玛高效的采购过程。

沃尔玛的一个焦点战略是人力资源的开发和管理。优秀的人才是沃尔玛在商业上成功的关键因素，为此沃尔玛投入时间和金钱对优秀员工进行培训并建立忠诚度。

劣势（Weaknesses）

沃尔玛建立了世界上最大的食品零售帝国。尽管它在信息技术上拥有优势，但因为其巨大的业务拓展，这可能导致对某些领域的控制力不够强。

因为沃尔玛的商品涵盖了服装、食品等多个部门，它可能在适应性上比起更加专注于某一领域的竞争对手存在劣势。该公司是全球化的，但是目前只开拓了少数几个国家的市场。

机会（Opportunities）

采取收购、合并或者战略联盟的方式与其他国际零售商合作，专注于欧洲或者大中华区等特定市场。

沃尔玛的卖场当前只开设在少数几个国家。因此，拓展市场可以带来大量的机会。沃尔玛可以通过新的商场地点和商场形式来获得市场开发的机会。更接近消费者的商场和建立在购物中心内部的商店可以使过去仅仅是大型超市的经营方式变得多样化。沃尔玛的机会存在于对现有大型超市战略的坚持。

威胁（Threats）

沃尔玛在零售业的领头羊地位使其成为所有竞争对手的赶超目标。沃尔玛的全球化战略使其可能在其业务国家遇到政治上的问题。

多种消费品的成本趋向下降，原因是制造成本的降低。造成制造成本降低的主要原因是生产外包给了世界上的低成本地区。这导致了价格竞争，并在一些领域内造成了通货紧缩。恶性价格竞争是一个威胁。

沃尔玛 SWOT 分析及营销对策见表 2-2 所示。

问题：

沃尔玛进行 SWOT 分析后应采取什么营销对策？

分析提示：

该案例通过对沃尔玛进行 SWOT 分析，在了解企业所面临的机会和挑战的基础上，从中找出对自己发展的有利机会及值得发挥的优势，目的是为了找出对自己发展的不利威胁及应减轻或避免威胁的对策而进行的科学分析方法。

表 2－2

	优　势	劣　势
	著名的零售业品牌； 先进的信息技术所支持的国际化物流系统； 忠诚且优秀的人才	巨大的业务拓展导致对某些领域的控制力不够强； 商品涵盖范围过广但适应性较弱； 全球化市场开拓尚待加快
机会	so 战略（开发）	wo 战略（合作）
发展中国家市场拓展；通过新的商场地点和商场形式来获得市场开发的机会；建立在购物中心内部的商店	以发展中国家大型城市为目标市场加快发展，以中心城市大型超市树立品牌形象	同时建立在大型购物中心内部的商店；积极进行多元化经营
威胁	st 战略（反攻）	wt 战略（减轻、转移）
所有竞争对手的赶超目标；全球化战略使其可能在其业务国家遇到政治上的问题；价格竞争加剧，恶性价格竞争出现；宏观经济不景气	成本领先，建立稳定的采购基地；丰富品种，稳定价格	放弃在政局不稳定、经济发展趋势不明显的地区的扩张

本项目知识脉络

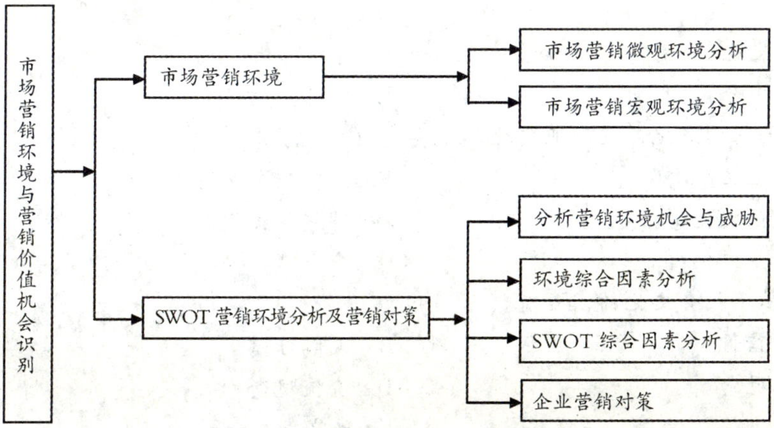

思考与练习

1. 理论题

(1) 单选题

①下列属于宏观环境因素的是（　　）。

A. 竞争者　　B. 人口环境

C. 供应商　　D. 公众

②下列不属于宏观环境因素的是（　　）。

A. 人口　　B. 公众

C. 经济　　D. 政治

③影响消费需求变化的最活跃的因素是（　　）。

A. 个人可支配收入　　B. 可任意支配收入

C. 个人收入　　D. 人均国内生产总值

④市场营销学认为，企业市场营销环境包括（　　）。

A. 人口环境和经济环境　　B. 自然环境和文化环境

C. 直接环境和间接环境　　D. 政治环境和法律环境

⑤企业的直接环境包括供应商、营销中介、目标顾客、竞争者、公众和（　　）。

A. 企业内部环境　　B. 国外消费者

C. 制造商　　D. 社会文化

(2) 多选题

①企业的直接营销环境的构成要素主要有（　　）。

A. 竞争者　　B. 公众

C. 供应商　　D. 营销中介

E. 目标顾客　　F. 企业内部环境

②企业的间接营销环境包括（　　）。

A. 人口　　B. 经济

C. 科技　　D. 竞争者

E. 社会文化　　F. 自然

G. 营销中介　　H. 政治法律

③一个国家的文化包括的亚文化群主要有（　　）。

A. 语言亚文化群　　B. 宗教亚文化群

C. 民族亚文化群　　D. 种族亚文化群

E. 地理亚文化群

④下列属于社会文化的因素有（　　）。

A. 宗教信仰　　B. 风俗习惯

C. 道德观念　　D. 价值观念

E. 地形地貌　　F. 风度气质

⑤企业进行经济环境分析时，要着重分析的主要因素有（　　）。

A. 人口出生率　　　　　　　　　　　　B. 消费者收入水平

C. 消费者文化素养　　　　　　　　　　D. 消费者支出模式

E. 消费者储蓄和信贷情况的变化

(3) 判断题

①决定消费者是否重复购买的最重要阶段是购后感受阶段。 (　　)

②卖方构成行业，买方则构成市场。 (　　)

③消费者市场的购买行为比生产者市场的购买行为更易受价格因素的影响。 (　　)

④决定消费者是否重复购买的最重要阶段是购后感受阶段。 (　　)

⑤需求是可以刺激的，并随着企业销售努力的大小而变动。 (　　)

(4) 简答题

①营销环境的含义、构成及特征是什么？

②企业的微观环境有哪些因素？宏观环境有哪些因素？

③企业对所面临的主要市场营销机会可能采取的对策有哪些？

④企业对所面临的主要环境威胁可能采取的对策有哪些？

2. 实务训练题

【案例分析】

案例资料：

恒大冰泉——借势营销的胜利

借势夺冠热点：2013 年 11 月 9 日，恒大亚冠夺取冠军的新闻让整个中国沸腾了。作为长期以来相对薄弱的体育项目，恒大登冠无疑是国足史上一次“意外惊喜”，也是继 1990 年辽宁队后，中国球队再度称霸亚洲。这次的夺冠，让广州恒大家喻户晓。“恒大足球”、“恒大集团”、“许家印”等一时间成为关注度和搜索率极高的新闻热词。就在这举国瞩目的“惊喜”发生的第二天，恒大集团趁热打铁，举行恒大冰泉上市发布会。

悬念式营销：“我们公司将在本周日发布一重大新闻。”据说，早在 11 月 8 日，恒大地产相关工作人员向一些媒体记者发出采访邀请，但是拒绝透露任何其他信息。在 9 日晚的亚冠决战之中，恒大悄然更换了队员们的亚冠比赛球衣，不仅所有球员的比赛服装印上了“恒大冰泉”的胸前广告，教练员、工作人员的服装也同样如此。就在工作人员忙着将亚足联颁奖仪式的用具搬离绿茵场的时候，四只超大的矿泉水瓶被人扛进体育场绕场庆祝，而上面“恒大冰泉”字样赫然在目。与此同时，亚冠决赛当晚，无论电视、网络，只要与亚冠决赛有关的版面均会出现“恒大冰泉”的广告。

政、商、学、体云集：恒大冰泉发布会上，商界、政界、学术界、体育界相关人士云集，吸引了百余家媒体到场。恒大矿泉水集团董事长潘永卓，恒大集团副总裁刘永灼，吉林白山市副市长陈耀辉，中国矿业联合会天然矿泉水专业委员会主任田廷山，国务院资深参事、水文地质学家、勘察大师王秉忱等依次致辞。世界名帅里皮、郎平、前世界足球先生菲戈以及前西班牙兼皇马双料队长耶罗受聘成为恒大冰泉全球推广大使。

水源优质：在冰泉矿泉水的相关介绍中，显示其水源地为长白山深层矿泉，与欧洲阿尔卑斯山、俄罗斯高加索山一并被公认为世界三大黄金水源之一。长白山深层矿泉，属火山岩冷泉，水温常年保持在 6—8℃，水质中的矿物成分及含量相对稳定，水质纯净、零污染，口感温顺清爽。另外，其官方宣称，经世界权威鉴定机构——德国 Fresenius 检测，“口感和质量与世界著名品牌矿泉水相近，部分指标更优”。

生产工艺先进：在生产工艺方面，恒大冰泉整个生产线均引进世界上最先进的生产设备，且直接从深层火山岩中取水，无空气接触灌装生产，保障质量。

背靠大山的品牌：恒大集团是在香港上市，以民生住宅产业为主，集商业、酒店、体育及文化产业为一体的特大型企业集团。总资产达 2745.9 亿元，在全国 140 个主要城市拥有大型项目 262 个，连续三年土地储备全国第一、在建面积全国第一、销售面积全国第一、销售额稳居全国三甲。“冰泉”作为新生的矿泉水品牌，背靠大山，可谓含着金钥匙“出世”。

高品低价的民生事业：恒大冰泉对外宣称将坚持“一处水源供全国”模式，坚持“高端品质，亲民价格”微利模式，保障每一滴水均来自长白山，为广大老百姓提供安全、健康、养生的天然矿泉水，从根本上改善现代人的亚健康状态，全面提升国民体质。

保健诉求：水是生命之源，人体的 70% 由水分组成，饮用高质量的水，被认为是有助于提升生命质量的最重要途径之一，但中国国内对饮用健康好水的观念还比较薄弱。恒大冰泉则在宣传中，充分体现了保健这一概念：“蕴含丰富且均衡的人体所需钼、硒、锶、锂等 20 多种微量元素，且偏硅酸含量较高。偏硅酸对人体主动脉硬化具有软化作用，对心脏病、高血压、动脉硬化、神经功能紊乱等都有医疗保健作用。”

强势的广告轰炸：2013 年 11 月 9 日两小时的亚冠决赛直播、各大网站和媒体的广告投放，都让恒大冰泉这款新产品备受关注，而且恒大冰泉还将在未来的一个赛季中登上广州恒大的球衣。另外，财大气粗的恒大冰泉在纸媒刊登整版广告，在奇艺网、新浪网等各知名网站投放广告，在湖南卫视、江西卫视等电视台进行了高密度广告投放。

多元化销售渠道：在发布会上恒大冰泉领导指出，将借助恒大地产特色产业平台，打造多元化的立体营销渠道服务平台。以终端直营渠道和现代渠道为主，以特通渠道和经销商渠道为辅，建立起立体营销网络。恒大集团考虑建立一套独立的饮用水系统，将恒大天然矿泉水纳入楼盘社区系统，使之成为恒大物业的一大亮点，为物业提高附加值。

另外，恒大冰泉还在全国超过 130 个城市、逾 200 个项目、各地区恒大酒店、恒大影城、健康养生会所等设置产品展示零售店，并且将开通“恒大矿泉水”网上商城。这些举措不仅令恒大冰泉的销售渠道管理更加立体，也将为消费者提供全方位的后期客户跟踪服务。

（资料来源：食品伙伴网）

思考题：

（1）“恒大冰泉”在当时的市场环境中主要采用了哪些营销方式来争夺市场？

（2）“恒大冰泉”在这种竞争高度集中的市场环境下取得轰动上市效应，采取的哪些营销策略值得我们学习？

项目三
购买行为分析与营销价值认知

消费者行为是一切，一切皆为消费者行为。
——罗格·D. 布莱克韦尔

【项目学习目标】

知识目标　(1) 消费者市场；(2) 生产者市场；(3) 消费者购买行为模式；(4) 生产者市场购买行为模式。

能力目标
(1) 了解消费者、生产者市场的概念、分类和特点；
(2) 掌握消费者一般购买行为模式和决策过程；
(3) 掌握影响消费者购买行为的主要因素。

职业素养　(1) 观察力；(2) 善于学习，适应消费者变化；(3) 市场分析能力。

项目实践及考核　在教师指导下，营销项目小组在完成项目二的基础上，假定其中一种可能出现的需求价值，通过消费者心理透视论证这种需求价值将被市场认同，以团队展示方式进行考核。

导入案例

四脚灵蛇舞翩跹

为了打开美国市场，日清食品公司经过千辛万苦的商场问卷和家庭访问，专家考察组最后得出了与美国食品行业的市场调查权威机构完全相反的调查评估结论——美国人的饮食习惯虽呈现出“汤面分食，决不混用”的特点，但是随着世界各地不同种族移民的大量增加，这种饮食习惯在悄悄地发生着变化。再者，美国人在饮食中越来越注重口感和营养，只要在口味上和营养上投其所好，方便面有可能迅速占领美国食品市场，成为美国人的饮食“新宠”。

日清食品公司基于亲自调查的结论，从美国食品市场动态和消费者饮食需求出发，确定了“四脚灵蛇舞翩跹”的营销策略，全力以赴地向美国食品市场大举挺进。“第一脚”——他们针对美国人热衷于减肥运动的生理需求和心理需求，巧妙地把自己生产的方便面定位于“最佳减肥食品”，在声势浩大的公关广告宣传中，刻意渲染方便面“高蛋白，低热量，去脂肪，剔肥胖，价格廉，易食用”等种种食疗功效；针对美国人好面子、重仪表的特点，精心制作出“每天一包方便面，轻轻松松把肥减”、“瘦身最佳绿色天然食品，非方便面莫属”等极具煽情色彩的广告语，挑起美国人的购买欲望，获得了“四两拨千斤”的营销奇效。“第二脚”——他们为了满足美国人以叉子用餐的习惯，果断地将适合筷子夹食的长面条加工成短面条，为美国人提供饮食之便；并从美国人爱吃硬面条的饮食习惯出发，一改方便面适合东方人口味的柔软特性，精心加工出稍硬又劲道的美式方便面，以便吃起来更有嚼头。“第三脚”——由于美国人“爱用杯不爱用碗”，于是日清公司别出心裁地把方便面命名为“杯面”，并给它起了一个地地道道的美国式副名——“装在杯子里的热牛奶”，期望“方便面”能像“牛奶”一样，成为美国人难以割舍的快餐食品；他们根据美国人“爱喝口味很重的浓汤”的独特偏好，不仅在面条制作上精益求精，而且在汤味佐料上力调众口，使方便面成为“既能吃又能喝”的二合一方便食品。“第四脚”——他们从美国人食用方便面时总是“把汤喝光而将面条剩下”的偏好中，灵敏地捕捉到了方便面制作工艺求变求新的着力点，一改方便面“面多汤少”的传统制作工艺，研制生产了“汤多面少”的美式方便面，并将其副名更改为“远胜于汤”，从而使“杯面”迅速成为美国消费者人见人爱的“快餐汤”。

挟此“四脚灵蛇舞翩跹”的营销策略，日清食品公司果敢挑战美国人的饮食习惯和就餐需求。它以“投其所好”为一切业务工作的出发点，不仅出奇制胜地突破了“众口难调”的产销瓶颈，而且轻而易举地打入了美国快餐食品市场，开出了一片新天地。

（资料来源：摘编自新浪网《“四脚”策略挺进美国》。）

启示：善于研究消费者的购买行为及心理并投其所好，以顾客的需求为一切销售工作的出发点就能成功打开市场，开创一片新天地。

任务1　消费者市场购买行为分析

市场营销的目的是满足消费者的需求。企业必须分析和研究消费者的需求及其影响因素，研究消费者的购买行为及其自身特有的规律，才能有效地开展市场营销活动，实现其营销目标。

一、消费者购买行为模式

1. 消费者市场及消费品分类

（1）消费者市场。消费者市场是由为满足生活消费需要而购买货物和劳务的一切个人和家庭构成。他们是具有不同个性的个体，购买行为复杂多变，既受经济、社会等外在因素的影响，又受个性、心理等内在因素的影响。

（2）消费品分类。市场营销学通常按消费者购买行为的差异给消费品分类：

①便利品，是指售价低、不需挑选、能迅速购买的产品和服务，包括食品、香烟等，通常价格低廉，购买时不做过多挑选，以方便为要。

②选购品，是指单位价值较高、使用时间长、要经过比较选择才购买的产品，如服装、家具、家用电器等。消费者在购买此类产品时，对产品的质量、品牌、售后服务或购买地点等各方面要进行反复比较，达到满意状态时才实施购买。

③特殊品，是指需要精心挑选的具有特殊品质或品牌的消费者所偏爱的产品，如汽车、高级组合音响及收藏类产品等。此类产品属于非重复性购买，消费者往往经过慎重考虑才决定购买。

2. 消费者市场需求特征

（1）分散性，即消费者市场上购买者众多，市场分散，成交次数频繁，数量零星。

（2）差异性，主要是指消费者的需求呈现较大的差异性和多样性。

（3）多变性，指消费者需求多变。

（4）替代性，指消费者市场产品种类繁多，不同产品往往可以相互替代。

（5）非专业性，指购买者对产品知识和市场知识较为缺乏，属于非专业购买行为，对产品选购受广告宣传影响较大。

二、消费者行为模式

人的行为受心理活动支配。从心理到行为，心理学中有一个“刺激—行为”模式，即“刺激——需要——动机——行为”。刺激产生需求，需要强烈到一定程度时，就会诱发动机，动机强烈到一定程度就导致行为（见图 3－1）。

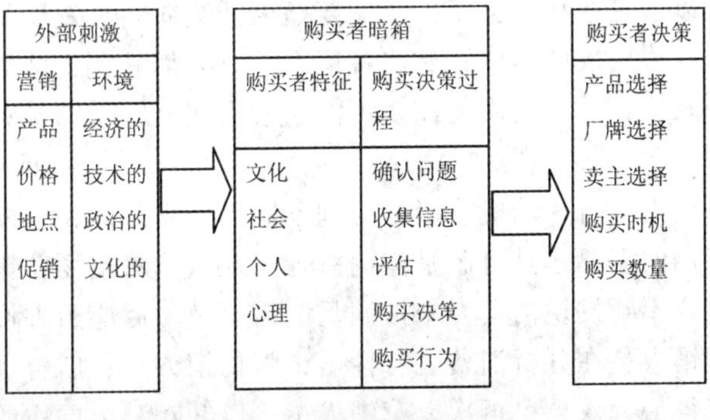

图 3－1 购买者行为模式

人们行为的动机是一种内在的心理活动过程，像一只黑箱，是一个不可捉摸的神秘过程。客观的刺激，经过黑箱（心理活动过程）产生反应，引起行为，只有通过对行为的研究，才能了解心理活动过程。

营销者的任务是去了解介于外在刺激与采购决策间的购买者黑箱。首先，消费者的背景特征对其如何反映刺激具有重大影响；其次，消费者决策过程会影响结果。

三、影响消费者行为的因素

影响消费者购买行为的主要因素包括心理因素、文化因素、社会因素、个人因素，如图 3－2 所示：

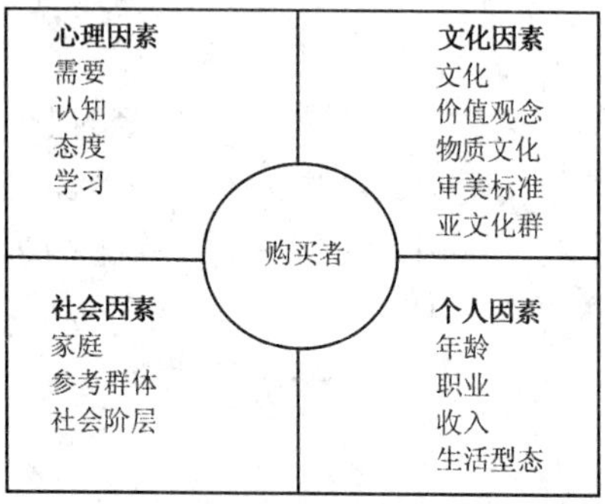

图 3－2　影响消费者购买行为的主要因素

1. 心理因素

众所周知，人的行为是受其心理活动支配和控制的。所以，在市场营销活动中，尽管消费者的需求千变万化，购买行为千差万别，但都建立在心理活动过程的基础上。消费者心理活动过程，是指消费者在消费决策中支配购买行为的心理活动的整个过程。影响消费者心理活动过程的主要因素有需要、认知、态度、学习等。

（1）需要。需要是指在一定的生活环境中，人们为了延续和发展生命对客观事物的欲望的反映。心理学研究表明，人的需要是由于人们自身缺乏某种生理或心理因素而产生的与周围环境的某种不平衡的状态。人们的需要确定了人们行为的目标。因此，需要是推动人们活动的内在驱动力。

美国著名的心理学家马斯洛（A. H. Maslow）于 1951 年提出了“需要层次论”，证明了人的各种需要具有以下三个特点：①人的需要是由低级向高级发展的。只有满足了低层次的需要，才能产生高一层次的需要；②当各层次需要全部满足或部分满足后，就开始追求各层次需要的质量水平；③各层次的需要可能交替出现，即它们具有相互交织、波浪式发展的性质。

马斯洛认为，每个人的行为动机一般是受到不同需要支配的，已满足的需要不再具有激励作用，只有未满足的需要才具有激励作用。这一观点，对市场营销人员具有很大的启示。首先，营销人员要不断发现消费者未被满足的需要，然后应想方设法、最大限度地去满足他们；其次，营销人员在分析消费者特性后，将促销方式、广告、宣传集中于多层次消费者需要上，以获得最大效果；再次，营销人员可以针对某个层次的需要来确定目标市场，并进一步制定市场营销策略。

（2）认知。消费者对商品的感觉与知觉、记忆与思维构成了对商品的认知。感觉与知觉，是指人们通过感觉器官对商品个别属性或整体的认知。这是认知过程的形成阶段。

消费者对产品的辨别可以根据视觉对商标上的文字、图案作判断；通过视觉、听觉、味觉、嗅觉和触觉对商品进行区分；通过广告宣传的刺激，对商品产生印象。

知觉是感觉的延伸，它受到各种主客观因素的影响。其中，消费者自身的兴趣、爱好、个性、对品牌的偏爱以及自我形象是知觉的先决条件；产品形象、企业形象及其吸引力是知觉的基本条件；广告宣传、营销人员的行为，则是促成消费者对商品知觉的关键因素。

为了进一步加深对商品的认识，消费者会利用记忆、思维等心理活动来完成认知过程。记忆是指人们对过去经历过的事物在大脑中的贮存，并在一定的条件下重现出来。它对消费者的认识发展具有十分重要的作用。商品的名称、商标、包装、广告均为消费者记忆的主要内容，其中商标是消费者最易识别、最主要的商品标志。思维是人们对事物一般属性及其内在联系的间接的概括反映。消费者通过对感知、记忆形成的商品“印象”进行分析、比较、判断、推理、综合等环节达到认识发展的高级阶段，最终作出购买决策。

市场营销人员应该随时洞察消费者心理活动，利用广告宣传、人员推销等手段，引起他们对产品的关心和注意，诱发欲望和需求，促成消费者的购买行为。

(3) 态度。消费者态度是指消费者在购买或使用商品的过程中对商品或服务及其有关事物形成的反应倾向，即对商品的好恶、肯定与否定的情感倾向。消费者若持肯定态度，则会推动其完成购买行为；若持否定态度，则会阻碍甚至中断其购买行为。根据消费者在购买商品时所反映态度的不同程度，它可分为三种类型：

①完全相信型。即消费者对所要购买的产品的各个方面持完全肯定的态度。这种态度往往会导致购买行为的实现。

②部分相信型。即消费者对所要购买的产品并不十分满意或不完全相信。在这种情况下，消费者的态度往往犹豫不决，拿不定主意。营销人员应该为消费者操作示范，详细讲解，增强消费者对产品的信任感，导致其购买行为。

③不相信型。即消费者对所要购买的产品持完全否定的态度。造成这种情况的主要原因为：第一，产品不符合消费者的心理需求；第二，消费者发现产品的缺陷及不足；第三，消费者发现商品的实际性能与广告宣传不符，从而形成对商品的不信任态度。

消费者对商品持不信任态度，一般很难导致购买行为，只有通过各种方式消除消费者的质疑、不信任，改变消费者的态度，才会引起消费者的购买欲望，导致购买行为。影响消费者态度转变的主要因素有价值观念、经验、个性等态度形成特征，以及信息、广告宣传、消费者之间的相互影响、群体压力等外界因素的影响。因此，企业和市场营销人员必须做到：一是利用各种形式如广告宣传、产品展销、操作表演等向消费者传递产品信息；二是提高产品质量，改进产品性能，树立商品信誉和企业形象；三是加强产品的售前、售中和售后服务，促进消费者态度的转化。

(4) 学习。人类除了饥、渴、性等本能驱动力支配的行为外，其他行为都是经过学习而产生的。消费者的学习，是消费者在购买和使用商品活动中不断获得知识、经验和技能，不断完善其购买行为的过程。消费者的学习有以下几种类型：

①模仿式学习。即通过获取信息、观摩效仿的方法进行学习，其结果是消费者摒弃旧的消费方式，适应新的需求水平。

②反应式学习。即通过外界信息或事物的不断刺激，会形成一种相应的反应，并通过感观和体验为消费者所接受和学习，促使其进行购买。

③认知式学习。即通过对前人经验的总结与学习，辅之以复杂的思维过程所学到的分析与解决问题的能力，用自己的学识和辨别能力，对付不断面临的购买决策问题。

学习对于更好地指导、促进、提高消费者的购买行为具有十分重要的作用，主要体现在：一是增加消费者的产品知识，丰富购买经验；二是进一步提高消费者的购买能力，促进购买行为的完成；三是有助于激发消费者的重复购买行为。

2. 文化因素

（1）文化。文化是人类知识、信仰、艺术、道德、法律、美学、习俗、语言文字以及人作为社会成员所获得的其他能力和习惯的总称。文化是人们在社会实践中形成的，是一种历史现象的沉淀；同时，文化又是动态的，处于不断的发生变化之中。

文化一般由两部分组成：一是全体社会成员共同的基本核心文化；二是具有不同价值观、生活方式及风俗习惯的亚文化。

（2）价值观念。价值观念是指人们对社会生活中各种事物的态度和看法。在不同的文化背景下，人们的价值观念相差很大。市场的流行趋势都会受到价值观念的影响。企业在制定促销策略时应该将产品与目标市场的文化传统尤其是价值观念联系起来。例如，美国人希望得到个人最大限度的自由，追求超前享受，人们在购买住房、汽车等时，既可分期付款，又可向银行贷款支付。而在我国，人们则习惯攒钱买东西，人们购买商品往往局限于货币支付能力的范围内。

（3）物质文化。物质文化由技术和经济构成，它影响需求水平、产品的质量、种类、款式，也影响着这些产品的生产与销售方式。一个国家的物质文化对市场营销具有多种意义。例如，电动剃须刀、多功能食品加工机等小电器，在发达国家已经完全被接受，而在某些贫困国家不仅看不到或没人要，而且往往被视为一种奢侈与浪费。

（4）审美标准。审美标准通常指人们对事物的好坏、美丑、善恶的评价标准。由于审美标准对理解某一特定文化中艺术的不同表现方式、色彩和美好标准等象征意义起了很大的作用，所以市场营销人员尤其要把握和重视审美标准。如果对一个社会的审美标准缺乏文化上的正确理解，产品设计、广告创意就很难取得成功。如果对审美标准感觉迟钝，不但产品的款式与包装不能发挥效力，而且会冒犯潜在的消费者，或者造成不良印象。

（5）亚文化群。每种文化之间都有巨大的差异，在同一种文化的内部，也会因民族、宗教等诸多因素的影响，使人们的价值观念、风俗习惯和审美标准表现出不同的特征。亚文化通常按民族、宗教、种族、地理、职业、性别、年龄、语言、文化与教育水平等标准进行划分。在同一个亚文化群中，人们必然有某些相似的特点，以区别其他的亚文化群。熟悉目标市场的亚文化特点，有助于企业制定相应的营销策略。

企业和市场营销人员必须加强对文化的研究，因为文化渗透于产品的设计、定价、质量、款式、种类、包装等整个营销活动之中。营销人员的活动，实际上成了文化结构的有机组成部分。因而，他们必须不断调整自己的活动，使之适应国际市场的文化需求。各国之间的文化交流、渗透、借用乃至文化变革，要求市场营销人员应具有理解和鉴别不同文化的特点和不同文化模式之间的细微差别的能力，并对消费行为进行跨文化分析，从而真正把握不同文化背景下消费者的需求及行为发展趋势。

3. 社会因素

消费者行为也受到社会因素的影响，它包括消费者的家庭、参考群体和社会阶层等。

（1）家庭。家庭是消费者个人所归属的最基本团体。一个人从父母那学习到许多日常的消费的行为。即使在长大离家后，父母的教导仍然有明显的影响。

消费者行为深受家庭生命周期的影响。每一个生命周期阶段都有不同的购买行为型态。销售者有时可以生命周期阶段来界定其目标市场，并针对不同的生命周期阶段发展不同的行销策略。

（2）参考群体。一个人的消费行为受到许多参考群体的影响。直接影响的群体称为会员群体，包括家庭、朋友、邻居、同事等主要群体和宗教组织、专业组织和同业工会等次级群体。崇拜群体是另一种参考群体。对那些深受参考群体影响的产品和品牌，市场营销人员必须设法去接触相关参考的意见领袖，把相关的讯息传递给他们。

知识拓展 3－1

相关群体对消费者的影响

■ 张三发现成功的经理都穿着保守。张三相信保守的形象适合于经理，于是他为自己添置了保守的衣服。

■ 一位朋友说耐克的鞋子穿着舒适。当他需要一双新鞋子时，去了耐克的专卖店。

（3）社会阶层。社会阶层是指按照一定的社会标准，如收入、受教育程度、职业、社会地位及名望等，将社会成员划分成若干社会等级。同一社会阶层的人往往有着共同的价值观、生活方式、思维方式和生活目标，并影响着他们的购买行为。因此，企业和营销人员可以根据社会阶层进行市场细分，进而选择自己的目标市场。

4. 个人因素

消费者的购买决策也受到若干个人因素的影响。这些个人因素包括年龄、职业、收入和生活型态等。

生活型态是人们所遵循的一种生活方式，包括使用时间和花费金钱的方式。一个人的生活型态通过他的活动（Activity）、兴趣（Interest）和意见（Opinion）（通称为AIO）来表达（见表3－1）。

表3－1　AIO的主要构面

活动	兴趣	意见	人口变数
工作	家庭	自己	年龄
嗜好	家事	社会问题	教育
社会事件	职务	政治	收入
度假	社会	商业	职业

续表

活动	兴趣	意见	人口变数
俱乐部会员	流行	教育	居住环境
娱乐	休闲	经济	家庭人口
社区	食物	产品	地理区域
逛街购物	媒体	未来	城市大小
运动	成就	文化	生命周期阶段

即使人们来自相同的次文化、社会阶层或是职业群体，但是也可能有不同的生活型态。比如，有人选择努力工作、追求成就，有人选择游山玩水、悠游自在。销售者应设法了解消费者的生活型态，并使其商店或品牌形象能与消费者的生活型态相吻合。

四、消费者购买行为类型和过程

1. 消费者购买行为类型

根据消费者性格和购买心理不同来分析，消费者的购买行为有如下类型：

（1）习惯型购买行为。习惯型购买行为即由信任动机产生的，消费者对某种品牌或对某个企业的产品的一种经常性的购买行为。

（2）理智型购买行为。这是理智型消费者的购买行为。他们在作出购买决策之前一般经过仔细比较和考虑，不易为感情或服务态度所打动，决定后不易改变。对这类顾客的最好办法就是诚心待人，以理服人。

（3）经济型购买行为。他们对价格很敏感，善于精打细算，努力寻求比较价格的差异，并从中得到心理满足。对这类顾客要耐心，并赞美他们内行、识货。

（4）冲动型购买行为。他们往往是年轻人，以情决断，容易受产品外观、广告宣传或相关人员的影响，决定轻率，易于动摇和反悔。如果企业能经常创出新花样，很容易吸引他们。

（5）想象型购买行为。他们可能有一定的艺术细胞，善于联想，自以为是。如果产品在设计、造型、色彩等方面有新意，再加上艺术的促销引导，比较有效。

（6）不定型购买行为。他们往往是一些年轻的、新近开始独立购物的消费者，易于接受新的东西，消费习惯和消费心理正在形成之中，缺乏主见，没有固定的偏好。问的多，看的多，选的多，买的少。对于这样的顾客，首先要满足他们问、选、看的要求，让销售的产品和服务在他们心中留下美好的形象。

2. 消费者购买行为过程

人们的购买行为有时复杂，有时简单，决定购买行为复杂程度的因素有两个，一是产品价值的大小，二是购买者对所购买产品的熟悉程度。简单的购买行为在瞬间完成，复杂的购买行为要历时长久。整个购买行为过程分为五个阶段。购买行为过程的每一次递进，都是基于前一个阶段量的积累（见图 3－3）。

图 3-3　消费者购买行为过程

（1）唤起需要。人的需要可以由两种刺激引起，一是内部刺激，就是饥渴等生理方面刺激产生的需要；二是外部刺激，就是人感知到外界刺激物而引起的需要。生理需要只提出满足需要的对象，而不是具体的目标。比如胃的蠕动在食物消耗到一定程度时就刺激到饥饿神经，让人感到饿了，即对食物的需要。至于具体的食物，则因人、饮食、情景而定，带有强烈的心理色彩。

消费者对某种产品的需要强度，会随着环境条件的变化而变化。企业在可能时要尽可能再强化消费者需求，以让他们尽快地进入第二阶段。

（2）收集信息。消费者需要没有被强化，就维持在这一阶段，条件发生变化时，如果被弱化，需求会消失，如果被强化，就会加强注意，主动去收集有关信息。消费者收集信息一般有四个来源：

①个人来源，即来自家庭、朋友、邻居、同事、同学等处的信息，这些信息对消费者的购买决策影响最为有效。

②商业来源，即来自广告、推销员、经销商、包装、展览等方面的信息。这是消费者接收到的最大量的信息，但是被消费者认为这些信息可信度最低。

③公众来源，即来自大众传播媒体、消费者评审组织、政府机构等处的信息，这类信息一般是可信的。

④经验来源，即消费者自己在对产品的处理、检查和使用过程中得来的记忆信息，这种信息最可靠，但是消费者自己熟悉的产品毕竟很少。

对于企业来说，只有商业来源和公众来源是可以利用的，其他的两个来源，企业虽然不可操作，但是可以通过“满意的顾客”和“最好的推销”来实现。

由于消费者对信息收集是有选择的，并且不同的消费者有不同的判断标准。因此，企业应该恰如其分地宣传自己的产品，售货员的推介也应恰到好处，争取最大限度地获得顾客的信任，从而使企业的产品在顾客的选择性信息收集中被选中。否则，就无法进入消费者购买行为的后续阶段。

（3）比较评价。消费者收集了相关产品的信息后，不可能把所选的产品全部买下来，这就有一个比较评价的筛选过程。对消费者的比较评价，学者们提出了多种方法和模式，比较接近消费者的是“理想厂牌法”。所谓理想厂牌法，就是消费者根据购买目的设想出一种“理想产品”，然后将它与实际产品进行比较，最接近“理想产品”的牌子就是消费者最后所选中的产品。

顾客对自己所要购买的产品会列出一系列自己认为重要的属性，而以各种属性的重要性作为决定取舍的原则，如图 3-4 所示。

当然，不同的消费者对产品属性的权重是不一样的，他们会怀着这一个“理想”的产品与现实产品相核对，在不断地放弃“不理想”品牌和修正自己“理想品牌”过程中作出最后的决定。企业可以采取以下方法影响消费者的购买决策：

①改变现有产品的某些属性，以接近这个消费者群的“理想产品”。

家庭轿车	电　脑	空　调
安全、可靠	运行速度	耗电量
舒适、耐用	价格	功率与制冷、热
维修、服务	显示器类型与大小	噪音大小
价格	硬盘容量	维修、服务
有无名气	软件适用性	价格
技术和款式		

图 3－4　几个产品属性的评价标准

②摆事实，讲道理，科学地宣传介绍自己产品的优点，修正消费者对产品的信念和态度，树立正确的消费观念。

③向消费者介绍企业理念，以取得消费者对企业的信任，打消购买风险顾虑。

④试图改变消费者“理想产品”的标准。

（4）购买决策。消费者经过精心比较评价，已经得到了自己认为正确的结论，如果不出现意外的干扰，就会将购买的意图转向购买行为。但是消费者的购买意向毕竟不是铁板一块，他随时可能改变主意。

购买决策是消费者购买行为最关键的阶段，是顾客最担心的阶段，也是企业一切营销努力的希望所在。如果购买行为消费者的介入度很高，他在由购买意图转向购买行为时还会有一段时滞，有三个因素会影响他的购买：

①他人的态度。如果是消费者很在意的人，他对产品或购买行为的好恶态度会在很大程度上坚定或否定购买者的信念。

②购买风险。这是消费者关心的核心问题，在这一阶段，顾客具有强烈的风险感。企业的主要任务就是消除其风险感，以加速顾客的购买决策。

③意外情况。意外情况有两个方面：一方面是与消费者及其家庭有关的因素，比如收入变化、例外开支、个人心态、产品的预期利益等；另一方面是与产品或市场营销活动有关的因素，如推销者态度、购买条件、产品及价格的变动、流行趋势，等等。

这三个因素除了突发事件外，都是购买风险问题，企业营销的中心点就是让顾客“把商品带回家，把对产品的责任留下来”。

（5）购后感受。消费者购买后的过程还包括四个内容，即决策确认、经历评估、满意或不满意和未来反应。

①决策确认。消费者购买产品后回去确认购买决策是否明智。他会去寻求更多支持自己购买决策方案的正面信息，避免负面信息。他还会去关心产品的价格、各种性能属性的变动状况、流行趋势等等，以给这个产品一个最终评价。

②经历评估。购买后，消费者在使用过程中逐渐认识和熟悉了这个产品，并且把它视为这个家庭或自己的一个部分。随着产品不断地被使用，最终形成了对这个产品和这次购买行为的一个事实评价。

③满意或不满意。如果购买产品达到购买前的预期，消费者就会满意，否则就不满意。超过预期就会非常满意。

④未来反应。它直接取决于消费者的满意程度。有三种可能的反应：退出、表达意见和忠诚。不满意时，他们就可能不再是这个品牌的顾客了，下次产生需求时就会回到行为过程的起点；有些消费者会投诉，如果投诉后得到了满意的结果，他们还可能再次光顾，不做反面宣传，许多企业认为消费者投诉是一件好事——很可能不会失去这位顾客；如果消费者满意或非常满意，很可能成为企业忠诚的顾客，他们会把忠诚扩散到企业的其他产品，把满意扩散到他的相关群体中去。

任务2　生产者购买行为分析

生产者是指工业企业和商业服务企业等生产性集团用户。由于生产者购买商品是用于生产消费，因而他们的购买行为与最终消费者的购买行为有明显区别。

一、生产资料购买行为的特征

生产资料购买行为的主要特点表现为：第一，生产资料购买者的数量少，购买量大，且企业的主要设备若干年才买一次，原材料、零配件则根据供货合同定期供应。第二，购买者在地理区域上较集中。在我国，工业客户主要集中在东北、华北、东南沿海一带。第三，衍生需求。对生产资料的需求，根本上是从消费者对消费品的需求衍生而来的。例如，建筑企业对钢筋水泥的需求实际上是来源于人们对住房的需求。第四，需求缺乏弹性。生产资料购买者的需求受价格变动的影响不大。例如，汽车生产者不会因为汽车轮胎的涨价而少购进轮胎。第五，生产资料需求波动较大。由于产业运行的“加速原理”，最终消费者市场需求的小幅波动，都可能导致生产资料市场需求的激烈震荡，有时消费者需求只增减10%，就能使下期产业购买者需求出现200%的增减。第六，专家购买，决策过程较严谨。生产资料特别是主要设备的技术性强，企业通常都是由经过训练的、内行的专业人员负责采购，决策过程规范、理智、严谨，没有冲动性购买。第七，直接购买。生产资料购买者不通过中间商。第八，互购交易。产业购买者与供应商往往是“你买我的产品，我就买你的产品”，双方在交易时相互给对方某种优惠，既可建立双方稳定的供销关系，又使双方都降低成本。这种互惠也可以表现在三方和多方之间。第九，租赁交易。有些设施设备或大型工具，企业必须要用而又不常用，或价值很高，不适合自购的产品，有越来越大的部分不采取完全购买方式，而是通过租赁方式取得。

二、生产者购买行为类型

1. 直接重购

直接重购是按照原来的购买方式和条件，向原来的供应商订货的一种购买行为。在这种采购方式下，原有的供应者不必重复推销，只需要使产品的质量和服务保持稳定的水平。

2. 修正重购

修正重购是企业因为生产的需要，或为了争取更优惠的交易条件而变更产品的规格、数量、价格或其他条款，或重新选择供应商的一种购买行为。这种类型对原来的供应商很不利，当然，频繁更换供应商，对采购方也不好。

3. 新购

新购是在市场上寻找供应商，首次购买从未购买过的设备、原料、服务等生产资料的购买行为。这种购买成本高，风险大，购买决策较复杂。采购方要善于收集和运用信息，尽快建立自己的采购网络。

三、生产者购买行为过程

生产资料的购买行为过程与消费品相比一般更复杂。它有时涉及很多人、很多部门甚至企业最高层。在生产资料购买行为中，包含着许多的谈判、决策、管理等活动。以下是生产资料购买行为的八个阶段。

1. 提出需要

需求的提出，既可以是企业内部的原因，也可以是外部的刺激。内部原因比如企业决定生产新产品，需要采购新的设备和原材料；或者因为各种原因要更换供应商等。外部刺激诸如商品广告，或业务人员发现了市场上质量更好、价格更低的产品等。

2. 确定需要

需要提出后，就要确定所需项目的总特征和需要的数量。对标准或常规项目的采购，一般都是采购人员直接决定，而复杂项目的采购，应由企业内部的使用者和工程技术人员以及相关负责人共同决定。

3. 产品规格

它是第二阶段的延伸，就是对所需产品更详细、更精确的描述，对产品各项技术指标进行具体分析，并作出详细的说明，供采购人员参考。对产品的分析，一般采用价值分析法。

4. 寻找供应商

企业可以通过广告、客户网络、互联网等各种途径，尽量寻求一些声誉好、服务周到、产品质量高的供应商。在寻找供应合作伙伴时，要立足于双方长期的利益。

5. 征求供应建议

如果购买的产品不需要较高的信息量，“寻找供应商”和“征求建议”两个阶段会同时发生。当所购买的产品很复杂时，就存在许多经济、交易和技术上的问题，还有对候选供应商的筛选等需要有关部门的参与和讨论。

6. 选择供应商

企业一般会要求候选的供应商提供较详细的产品说明，在收到多个供应商的有关资料后，企业应根据自己的情况，选择比较满意的供应商。确定供应商后，就要与这些入选者协商具体的购买事宜。在选择供应商时，根据不同的采购对象，采购中心向供应商规定某些属性，并赋予这些属性一定的权重，然后针对这些属性对供应商进行评分，找出最具竞争力的供应商。常采用的供应商评估模型如表 3 – 2 所示。

表 3－2　　评估供应商的示例

属　　性	权　数	评分标准			
		1分	2分	3分	4分
价格	0.3	√			
供应商需求	0.2			√	
产品可靠性	0.3		√		
服务可靠性	0.1				√
供应商灵活性	0.1				√
总分：0.3×1＋0.2×3＋0.3×2＋0.1×4＋0.1×4＝2.3					

7. 发出正式订单

企业选定供应商后，就会向他们发出订货单，其中应包括所需产品规格、数量、交货日期、退货、保修、运输及保证等方面的内容。

8. 绩效评价

产品购进后，企业会在使用中了解所购买的产品是否起到了应有的作用，并以此来确定合同履行情况的评价，成为再采购、修改或取消与对方合作的依据。

本项目知识脉络

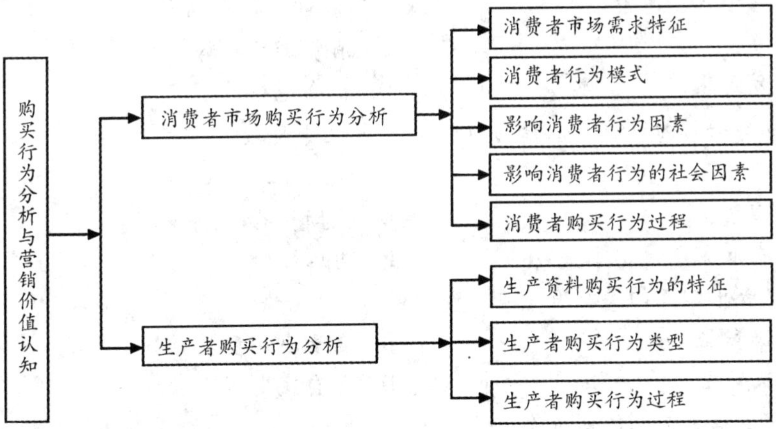

思考与练习

1. 理论题

(1) 单选题

①消费者购买行为过程的起点和终点是（　　）。

A. 一手钱一手货，交换结束，购买行为就结束
B. 从顾客向售货员询问到交易完双方道别
C. 从走进商店到交易完走出商店
D. 从需求产生到对所买商品的最终评价

②在复杂的购买行为中，消费者购买决策过程的第三个阶段是（　　）。
A. 确认需要　　B. 收集信息
C. 比较评价　　D. 购买决策

③“刺激—行为”模式的顺序应该是（　　）。
A. 刺激——需要——动机——行为
B. 需要——刺激——动机——行为
C. 刺激——动机——需要——行为
D. 动机——刺激——需要——行为

④影响消费需求变化的最活跃的因素是（　　）。
A. 个人可支配收入　　B. 可任意支配收入
C. 个人收入　　D. 人均国内生产总值

⑤下列属于生理动机的是（　　）。
A. 对某商品特别喜欢而产生的购买动机
B. 购买某种物品或行为以炫耀和显示自己
C. 为求温饱与安全而产生的购买动机
D. 为组织家庭与延续后代而产生的购买动机

（2）多选题

①消费者购买决策在很大程度上受到社会、文化、个人和心理等因素的影响，下列（　　）因素属于社会因素。
A. 角色　　B. 消费者的年龄
C. 生活方式　　D. 社会地位

②消费者购买行为过程可以分为（　　）等几个阶段。
A. 产品研制　　B. 唤起需求
C. 收集信息　　D. 判断选择
E. 购买决策　　F. 购后评价

③家庭权威中心点的类型有（　　）。
A. 丈夫决定型　　B. 妻子决定型
C. 共同决定型　　D. 各自决定型

④下列属于社会文化的因素有（　　）。
A. 宗教信仰　　B. 风俗习惯
C. 道德观念　　D. 价值观念
E. 地形地貌　　F. 风度气质

⑤下列属于消费者信息渠道商业来源的是（　　）。
A. 家庭　　B. 邻居
C. 展览　　D. 推销员

E. 消费者评审组织

(3) 判断题

①消费者市场的购买行为比生产者市场的购买行为更易受价格因素的影响。 ( )

②决定消费者是否重复购买的最重要阶段是购后感受阶段。 ( )

③需求是可以刺激的，并随着企业销售努力的大小而变动。 ( )

④在顾客购买决策阶段，能够让顾客果断决策的一个有效方法是让顾客“把商品带走，把对商品的责任留下来”。 ( )

⑤市场营销环境是企业无法控制的，但是企业可以通过研究环境更好地适应环境。 ( )

(4) 简答题

①简述不同购买行为相对应的特点和对应的策略。

②消费者购买决策过程包括哪些步骤?

③简述生产者购买行为的特点及行为过程。

2. 实务训练题

【案例分析】

案例资料：

丸美“出身门”事件

2008 年 8 月 28 日《每日经济新闻》独家曝光丸美化妆品遭王海打假，丸美产品宣传的日本背景并不符实，甚至在日本市场上买不到，存在欺诈消费者行为。9 月 8 日丸美向《每日经济新闻》发来致歉声明，承认自己是“地道的中国品牌，请求原谅犯错误的孩子”。

在中国本土的化妆品企业中，有许多的企业热衷于披“洋皮”，编造子虚乌有的品牌历程等一系列“美丽的谎言”，目的不外乎就是对经销商和消费者虚张声势，以塑造“财力雄厚、技术先进、历史悠久”的企业形象，同时迎合中国消费者“崇洋媚外”的化妆品消费心理。如果你问他们为何要采取这样的经营策略，他们多半都会告诉你“我也不想这样做，因为消费者崇洋媚外。没有办法，一切只能迎合消费者的喜好”。

中国本土化妆品企业起步晚，资金实力、研发能力、市场规模、人才等与国际一线品牌都不可同日而语，行业最先进的配方和原料被垄断，差距是明显而巨大的。而且，全国 4000 多家化妆品企业中，绝大部分属于中小型企业，很多徘徊在生存线的边缘，于是采取一些非常的“捷径”以迎合经销商和消费者，降低进入市场的难度，这都在情理之中，但是绝不能成为虚假宣传、伪造背景的理由!

可以肯定的是，目前消费者在化妆品消费的时候，“崇洋媚外”的心理仍然很普遍(特别是在高档化妆品消费)，占据相当的地位。但是，在经营实践中，我们可以清楚地感受和判断到消费者心理微妙变化的趋势，那就是消费者逐渐呈现“专业化，理性化，多元化，个性化”的特征，消费者越来越注重自身的权益，注重发表自己的观点与感受，注重与品牌的互动甚至参与到自己喜爱的品牌的经营活动中来，从而体现自身的价值等。另据麦肯锡公司 2007 年度市场调查显示：在 6000 名受访者中，有 53% 的消费者信任本土品牌，这比 2005 年的 46% 有所提升。种种迹象和信息表明：当代的化妆品消费心理已经不全是原来的“外国的月亮就是比中国的圆”的盲目崇洋心理了（而且，只是在高档化妆品消费上，“崇洋”心理才更严重），对于民族品牌的印象也并非全是“低价质差”的代表。消费者对于民族品牌并不排斥，并且对于优秀的本土品牌珍爱有加。

思考题：

（1）你怎么看待丸美“出身门”事件？企业是否应该一切迎合消费者的喜好？

（2）在收集有关化妆品行业市场需求和竞争者状况等资料的基础上，对本土化妆品企业进行SWOT分析，请注意分析步骤和内容的完整性。

项目四
企业竞争战略与营销价值选择

合适的战略制定与决策过程，依赖于环境波动的程度，一个好的战略应该能够给企业多种选择，并配有相应的应急措施。

——明茨伯格（H. Mintzberg）和沃特斯（J. Waters）

【项目学习目标】

知识目标　（1）企业战略规划；（2）波特五力竞争模型及波士顿、GE 矩阵；（3）企业营销战略选择。

能力目标　（1）了解战略规划的基本内容；
（2）熟悉五力分析法、波士顿、GE 矩阵分析法；
（3）掌握企业营销战略的类型。

职业素养　（1）积极面对市场中的竞争；（2）制定清晰的目标；（3）善于抓住机会。

项目实践及考核　在教师指导下，营销项目小组在完成项目三的基础上，建立一个企业产品或服务的战略业务单位，并将满足这种消费需求作为使命，通过资源配置和竞争价值分析以确定发展方式选择，以团队展示方式进行考核。

导入案例

娃哈哈的白酒梦是金山还是绊脚石？

2013 年，始于证券时报网的一则消息，迅速引爆了整个酒水圈，甚至在整个食品饮料行业都引起了一场大讨论。此事即是中国饮料巨头娃哈哈涉足白酒产业，投入 150 亿元入驻贵州白酒工业园。

娃哈哈一向以多元化经营而著称，除饮料外还涉足童装、奶粉、零售业和商业地产等多个行业领域，如今选择进军白酒行业，可以视为是其多元化经营的一种尝试。可仔细深究的话，发现其实问题没有这么简单。娃哈哈掌门人宗庆后独女宗馥莉最近曾在公开场合质疑娃哈哈多元化经营战略的正确性，连娃哈哈企业的未来接班人都对多元化经营不看好或予以否定，相信即将交班的现任董事长宗庆后不会选择在此时再做一个前景未知的多元化尝试。

而选择贵州选择进军酱香型白酒，也证明了娃哈哈是在深谋远虑后才做的决定。众所周知，酱香型白酒因为生产原料和生产工艺的要求，进入门槛较高，目前国内只有茅台和郎酒两家酱香型代表企业，市场上酱香型白酒也普遍以中端、高端产品为主，极少有低端产品进入大流通渠道，这也就决定了酱香型白酒产品利润高、消费层次高的独有特点。这种产品特性恰恰符合资本的口味，利用酱香型白酒先天具有的较高进入门槛，搏取高额利润。毕竟酱香型白酒的明天是行业内一致看好的，待白酒行业进入上升周期，现在潜伏进来的资本将会获得极为丰厚的回报。

娃哈哈作为中国为数不多的能与可口可乐、百事可乐等相抗衡的饮料界巨头，不得不说其精细化的经销商体系建设对于娃哈哈今天的行业地位有着至关重要的作用。二十多年的时间建立起来的覆盖各级城市、大小乡村的各级经销商网络，确保了娃哈哈产品出厂后第一时间陈列在各个市场的终端柜台。

然而，娃哈哈此次选择的是酱香型白酒。酱香酒普遍以中、高端产品为主，而中、高端酒的销售渠道与娃哈哈现在的渠道资源并不符合，娃哈哈的渠道几乎都在低端。过去几年，曾有不少白酒厂家专门针对娃哈哈的经销商进行定向招商，因为白酒的利润要远远高于娃哈哈饮料的利润，招商效果很好，但在接下来的合作中根本没有收到预期效果，结果厂商不欢而散。原因很明了，娃哈哈的这些经销商不适合运作白酒，渠道匹配性太差，当然不具有可持续性了。所以，娃哈哈进入白酒后要想依靠现有的销售渠道和做快消品的营销模式来销售白酒，尤其是酱香型白酒几乎是不可能的事情。

那么，娃哈哈此次150亿元重金砸向酱香型白酒，是准备自建品牌重建营销体系？笔者认为完全另起炉灶显然不太现实，娃哈哈极有可能先是依靠现有渠道完成初始的招商等市场基础工作，再对现有渠道进行适度改造，搭建专营白酒的营销团队，解决动销与持续动销的问题，进一步扩大整个产业链条的深度和宽度。毕竟，新朋友要结识，老朋友更要维护，娃哈哈原有的经销商体系仍然是娃哈哈商业帝国中最为宝贵的财富资源。

近日，随着娃哈哈董事长宗庆后遇袭事件的曝光，娃哈哈的继承人问题再次成为业界关心的焦点。宗庆后与其女宗馥莉在经营理念上有明显的不同。那么这次进军白酒业，究竟是宗庆后深谋远虑留给女儿的一座金山，还是将成为宗馥莉执掌娃哈哈后的一块绊脚石，这都需要市场和时间来检验。

（资料来源：大众网）

启示：正确的营销战略是保证企业正确进行长期发展决策的必然要求，使企业在竞争中勇往直前，立于不败之地。

任务1　企业战略及规划

“战略”这个词的意义是指挥军队的艺术和科学。在经营中运用这个词，是用来描述一个组织如何实现它的目标和使命的打算。战略包括对实现组织目标和使命的各种方案的拟订和评价，以及最终选定将要实行的方案。

一、企业战略的含义与特点

1. 企业战略的含义

企业战略是用来指导企业行为的一系列规则。它包括：

（1）企业将来经营成效的测量标准，即战略要达到的目标。

（2）企业同外部环境关系的准则。包括企业将开发什么样的产品和技术，产品在何处销售，销售给谁，企业怎样获得胜过竞争者的优势等。

（3）企业建立内部关系和运转过程的规则。

（4）用于指导其日常经营和运转过程的规则。

为此，我们把企业战略定义为：企业战略是企业面对变化多端、严峻挑战的环境，以未来为主导，为求得长期生存和不断发展，将其主要目标、方针、策略和行动信号构成一个协调的整体结构和总体行动方案而进行的谋划。

企业战略是企业战略思想的集中体现，是企业经营范围的科学规定，同时又是制定规划的基础。更具体地说，企业战略是在符合和保证实现企业使命的条件下，在充分利用环境中存在的各种机会和创造新机会的基础上，确定企业与环境的关系，规定企业从事的事业范围、成长方向和竞争对策，合理地调整企业结构和分配企业的全部资源。

企业战略从其制定要求看，就是利用机会和威胁评价现在和未来的环境，从优势和劣势的角度评价企业现状，进而选择和确定企业的总体、长远目标，制定和抉择实现目标的行动方案。

2. 企业战略的特点

（1）全局性。企业战略是以企业的全局为对象，根据企业总体发展的需要而制定的，它所规定的是企业的总体行动，追求的是企业的总体效果。虽然它必然包括企业的局部活动，但是这些局部活动是作为总体活动的有机组成部分在战略中出现的。

（2）长远性。企业战略既是企业谋求长远发展要求的反映，又是企业对未来较长时期内如何生存和发展的通盘考虑。虽然它的制定要以企业外部环境和内部条件的当前状况为出发点，并且对企业当前的生产经营活动有指导、限制作用，但是这一切也是为了更长远的发展，是长远发展的起步。凡是为适应环境条件的变化所确定的长期基本不变的行动目标和实现目标的行动方案都是战略。而那种针对当前形式灵活地适应短期变化，解决局部问题的方法都是战术。

（3）抗争性。企业战略是关于企业在激烈的竞争中如何与竞争对手抗衡的行动方案，同时也是针对来自各方面的许多冲击、压力、威胁和困难，迎接这些挑战的行动方案。企业制定战略就是为了取得优势地位，战胜对手，保证自己的生存和发展。

（4）指导性。企业战略不是仅仅规划3—5年的一系列数字，也不是对过去或未来预算中的数字进行合理的解释，而是透过表象研究实质性的问题，解决企业中的主要矛盾，确定企业的发展方向与基本趋势，也规定了企业具体营销活动的基调。

（5）客观性。企业战略是以未来为主导的，但不是对企业最佳愿望的表述和描绘，不是仅仅靠想象创造出来的未来世界，也不是靠最高领导人的信念或直觉决定的，它是在充分认识企业的营销环境、估价企业自身的经营资源及能力的基础上制定的，是既体现了企业的目标，又有切实可行的发展规划。

（6）可调性。企业战略是在环境与企业能力的平衡下制定的。但构成战略的因素在不断地变化，外部环境也在不断地运动，企业战略必须具备一定的"弹性"，做到能够在基本方向不变的情况下，对战略的局部或非根本性方面修改和校正，以在变化的诸因素中求得企业内部条件与环境变化的相对平衡。

（7）广泛性。企业战略必须被企业中的所有管理人员所理解。它不是企业中少数人的思想汇集，而应当有比较广泛的思想基础。

二、企业战略的意义

1. 企业战略是保证企业正确进行长期发展决策的必然要求

在现代科技推动下，产生了更多的资金密集型和技术密集型产品，使经营此类产品的企业初始投资远远高于经营劳动密集型产品的企业，若经营决策失误，则造成的损失更大，后果更严重，也将更难以挽回。在现代社会的专业化生产中，各种生产要素都具有很强的专门性，一旦投资决策作出，变更或补偿的机会较之前更少。企业资金来源的社会化，使企业战略项目的建设不仅依赖于债权人的信用地位，而且在一定程度上取决于国家的长期信用政策。短期内难以收效的基础性投资的比例增高，也要求管理者具有战略观点。

2. 企业战略是有效提升企业竞争力的客观要求

随着市场体系的不断完善，竞争机制的作用日益加强，要求企业着眼于长期发展的战略规划与管理。正确的战略使企业在竞争中勇往直前，立于不败之地，没有战略的企业不可能与竞争对手抗衡。

3. 企业战略是适应消费结构迅速变化的客观要求

以满足消费者需求为宗旨的企业营销活动，为适应现代社会市场需求的复杂化、分散化、多样化、新奇化、个性化的倾向，必须进行战略规划，以更好地识别消费需求的发展趋向，并在此基础上把握企业的市场机会。企业能否在消费结构变化速度日益加快的条件下发展，更多地取决于企业战略的正确与否。

4. 企业战略是增加企业凝聚力的客观要求

依靠企业员工，充分发挥他们的积极性与创造性，是企业发展的基本条件。企业战略可以使企业内部领导与员工统一思想，统一行动。员工了解企业的战略目标，不仅行动方向明确，还会受到鼓舞。当企业战略为员工指明美好前程并成为他们赞同的目标时，一定会在员工中产生无法估量的信心、勇气和力量。

三、企业战略规划的内容

企业发展战略的制定有以下几个主要步骤：确定企业任务、确立企业目标、确定战略业务单位及投资组合分配、选择适宜的营销战略。

1. 确定企业任务

确定任务或使命是企业战略的基本内容之一。企业任务一般包括两个方面的内容：即企业观念与企业宗旨。企业的观念提出了企业为其经营活动方式所确定的价值观、信念和行为准则；企业宗旨则指明了企业类型以及现在和将来企业活动方向与范围。

企业的高层管理者在确立任务时要顾及诸多因素，其中必须考虑的主要方面有：企业以往突出的特征和历史背景条件；企业的主业和决策者的意图；企业周边环境的发展变化；企业的资源技术情况；企业的专长及特有的能力。这些主要方面的内容应当用文字表述，这就是撰写一份正式的任务报告书。任务报告书除了能帮助管理部门把注意力集中在相同的目标上之外，还能成为有用的公共关系工具，把企业的信息传递给公众。一份有效的任务报告书必须做到以下几点：

（1）贯彻市场导向观念。随着市场经济的发展，企业的营销观念也发生了深刻的变化，企业的任务报告书中关于经营范围和结构的表述要体现这一变化，由以对所生产产品的表述变为按照顾客的需要规定和表述企业任务。

（2）切实可行。任务既要与本企业的资源、实力、特长、经验相适应，又要能体现企业的发展远景。

（3）鼓舞人心。应当把企业任务与整个社会利益联系起来，使员工明确个人劳动的价值和意义。

（4）既高度概括又明确具体。既要高度概括地勾画出企业的任务与发展方向，又要明确列出为完成这些任务所确定的主要方针和措施，以尽量限制个人任意解释的范围。

企业战略任务应至少明确三个方面：一是企业所要服务的顾客群，即明确市场类型；二是企业所要满足的顾客需要，即明确市场需求类型；三是企业用以满足顾客需要的技术手段或技术方法，即明确适宜的产品服务类型或产品服务形式。

知识拓展 4－1

战 略 任 务

■ 美国石油公司：“美国石油公司是一个在全世界从炼油到化工一体化的公司。我们寻找和开发石油资源，并向我们的顾客提供优质的产品与服务。我们的业务责任是获得优秀的财务收益，平衡我们的长期成长计划和股东利益，履行对社会和环境的义务。”

■ 摩托罗拉：“摩托罗拉的目标是为社会的需要提供好的服务，我们为顾客用公平合理的价格供应优质产品和服务；为企业的整体发展，我们必须做到这一点和赢得适当的利润。我们也为我们的员工和股东提供机会以达到他们个人的合理的目标。”

■ 贵州开磷集团：企业宗旨是利与天下，惠及员工。企业方针是一切围绕市场，一切为了职工。经营理念是转化资源，创造效益。

2. 确立企业目标

（1）明确企业目标的作用。

①有利于企业获得长期、稳定、协调的发展。确定企业的战略目标要受环境和企业能力两方面的约束。更确切地说，企业战略目标在环境和企业能力相平衡的情况下才能实现。在企业战略中行为主体的能力，就是企业拥有的各种资源，其中包括企业拥有的资金、技术、设备、商标和销售、管理、信息处理的能力，以及根据经验所积累的专门知识。企业战略目标的实现是一个追求主观与客观相统一的过程，是企业环境与能力平衡的过程。

②提供行动指南。企业目标明确企业在较长时期内的经营方向和奋斗目标，对企业全体员工有重要的指导作用。不同企业制定的不同战略目标，都体现于企业的产品、市场、调研、决策以及管理人员的选择上，对整个企业的员工行为有深远的影响。

③建立企业风格，改进企业的公共关系。任何企业都有其特有的风格。良好健全的企业目标，是企业员工良好精神面貌的体现。

④可以作为衡量企业的经济效益。企业目标的建立，为企业提供了衡量每一个层次和部门工作成效的标准。

企业的目标是企业战略决策的出发点，目标不确定就无法制定战略。企业目标在很大程度上起着筛选实用的战略规划的作用。

（2）企业战略目标体系。

企业任务一旦确定，就要把它具体化为企业各管理层的目标，形成一套完整的目标体系。可以分为短期目标和长期目标，一两年之内要达到的目标一般称为短期目标；两年以上甚至十几年才能达到的目标称为长期目标。企业目标具体包括：产品销售额和销售增长率，产品销售地区，市场占有率（市场份额），利润和投资收益率，产品质量与成本标准，劳动生产率，产品创新，企业形象等。其中，一定的利润和投资收益率是企业最重要的核心目标。

①投资收益率。投资收益率是指一定时期内企业所获得纯利润占该企业全部投资的百分比。它是衡量、比较企业利润水平的一项重要指标。投资收益率越高，表明运用单位投资获得的利润越多。努力提高投资收益率，对于企业以同等的投资实现更多的利润具有重要意义。因此，较高的投资收益率就成为企业追求的核心目标之一。

②市场占有率。市场占有率是指一定时期内本企业某种商品的销售额（或者售量）在同一市场上同类产品销售总额（总量）中所占的百分比，也叫市场份额。市场占有率与企业获利水平密切相关。其他条件一定，市场占有率越高，销售额就越大，单位产品费用会越低，实现的利润就会越多，投资收益率也会随之相应提高。同时，市场占有率的高低也关系到企业的知名度，影响着企业的形象。因此，努力提高市场占有率是企业的重要战略目标之一。

③销售增长率。销售增长率是指计划期产品销售增长额与基期产品销售额的对比关系，即其他条件一定，产生销售额的增长意味着企业能够实现更多的利润。因此，追求一定的销售增长率也是企业的重要目标之一，尤其在新产品进入市场之后的一段时期内。因为在许多情况下，增长率的提高并不必然会导致投资收益率的提高，有时前者提高了，后者并未提高，甚至还会下降。例如，当成本提高、价格不变时，就有可能出现这种情况。

所以，企业不能单纯追求销售增长率的提高，而应该有选择地实现有利可图产品的销售增长率的提高。

另外，产品创新、塑造产品与企业的良好形象，也是企业的重要战略目标。实现这些目标对于提高竞争力、拓展市场、扩大销售、企业稳定及其长远发展起到重大作用。

知识拓展 4－2

企　业　目　标

贵州开磷集团的企业目标：

用 3 个 5 年时间使开磷集团的销售收入分别达到 20 亿元、50 亿元和 100 亿元，把开磷集团建设成为现代化的大型企业集团。

3. 确定战略业务单位及投资组合分配

在明确了企业任务及目标的基础上，企业的最高管理层还要对业务（产品）组合进行分析和评价，确认业务（产品）的命运和前途问题，是发展、维持还是缩减、淘汰，以作出相应的投资安排。

（1）战略业务单位的含义。把企业的产品组合为战略业务单位，每一类战略业务单位应该有自己独特的使命，应有自己的竞争对手，应有自己的执行小组或领导，并且它们有各自的利润责任。有利润责任意味着管理者能够依据利润高低分辨出它们的工作好坏。战略业务单位的定义和划分随着公司的不同也在变化着。不过许多大的企业仍旧以划分战略业务单位作为他们安排产品（业务）组合的重要前提。

（2）战略业务单位投资分配。企业在明确了营销战略任务并根据战略任务确定了战略目标之后，就需要对企业现在所经营的业务进行投资分配。之所以需要对现有的经营业务进行投资分配，一是因为在新的战略任务的规定下，原有的某些业务将会被放弃；二是某些企业现在所经营的业务需要在企业的现有资源规模的限制下进行调整，或是扩大，或是缩小。企业在一定的时期，其拥有的资源是有限的，它必须以有限的资源来充分保证重点项目，有良好市场发展潜力的经营项目以及由战略任务和目标所规定的要优先发展的经营项目的实现。这就不得不削减其他一些经营业务项目所占用的资源。确定经营业务投资组合计划，就是将企业的资源在价值上的表现——资金，在各项经营业务项目之间，按战略任务和目标的要求进行合理的分配。

任务 2　营销竞争分析与竞争价值评估

对市场竞争充分研究，并对竞争价值进行科学评估，是企业科学制定营销战略、能动地通过竞争实现营销价值的基础。

一、五力竞争分析模型

五力竞争分析模型是迈克尔·波特（Michael Porter）于 20 世纪 80 年代初提出的，它对企业战略制定有着深远的影响。五力竞争分析更适用于竞争战略的分析，它可以有效地分析客户的竞争环境。五力分别是新进入者的威胁、供应商的讨价还价能力、购买者的讨价还价能力、替代品的威胁、行业内现有竞争者的竞争能力（见图4－1）。

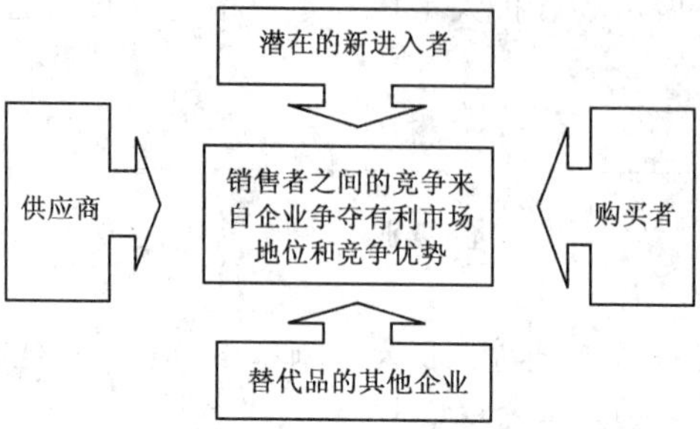

图4－1　五力竞争分析模型图

1. 新进入者的威胁

新进入者在给行业带来新生产能力、新资源的同时，将希望在已被现有企业瓜分完毕的市场中赢得一席之地，这就有可能会与现有企业发生原材料与市场份额的竞争，最终导致行业中现有企业盈利水平降低，严重的话还有可能危及这些企业的生存。竞争性进入威胁的严重程度取决于两方面的因素，即进入新领域的障碍大小与预期现有企业对于进入者的反应情况。

2. 供应商的讨价还价能力

供应商主要通过其提高投入要素价格与降低单位价值质量的能力，来影响行业中现有企业的盈利能力与产品竞争力。供应商力量的强弱主要取决于他们所提供给买主的是什么投入要素。当供应商所提供的投入要素的价值构成了购买者产品总成本的较大比例，对购买者产品生产过程非常重要，或者严重影响购买者产品的质量时，供应商对于购买者的潜在讨价还价力量就大大增强。一般来说，满足如下条件的供应商集团会具有比较强大的讨价还价力量：一是供应商行业为一些具有比较稳固市场地位而不受市场激烈竞争困扰的企业所控制，其产品的购买者很多，以至于每一单个购买者都不可能成为供应商的重要客户；二是供应商各企业的产品各具有一定特色，以致购买者难以转换或转换成本太高，或者很难找到可与供应商企业产品相竞争的替代品；三是供应商能够方便地实行前向联合或一体化，而购买者难以进行后向联合或一体化。

3. 购买者的讨价还价能力

购买者主要通过其压价与要求提供较高的产品或服务质量的能力，来影响行业中现有企业的盈利能力。一般来说，满足如下条件的购买者可能具有较强的讨价还价能力：一是购买者的总数较少，而每个购买者的购买量较大，占了供应商销售量的很大比例；二是供应商行业由大量相对来说规模较小的企业所组成；三是购买者所购买的基本上是一种标准化产品，同时向多个供应商购买产品在经济上也完全可行；四是购买者有能力实现后向一体化，而供应商不可能前向一体化。

4. 替代品的威胁

两个处于不同行业中的企业，可能会由于所生产的产品是互为替代品，从而在它们之间产生相互竞争行为，这种源自于替代品的竞争会以各种形式影响行业中现有企业的竞争战略。第一，现有企业产品售价以及获利潜力的提高，将由于存在着能被用户方便接受的替代品而受到限制；第二，替代品生产者的侵入，使得现有企业必须提高产品质量，或者通过降低成本来降低售价，或者使其产品具有特色，否则其销量与利润增长的目标就有可能受挫；第三，源自于替代品生产者的竞争强度，受产品买主转换成本高低的影响。总之，替代品价格越低、质量越好、用户转换成本越低，其所能产生的竞争压力就越强；而这种来自替代品生产者的竞争压力的强度，可以具体通过考察替代品销售增长率、替代品厂家生产能力与盈利扩张情况来加以描述。

5. 行业内现有竞争者的竞争能力

大部分行业中的企业，相互之间的利益都是紧密联系在一起的。作为企业整体战略一部分的各企业竞争战略，其目标都在于使自己的企业获得相对于竞争对手的优势，所以，在实施中就必然会产生冲突与对抗现象，这些冲突与对抗就构成了现有企业之间的竞争。现有企业之间的竞争常常表现在价格、广告、产品介绍、售后服务等方面，其竞争强度与许多因素有关。

根据以上对五种竞争力量的讨论，企业可以尽可能地将自身的经营与竞争力量隔绝开来，努力从自身利益需要出发影响行业竞争规则，采取先占领有利的市场地位再发起进攻性竞争行动等手段来对付这五种竞争力量，以增强自己的市场地位与竞争实力。

波特五力模型与一般战略的关系如表 4 - 1 所示。

表 4 - 1　　　波特五力模型与一般战略的关系

行业内的五种力量	一般战略		
	成本领先战略	产品差异化战略	集中战略
进入威胁	具备杀价能力以阻止潜在对手的进入	培育顾客忠诚度以挫伤潜在进入者的信心	通过集中战略建立核心能力以阻止潜在对手的进入
买方的讨价还价能力	具备向大买家出更低价格的能力	因为选择范围小而削弱了大买家的谈判能力	因为没有选择范围使大买家丧失谈判能力
供应商的讨价还价能力	更好地抑制大卖家的议价能力	更好地将供方的涨价部分转嫁给顾客方	进货量小，供方的议价能力就高，但集中差异化的公司能更好地将供方的涨价部分转嫁出去
替代品的威胁	能够利用低价抵御替代品	顾客习惯于一种独特的产品或服务，因而降低了替代品的威胁	特殊的产品和核心能力能够防止替代品的威胁
行业内对手的竞争	能更好地进行价格竞争	品牌忠诚度能使顾客不理睬你的竞争对手	竞争对手无法满足集中差异化顾客的需求

二、价值评估方法与资源配置

1. 波士顿咨询集团法

波士顿咨询集团公司认为，反映企业竞争地位的相对市场份额以及市场增长率，是企业进行战略决策的两个基本参数。相对市场份额决定了企业获取现金的能力，这是企业竞争力的体现，而市场增长率则制约着企业相对市场份额扩大的可能性以及投资机会。一般说来，企业处于发展行业中或企业目前经营业绩好、营销环境变化不大时，可以使用这一方法进行企业战略投资方向选择的研究（见图4－2）。

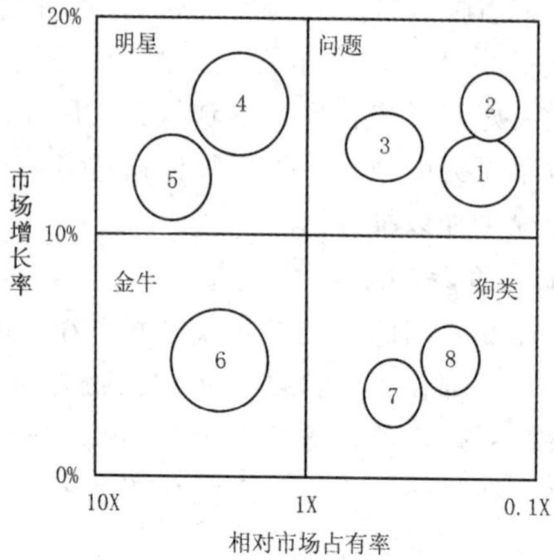

图4－2　波士顿矩阵

图4－2中的圆圈代表着企业的战略业务单位，圆圈的大小意味着战略业务单位的规模与在市场上所处的位置。纵坐标上的市场增长率代表这项业务所在市场的年销售增长率，数字从0%—20%，当然还可列入较大的幅度，大于10%的增长率被认为是高增长率。横坐标上的相对市场份额表示该战略业务单位的市场份额与该市场最大竞争者的市场份额之比。0.1的相对市场份额表示该企业战略业务单位的销售额仅占市场领先者销售额的10%；而1就表示该企业的战略业务单位是该市场的领先者，并且与占市场第二位的企业销售量相同。以1.0为分界线，相对市场份额分为高份额和低份额。

该方法把企业所有的战略业务单位分为四种不同的类型。

（1）问题类。这一类战略业务单位是高市场增长率和低相对市场份额的战略业务单位，大多数战略业务单位最初都处于这一类。该类单位需要大量现金，因为企业拟提高这类业务单位的相对市场份额。因此，企业的最高决策者要慎重考虑经营这种业务单位的获利性，以作出正确的决策。

（2）明星类。问题类的战略业务单位如果经营成功，就会转入明星类。这一类单位是高市场增长率和高相对市场份额的单位。这一类单位因为迅速增长，同时要击退竞争对手的攻击，需要投入大量现金，因而是使用现金较多的单位。由于任何产品都有其生命周期，这一类单位的增长速度就会降低，最后就转入金牛类。

（3）金牛类。明星类的战略业务单位的市场增长率下降到10%以下，就转入金牛类。金牛类的战略业务单位是低市场增长率和高相对市场份额的单位。这一类单位因为相对市场份额高、盈利多、现金收入多，可以提供大量现金。企业可以用这些现金来支援其他业务单位。

（4）狗类。狗类战略业务单位是低市场增长率和低相对市场份额的单位，盈利少或亏损。

2. 美国通用电气公司法（GE矩阵）

美国通用电气公司法，相对于波士顿咨询集团法提供了一套更为复杂的投资组合分析方法，其认为评估战略业务单位除了波士顿集团法中的市场增长率和相对市场占有率两个因素外，还应考虑更多的因素。这些因素可分为两类：一类是行业吸引力；一类是企业战略业务单位的业务力量，即竞争力（见图 4 -3）。

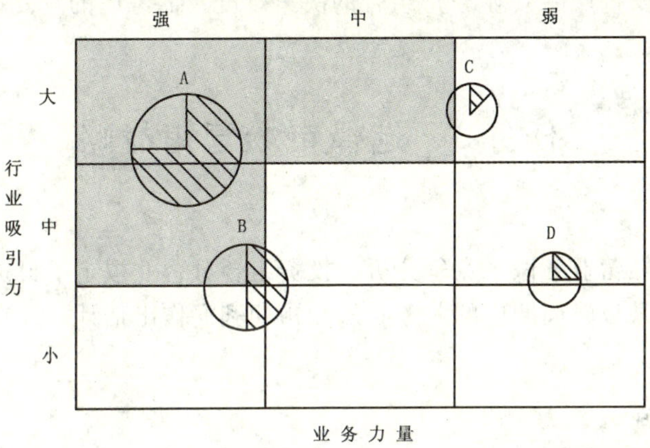

图 4 -3　GE 矩阵

在图 4 -3 中，纵轴代表行业吸引力，它的大小取决于市场规模、市场增长率、利润率、竞争激烈程度、周期、季节性、规模效益等因素；横轴表示企业战略业务单位的业务力量，包括相对市场占有率、价格竞争力、产品质量、顾客了解度、推销效率、地理优势。

在图 4 -3 中，A、B、C、D 四个圆圈代表某公司的四个战略业务单位。圆圈的大小表示所在行业规模的大小，圆圈中的阴影部分表示该业务单位在本行业中所占的市场份额。如 A 表示该单位在本行业中占 75% 的市场份额，不仅业务力量强，行业吸引力大，行业规模也大；B 表示该单位在本行业中占有 50% 的市场份额，业务力量较强，行业吸引力小；C、D 表示另外两种业务单位情形，即市场份额小、业务力量弱、行业规模小。总之，该企业应发展 A 业务单位，维持 B 业务单位，并且对 C 和 D 业务单位的去留及时作出决策。

企业将上述两类因素进行评估，逐一评出分数，再按其重要性分别加权合计，就可计算出行业吸引力和企业业务力量的数据，然后加以分析。行业吸引力分为大、中、小三档，企业业务力量分为中、强、弱三档，共九个方格、三大区域。

第一区：由左上方的三个方格组成，即“大强”、“大中”和“中强”三格，这是最佳区域。对于这个区域的业务单位，应该追加投资，促进其发展。

第二区：由对角线上的三个方格组成，即“大弱”、“中中”、“小强”，这是中等区域。对于这个区域的业务单位，应采取维持战略，即维持现有投资水平，不增不减。

第三区：由右下方的三个方格组成，即“中弱”、“小中”、“小弱”，这是行业吸引力和企业竞争力都低的区域。对于这个区域的业务单位，应采取收割或放弃的战略，不再追加投资或收回现有投资。

从以上说明可见，尽管通用电气业务模型考虑得比较全面，提供了一套更为复杂的投资组合分析方法，但这一矩阵模型的弱点是他们针对企业现在的事实而不是导向未来的，而战略制定者需要进行决策以期未来盈利。企业十分强调进入增长的市场，但是多年来许多公司努力进入他们发现的每一个增长市场时都遭受到了巨大的损失，许多公司过快地淘汰销售差的产品也是事实。所以，GE 矩阵是无法替代正确的人为判断的，但是它给出了一个比较恰当的决策思考途径。它并不能告诉你具体怎么去做，如何决策。这种方法说明了企业发展战略中安排产品（业务）组合的决策难度及需考虑的重要条件。

任务3　选择市场营销战略

对企业现有的经营业务做了竞争分析、投资组合分析并拟定了投资策略之后，就可以对现有业务在企业某战略周期内的业务收入和预期利润作出估计，并在此基础上确定市场营销战略价值选择。

一、稳定发展战略

执行稳定发展战略的企业，其主要特征是：企业满足于过去的效益，决定继续追求与过去基本相同或相似的营销目标；每年所希望取得的成果按大体相同的比例增长，如利润每年增长 2%；继续用大体相同的产品为自己的顾客服务。

一般说来，企业奉行稳定发展战略，都集中生产单一的产品和劳务。它们的发展是依靠在稳定增长的市场上保持它们的市场占有率，或比较缓慢地提高它们的市场占有率，或稳定增加新的产品和劳务。

应用稳定发展战略的条件为：第一，稳定发展战略的风险比较小，对于那些处于正在上升的产业和稳定环境中的成功企业来说是很有效的；第二，在环境比较稳定、企业创新能力不高、顾客需求偏好长期保持不变的情况下比较适应；第三，在公用事业、运输、银行和保险等行业内，许多企业都奉行稳定发展战略，因为这对它们来说是最为适宜的战略。但是，在环境变化较大时，顾客需求偏好经常变化时，采用这种战略则有很大风险。

企业之所以采用这一战略主要是因为：第一，企业的决策者可能有保守倾向，不愿意承担改变现行战略而带来的风险。当变革以后需要新的技能时，它就会对使用过去所学技能的人员形成威胁。变革还会形成利益的重新分配和调整，影响即得利益。另外，比较成功的企业决策者常常认为，过去行之有效的战略在将来也会继续有效。第二，改变资源分配模式很困难。采用稳定发展战略资源分配模式可以不变，如果改变战略则需要改变资源的分配，而要改变已成定局的资源分配模式有很大困难。另外，改变战略企业缺少发展的资源和资金。第三，发展太快可能导致企业的经营规模超出企业的能力，超过企业的管理水平和技术条件，因而会降低效率，导致管理混乱。第四，信息传递受阻使企业不能进行有效的市场调查，不了解影响其产品市场和竞争对手的变化。

二、积极发展战略

奉行积极发展战略的企业，主要特征为：产品销售量和利润的增长超过市场平均速度；经常开发新产品、新市场和老产品的新用途，不断扩大企业规模，并且不是消极被动地适应外界环境的变化，而是通过提供新产品或新的服务项目培植消费者需求，改变企业环境。

积极发展战略会明显改善企业的经营效果。有关研究表明，积极发展战略与投资收益之间成正比，且企业规模的扩大和经验的积累也会使企业的效益全面提高。

值得注意的是，采用积极发展战略的企业必须具备以下几个基本条件：第一，有比较充裕的资金；第二，即使企业在短期内终止这一策略，仍能维持其竞争地位；第三，企业的外部环境，尤其是政府支持的方向与企业发展战略一致。

可供企业选择的积极发展战略有以下三种：

1. 密集性增长策略

密集性增长策略是指企业以快于过去的增长速度来增加某个战略业务单位的现有产品或劳务的销售额、利润率及市场占有率，常在企业现有产品和现有市场还有发展潜力的情况下采用。实行这种策略有以下三条途径：

(1) 市场渗透。即企业采取种种更积极的措施在现有的市场上扩大现有产品的销售。企业可以从以下几个方面努力：一是在维持现有消费者的基础上通过各种营销手段如价格策略、促销方式、渠道的变更等，使原有的顾客更多地购买本企业的产品；二是用各种竞争手段把竞争企业的顾客争取过来，转而购买本企业的产品；三是刺激和促使未曾购买过本企业产品的顾客的购买行动。

(2) 市场开发。即企业为原有产品或改进产品寻找新的市场，争取新的顾客增加销售量的一种战略。这种战略的中心是为现有产品寻找新用途、新用户、新市场。市场开发战略的主要形式和途径有：一是拓展市场区域，即从一个区域市场扩展到另一个区域市场，或从地区市场扩展到全国市场，从全国市场扩展到全球市场；二是进入新的细分市场，即根据新的目标市场需求，改进现有产品的设计，利用新的销售渠道和其他营销组合策略满足新市场尚未满足的需求。市场开发战略的实施，应根据企业实力和市场竞争态势，采取逐步扩展开拓的渐进方式，或在较短时间内迅速占领市场的快速扩展方式。

(3) 产品开发。即企业在现有市场领域以开发推广新产品或改进产品满足顾客的需求，从而提高销售额的发展战略。不断开发新产品是提高企业经济效益的重要保证。在技术飞速发展的现代社会，一个企业如不能不断开发适销对路的产品，就不能保持企业的竞争能力和市场地位，甚至会被淘汰。因此，开发新产品对于企业来说是影响到生存的大事。

产品开发战略的形式和途径主要有：一是发展新产品或改进产品满足现有市场的需要。二是发展产品边缘化，即企业生产或提供同时具有两个以上行业特点的产品，也就是在两个行业的交叉地区开发产品。如保健茶融合了食品行业与医疗保健业结合的特点，使保健茶既可作为饮料，又可作为身体保健的有效用品。三是发展产品差异化，即发展同质产品在款式、规格、包装等方面有差别的产品，主要是要求对产品略作改动，与竞争对手的同类产品稍有区别，更好地吸引顾客。如增减产品相关使用功能，比如在原子笔上装电子表或笔式电筒等。

产品开发一要符合顾客的需要；二要根据企业的资金、技术力量、设备、原材料等条件；三要考虑新产品开发和产品改进的经济效益，只有这样企业的市场发展目的才能实现。

2. 一体化增长策略

当企业所处的行业很有发展前途，或企业实行一体化能较大幅度地提高效率时，往往采用以下三种形式的一体化策略：

（1）前向一体化，即企业通过购买、合并或兼并本企业的原材料供应商，实行产供联合。

（2）后向一体化，即企业通过购买、合并或兼并本企业的后续生产或经销企业，实行产销结合，或延伸自己的产品。

（3）水平一体化，也叫横向一体化，即企业通过购买或兼并同行业中的企业，或者在国内或国外与其他同类行业合资生产经营。

3. 多元化增长策略

企业尽量增加经营的产品种类和品种，使自身的特长得以充分发挥，人、才、物等资源得以充分利用，且减少风险，提高整体效益。

（1）同心多元化。指企业运用原有的技术、特长、专业经验等开发与本企业产品有相互关系的新产品。

（2）水平多元化。指企业仍面向过去的市场，通过采用不同的技术开发新产品，增加产品种类和品种。

（3）复合多元化。指企业（通常是大企业）通过购买、兼并、合资或者内部投资等方式，扩大经营领域，增加与企业现有的产品或服务不同的产品或服务。

以上三种策略各有不同：第一种是在企业现存的行业和现有的基础上更进一步地确认发展机会；第二种是确认某些市场机会，以建立和寻求与企业目前经营有关的目标；第三种是确认市场机会后，建立和增加与本企业目前经营无关的、但有吸引力的经营目标。

三、紧缩战略方案

企业常常在经济衰退期间或企业财务困难期间使用。紧缩的目的是为了渡过危机，然后转而采用其他战略方案，因此常常是短期的过渡方案，这一方案包含以下三种方式：

1. 转向战略

转向企业全面或大部分暂停生产和销售，只采取维持性措施来渡过难关。如暂时性停业停顿，有计划地全面停产以扭转财务状况不妙的局面，提高经营效率。

（1）采用转向战略的前提条件。

当企业面临以下情况时，可考虑采取这种战略：

①工资和原材料成本大幅度升高；

②需求非预计性地突然剧烈下降或一般性经济衰退；

③产品销售发生较大困难；

④贷款中止，一时无补救措施；

⑤竞争压力增大。

（2）实施转向战略的主要行动。

当然，转向战略的目的是渡过难关，希望形势好转后能用新战略。实施转向战略时可以采取的一些行动是：

①削减资本支出；

②集中决策，以求控制费用支出；

③减少新人员的雇用；

④削减广告和促销费用；

⑤加强成本控制和预算；

⑥加紧库存控制；

⑦催收应收账款。

2. 放弃战略

当抽资战略或转向战略失效时，往往采用放弃战略。放弃战略涉及企业一个或几个领域，而不是全部，它是指企业卖掉某个主要部门，这可以是一个事业部、一条产品线或一项产品。清理、变卖某些领域的目的是把有限的资源用于经营效益高、有发展前途的领域。

3. 清算战略

清算是通过拍卖资产或停止全部经营业务来结束组织的生命。显而易见，对任何组织的管理者来说，清算是最无吸引力的战略，通常只有在其他战略全部失灵时才会使用。然而，及时进行清算较之固执地坚持无法挽回的事业，可能是最适宜的战略。坚持无法挽回的事业，其结局只能是不可避免的破产，但到这时可清算的东西就更少了。

四、抽资战略方案

企业为削减费用或改善资金的使用状况，减少在某一特定的产品线、产品组合的投资，把资金投入另外新的或发展中的领域。企业抽资的对象往往是费用高、利润少、发展前途不乐观或企业产品组合中的次要部分。

1. 抽资战略方案的含义和目的

抽资战略属于转移阵地性质，它是指减少企业在某个特定的投资领域内的资金。这个特定的投资领域可能是一个战略单位、一个事业部、一条产品线、一个产品项目或一个品牌。目的是把这个特定投资领域里的资金抽出来，转移到企业更需要扶持或注入的投资领域，或为执行一个新的发展战略做准备。

2. 运用条件和具体方式

（1）运用条件。在下列情况中，企业可能要考虑采取抽资战略：

①企业在某经营领域的市场处于不断衰退阶段，产销很快从成熟期进入衰退期。

②保证某一领域的市场占有率越来越困难，除非企业要增加更多的资金才能维持。而这样使用资金，又导致企业总的资金使用效益明显下降。

③企业对某一领域里获得的利润不满意，即使增加资金注入，情况也难以改变。

④企业已决定改变原来的生产经营方向，但改变是为了使经营转移平稳，而不是突发的和灾难性的。

⑤受某些环境力量压力的驱使，如《环境保护法》迫使企业改变原来对环境污染严重的产品生产，再如国家限制高耗能产品的生产。

抽资战略在实行过程中，企业必须考虑对其他领域的影响，以及对短期收益和利润的不利影响，尽可能减少不利因素。

（2）具体方式。适当减少研究与开发投资、降低产品质量、减少服务广告和推销人员开支、提高价格（如此就会减少需求）等，从这类产品和业务领域榨取更多的资金收入。

同步案例4-1

福特汽车公司的成功与失败

背景资料：

美国汽车大王亨利·福特于1889年、1901年与别人合伙经营汽车公司，均因产品（高价竞赛车）不适合市场需要、无法销售而失败。1903年，福特汽车公司成立，第一批福特车因实用、质量稳定、定价合理，经营状况一开始就很好。1906年形势发生变化，当时推出的福特车是面向较富有阶层的豪华车，车体笨重，且多为订制，大众都买不起，结果福特车的销量下降。1907年，福特总结了过去的经验教训，及时调整了战略计划，实行“薄利多销”的策略，于是销量又魔术般地回升了。当时，美国全国性的经济衰退已露端倪，许多企业纷纷倒闭，唯独福特汽车公司生意兴隆，盈利125万美元。到1908年初，福特按当时大众尤其是广大农场主的需要，作出了明智的战略性决策：从此致力于生产统一规格、价格低廉、大众需要而且买得起的“T型车”，并且在实行产品标准化的基础上组织大规模生产。此后10余年，由于福特车适销对路，销量迅速增加，最高一年达100万辆。在20世纪20年代早期的几年中，福特汽车公司的收入竟高达5亿美元，成为当时最大的汽车公司。到20年代中期以后，随着美国经济增长和居民收入、生活水平的提高，形势又发生了变化：公路四通八达，路面大大改善，马车时代坎坷、泥泞的路面已经消失；消费者开始追求时髦，简陋的“T型车”虽价廉，但已不能吸引顾客，因此销量开始下降。可是，当时福特不愿面对现实，自以为是，一意孤行。他在全国推销员年会上听到关于“T型车”需要根本改进的呼吁后，静坐了2个小时，然后答道：“先生们，据我看，福特车的唯一缺点是我们造得还不够快。”就在他顽固地坚持“不管顾客需要什么颜色的汽车，我只有一种黑色的”，固守那种已经过时的陈旧战略的时候，通用汽车公司却时时注意着市场上的动向。当时，通用汽车发现了良机，意识到有机可乘，及时作出了适当的战略性决策：适应市场需要，每年不断创新，增加一些新的颜色、新式样的汽车（即使因此须相应地提高价格）。于是“雪佛兰”车开始排挤“T型车”。1926年，“T型车”销量陡降，到1927年5月，福特不得不停止生产“T型车”，改产“A型车”。改产不仅耗资1亿美元，而且这期间通用汽车公司乘虚而入，占领了福特车的大量市场份额。

问题：

福特汽车公司采取的是什么观念？对你有什么启示？

分析提示：

当企业的市场环境发生变化，消费者需求有所改变时，企业的营销策略应相应地作出调整。福特的成功取决于顺应市场的发展，失败是没有看到消费者的变化。因此，企业应根据市场的变化而相应地调整营销策略。

本项目知识脉络

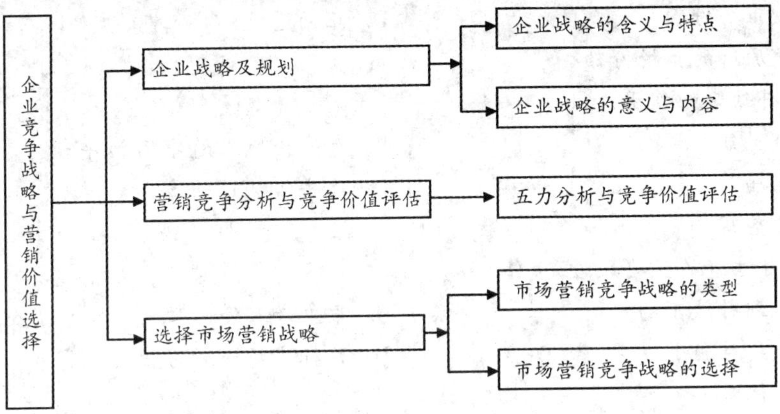

思考与练习

1. 理论题

(1) 单选题

①占有最大的市场份额，在价格变化、新产品开发、分销渠道建设和促销战略等方面对本行业其他企业起着领导作用的竞争者，被称为（　　）。

A. 市场领导者　　B. 市场补缺者

C. 强竞争者　　D. 好竞争者

②生产婴幼儿食品的企业将其食品投向老年人市场，是通过（　　）寻找市场营销机会的方法。

A. 产品开发　　B. 市场开发

C. 市场渗透　　D. 多种经营

③市场总需求扩大时受益也最多的是（　　）。

A. 好竞争者　　B. 市场追随者

C. 市场领导者　　D. 市场补缺者

④市场追随者在竞争战略上应当（　　）。

A. 攻击市场领导者　　B. 向市场领导者挑战

C. 跟随市场领导者　　D. 不作出任何竞争反应

⑤市场领导者扩大市场总需求的途径是（　　）。

A. 寻找产品的新用途　　B. 以攻为守

C. 扩大市场份额　　D. 正面进攻

(2) 多选题

①市场领导者为保持自己的领导地位，可供选择的策略有（　　）。

A. 提高竞争能力　　B. 扩大市场需求量

C. 开发新产品　　D. 保护市场占有率

E. 提高市场占有率

②市场领导者扩大市场总需求的途径是（　　）。

A. 寻找产品的新用途　　B. 以攻为守

C. 扩大市场份额　　D. 正面进攻

E. 保护原有的市场份额

③市场补缺者的作用是（　　）。

A. 拾遗补缺　　B. 有选择地跟随市场领导者

C. 见缝插针　　D. 攻击市场追随者

E. 打破垄断

④市场补缺者的主要风险是（　　）。

A. 找不到补缺市场　　B. 竞争者入侵

C. 自身利益弱小　　D. 目标市场消费习惯变化

E. 专业化

⑤市场挑战者在确定了战略目标和进攻对象以后，还必须制定正确的进攻策略。可供选择的进攻策略主要有（　　）。

A. 正面进攻　　B. 侧翼进攻

C. 包围进攻　　D. 迂回进攻

E. 游击进攻

(3) 判断题

①市场营销战略的制定对企业没有任何意义。（　　）

②抽资战略和紧缩战略没有本质性的区别。（　　）

③投资收益率指一定时期内企业所获得纯利占该企业全部投资的百分比。（　　）

④市场渗透属于密集型增长策略的一种。（　　）

⑤根据波士顿公司咨询法，对于明星类经营单位应采取发展策略。（　　）

(4) 简答题

①市场领导者的防御战略有哪些？

②市场挑战者的进攻战略有哪些？主要的进攻对象是谁？

③市场追随者有哪些可供选择的追随战略？

④市场补缺者怎样进行市场专业化营销？

2. 实务训练题

【案例分析】

案例资料：

电子商务企业的三大基本竞争战略

每个企业都会有许多优点或缺点，任何优点或缺点都会对相对成本优势和相对差异化产生作用。成本优势和差异化都是企业比竞争对手擅长竞争优势的结果。将两种基本的竞争优势与企业相应的活动相结合，就可导出可让企业获得较好竞争位置的三种一般性战略：总成本领先战略、差异化战略及专一化战略。

一、总成本领先战略

总成本领先战略要求企业必须建立起高效、规模化的生产设施，全力以赴地降低成本，严格控制成本、管理费用及研发、服务、推销、广告等方面的成本费用。为达到这些目标，企业需要管理层对成本给予高度的重视，确使总成本低于竞争对手。

更有效地降低交易成本是当前企业参与电子商务活动的首要原因。所以，企业应该详细分析其整个业务处理过程，特别是销售过程，以便发现通过电子商务市场节约成本的环节。早期的电子商务市场中，大多数企业已经发现，通过在其因特网站点上发布产品与服务信息，可以大大节约印刷出版各种产品信息的成本。此外，在一个企业的产品销售乃至生产经营过程中还有许多环节可以精简。从产品开发到生产制造管理，从财务信息的管理到跟踪供应商产品质量的绩效，对电子商务市场具有不可估量的影响。

二、差异化战略

差异化战略是将公司提供的产品或服务差异化，树立起一些全产业范围中具有独特性的东西。实现差异化战略可以有许多方式，如设计名牌形象，保持技术性能特点、顾客服务、商业网络及其他方面的独特性，等等。最理想的状况是公司在几个方面都具有差异化的特点。但这一战略与提高市场份额的目标不可兼顾，在建立公司的差异化战略的活动中总是伴随着很高的成本代价，有时即便全产业范围的顾客都了解公司的独特优点，也并不是所有顾客都将愿意或有能力支付公司要求的高价格。

差异化的战略，包括使用新的技术、客户服务、授权等，或者是传统的商店和电子商务相结合。

三、专一化战略

专业化经营是电子商务发展的现实需要，如一些专业化经营的商品或提供的服务，如古玩、玉器、邮票、具有特色的土特产品等，往往是那些大网站中所没有的，就是这些看似没有多大市场的商品，却有着稳定增长的客户群。他们一般就是在一些知名 B2C 网站上搭建起自己的专卖店，如易趣网上就有大量网民或企业在推销自己的商品，还有就是以企业或个人投资方式组建的专一化的网站。“低成本 + 专业化”的经营战略正是另类电子商务的生存之道。

此外，纵观电子商务短短几年的发展历史，不难发现，B2B 和 B2C 电子商务市场的交易额相比，前者的规模和增长速度远大于后者；而在 B2B 市场中，垂直市场的发展态势大大好于水平市场。这也从一个侧面反映出专业化是目前电子商务发展的现实需要。

总之，许多电子商务企业已不再单一地向所有客户群推销类同的商品，而是在专业领域内，针对一部分具有需求共性的消费群体，为其提供极具竞争力的商品和在此基础上的一体化的网上售物服务。因此，如何通过提供富有特色的服务来获取顾客的忠诚度，是每一个网上商家都要面对的问题。不同商品有不同的用户群体，不同群体又有不同的消费习惯、喜爱偏好和消费能力等，商家应对市场进行充分细分，找准产品定位，通过特制的服务满足目标顾客的需求。

思考题：

（1）电子商务企业三大基本竞争战略的特点是什么？

（2）结合案例谈谈如何制定一个企业的竞争战略。

模块三

市场细分与营销价值甄别和优势定位

市场（顾客）看似相同的需求，其实有很多的不同，你看好了一个营销价值机会，但不一定只有你独具慧眼，有吸引力的目标你可能无法一口吃下，于是“类聚、取舍与定位”成为企业创造优势营销价值能力与市场（顾客）需求相匹配的核心，是校准需求价值靶心并定位营销价值的重要技术，彰显的是营销者的大智慧。

营销价值甄别和优势定位的前提是对市场进行细分，就是对看似相似的市场需求进行深入的差异性分析，在差异的基础上寻找能与企业创造营销价值优势能力相匹配的市场（顾客）需求群体，并把其锁定为企业提供产品或服务的主要对象，进而在这个特定市场（顾客）需求群体的心智上找到一个恰当的价值坐标，使产品或服务在顾客心目中占据特定的位置并引发心灵共振。所以，细分是分筛类聚之术，定位是顾客心灵之战。

项目五
市场调查与透视营销价值机会

要管理好一个企业，必须管理它的未来，而管理未来就是管理信息。

——佚名

知彼知己者，百战不殆；不知彼而知己，一胜一负；不知彼，不知己，每战必殆。

——孙子

【项目学习目标】

知识目标

（1）市场调查；（2）抽样调查；（3）问卷设计步骤。

能力目标

（1）了解市场调查的组织程序；

（2）明确市场营销调研的过程、方法及营销调研报告的内容；

（3）了解市场营销预测的内容和方法。

职业素养

（1）积极、严谨的工作态度；（2）良好的沟通能力。

项目实践及考核

在教师指导下，营销项目小组在完成模块二的基础上，针对模块二确定的产品或服务类别，在校园附近选定一个市场区域，制定一个市场调查计划，用问卷方式采集200个样本信息进行分析，写出分析报告，以团队展示方式进行考核。

导入案例

“吉利”——妇女的专用“刮毛刀”

男人长胡子，因而要刮胡子；女人不长胡子，自然也就不必刮胡子。然而，美国的吉利公司却把“刮胡刀”推销给女人，居然大获成功。

吉利公司创建于1901年，其产品因使男人刮胡子变得方便、舒适、安全而大受欢迎。进入20世纪70年代，吉利公司的销售额已达20亿美元，成为世界著名的跨国公司。然而吉利公司的领导者并不以此满足，而是想方设法继续拓展市场，争取更多用户。就在1974年，公司提出了面向妇女的专用“刮毛刀”。这一决策看似荒谬，却是建立在坚实可靠的市场调查的基础之上的。吉利公司先用一年的时间进行了周密的市场调查，发现在美国30岁以上的妇女中，有65%的人为保持美好形象，要定期刮除腿毛和腋毛。这些妇女之中，除使用电动刮胡刀和脱毛剂之外，主要靠购买各种男用刮胡刀来满足此项需要，一年在这方面的花费高达7500万美元。相比之下，美国妇女一年花在眉笔和眼影上的钱仅有6300万美元，染发剂为5500万美元。毫无疑问，这是一个极具潜力的市场。

根据市场调查结果，吉利公司精心设计了新产品，它的刀头部分和男用刮胡刀并无两样，采用一次性使用的双层刀片，但是刀架则选用了色彩鲜艳的塑料，并将握柄改为弧形以利于妇女使用，握柄上还印压了一朵雏菊图案。这样一来，新产品立即显示了女性的特点。

为了使雏菊刮毛刀迅速占领市场，吉利公司还拟定了几种不同的“定位观念”到消费者之中征求意见。这些定位观念包括：突出刮毛刀的“双刀刮毛”；突出其创造性的“完全适合女性需求”；强调价格的“不到50美分”；表明产品使用安全的“不伤玉腿”等等。

最后，公司根据多数妇女的意见，选择了“不伤玉腿”作为推销时突出的重点，刊登广告进行刻意宣传。结果，雏菊刮毛刀一炮打响，迅速畅销全球。

（资料来源：摘自腾讯网《把刮胡刀卖给女士》。）

启示：市场调查研究是经营决策的前提，只有充分认识市场，了解市场需求，对市场作出科学的分析判断，决策才具有针对性，从而拓展市场，使企业兴旺发达。

任务1　市场营销调查的组织程序

市场营销调查的全过程可以划分为四个阶段：调查准备阶段、调查策划阶段、调查实施阶段、追踪调查阶段。每个阶段又可以分为若干基本步骤，如图5-1所示。

一、调查准备阶段

市场营销调查的准备阶段是市场营销调查的开始。这个阶段的主要工作职能是对所要进行的市场营销调查课题进行非正式的摸底。一般包括三个步骤：

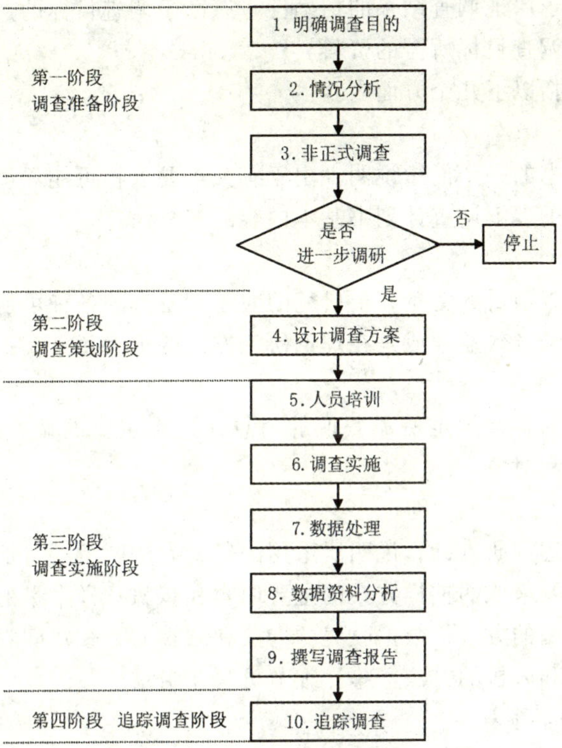

图 5－1　市场营销调查流程图

1. 确定市场营销调查目的

确定市场营销调查目的也就是说要确定为什么要进行市场调查，确定调查目标和调查问题，确定调查主题。一般来说，确定调查目的应弄清几个问题：为何要调查；想要知道什么；知道了之后有何用处；谁想知道；向谁说明。

2. 情况分析

这是在明确调查目的的基础上，由市场调研人员利用自己的知识和经验，根据已经掌握的资料进行初步分析。分析的涉及面应尽可能宽一些，包括对所要调研的问题本身、大致的范围、调研的可能性和难易程度等。通过情况分析，调研人员应对课题的基本框架有大致的了解。

3. 非正式调查

这是由市场调研人员找一些与调查问题相关或熟悉这方面情况的以及消息灵通的人士交谈，进一步了解有关情况，积累资料。实际上这也是一种调查，是一种非正式的调查。它可以弥补调研人员本身经验和掌握的资料不足，为判断是否需进一步调查提供更充分的条件。

二、调查策划阶段

市场营销调查的第二个阶段是调查策划阶段。该阶段包含一个步骤，即市场调查流程的第四个步骤——设计调查方案。市场调查方案是市场营销调查的基本框架，在实际操作中一般以调查计划书的形式出现，是市场营销调查实施的指南。一个根据调查目标而周密设计的调查方案有助于保证调查结果的精确性，有助于调查目标的达到，同时也有助于用尽可能低的成本取得调查目标所需的资料。

调查计划书应包括以下几个方面内容：

1. 摘要

摘要是整个计划书的一个简短说明。由于有关重要人物可能只读这部分，因此既要简明清晰，又要提供帮助理解调查计划书基本内容的充分信息。

2. 调查目的

说明提出本次调查项目的背景，要研究的问题和备选的各种可能决策，该调研结果可能带来的社会效益和经济效益，或是在理论研究方面的重大意义。

3. 调查内容和范围

说明调研的主要内容，规定所需获取的信息，列出主要的调查问题和有关的理论假设，明确调查的范围和对象。

4. 调研方针与方法

用简洁的文字表达调研方针，说明所采用的研究方法的重要特征，与其他方法相比较的长处和局限性；将要采取的抽样方案的主要内容和步骤；样本量的大小和可能达到的精度；采取什么质量控制的方法；数据收集的方法和调查的方式；问卷的形式及设计方面的有关考虑，数据处理和分析的方法等等。细节可写在附录中。

5. 调研进度和经费预算

详细地列出完成每一步骤所需的天数以及起始终止时间。计划要稍稍留有余地，但也不能把时间拖得太长。详细列出每一项所需的费用，通过认真的估算实事求是地给出每项的预算和总预算。在进行经费预算时，一般需要考虑如下几个方面：

（1）总体方案策划费或设计费。

（2）抽样方案设计费（或实验方案设计）。

（3）调查问卷设计费（包括测试费）。

（4）调查问卷印刷费。

（5）调查实施费（包括选拔、培训调查员，试调查，交通费，调查员劳务费，管理督导人员劳务费，礼品费，复查费等等）。

（6）数据录入费（包括编码、录入、查错等）。

（7）数据统计分析费（包括上机、统计、制表、作图、购买必需品等）。

（8）调研报告撰写费。

（9）资料费、复印费、通讯联络等办公费用。

（10）专家咨询费。

（11）劳务费（公关、协作人员劳务费等）。

（12）上交管理费或税金。

（13）鉴定费、新闻发布会及出版印刷费用等。

在进行预算时，要将可能需要的费用尽可能考虑全面，以免将来出现一些不必要的麻烦而影响调查的进度。

6. 附录

（1）人员调度。列出调研项目负责人及主要参加者的名单。例如，谁负责召集和培训访问员、谁负责督导、谁负责复查等，同时说明每个人的专业特长以及在该项目中的主要分工。

（2）抽样方案的技术说明及细节说明。

（3）问卷设计中的有关技术说明。

（4）数据处理方法，所用软件等方面的说明。

撰写调查计划书是十分重要的环节。它确保了将管理决策部门的问题转换成能够提供相关的、及时的而且是准确信息的调查研究项目，并且项目的费用并不高于所得信息的价值。

三、调查实施阶段

市场调查的第三个阶段是调查实施阶段。调查实施阶段的主要任务是组织调查人员，按照调查计划书的要求，系统地搜集资料，听取被调查者的意见，对调查结果进行处理，编写调查报告。这个阶段大体可以分为以下几个步骤：

1. 人员培训

人员培训包括项目执行人培训、督导培训、访问员培训。如果一个市场调查项目要在若干个城市同时进行，那么，就要对各个城市的项目执行人进行如何主持项目和问卷访问的培训。市场调查的实地访问一般均需要有督导人员对访问过程进行监督与协调。访问员的培训分为两种：一种是访问员的培训；另一种是有针对性的问卷培训。

2. 调查实施

调查实施过程首先是调查对象的甄选。调查对象的甄选是按照问卷的要求选择调查对象，确保调查能够找到符合条件的调查对象，使调查达到良好的效果。然后是访问的实施，访问的实施是指访问必须严格按照问卷的要求与顺序进行访问，只有这样才能不折不扣地得到调查设计者想要的资料。访问结束以后还要对调查问卷进行一定比例的复核工作，目的有两个：一是对访问的工作进行检查；二是对问卷中不清楚或者不明确的地方进行再确认。复核结束以后要对访问的效果进行评价，例如访问的合格率、访问的正确率等。

3. 数据处理

数据处理的工作首先是编码，即将问卷中的所有项目的回答赋以一定的数字，以便于使用计算机进行分析。其次是录入，按照编写好的录入程序进行数据录入工作。通常采用双录入系统，即数据录入两遍，以保证数据录入的质量。最后是甄错，对问卷中存在的一些不符合逻辑或者错误的数据进行修正，以保证数据资料的完整性和一致性。

4. 数据资料分析整理

数据资料分析整理一般采用软件 SPSS 进行，通常首先是进行频数统计，频数统计不仅是一种初步分析方法，还可以起到数据清理的作用。其次是进行交叉统计，是将某一个变量与其他变量交叉分组，例如消费者对某种商品的评价按性别、年龄、职业、收入等特性分组列表，以观察所要调查的变量与其他变量之间的关系。然后可以进行一些较复杂的统计分析，例如方差分析、因子与聚类分析等。

需要指出的是，数据分析的方法是和调查的问题与目标、数据收集方法、抽样设计等有关的，因此不应等到数据收集完成后才开始考虑如何分析，而应在设计阶段即开始考虑。

5. 撰写调查报告

市场调查得到的结论要以调查报告的形式加以总结，并提供给企业，供其决策参考。调查报告是整个调查过程的最终结果，是调查者与企业沟通的重要渠道，也是进行决策和评价调查工作的主要依据。因此，市场调查报告的撰写者应该从项目的开始阶段就参与，最好能够参加市场调查的每一个环节，以增加感性认识。在撰写调查报告时，必须时刻考虑报告提交的对象，对调查结果进行概括和表达，做到清楚、准确、简明、易懂。

四、追踪调查

市场调查的最后一个阶段是追踪调查阶段。提出市场调查报告并不意味着市场调查的终结，一般还需要做进一步的追踪调查。其内容一般有三个方面：

（1）对调查报告中所提出的关键问题组织进一步深入连续的调查。

（2）对调查报告中所提出的调查结论和建议的采用率、转引率和对实际工作的使用价值的调查，同时检验调查结论和建议的正确程度与可行情况。

（3）了解调查报告中所提出的调查结论在实际执行中是否被曲解。

总之，追踪调查对评估该项市场调查的成果具有重要意义。

任务2　市场营销调查设计

一、探索性调查设计

探索性调查设计的基本目的是提供一些资料以帮助调研者认识和理解所面对的问题。常常用于在一种更正式的调研之前，帮助调研者将问题定义得更准确些，帮助调研者确定相关的行动路线或获取更多的有关资料。这一阶段所需的信息是不精确定义的，研究过程带有灵活性，没有什么结构。例如，向行业专家咨询就是一种探索性的研究。其样本量一般较小，也没有什么代表性，原始数据一般是定性的。探索性调研的结果一般只是试验性的、暂时性的，或作为进一步研究的开始。

二、描述性调查设计

描述性调查设计就是要描述事物总体的特征或功能，具体地说就是描述市场的特征或功能。

1. 描述性调查设计的主要内容

（1）描述有关群体的特征。例如，给出某些名牌商店的“重型使用者”（经常购物者）的轮廓。

（2）估算在某一具体总体中显示某种行为的人群所占的比例。例如，估算既是某些名牌商店的“重型使用者”，同时又光顾减价商店的顾客比例。

（3）确定产品特征的概念。例如，不同家庭是如何按照选择准则的一些重要因子来认识各百货商店的。

（4）确定变量间的联系程度。例如，在百货商店购物与外出就餐之间有什么程度的关联。

（5）进行具体的预测。例如，某地区的时装（某特定类别的产品）的零售销量会是多少。

描述性调查假定调研者事先已对问题有许多相关的知识。事实上，探索性与描述性调查的主要区别在于后者事先制定了具体的假设，因此，所需的信息是很清楚地定义了的。典型的描述性调查都是以有代表性的大样本（一般在600人以上）为基础的。正式的调查方案的设计规定选择信息来源的方法，以及从这些来源收集数据的方法。

描述性调查的设计要求清楚地规定调查的六个要素（也叫六个W）：谁、什么、何时、何地、为什么、什么方式。例如在百货商店顾客光顾情况调查中，这六个W分别是：

（1）谁——谁应该看成是某特定百货商店的主顾？供选择的可能是：进入商店的任何人，在商店买了东西的任何人，家庭中负责在商店购买的人。

（2）什么——应从被调查者中获取什么信息？许多方面的信息都可能得到，包括：对于具体的各种商品类别，到不同商店去购物的频度，按照主要的选择准则来评价各个商店，对于要进行检验的假设的有关信息，心理和生活方式、媒介接触行为以及人口状况。

（3）何时——应在什么时间从被调查者中获取信息？可能选择的范围：购物之前，购物之中，购物之后立刻调查，购物之后给些时间让他们评价自己的购物体验，然后调查。

（4）何地——应在什么地方与被调查者接触以获取所需的信息？供选择的可能是：在商店内，不在商店内但仍在该商业街（城）中，在停车场或汽车站。

（5）为什么——我们为什么要从被调查者中去获取信息？为什么要搞这项市场调查？一些可能的理由为：改进商店的形象，提高顾客惠顾率和市场占有率，改变商品的组合结构，研究搞一个适当的促销运动，确定新商店的地点。

（6）什么方式——我们以什么方式从被调查者中去获取信息？可能的方式大致有：观察被调查者的行为，面访调查，电话访问调查，邮寄问卷调查。

2. 描述性调查设计的主要应用领域

（1）市场研究：用于描述市场的大小范围、消费者的购买力、销售渠道的可行性以及消费者的基本情况（轮廓）。

（2）市场占有率研究：明确某公司及其竞争对手的总销售量所占比例。

（3）销售分析研究：用地理区域、商品流通线、利润的种类及数量等描述销售的情况。

（4）形象研究：明确消费者对公司及其产品的看法和认识。

（5）产品使用研究：描述消费模式。

（6）销售渠道研究：明确流通模式、分销商的数量和位置。

（7）价格研究：描述价格变动的范围和频度，以及消费者对所提出的价格变动的可能反应。

（8）广告研究：描述媒介接触行为。

三、因果性调查设计

因果关系研究是结论性研究中的一种，其目的是要获取有关起因和结果之间联系的证据。

因果性调查设计的目的包括下述内容：

（1）了解哪些变量是起因（独立变量或自变量），哪些变量是结果（因变量或响应）。

（2）确定起因变量与要预测的结果变量间的相互关系的性质。

和描述性调查一样，因果性调查也需要有方案和结构的设计。描述性调查虽然也可以确定变量间联系的紧密程度，但是并不能确定因果关系。要考察因果关系必须将有些可能影响结果的变量控制起来，这样，起因变量对因变量的影响才能测量出来。研究因果关系的主要方法是实验法。当然还有些高级的统计方法可以用于检验因果关系的模型。例如为了检验包装（自变量）对销售量（因变量）的影响，可将同类商店随机地分为两组，分别出售新包装的商品和原包装的同种商品，最后再进行比较。

虽然因果关系研究的方法与其他研究方法不太相同，但也不应将其孤立起来看。事实上，在许多调研中，探索性研究、描述性研究和因果关系研究的设计都是相互补充的（见表5－1）。

表5－1　　基本的调研方案的比较

	探索性调查设计	描述性调查设计	因果性调查设计
目的	发现想法和洞察内部	描述总体的特征或功能	确定起因和结果之间的关系
特征	灵活的 多样性的 常常是全部方案设计的前端部分	有事先制定好的具体假设 事先设计好的 有结构的	处理一个或多个独立变量 控制其他中间变量
方法	专家调查 试点调查 个案研究 二手资料 定性调查研究	二手资料 抽样调查 固定样本连续调查 观察法	实验法

任务3　资料搜集的方法与技术

一、第一手资料的搜集方法

第一手资料的搜集方法主要是实地调查法。实地调查法是一种直接调查方法，由调查人员直接同受访者接触去搜集未被加工的来自调查对象的原始信息。具体又分为询问法、观察调查法和实验法。

1. 询问法

询问法是实地调查运用最为普遍的方法，它是由调查员直接同受访者接触，通过提问和回答，实现信息沟通，掌握第一手市场信息。

（1）入户访问。入户访问是由访问员进入经抽样选定的消费者家庭中，与受访者直接面谈，收集有关信息的一种调查方法。访问员按照问卷中的问题依次提问，受访者则针对问题按要求作出回答。问卷中的问题大部分采用封闭式题型，让受访者从设定的一组答案中选出一个或几个答案来，这样的调查结果十分容易做量化处理。

入户访问在访问时间上相对比较宽裕，还可以同时出示样品、图片、卡片、包装等，因此适合调查那些内容较复杂、细目较多的项目。但要防止问题过多、内容太杂或内容超出受访者的理解范围，那样会引起受访者的厌倦心理而敷衍应对，致使调查结果不可靠。入户访问的时间一般控制在半个小时之内。

入户访问有时也根据调查的目的，采用留置问卷的调查方法。访问员按样本要求入户给受访者发放问卷，并详细地解释和说明填写要求、回收时间等，然后离开，让受访者在他方便的时间自行填写，再由访问员本人或其他访问员在预定的时间上门收回。有时也可以交给受访者一个写好回信地址、贴好邮票的信封，请受访者填好问卷后寄回调查部门。入户访问一般都给受访者送上一份小礼品。

入户访问的问卷与留置调查的问卷应有所区别，后者一般全部采用封闭式题型，而且回答要求也比较简单。

（2）街头拦截访问。街头拦截访问由访问员在街头某个计划好的地点临时拦住街上行人展开调查。这种调查通常也使用事先精心设计好的问卷作为访问工具，当场询问，当场记录。由于受访者是在活动的进程中被突然打断而接受访问的，心理准备不足，而且又是站在人来人往的街头询问，因此访问时间不宜过长，一般控制在15分钟左右，以降低拒答率和无效回答率。

街头拦截访问的受访者主要由访问员按照抽样要求，凭借经验，采用判断抽样的方法来确定。访问的时间安排也要考虑到受访者的方便，一般不要在上下班时间实施调查。访问的地点应根据调查样本的特点和行为习惯来决定，既不能凭主观想象决定，也不能“一刀切”，所有的调查总在某一个固定的地点进行。

（3）定点访问。定点访问是在受访者接受访问比较方便的地方选择一个不受干扰的场所，如商场办公室、临街的机关学校的办公室、会议室等处。街头拦截访问符合调查项目要求的受访者，经过筛选，请他们进入调查地点进行调查访问。调查大多采用问卷作为主要工具，在产品实体测试、品牌包装、价格等测试中则需要增加一些辅助工具和设施。

在定点调查中，受访者受到的干扰比街头拦截访问要少得多，效果也要好些，但调查时间同样不能太长。此外，邀请受访者走到调查地点也会有一些难度，因此调查地点的选择显得十分重要，并且事先要适当地布置，使之有利调查，又方便受访者，以便取得他们的合作，降低拒答率。

（4）电话访问。电话访问需根据精心设计的问卷进行，提问要简单明了，便于回答，不会引起读音上的歧义，内容也不可太多。访问的时机要从受访者的特点出发选择受访者认为合适的时机，以提高调查效率。

电话访问可以迅速而方便地收集信息，不需要进行任何现场组织工作，成本较低。但是受访者回答问题时容易受到干扰，甚至有时会突然中断或挂断电话，甚至干脆拒绝接受访问。访问的过程中，访问员无法观察受访者的动作、表情等非语音信息，无法使用任何辅助工具。对访问员的语言表达技巧和记录能力要求也比较高。

电话访问的受访者抽样比较特殊，大多用电话簿，采用登记号码的等距抽样方式；有时也采用简单随机抽样方式，随机拨号。这两种方式在精确度上没有太大的差异。随机拨号抽样可以访问没有进入电话号码簿的电话用户，操作起来有随机拨号法和分群拨号法，后一种方法比较复杂。

电话访问还有一个特殊的要求，就是要求电话铃至少响了6次之后没有人接听才可以断定家中无人，作出放弃访问的决定。

为了提高电话访问的效率，有时对重要的访问也可以先寄一封信或一张明信卡给受访者，说明将要进行的电话访问的目的、内容和时间。

（5）邮寄调查。邮寄调查是指将调查问卷寄给受访者，请受访者按问卷说明信上的要求逐项填写后再寄回调查部门或专业调查公司的一种调查方法。

邮寄调查可以用较低的成本在一个相当大的范围内进行。受访者也有较充分的时间仔细填写，必要时还可查阅有关资料，准确回答。没有调查员在场，受访者可能受到的倾向性影响可排除，更能畅所欲言。此外，调查的内容也可以比较多些，某些涉及个人隐私和敏感的问题也可以署名进行。

邮寄调查的受访者对象的选择一般利用现有的各种通讯录、花名册、电话簿等进行抽取，有时也可以在报纸、杂志、书籍上刊登或夹附调查问卷，请读者填写后邮寄给调查单位。

邮寄调查最大的问题是问卷回收率较低。为了提高回收率，常用的方法有以下几种：一是选择受访者比较关心的问题；二是委托某个声望较高的专业机构；三是回收用的信封上收信人栏目中印上具体的人名和职衔，借以转达对受访者尊重的信息，并引起他们的重视；四是承诺或附寄礼品、礼券；五是在调查问卷寄出三周后未能收到回信则发一封催复信，并表示衷心的感谢，有时还可以再附寄一份问卷。

邮寄调查的缺点是：回收时间长，影响所得到信息的时效性；有时样本让人代替而损害样本的代表性；或者不按要求作答、少答等，造成调查有效性不高。

（6）固定样本持续调查。固定样本持续调查就是对同一群固定的调查对象每隔一段时间进行相同项目的长时间的持续不断的调查，常被用在消费者家计调查、零售店销售调查或阅读率调查等项目中。这种调查要求受访者长期坚持不懈地对发生的事实做事后的客观记录。因为有充分的记录时间，所以调查项目可以列得十分细致，从而所获得的市场信息准确，数据翔实。

（7）深度访谈。深度访谈是指调查者同受访者进行单独地、面对面地深入交谈，用以搜集受访者对某一问题的动机、信念、感受或态度等深层次信息的一种调查方法。

（8）焦点座谈会。焦点座谈会是调查者作为主持人同时与一群受访者在2小时左右的时间内围绕某一个中心问题进行交谈和讨论，以获得受访者对该问题的意见和态度等定性信息。

（9）专家调查。专家调查是以在某个研究领域或某个问题上有理论造诣、有专门知识或特长、有丰富实践经验的学者、管理者或经营者作为调查对象，收集所需信息的调查方法。

专家调查按照不同的具体形式，分为以下三种方式：

第一，头脑风暴法。这种专家调查采用小组座谈会的形式，邀请6—12名专家参加。与焦点座谈会不同的是，参加头脑风暴法座谈会的专家只能公开发表各自的意见或设想，不对其他专家主张进行讨论，也不能进行私下的交谈，不提出任何集体或权威的意见，以免阻碍个人的思考。各位专家在会上踊跃发表看法，互相启发，在各自的头脑中掀起思考的风暴，形成智力碰撞和激荡，产生新的思想火花，进行即席发言。

第二，专家会议法。与头脑风暴法一样，这种调查方法也是以小组座谈会的形式进行的，利用专家群体的专业特长和经验收集具有创造性的信息。所不同的是，与会专家事先按照发给的调查提纲做好了发言准备，在会上则可以围绕中心问题开展讨论，相互启发、相互交流、相互补充。

第三，德尔菲法。德尔菲法是头脑风暴法和专家会议法的发展。这种方法由请专家坐在一起面对面地交谈讨论改为背对背地征询意见。

2. 观察调查法

观察调查法就是调查者亲临调查现场或利用观察器材，客观地观察调查对象并忠实地记录其人其事或其物的状态、过程或结果，收集第一手市场信息的一种实地调查方法。

观察调查通常是观察处于自然状态下的被调查对象，而且是在调查对象不知不觉的情况下进行的，因此所获得的第一手资料是最接近平时状态的，其真实性、准确性都很好，可以减少询问调查中，因访问员的成见或失误以及受访者的心理因素的干扰而产生的误差。因此，观察调查更适合那些对结果准确性要求很高的调查项目。某些项目，如商店的服务模式、消费者在商场购买活动的特点、街头或商场的顾客流量等无法同调查对象交流或无法回答、难以回答的项目也只有观察调查才能得到有效的信息。

观察调查可以由观察人员在现场使用自己的视、听、触、味、嗅等感觉器官对事物进行感觉。这种方法不仅能了解到正在发生的事实，而且可以体会到现场的气氛和情境，获得额外的信息。也可以运用照相机、摄像机、录音机、扫描仪等各种电子仪器进行现场观察和记录。采用仪器观察可以观察得更准确，可以长时间进行。

观察调查可以是在现场对调查对象直接观察，也可以不进入事实发生现场，而是观察事实发生后留下来的痕迹，如收集消费者丢弃的冷饮包装纸、包装盒，调查不同品牌、不同品种冷饮的消费者偏好。

观察调查的主要缺点是只能了解到市场的表面信息而无法获得人的心理信息，如动机、价值观念等等。此外，这种调查方法也受到时空的限制，使用范围较窄，如消费者的家庭消费行为就不可能通过观察调查获得。

3. 实验法

实验法是指调查人员根据调查目的，事先选定某一个或几个营销因素，人为地改变或控制这些因素，观察它们对营销活动中其他因素的影响过程和影响效果，搜集第一手信息的方法。例如，改变产品的包装，观察产品销售量的变化。通过对新旧包装引起的销售量变化的比较来了解新包装的市场效果，为包装决策提供依据。

实验法的优点是比较科学，所得到的信息能比较客观地反映实际情况。还可以通过合适的实验设计，有效地控制实验环境，以提高调查结果的精确度。通过相同条件下的反复实验，来验证结果的可靠性。

由于实验法调查是事前主动地改变和控制一些营销因素的变化来了解它们对市场的影响，而不是被动地等待某种情况发生后再去收集结果，因此实验法可以为相关因素之间的因果关系提供更有说服力的依据。

实验法调查可以在实验室进行，也可以在销售现场进行。实验室实验调查是在专门设计的人工实验环境中实施调查的。例如，在一个模拟商场中，试验一种新的商品陈列和购买方式的调查，可以邀请一些目标顾客在这个模拟的商场参观购物，来调查其销售效果。现场实验调查是在现实的自然的市场环境中实施的，调查有目的地通过控制某些营销因素来控制局部环境的变化，来了解这些因素对销售的影响程度。例如，在几个基本情况相同的连锁商场内以不同的价格出售同一种商品，以了解该商品价格对销售量的影响。由于这种实验是在自然环境下实施的，其调查结果也比较接近实际。

实验方法也有其难以克服的缺点：一是市场的变化是由多种宏观和微观因素共同作用的结果，许多因素，如政治、文化、自然等因素是人工无法控制的，所以实验法调查的结果不可能完全准确无误；二是在实验室或局部范围内进行的实验，由于各种条件的限制未必合适大范围市场条件下的运作；三是实验调查的时间较长，成本偏高，而且在操作和管理上也有相当大的难度。

二、第二手资料的搜集方法

案头调查是一种间接调查方法，主要用来搜集企业内部和外部经他人搜集、记录和整理所积累起来的现成的二手信息。这些信息以文献性信息为主，具体形式有印刷型信息、视听型信息、计算机信息库和计算机网络信息等。

案头调查有许多好处，既能节省时间，又能节省费用，而且调查的保密性强，实施起来也比较容易。因此，案头调查往往被用做首选的市场调查方法，只有当搜集到的第二手资料不能满足需要时，才去实施实地调查。

但是，案头调查的局限性也是十分明显的，这些资料是前人为自身的目的搜集、整理和刊载发布的，因此对本企业的某个具体的调查项目来说，适应性不高。而且这些二手资料受到各方面的限制，与原始资料会有些差距，有的经人多次传抄引证，已经成为第三、第四手资料，使用时需仔细核实；有的被人故意歪曲事实，其真实性、可靠性令人怀疑。更为重要的一点是，二手资料都是以过去时态而存在的，信息时代知识的更新日新月异，市场的变化节奏加快，所以第二手资料在时效性上常常不能满足调查的需要。

三、抽样设计

1. 抽样调查的含义

抽样调查是指调查者采用从调查总体中抽选出一部分单位作为样本（Sample），对样本进行调查，并用样本所得的结果来推断总体（母群体，Population）的一种专业方法。

该方法的主要优点有：一是时间短，收效快；二是费用少；三是质量高，资料可信程度高，特别适用于不可能或没必要组织全面调查的情形。但它也有缺点，即存在抽样误差。

2. 抽样技术的分类

为了使抽样的样本具有代表性，必须借助于各种抽样技术。抽样技术主要分为随机抽样技术与非随机抽样技术两大类。

（1）随机抽样技术及其应用。随机抽样技术又可划分为简单随机抽样、分层随机抽样、等距离抽样、分群抽样等四种。

①简单随机抽样技术及其应用。简单随机抽样技术又称单纯随机抽样技术，是在总体单位中不进行任何有目的的选择，而是按随机原则、纯粹偶然的方法抽取样本。市场调研中通常采用抽签法和乱数表法。

抽签法。先将调查总体的每个单位编上号码，然后将号码写在卡片上搅拌均匀，任意从中抽选，抽到一个号码，就对上一个单位，直到抽足预先规定的样本数目为止。这种方法适用于总体单位数目较少的情况。

乱数表法。乱数表法又称随机数法。首先把调查总体中的所有单位加以编号，根据编号的位数确定使用若干位数字，然后查乱数表。先在乱数表中任意选定一行或一列的数字作为开始数，接着可从上而下，或从左至右，或一定间隔（隔行或隔列）顺序取数，凡编号范围内的数字号码即为被抽取的样本。如果不是重复抽样，有重复数字应舍去，直到抽足预定样本数目为止。

②分层随机抽样技术及其应用。分层随机抽样技术又叫分类随机抽样技术，是把调查总体按其属性不同分为若干层次（或类型），然后在各层（或类型）中随机抽取样本。例如，调查人口，可按年龄、收入、职业、居住位置等标志划分为不同的阶层。分层时要注意：各层之间要有明显的差异，不致发生混淆；要知道各层中的单位数目和比例；分层的数目不宜太多，每个层内每个个体应保持一致性等。只有这样，才能使抽取的样本反映该层的特征，提高样本的代表性，减少抽样误差。市场调查中大多采用这种抽样方法。

分层抽样具体形式有两种：

首先，等比例分层抽样。即按各个层（各类型）中的单位数量占总体单位数量的比例分配各层的样本数量。

计算公式如下：

$$n_i = \frac{N_i}{N}n$$

式中，n_i 为第 i 层应抽取的样本数；N 为总体单位数量；N_i 为第 i 层的调查单位数；n 为预定抽取样本数。

例如，某地共有居民 20000 户，按经济收入高低进行分类，其中高收入居民为 4000 户，占总体的 20%；中收入为 12000 户，占总体的 60%；低收入为 4000 户，占总体的 20%。要从中抽选 200 户进行购买力调查，则各类型抽取的样本单位数为：

经济收入高的样本单位数目为：200 户 ×20% =40 户

经济收入中的样本单位数目为：200 户 ×60% =120 户

经济收入低的样本单位数目为：200 户 ×20% =40 户

这种方法简便易行、分配合理、计算方便，适用于各类型之间差异不大的分类调查。如果各类型之间差异过大，则不宜采用，而应采用分层最佳抽样法。

其次，分层最佳抽样法。又称非比例抽样法，它不是按各层中单位数占总体单位数的比例分配样本单位，而是根据其他因素（如各层平均数或成数标准差的大小，抽取样本工作量和费用大小等）调整各层的样本单位数。如按各层标准差大小调整各层样本单位数，其计算公式为：

$$n_i = \frac{nN_iS_i}{\sum N_iS_i}$$

式中，n_i 为第 i 层应抽选的样本单位数；n 为样本单位总数；N_i 为第 i 层的调查单位数；S_i 为第 i 层的调查单位平均数（成数）的样本标准差。

仍以上述居民收入与购买力之间的关系为例。各层样本标准差高收入为 300 元，中收入为 200 元，低收入为 100 元。为了便于观察，列表 5－2。

表 5－2

各层次	各层的调查单位数 N/户	各层的样本标准差 S/元	乘积 NS
高	4000	300	1200000
中	12000	200	2400000
低	4000	100	400000
小计	20000		4000000

样本标准差的差别主要凭经验判断确定。上例是假定的，也可通过计算确定。计算公式为：

$$样本标准差 = \sqrt{\frac{离差的平方和}{样本数目}}$$

按照公式计算，得出各类型应抽选的样本单位数为：

$$高收入样本单位数为：200 \times \frac{1200000}{4000000} 户 = 60 户$$

$$中收入样本单位数为：200 \times \frac{2400000}{4000000} 户 = 120 户$$

$$低收入样本单位数为：200 \times \frac{400000}{4000000} 户 = 20 户$$

通过上述计算可以看出，用非比例抽样法与比例抽样法抽取的样本数在各层次之间不同，特别是高收入与低收入之间样本标准差相差较大，所以高收入所抽取的样本数目增加 20 户（60 户 －40 户），低收入减少 20 户（40 户 －20 户），中收入不变。由于购买力同家庭经济收入关系很大，因而要增加高收入层的样本数，相应减少低收入层的样本数，这样使所抽选的样本更具有代表性。

③等距离抽样技术及其应用。等距离抽样技术又称系统抽样技术或机械抽样技术。它是在总体中先按一定标志顺序排列，并根据总体单位数和样本单位数计算出抽样距离（即相同的间隔），然后按相同的距离或间隔抽选样本单位。排列顺序可以与调查项目有关的标志为依据，如在购买力调查中，按收入多少由低至高排列；也可以与调查项目无关的标志为依据，如按户口册、姓氏笔画等排列。

抽样间隔计算公式为：

抽样间隔 ＝ 总体数 N/ 样本数 n

例如：某地区有居民110户，采用等距离抽样法抽选11户进行调查。

第一步：对总体调查对象进行编号，即从1号至110号。

第二步：确定抽样间隔。已知调查总体数$N=110$户，样本数$n=11$户，故抽样间隔$=110/11=10$。

第三步，确定起抽号数。用10张卡片（即抽样间隔）从1至10编号，然后从中抽取1张（随机抽取1张）作为起抽号数。如果抽出的是2号，2号则为起抽号数。

第四步，确定被抽取单位。从起抽号开始，按照抽样间隔选择样本。本例从2号起每隔10号抽选一个，直至抽足11个为止。所抽的单位是：

2；$2+10=12$；$2+10\times 2=22$；$2+10\times 3=32$；$2+10\times 4=42$；…；$2+10\times 10=102$。

等距离抽样方便简单，省却了一个个抽样的麻烦，适用于大规模调查，还能使样本均匀地分散在调查的总体中，不会集中于某些层次，增加了样本的代表性。

④分群抽样技术及其应用。分群抽样技术又称整群抽样技术，是把调查总体区分为若干个群体，然后用单纯的随机抽样法，从中抽取某些群体进行全面调查。如果不是对所抽取的群体进行全面调查，而是进一步划分为若干个小群体，再按随机原则抽取一个或一小部分小群体来调查，称为多段分群抽样。

分群抽样抽选工作比较简易方便，抽中的单位比较集中。但是，由于样本单位集中在某些群体，而不能均匀分布在总体中，如果群与群之间差异较大，则抽样误差就会增大。

（2）非随机抽样技术及其应用。非随机抽样技术也可划分为任意抽样、判断抽样、配额抽样等三种。

①任意抽样技术及其应用。任意抽样技术又称便利抽样法，是随意抽选样本的一种方法。例如进行现场访问，任意选择一群消费者或者营业人员进行谈话，了解他们对商品质量的看法或购买动机。这种方法简便易行，可以及时取得所需的资料，节约时间和费用。该方法适用于非正式的探测性调查或调查前的准备工作。由于抽样结果偏差较大，可信程度低，样本没有足够的代表性，故在正式市场调查时很少采用任意抽样法。

②判断抽样技术及其应用。判断抽样技术又称目的抽样法，是一种根据调查人员的经验或某些有见解的专家选定样本的抽样方法。判断抽样法在调查总体中各调查单位差异较小，调查单位比较少，选取的样本有较大的代表性时采用。判断抽样的具体做法分为以下两种：一种是由专家判断选择样本。一般采用平均型或多数型的样本为调查单位，通过典型样本的研究，由专家来推断总体的状态。所谓平均型，是指在调查总体中挑选代表平均水平的单位作为样本，以此作为典型样本，再推断总体。所谓多数型，是指在调查总体中挑选占多数的单位作为样本推断总体。另一种是利用调查总体的统计资料，按照一定标准选择样本。

③配额抽样技术及其应用。配额抽样是按照一定标准分配样本数额，然后在规定数额内由调查人员任意抽选样本的一种抽样方法。配额抽样分为独立控制配额抽样和非独立控制配额抽样两大类。

独立控制配额抽样。它对调查对象只规定具有一种控制特征的样本的抽取数目并规定配额，而不是规定具有两种或两种以上控制特征的样本的抽取数目并规定配额。

独立控制配额抽样的具体应用方法如下：

按被调查对象的控制特征分为年龄、性别、收入三种。确定样本总数为180个，按独立控制特征配额抽样则可列成表5－3（数字是假设的）。

表5－3　　按独立控制特征配额抽样

<table>
<tr><th colspan="2">年龄</th><th colspan="2">性别</th><th colspan="2">收入</th></tr>
<tr><td>18—29岁</td><td>30</td><td rowspan="2">男</td><td rowspan="2">90</td><td rowspan="2">高</td><td rowspan="2">36</td></tr>
<tr><td>30—40岁</td><td>50</td></tr>
<tr><td>41—55岁</td><td>60</td><td rowspan="2">女</td><td rowspan="2">90</td><td>中</td><td>54</td></tr>
<tr><td>56岁以上</td><td>40</td><td>低</td><td>90</td></tr>
<tr><td>合计</td><td>180</td><td>合计</td><td>180</td><td>合计</td><td>180</td></tr>
</table>

从表5－3中可以看出，虽然有年龄、性别、收入三个控制特征，但各特征是独立控制配额抽取样本数目的，不要求互相受到牵制，也不规定三种控制特征之间有任何关系。如果年龄组18—29岁的有30个人，这30个人中男女各多少，高收入、中收入又有多少，都没有规定样本抽取数目。这就是独立控制配额抽样的特点。

独立控制配额抽样具有简便易行、费用少等优点，但选择样本容易偏向某一类型而忽视其他类型的缺点。例如，偏重于年龄较轻的低收入或年龄较大的高收入者。这个缺点可通过相互控制配额抽样来弥补。

非独立控制配额抽样。该抽样同时对具有两种或两种以上控制特征的每一样本数目都作出具体规定。

四、测量技术

1. 态度测量表

（1）态度测量表的定义。它是通过一套事先拟定的用语、记号和数目，来测定人们心理活动的度量工具，可将我们所要调查的定性资料进行量化。

消费者在市场上选购什么商品，不选购什么商品，不是随意决定的，而是在心里有一定的尺度，这种尺度在心理学中称为量表。

运用量表调查测量消费者对商品的需求心理评价尺度，便是态度测量表法。

这是市场调查中比较深入细致的一种调查方法，对于深入研究消费者心理活动，判断消费心理差别，进而预测由此引发的未来消费流行趋势，具有重要的意义。

（2）态度测量表的分类。根据态度测量表的性质不同，可分为类别量表、顺序量表、等距量表和等比量表等。

①类别量表，又称名义量表，是根据调查对象的性质作出的分类。

②顺序量表，又称次序量表，它能表示各类别之间不同程度的顺序关系。

③等距量表，又称差距量表，它比顺序量表更为精细，不仅能表示顺序关系，还能测量各顺序位置之间的距离。这种量表可以进行相加或相减计算，但不能相互做乘、除计算。

④等比量表，表示各个类别之间的顺序关系成比率的量表，比如对身高、体重、年龄等变量的测量。它可以做相互间的加、减、乘、除计算。

这些不同的量表，反映了不同的消费态度和消费者购买意向，可以用来解决不同的调查问题。类别量表是测量消费者对不同性质问题的分类。

（3）两种简便易行的态度测量表法。

①评比量表。评比量表是一种顺序量表，测量消费者对市场销售商品的态度经常采用评比量表。评比量表的特点是，提出的问题以两端为极端，中间按程度顺序排列，以此表示测量消费者的态度。

②数值分配量表。数值分配量表是指按调查对象的特征，由被调查者分配数值的一种态度测量表。在对被调查者的态度测量中，分配的数值必须以 10 或 100 为固定值，也就是说，对几种商品的态度测量之和应为 10 或 100。

2. 语意差别量表

（1）语意差别量表的定义。语意差别量表是一次性集中测量被测者所理解的某个单词或概念含义的测量手段。针对这样的词或概念设计出一系列双向形容词量表，请被测者根据对词或概念的感受、理解，在量表上选定相应的位置。

语意差别量表的主要优点是可以清楚有效地描绘形象。如果同时测量几个对象的形象，还可以对整个形象轮廓进行比较。

由于功能的多样性，语意差别量表被广泛地用于市场研究，用于比较不同的品牌商品、厂商的形象以及帮助制定广告等战略、促销战略和新产品开发计划。

（2）语意差别量表的使用方法。①确定每一片断的维度供受访者判断；②界定两个相反的术语代表每一维度的两极（为防止回答偏差，最好将彼此有关系的项目位置加以变化）；③作出语意差异的计分表。

可以根据受访者的回答对语意差别量表中的不同项目进行打分，可采用值，也可采用数值进行打分。结果数据可用来分析不同测量对象、不同受访者的相同点和不同点。还可将各项目的得分加总，用以比较不同测量对象整体形象的偏好等级。

五、调查问卷设计

1. 问卷设计的含义与条件

在市场调查中，应有事先准备好的询问提纲或调查表作为调查的依据，这些文件统称为问卷。它系统地记载了所需调查的具体内容。作为调查者与被调查者之间中介物的调查问卷，其设计是否科学合理，将直接影响问卷的回收率，影响资料的真实性、使用性。因此，在市场调查中应对问卷设计给予足够的重视。

2. 问卷的格式

一份完整的调查问卷通常包括标题、问卷说明、被调查者基本情况、调查主题内容、编码、调查者情况等内容。

（1）问卷的标题。问卷的标题是概括说明调查的研究主题，使被调查者对所要回答什么方面的问题有一个大致的了解。确定标题应简明扼要，易于引起回答者的兴趣。例如“大学生消费情况调查”，“我与广告——公众广告意识调查”等，而不要简单采用“问卷调查”这样的标题，它容易引起回答者因不必要的怀疑而拒答。

（2）问卷说明。问卷说明旨在向被调查者说明调查的目的、意义。有些问卷还有填表须知、交表时间、地点及其他事项说明等。问卷说明一般放在问卷开头，通过它可以使被调查者了解调查目的，消除顾虑，并按一定的要求填写问卷。问卷说明既可采取比较简洁、开门见山的方式，也可在问卷说明中进行一定的宣传，以引起调查对象对问卷的重视。

（3）被调查者基本情况。这是指被调查者的一些主要特征，如在消费者调查中，消费者的性别、年龄、民族、家庭人口、婚姻状况、文化程度、职业、单位、收入、所在地区等等。又如，对企业调查中的企业名称、地址、所有制性质、主管部门、职工人数、商品销售额（或产品销售量）等情况。通过这些项目，便于对调查资料进行统计分组、分析。在实际调查中，列入哪些项目，列入多少项目，应根据调查目的、调查要求而定，并非多多益善。

（4）调查主题内容。调查的主题内容是调查者所要了解的基本内容，也是调查问卷中最重要的部分。它主要是以提问的形式提供给被调查者，这部分内容设计的好坏直接影响整个调查的价值。主题内容主要包括以下几个方面：①对人们的行为进行调查；②对人们的行为后果进行调查；③对人们的态度、意见、感觉、偏好等进行调查。

（5）编码。编码是将问卷中的调查项目变成数字的工作过程。大多数市场调查问卷均须加以编码，以便分类整理，易于进行计算机处理和统计分析。

（6）调查者情况。在调查表的最后，附上调查员的姓名、访问日期、时间等，以明确调查人员完成任务的性质。如有必要，还可写上被调查者的姓名、单位或家庭住址、电话等，以便于审核和进一步追踪调查。但对于一些涉及被调查者隐私的问卷，上述内容则不宜列入。

3. 问卷设计步骤

（1）确定所要搜集的信息。根据调查问卷需要确定调查主题的范围和调查项目，将所需要的问卷资料一一列出，分析哪些是主要资料，哪些是次要资料，哪些是调查的必备资料，哪些是可要可不要的资料，并分析哪些资料需要通过问卷来取得，需要向谁调查等，对必要资料加以收集。同时，要分析调查对象的各种特征，即分析了解各被调查对象的社会阶层、行为规范、社会环境等社会特征；文化程度、知识水平等文化特征；需求动机、行为等心理特征。以此作为拟定问卷的基础。在此阶段，应充分征求有关各类人员的意见，以了解问卷中可能出现的问题，力求使问卷切合实际，能够充分满足各方面分析研究的需要。

（2）决定问卷调查方式。因问卷调查方式不同，问卷内容的繁杂及问卷设计方式必有不同。应在问卷方式上作适当的问卷内容安排。

（3）决定问题内容。在决定问题内容时，应考虑以下几项原则：

①目的性原则。问卷调查是通过向被调查者询问来进行调查的，要求在问卷设计时重点突出，避免可有可无的问题，并把主题分解为更详细的细目。

②可接受性原则。调查表的设计要比较容易让被调查者接受，乐于回答。应在问卷说明词中将调查目的明确告诉被调查者，让对方知道该项调查的意义和自身的回答对整个调查结果的重要性。问卷说明词要亲切、温和、有礼貌和有趣味性。此外，还应使用适合被调查者身份、水平的用语，尽量避免列入一些会使调查者难堪或反感的问题。

③顺序性原则。问卷中的问题一般按下列顺序排列：

首先，容易回答的问题（如行为性问题）放在前面，较难回答的问题（如态度性问题）放在中间，敏感性问题（如动机性、涉及隐私等问题）放在后面，关于个人情况的事实性问题放在末尾。

其次，封闭性问题放在前面，开放性问题放在后面。这是由于封闭性问题由设计者列出备选的全部答案，较易回答，而开放性问题需被调查者花费一些时间考虑，放在前面易使被调查者产生畏难情绪。

最后，要注意问题的逻辑顺序，如可按时间顺序、类别顺序等合理排列。

④简明性原则。简明性原则主要体现在以下几个方面：首先，调查内容要简明，力求以最少的项目设计必要的、完整的信息资料。其次，调查时间要简短，问题和整个问卷都不宜过长。设计问卷时，不能单纯从调查者角度出发，而要为回答者着想。根据经验，一般问卷回答时间应控制在30分钟左右。最后，问卷设计的形式要简明、易懂、易读。

⑤匹配性原则。匹配性原则是指使被调查者的回答便于进行检查、数据处理和分析。所提问题都应事先考虑到能对问题结果做适当分类和解释，使所得资料便于做交叉分析。

（4）决定问题形式。问卷的语句由若干个问题构成，问题是问卷的核心。在进行问卷设计时，必须对问题的类别和提问方法仔细考虑，否则会使整个问卷产生很大的偏差，导致市场调查的失败。因此，在设计问卷时，应对问题有较清楚的了解，并善于根据调查目的和具体情况选择适当的询问方式。

①问题的主要类型及询问方式。

A. 直接性问题、间接性问题和假设性问题。

直接性问题是指在问卷中能够通过直接提问的方式得到答案的问题。直接性问题通常给回答者一个明确的范围，所问的是个人基本情况或意见，比如“您的年龄”、“您的职业”、“您最喜欢什么牌子的洗发水？”等，这些都可获得明确的答案。这种提问对统计分析比较方便。但遇到一些窘迫性问题时，采用这种提问方式可能无法得到所需要的答案。

间接性问题是指那些不宜于直接回答，而采用间接提问的方式得到所需答案的问题。通常是指那些被调查者因对所需回答问题产生顾虑，不敢或不愿真实地表达意见。

假设性问题是通过假设某一情景或现象存在而向被调查者提出的问题。例如，“有人认为目前的电视广告过多，您的看法如何？”“如果在购买汽车和住宅中您只能选择一种，您可能会选择哪种？”这些语句都属于假设性提问。

B. 开放性问题和封闭性问题。

所谓开放性问题，是指所提出的问题并不列出所有可能的答案，而是由被调查者自由作答的问题。开放性问题一般提问比较简单，回答比较真实，但结果难以做定量分析。在对其做定量分析时，通常是将回答进行分类。

所谓封闭性问题，是指已事先设计了各种可能的答案的问题，被调查者只要或只能从中选定一个或几个现成答案的提问方式。缺点是回答者只能在规定的范围内被迫回答，无法反映其他各种有目的的、真实的想法。优点是回答方便，易于进行各种统计处理和分析。

C. 事实性问题、行为性问题、动机性问题、态度性问题。

事实性问题是要求被调查者回答一些有关事实性的问题。例如，“您通常什么时候看电视?”这类问题的主要目的是为了获得有关事实性资料。因此，问题的意见必须清楚，使被调查者容易理解并回答。

行为性问题是对回答者的行为特征进行调查。例如，“您是否拥有某物?”“您是否做过某事?”等。

动机性问题是为了解被调查者行为的原因或动机的问题。在提动机性问题时，应注意人们的行为可以是由有意识动机，也可以是由半意识动机或无意识动机产生的。对于前者，有时会因种种原因不愿真实回答；对于后者，因回答者对自己的动机不十分清楚，也会造成回答困难。

态度性问题是有关回答者的态度、评价、意见等的问题。例如，“您是否喜欢某某牌子的自行车?”

②问题的答案设计。在市场调查中，无论是哪种类型的问题，都需要事先对问题答案进行设计。

二项选择法。二项选择法也称真伪法，是指提出的问题仅有两种答案可以选择。在设计答案时可以根据具体情况采用不同设计形式。例如，“您家里现在有空调吗?”答案只有“有”或“无”。这种方法适用于互相排斥的两项择一式问题，以及询问较为简单的事实性问题。

多项选择法。多项选择法是指所提出的问题事先预备好两个以上的答案，回答者可任选其中一项或几项。

由于所设答案不一定能表达出填表人所有的看法，所以在问题的最后通常可设“其他”项目，以便使被调查者表达自己的看法。采用这种方法时，设计者要考虑以下两种情况：首先，要考虑到全部可能出现的结果及答案可能出现的重复和遗漏。其次，要注意选择答案的排列顺序。有些回答者常常喜欢选择第一个答案，从而使调查结果发生偏差。此外，如果答案较多，会使回答者无从选择或产生厌烦，一般这种多项选择答案应控制在 8 个以内。当样本数量有限时，多项选择法易使结果分散，缺乏说服力。

顺位法。顺位法是列出若干项目，由回答者按重要性决定先后顺序。顺位法主要有两种：一种是对全部答案排序，另一种是只对其中的某些答案排序。究竟采用何种方法应由调查者来决定。具体排列顺序，则由回答者根据自己所喜欢的事物和认识事物的程度进行排序。

例如，“您选购空调的主要条件是（请将所给答案按重要顺序 1，2，3…填写在□中）”

价格便宜□	外形美观□	维修方便□	品牌□
经久耐用□	噪声低□	制冷（热）效果□	其他□

顺位法便于被调查者对其意见、动机、感觉等作衡量和比较性表达，也便于对调查结果进行统计。但调查项目不宜过多，同时所询问的排列顺序也可能对被调查者产生某种暗示影响。这种方法适用于要求答案有先后顺序的问题。

回忆法。回忆法是指通过回忆了解被调查者对不同商品质量、牌子等方面印象的强弱。例如，“请您举出最近在电视广告中出现的电冰箱有哪些牌子”。调查时可根据被调查者所回忆牌号的先后和快慢以及各种牌号被回忆的频率进行分析研究。

比较法。比较法是采用对比提问方式，要求被调查者作出肯定回答的方法。例如“请比较下列不同品牌的啤酒，哪种更好喝?”（在各项您认为好喝的牌子方格中划√）

青岛□　　　　百威□　　　　燕京□　　　　天目湖□

力波□　　　　广玉兰□　　　林克曼□　　　金陵□

……

比较法适用于对质量和效用等问题作出评价。应用比较法要考虑被调查者对所要回答问题中的商品品牌等项目是否相当熟悉，否则将会导致空项发生。

自由回答法。自由回答法是指提问时可自由提出问题，回答者可以自由发表意见，并无已经拟订好的答案。例如，“您觉得软包装饮料有哪些优缺点?”“您认为应该如何改进电视广告?”等等。

此种问题不宜过多，这种方法适用于那些不能预期答案或不能限定范围的问题。

过滤法。过滤法又称“漏斗法”，是指最初提出的是离调查主题较远的广泛性问题，再根据被调查者回答的情况，逐渐缩小提问范围，最后有目的地引向要调查的某主题性问题。这种方法适用于被调查者在回答问题时有所顾虑，或者一时不便于直接表达对某个问题的具体意见时所采用。例如，对那些涉及被调查者自尊或隐私的问题，如收入、文化程度、妇女年龄等，可采取这种提问方式。

这种方法询问及回答比较自然、灵活，使被调查者能够在活跃的气氛中回答问题，从而促进双方的合作，获得回答者较为真实的想法。但要求调查人员善于把握对方心理，善于引导并有较高的询问技巧。

（5）设计问题用语。问题用语在问卷调查中对调查结果有绝对的影响。应注意以下几点：

①避免提一般性的问题。一般性问题对实际调查工作并无指导意义。例如，“您对某百货商场的印象如何?”这样的问题过于笼统，很难达到预期效果，可具体提问：“您认为某百货商场商品品种是否齐全、营业时间是否恰当、服务态度怎样?”等。

②避免用不确切的词。例如“普通”、“经常”、“一些”以及一些形容词，如“美丽”等。这些词语各人理解往往不同，在问卷设计中应避免或减少使用。例如，“您是否经常购买洗发液?”回答者不知经常是指一周、一个月还是一年，可以改问：“您多长时间购买一次洗发液?”

③避免使用含糊不清的句子。例如，“您最近是出门旅游，还是休息?”出门旅游也是一种休息形式，它和休息并不存在选择关系，正确的问法是：“您最近是出门旅游，还是在家休息?”

④避免引导性提问。如果提出的问题不是“中性”的，而是暗示出调查者的观点和见解，力求使回答者跟着这种倾向回答，这种提问就是“引导性提问”。例如，“消费者普遍认为某某牌子的冰箱好，您的印象如何?”引导性提问会导致两个不良后果：一是被调查者不加思考就同意所引导问题中暗示的结论；二是由于引导性提问大多是引用权威或大多数人的态度，被调查者考虑到这个结论既然已经是普遍的结论，就会产生心理上的顺向反应。此外，对于一些敏感性问题，在引导性提问下，不敢表达其他想法等。因此，这种提问是调查的大忌，常常会引出与事实相反的结论。

⑤避免提断定性的问题。例如，“您一天抽多少支烟?”这类问题即为断定性问题，

被调查者如果根本不抽烟，就会造成无法回答。正确的处理办法是此问题加一条“过滤”性问题，即“您抽烟吗?”如果回答者回答“是”，可继续提问，否则就可终止提问。

⑥避免提令被调查者难堪的问题。如果有些问题非问不可，也不能只顾自己的需要穷追不舍，应考虑回答者的自尊心。例如，“您是否离过婚？离过几次？谁的责任?”等。直接询问女士年龄也是不礼貌的，可列出年龄段：20岁以下，20—30岁，30—40岁，40岁以上，由被调查者挑选。

⑦问句要考虑时间性。时间过久的问题易使人遗忘，如“您去年家庭的生活费支出是多少？用于食品、衣服分别是多少?”除非被调查者连续记账，否则很难回答出来。一般可问：“您家上月生活费支出是多少?”显然，缩小时间范围可使问题回忆起来容易，答案也比较准确。

⑧拟定问句要有明确的界限。对于年龄、家庭人口、经济收入等调查项目，通常会产生歧义的理解，如年龄有虚岁、实岁，家庭人口有常住人口和生活费开支在一起的人口，收入是仅指工资，还是包括奖金、补贴、其他收入、实物发放折款收入在内，如果调查者对此没有明确的界定，调查结果也很难达到预期要求。

⑨问句要具体。一个问句最好只问一个要点，一个问句中如果包含过多的询问内容会使回答者无从答起，给统计汇总也带来困难。例如，“您为何不看电影而看电视?”和“什么原因使您改看电视?”等。防止出现此类问题的办法是分离语句中的提问部分，使得一个语句只问一个要点。

⑩要避免问题与答案不一致。例如，“您经常看哪个栏目的电视?”

A. 生活　B. 商务电视　C. 电视购物　D. 经常看　E. 偶尔看　F. 根本不看

对于类别的提问和对于程度的了解，一般不能在同一个问题答案中出现，两者应分别进行。如上面提问中提问的是哪一类，就只能在类别中加以选择，而不能加上程度内容，否则会出现多余或矛盾的选择。

（6）决定问题先后顺序。

①第一个问题必须有趣且容易答复；

②重要问题放在重要地方；

③容易在前，慢慢引入比较难答的问题；

④问题要一气呵成，且应注意问题前后连贯性；

⑤私人问题和易造成对方回答困难的问题应最后提出。

（7）决定检验可靠性问题。为加强被访问者答题的可靠性，在访问结束时不妨将问题中重要者再重新提问。

（8）决定问卷版面布局。问卷形式及体裁的设计对搜集资料成效关系很大，故应力求：

①纸质及印刷精美，留作填充空白处易于填写；

②日后处理作业方便。

（9）试查。一般来说，所有设计出来的问卷都存在一些问题，因此需要将初步设计出来的问卷在小范围内进行试验性调查。

（10）修订及定稿。将要调查的问卷付之于印刷，将必要的调查手册编辑成册，以供相关人员参考。

任务4　调查信息处理

一、市场预测的基本方法

所谓市场预测，就是运用科学的预测方法，对影响市场供求变化关系的诸因素进行调查研究、分析和预见其发展趋势，掌握市场供求变化的规律，为生产和流通确定营销决策提供可靠的依据。

市场预测的对象、内容、要求各不相同，所采用的预测方法也是多种多样，目前可供使用的预测方法多达100多种，从定性的非数学方法，到定量的预测方法，都各有不同的特点、使用条件。常用的市场预测方法基本有如下几种：

1. 判断预测法

判断预测法又名意见法。其特点是以企业领导层和基层人员的经验和判断为基础，经过分析综合，以判断未来的市场情况。此法的优点在于：在短时间内能集中有关人员的意见，迅速作出判断，简单易行。这种方法在缺乏预测资料时特别有用，如果决策者有较丰富的经验和分析判断能力，并且对各方面的情况比较熟悉，就可以得到较好的预测结果。此法的缺点是主观意志较多，客观的数据和资料不足，容易发生偏差。例如，基层销售人员的意见，多从完成销售任务出发，对市场估计偏低。判断预测多用于一般性预测，内容不够细致，对市场变化、消费者意向难以细分。

判断预测法又可细分为两种：

(1) 个人判断法。个人判断法就是由企业决策人或基层人员根据对客观情况的分析和自己的经验，对市场需求的情况作出主观判断，预测未来的情况。参加判断人员可以是企业中主管经营的经理和有关部门主管干部，也可以是企业基层的营业员、推销员及有关的业务人员。主管人员在预测时，应充分利用企业现有资料，熟悉市场情况，掌握商情动态，对于不同的预测结果，应在相互讨论、相互比较的基础上，修正原始意见，作出一个较可靠的估计。基层业务人员在第一线工作，直接接触消费者，预测判断结果较具体，贴近实际，但由于接触面窄，容易出现以偏概全的情况，在实际预测过程中应注意纠正。

(2) 综合判断法。这是由综合主管人员、基层业务人员及其他有关方面的判断而确定的预测结果，它首先由企业负责人召集销售、计划、生产、财务等部门的负责人或销售人员广泛交换意见，预测产品销售量，然后，将不同人员的预测值进行综合，得出预测结果。因为各类人员所处的工作环境不同，判断各有优缺点，如能全面综合，则预测效果会更好。具体计算方法如下：

假设某企业为了预测某产品明年的销售量，邀请了两位经理和三位销售人员进行预测，经理方面的预测如下：甲经理的预测值为1000台，乙经理的预测值为800台。

再假设两位经理的预测结果的重要性是相同的，则经理方面的平均销售预测值为

（1000 台 +800 台）/2 =900 台。

销售人员方面的预测值如表 5 -4 所示。

表 5 -4　　销售人员预测结果

销售员	销售量（台）	概率	销售量（台×概率）
甲：			
最高销售	1000	0.3	300
可能销售	700	0.5	350
最低销售	600	0.2	120
预测值			770
乙：			
最高销售	1200	0.2	240
可能销售	900	0.6	540
最低销售	600	0.2	120
预测值			900
丙：			
最高销售	900	0.2	180
可能销售	700	0.5	350
最低销售	600	0.3	180
预测值			710

销售人员方面，假设三个人预测重要性相同，则其平均预测值为：

（770 +900 +710）台/3 =793.3（台）

综合经理人员和销售人员两方面的预测，若经理人员预测结果的重要性高于销售人员，其重要性比例为 2 : 1，则综合性的销售预测值为（900 ×2 +793.3 ×1）台/3 = 864.4 台。

2. 专家意见调查法（德尔菲法）

专家意见调查法是以专家的经验和判断进行预测，此法又名德尔菲法（Delphi）。据传德尔菲是希腊古城名字，城中有阿波罗神殿，可以预卜未来，众神每年到德尔菲集会，以预言未来，故借用其名。德尔菲法是美国兰德公司在 20 世纪 40 年代末期开始使用的一种预测方法，现在已成为应用很广泛的一种预测方法。

德尔菲法是通过发函询问的方式进行预测的。其具体做法是向选择的预测专家分别发函或调查表，提出问题，并提供进行预料的各种资料，要求专家背靠背地按照自己的想法提出预测意见，由预测组织者把专家们的意见汇集、整理后，再把不同的意见及其理由反馈给每位专家，这样多次反复整理，逐步缩小各种不同意见的差距，得到基本上趋于一致的预测结果。

德尔菲法有三个特点：

（1）匿名性。参加预测的各方面专家，在整个预测过程中并不直接见面，而是以背靠背的方式接受征询，预测是以匿名的方式进行的，这样就可以使专家的个人意见得到充分发表，避免了集体讨论时的各种心理因素对专家的影响。

（2）反馈性。德尔菲法的函询征集过程往往是经过几轮反复后才能完成，大量的信息反馈使专家的意见得到沟通，并使其有机会反复思考，对问题作出新的判断。

（3）收敛性。采用德尔菲法进行预测，一般经过几轮反馈后，多数情况下专家的意见会逐渐趋于一致，论据充分的意见会被大多数专家接受，呈现出收敛的趋势。

3. 购买者意见调查法

这是通过直接询问潜在购买者的购买倾向和意见，据以判断销售量的一种预测方法。此法由于能够直接了解潜在购买者的意向，而他们又最清楚自己未来的购买量，因此，如能获得完整资料，预测的准确性就比较高。此法多用于需求较稳定的生产资料市场的预测。

具体做法如下：

假设某空调企业为了预测其空调产品在某地区的销售量，在该地区 20 万户的家庭中随机抽取 200 户做购买意向调查，调查结果如表 5－5 所示。

表 5－5　　　　购买意向调查表

意　向	肯定购买	可能购买	未　　定	可能不买	肯定不买
概率描述	100%	80%	50%	20%	0
户数（200）	3 户	8 户	30 户	95 户	64 户

则消费者的购买期望值为：

$100\% \times 3 + 80\% \times 8 + 50\% \times 30 + 20\% \times 95 = 29.9$（户）

消费者的购买比例期望值（即每户可能购买比率）：

$$\frac{100\% \times 3 + 80\% \times 8 + 50\% \times 30 + 20\% \times 95}{3 + 8 + 30 + 95} = 21.9\%$$

则预测销售量为：

$20 \times 21.9\% = 4.38$（万台）

4. 市场试销法

在购买者并无详细的购买计划，或购买意向变化无常，或专家估计也难以准确的情况下，可直接进行市场试销。在预测某种新产品的销售量，或预测新产品在某一新地区或通过某种新渠道的销售前景时，市场试销法比较适用。

5. 时间序列预测法

时间序列预测法是收集与整理预测事物的过去资料，从中寻找过去该事物随时间而演变的趋势，把它用数学模型表示出来，然后用此模型从事预测。利用此法对市场商品供给、需求和销售进行不同时期的预测，是市场预测的一个重要方法。时间序列预测法的具体方法很多，下面介绍几种常用方法。

（1）简单平均预测法。此法是以历史时期实际销售量的平均值作为预测值，也称

“算术平均法”。

令 $X_1, X_2, X_3, \cdots, X_n$ 为 n 期资料，依该法定义：

$$\overline{X} = \frac{X_1 + X_2 + X_3 + \cdots + X_n}{n} = \sum_{i=1}^{n} \frac{X_i}{n}$$

式中：$\overline{X}$——预测值；

n——时期值；

X_i——各期销售量。

例 1：某商店 2003 年 1 月至 6 月的销售额分别为 26 万元、27 万元、24 万元、28 万元、26 万元、25 万元，预测 2003 年 7 月份的销售额为：

$$预测值 = \frac{26 + 27 + 24 + 28 + 26 + 25}{6} = 26(万元)$$

此法优点是简单易行，缺点是由于将远期销售量和近期销售量等同看待，而未能充分反映市场需求趋势的变化，故在市场有上升、下降等周期性变化时，预测的准确性较低。

（2）增量简单算术平均法。此法是以历史时期的实际销售量的平均变动值加上最末一期的实际销售量作为预测值。

令 $X_1, X_2, X_3, \cdots, X_n$ 为 n 期资料，则 X_{n+1} 可以下式求之：

$$X_{n+1} = X_n + \frac{\sum_{i=1}^{n-1} \Delta_i}{n-1}$$

$$= X_n + \frac{(X_2 - X_1) + (X_3 - X_2) + \cdots + (X_n - X_{n-1})}{n-1}$$

式中：X_{n+1}——预测值；

n——时期值；

$\Delta_i = X_{i+1} - X_i$——各期变动值。

例 2：已知某企业 1999 年至 2003 年的冰箱销售量为 57.7 万台、58.7 万台、59.6 万台、60.6 万台、61.8 万台，利用增量简单算术平均法预测 2004 年度的冰箱销量为：

$$X_{2004} = X_{2003} + \frac{\sum_{i=1}^{n-1} \Delta_i}{n-1}$$

$$= X_{2003} + \frac{(58.7 - 57.7) + (59.6 - 58.7) + (60.6 - 59.6) + (61.8 - 60.6)}{5-1}$$

$$= 61.8 + 1.03 = 62.83(万台)$$

此法适用于各期资料有逐渐上升或逐渐下降的趋势，且上升或下降幅度基本一致的情况。

（3）算术移动平均法。此法是把过去若干时期销售实际相加，求其算术平均值，并随时间向后移动，根据最近期的销售量的新数据来不断修改平均值作为预测期的销售量，其计算公式是：

$$X_{n+1} = \frac{X_n + X_{n-1} + X_{n-2} + \cdots + X_{n-k+1}}{K}$$

式中：X_{n+1} ——预测值；

n ——实际期数；

K ——计算期数。

例 3：某百货商店 1—6 月份销售额分别为：312 万元、324 万元、327 万元、324 万元、325 万元、332 万元，预测 7 月份销售额。

若取后 3 期为依据资料（即 $K=3$），则：

$$X_7 = \frac{X_6 + X_5 + X_4}{3} = \frac{332 + 325 + 324}{3} = 327(\text{万元})$$

预测 8 月份销售额，取 $K=3$，则把 5 月、6 月、7 月三个月的销售额加以平均计算。假定 7 月份销售实际为 330 万元，则：

$$X_8 = \frac{X_7 + X_6 + X_5}{3} = \frac{330 + 332 + 325}{3} = 329(\text{万元})$$

此法所选择的期数主要根据历史资料来具体决定，既要包括足够的期数，以抵消随机波动的影响，但期数又不能过多，要除去早期的、作用不大的数据。

（4）加权算术平均法。上述几种预测法，都是将各期的变化趋势平均化，但由于近期资料对预测结果的影响程度较大，那么在近期实际资料有明显变化趋势时，还采用这种预测法，就不能反映真实的变化趋势，为减少预测误差，就要采用加权法进行预测。

加权算术平均法的特点，是在计算过程中逐步加大近期实际销售量在平均值中的权数，然后予以平均，以确定预测值。权数的确定，是根据以前各期实际销售量对预测期的影响程度来确定的，资料中各期权数之和应等于 1。预测值可用以下公式表示：

$$X_{n+1} = \frac{\sum_{i=1}^{n} f_i x_i}{\sum_{i=1}^{n} f_i}$$

式中：f_i ——各期权数。

例 4：已知某百货商场 1—4 月份销售额分别为 50 万元、40 万元、50 万元、55 万元，现预测 5 月份销售额，并设取 1—4 月份权数分别为：0.1、0.2、0.3、0.4，则：

$$X_5 = \frac{50 \times 0.1 + 40 \times 0.2 + 50 \times 0.3 + 55 \times 0.4}{0.1 + 0.2 + 0.3 + 0.4} = 50(\text{万元})$$

此法对于历史各期资料都给予权数进行计算，但当近期实际资料影响较大时，也可采用加权移动平均法。

（5）加权移动平均法。利用此法计算预测值时，可采用以下公式：

$$X_{n+1} = \frac{X_n \times f_n + X_{n-1} \times f_{n-1} + \cdots + X_{n-k+1} \times f_{n-k+1}}{f_n + f_{n-1} + \cdots + f_{n-k+1}}$$

式中：k ——计算期数。

例 5：已知某百货商场 1—5 月份销售额分别为 50 万元、40 万元、50 万元、55 万元、60 万元，现预测 6 月份销售额，并设取前一期权数为 0.5，前二期权数为 0.25，前三期权数为 0.25。则：

$$X_6 = \frac{X_5 f_5 + X_4 f_4 + X_3 f_3}{f_5 + f_4 + f_3}$$

$$= \frac{0.5 \times 60 + 0.25 \times 55 + 0.25 \times 50}{0.5 + 0.25 + 0.25} = 56.25(\text{万元})$$

6. 指数平滑法

指数平滑法也是在移动平均法的基础上发展起来的一种方法，所起的作用与加权移动平均法是一样的，但它不是用加权的办法，而是采用一个平滑系数 α 来调整实际的数字，具体计算公式如下：

$$F_t = \alpha S_{t-1} + (1 - \alpha) F_{t-1}$$

式中：F_t——某期的预测值；

S_{t-1}——上期的实际销售量；

F_{t-1}——上期的预测值；

α—— 平滑系数($0 \leqslant \alpha \leqslant 1$)，通常确定为 0.1—0.3。

采用这种方法的目的在于按照一定的比例（平滑系数 α）由远到近逐期缩小远期资料的影响，加强近期资料的影响。调整程度的大小取决于 α 值，α 值愈小，预测值中旧的数据所占的比重愈大，预测值就显得平滑而稳定；α 值愈大，在预测值中新数据所占比重就愈大，预测值对新趋势的反应愈快，变化也越大。α 值的选择，取决于预测值与实际发生值之间的差额，如果差额较大，说明上期的预测值偏差额较大，α 值可适当大一些；差额较小，说明上期的预测值较为准确，因此 α 值可适当小一些。

例 6：某企业销售某产品 6—10 月份的实际销售量依次为 85 万件、98 万件、90 万件、97 万件、86 万件，平滑系数 α 采用 0.2，利用指数平滑法的计算公式对统计数据进行处理可得到表 5 - 6。

表 5 - 6　　指 数 平 滑 法

月　份	实际销售额（S 万件）	预测值（F 万件）
6	85	85
7	98	85
8	90	87.6
9	97	88.1
10	86	89.9

11 月份销售量的预测值为：

$$F_{11} = 0.2 \times 86 + (1 - 0.2) \times 89.9 = 89.12(\text{万件})$$

7. 趋势预测法

此法的主要特点是运用市场商品需求与供应的历史资料，从大量的统计数字中找出其倾向变动线，并运用适合的数学模型，从而预测下期的市场商品需求与供应的数量。预测的基本步骤是：首先，根据历史统计资料编制时间数列，然后将数列绘成相应的图形。一般分为直线趋势和曲线趋势。其次，选择一定的方法，并配合合适的数学模型，从而预测未来的发展趋势。

二、市场调查报告的基本模式

1. 调研报告的功能

市场调研报告有三个最基本的功能：传播调查结果、作为参考文件和增加工作的可信度。

（1）市场调研报告必须能传播研究的内容。市场调研报告最重要的功能就是全面而精确地描述调研项目的有关结果。这就是说，它必须向读者详细地沟通如下内容：调研内容、主要背景信息、调研方法概述、用图表展示调研结果、调研结果的概括、结论、建议。

（2）调研报告必须充当参考文件的角色。当调研报告向有关决策者分发时，它作为重要的决策参考文件就被赋予了“生命”。大部分调研报告包含了若干项内容和大量的信息，对决策者而言，要全部记住这些信息几乎是不可能的。因此，调研者会发现决策者和其他进行第二手数据研究者，会时时翻阅调研报告，寻找有关资料。报告中的有关结论也可能作为随后进行的调研工作的基础。例如，决策者会年复一年地进行公司的形象调查，而且据此改善公司形象的不利因素和加强有利因素。

（3）调研报告必须建立和加强调研工作的可信度。调研报告的这项功能是至关重要的。市场调研报告必须向读者沟通研究工作进行的精度和控制程度。通常，决策者和管理人员会跳过研究方法不读，而直接进入结果、结论和建议部分。因此，调研者要格外重视调研报告的实体形态，某些细节如打印错误、图表设计不佳，甚至封面和装帧的问题，将会直接影响读者对研究可信程度的评价。这种情况是不幸的，然而又是现实的。管理者对调研报告质量的评价，是决定是否采用调研结果的最基础的因素。

2. 调研报告的构成

有些时候，各企业的政策或其他因素形成了调研报告格式的各自惯例，即使如此，调研报告不论其格式或外观有何规则，其基本内容几乎是不变的。调研报告必须具备良好的结构和及时、相关、简明地向管理决策层提供的信息。撰写调研报告的一个要点是要牢牢记住中、高层管理者们的时间是有限的，要避免过长的内容和不准确的数据。通常包括以下几个基本点：

目录

调研目的
调研方法的简明阐述
扼要的结果
结论和建议
}执行摘要

详细介绍

详细分析和结果

详细的结论

详细的方法论

局限性

附录（如有必要）

因为大量的对调研本身不甚了解的经理人员会阅读表格，所以执行摘要是很有必要的。执行摘要需要解释为什么调研和怎样进行、调研发现了什么又意味着什么、管理部门需要采取何种措施。执行摘要首先要说明调研的目的，从而解释公司为何要花费时间和金钱来进行调研以及调研工作的目标何在。这个部分对调研报告的其余部分十分重要，同时对管理人员而言，则为他们提供了简明扼要的调研结果和建议。

调研目的的阐述要尽可能地简短、精确，一般最多只有1—2页；结果的摘要也只有1—2页。结论和建议部分可以适当加长，但是研究者如果希望管理者阅读这份报告的话，执行摘要必须简短。

很显然，产品经理和市场研究者是会深入阅读报告的主体。他们希望得到更多的信息：检查结论的逻辑性，更好地理解主要结果，找到调研报告撰写的疏漏点，接受或拒绝结论。报告的正文需具备可读性，不要枯燥无味，调研者可以借助一些图表，如圆饼图、柱形图等来描绘关键内容。计算机软件和绘图软件的发展，使得这些过去费时、费力的工作变得十分简单，并日趋完美。

调查报告的格式见表5－7。

表5－7　调研报告的内容

封面
标题
客户
研究机构
日期
目录
各章节标题、页码
表格目录：标题、页码
图形目录：标题、页码
附录：标题、页码
执行摘要
①目的摘要
②方法摘要
③主要结果摘要
④结论和建议摘要
⑤其他说明：如特别技术、局限性或背景资料等
介绍
①调研背景
②有关人员和职责
③致谢
分析和结果
分析类型的说明（非技术术语的）
图表
解释内容
结论和建议
研究方法论
研究类型
研究意义

总体的定义
抽样设计和技术
抽样单元的定义
设计类型
数据搜集方法（电话、人员、邮寄、自填等）
调查问卷说明
特殊问题
局限性
　　样本数量的局限
　　样本抽取的局限
　　其他局限（结构性误差等）

附录
　　调查问卷
　　技术附录（如统计工具的详细说明）
　　其他（如调查地区位图）

本项目知识脉络

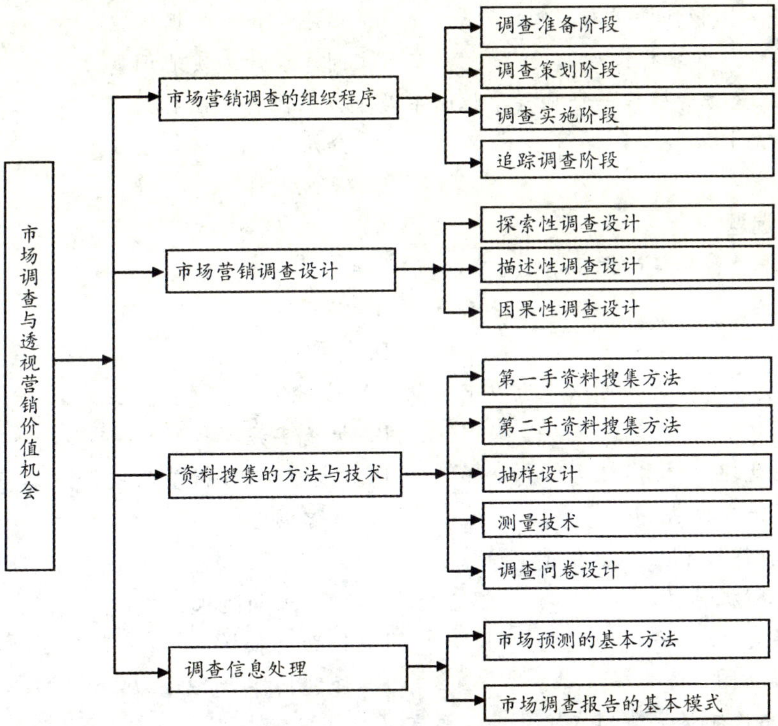

思考与练习

1. 理论题

（1）单选题

①使用单向统计表需要解决的一个问题是（　　）。

A. 选择表格形式　　B. 选择百分比的基数

C. 安排表格结构　　D. 选择数据形式

②选择受访者接受访问比较方便的场所，如商场办公室、临街的机关学校的办公室、会议室等处进行访问，这样的访问属于咨询法中的（　　）。

A. 街头拦截访问　　B. 定点访问

C. 电话访问　　D. 入户访问

③市场调查报告要发挥其应有的作用，除了必须说明一切必要的细节，能发挥参考作用外，还必须（　　）。

A. 能够证明调查研究结果的可信性　　B. 详细说明调查的具体过程

C. 详细论证调查方法的科学性　　D. 能够证明调查结论的可行性

④市场调查的两个关键环节是（　　）。

A. 确定总体和抽样样本　　B. 实地调查和数据处理

C. 问卷设计和抽样设计　　D. 问卷设计和实地调查

⑤将一组受访者视作一个抽样单位而不是个体的抽样方法称为（　　）。

A. 简单随机抽样　　B. 分层抽样

C. 整群抽样　　D. 系统抽样

（2）多选题

①第一手资料搜集的方法有（　　）。

A. 询问法　　B. 观察法

C. 抽样设计　　D. 实验法

②调查实施阶段大体可以分为以下（　　）步骤。

A. 人员培训　　B. 调查实施

C. 数据处理　　D. 数据资料分析整理

E. 撰写调查报告　　F. 追踪调查

③随机抽样技术主要分为（　　）。

A. 简单随机抽样　　B. 独立配额随机抽样

C. 分层随机抽样　　D. 等距离抽样

E. 分群抽样　　F. 任意抽样

④有关态度测量方法的直接量表主要有（　　）。

A. 评比量表　　B. 固定总数量表

C. 等比量表　　D. 语意差别量表

E. 顺序量表　　F. 分类量表

⑤市场预测的基本方法为（　　）。

A. 判断预测法　　B. 专家意见调查法

C. 购买者意见调查法　　D. 语意差别量表

E. 市场试销法　　F. 时间序列预测法

(3) 简答题

①市场营销调研的步骤是什么？

②市场调查问卷如何进行设计？

③如何进行市场调查？

2. 实务训练题

【案例分析】

某市家用汽车消费情况调查分析案例

随着居民生活水平的提高，私车消费人群的职业层次正在从中高层管理人员和私营企业主向中层管理人员和一般职员转移，汽车正从少数人拥有的奢侈品转变为能够被更多普通家庭所接受的交通工具。了解该市家用汽车消费者的构成、消费者购买时对汽车的关注因素、消费者对汽车市场的满意程度等对汽车产业的发展具有重要意义。

本次调研活动中共发放问卷400份，回收有效问卷368份，根据整理资料分析如下。

一、消费者构成分析

1. 有车用户家庭月收入分析

表5-8　有车用户家庭月收入

家庭收入	比重（%）	累计（%）
2000元以下	28.26	28.26
2000—3000元	33.70	61.96
3000—4000元	10.87	72.83
4000—5000元	18.48	91.31
5000元以上	8.69	100.00

目前该市有车用户家庭月收入在2000—3000元间的最多；有车用户平均月收入为2914.55元，与该市居民平均月收入相比，有车用户普遍属于收入较高人群。61.96%的有车用户月收入在3000元以下，属于高收入人群中的中低收入档次。因此，目前该市用户的需求一般是10万元—15万元的经济车型。

2. 有车用户家庭结构分析

表5-9　有车用户家庭结构

家庭结构	比重（%）	累计（%）
夫妻	36.96	36.96
与子女同住	34.78	71.74
与父母同住	8.70	80.44
单身	17.39	97.83
其他	2.17	100.00

Dink 家庭（double income no kid），即夫妻二人无小孩的家庭，占有车家庭的比重大，为36.96%。其家庭收入较高，负担较轻，支付能力较强，文化层次高，观念前卫，因此Dink 家庭成为有车族中最为重要的家庭结构模式。核心家庭，即夫妻二人加上小孩的家庭，比重为34.78%。核心家庭是当前社会中最普遍的家庭结构模式，因此比重较高不足为奇。联合家庭，即与父母同住的家庭，仅有8.70%。单身族占17.39%，这部分人个人收入高，且时尚前卫，在有车用户中占据一定比重。另外，已婚用户比重达到了81.5%，而未婚用户仅为18.5%。

3. 有车用户职业分析

调查显示有29%的消费者在企业工作，20%的消费者是公务员，另外还有自由职业者、机关工作人员和教师等。目前企业单位的从业人员，包括私营业主、高级主管、白领阶层仍是最主要的汽车使用者。而自由职业者由于收入较高及其工作性质，也在有车族中占据了较高比重。详见图5-2。

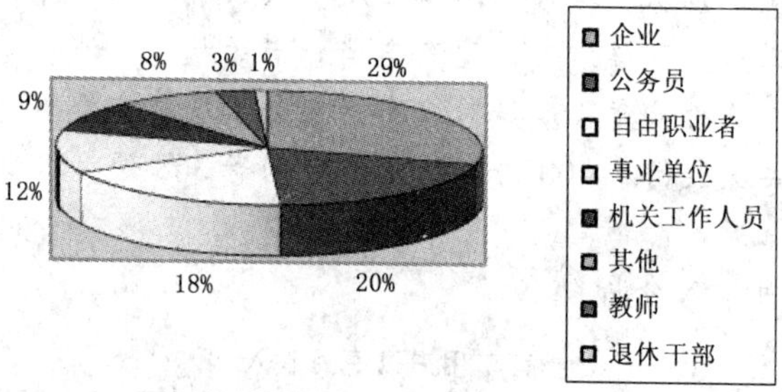

图5-2 消费者职业构成

4. 有车用户年龄及驾龄分析

在我们所调查的消费者中，年龄大多在30—40岁或是30岁以下，所占比重分别为43%和28%，也有23%的年龄在40—50岁之间，仅有6%的消费者年龄在50岁以上。可见，现在有车一族年轻化的趋势越来越明显，这是因为大多数年轻人没有太多的家庭负担，正处于购买力和消费需求同样旺盛的时候，而越来越低的购车门槛，也给了他们足够的购车理由。

该市有车用户的驾龄平均为5.294年，而在本次接受调查的消费者中，有61.94%的用户驾龄在3年以上。由此可见，本次调查的有车用户驾龄普遍较长，因而对汽车也比较熟悉，对汽车相关信息掌握得也相对全面，这就使得我们对有车用户青睐的品牌的调查有了较高的可信度，而他们在汽车使用方面的经验，也能够为今后该市家用汽车市场营销策略的制定提供一定的帮助。

二、消费者购买汽车时关注的因素分析

调查显示，消费者在购车时最关注的因素首先还是汽车的价格和性能，所占比例分别达到了19%和16%，因此，性价比越高的汽车越能受到消费者的青睐。其次，在消费者对汽车的关注因素中排在前列的还有油耗、品牌和售后服务等几项，所占比重分别为14%、13%和13%，由此可见，汽车自身的品质与经销商所提供的售后服务保证是同等重要的。因此，在对消费者最终选购汽车起主导作用的因素中，油耗低、性价比高、售后服务好这三项占据了前三名，所占比重分别为22%、21%和15%。影响消费者购车的因

素见图 5－3。

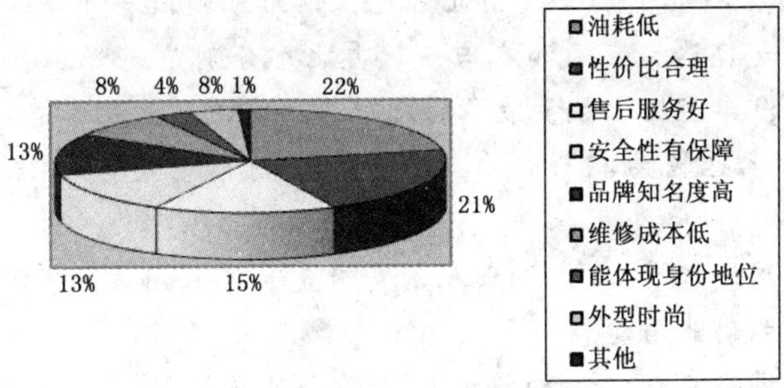

图 5－3　影响消费者购车的因素

消费者在购车前获取信息的渠道主要有哪些呢？通过汽车报纸、杂志获取信息的消费者占总数的 27%，还有 23% 的消费者是通过电视、广播获取信息的，此外，上网查询和广告等也都是消费者获取信息的主要渠道。由此可见，在传媒业越来越发达的今天，任何媒介都能够加以利用，成为推动营销的帮手。消费者获取信息的渠道见图 5－4。

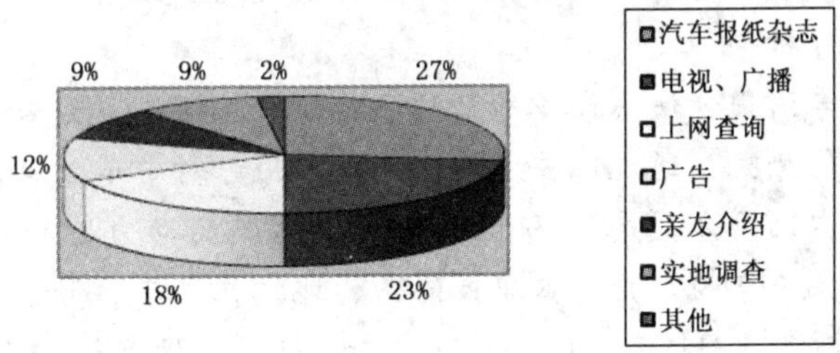

图 5－4　消费者获取信息的渠道

在大型汽车市场、品牌专卖店、综合销售点和其他销售点这几种汽车销售点中，目前消费者最为信赖的还是品牌专卖店，选择在品牌专卖店购买汽车的消费者比重竟高达 74%，相信这与品牌专卖店舒适的购车环境、良好的信誉、有保障的售后服务都是分不开的。而目前消费者在支付方式的选择上大多还是选择一次付清，也有 33% 的消费者选择分期付款，但选择向银行贷款买车的消费者仅为 7%，这一方面反映出大部分消费者的购车计划是在对自身收入合理估算后的可行选择；另一方面也说明了目前我国信贷业的不发达与不完善。消费者最信赖的购车场所见图 5－5。消费者满意的支付方式见图 5－6。

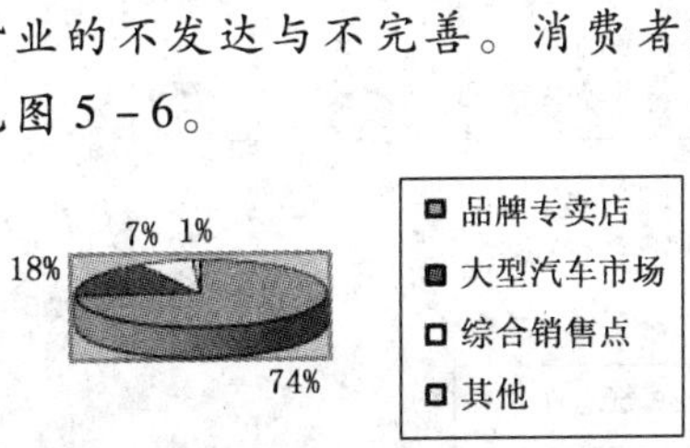

图 5－5　消费者最信赖的购车场所

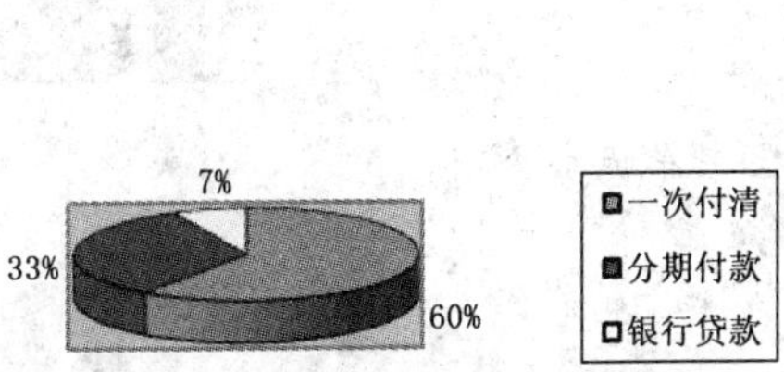

图 5－6　消费者满意的支付方式

三、用户使用情况特点分析

本次调查中，男性用户的汽车品牌排名前三位的分别是：捷达、宝来、本田，所占比例分别为37%、14%和11%；女性用户的汽车品牌前三位的分别是：宝来、本田、捷达，所占比例分别为44%、13%和13%。由此可见，该市家用汽车市场上消费者使用的品牌的前三位毫无疑问的是捷达、宝来和本田，所占比重分别是33%、20%和11%。而消费者所认为的该市家用汽车市场上数量最多的汽车品牌前四位也分别是：捷达、宝来、本田和丰田，这与实际情况也较为相符。由此可见，目前最受有车一族青睐的无疑是经济车型。

本次调查从购车用途来看，仅有1%的消费者是为了家用方便，98%的消费者买车是为了上下班方便或作为商业用途。

从车主保险情况调查来看，有81%的人都会给爱车投保，以减少用车风险，但也有4%的消费者认为给爱车投保没有必要。

目前，油价的不断上涨已成为有车族关心的问题，在他们用车的过程中也产生一定影响，有46%的消费者已经考虑更换小排量、低油耗的车，还有18%的消费者选择减少用车频率，但也有36%的消费者认为基本没有影响。可见，未来的几年内，低油耗的车型仍会成为消费者青睐的对象。此外，还有交通设施不足、塞车现象严重和停车难问题占据日常行车困扰的榜首，这表明我国交通设施建设仍需进一步提高。

四、用户满意度分析

目前该市家用汽车消费者使用最多的三种品牌分别是捷达、宝来、本田，这三种品牌的汽车到底具有哪些优势呢？通过比较发现：捷达车用户对本车最满意的地方在于车的性能和燃油经济性，所占比重分别是53%和30%。捷达车的动力性和品牌知名度也是比较令他们满意的因素；宝来车的用户对本车最满意的地方在于车的舒适性、品牌知名度和燃油经济性，所占比重分别是34%、24%和24%，该车的动力性和整体性也较出色；而本田车最令用户满意的地方除了舒适性、品牌知名度、性能外，还有车的外观，这几项所占比重分别是30%、20%、20%和20%。由此可以看出，消费者较为满意的车型除了经济、舒适外，还必须具有较高的品牌知名度。三种车的优势见图5-7。

捷达车优势分析

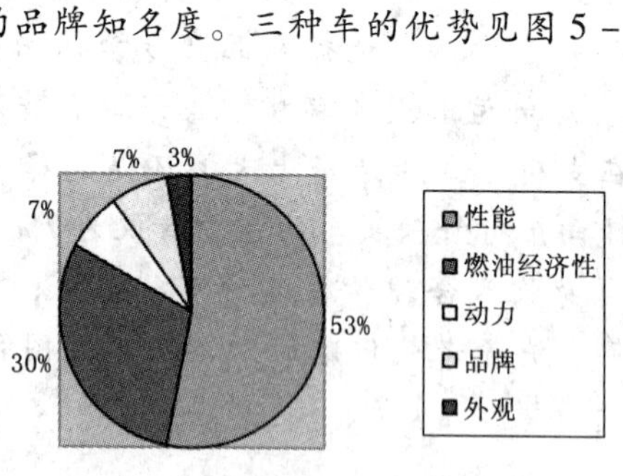

宝来车优势分析

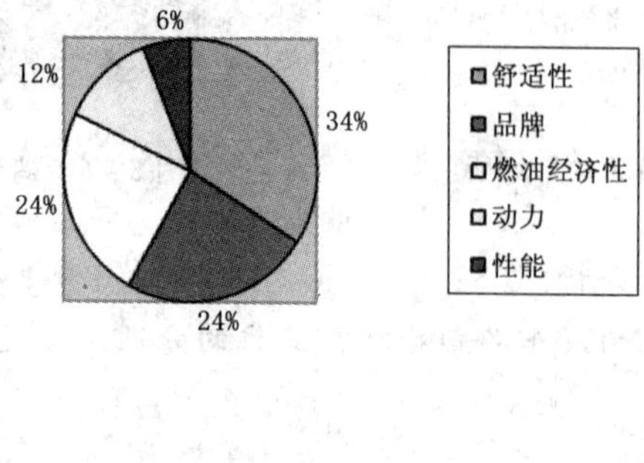

本田车优势分析

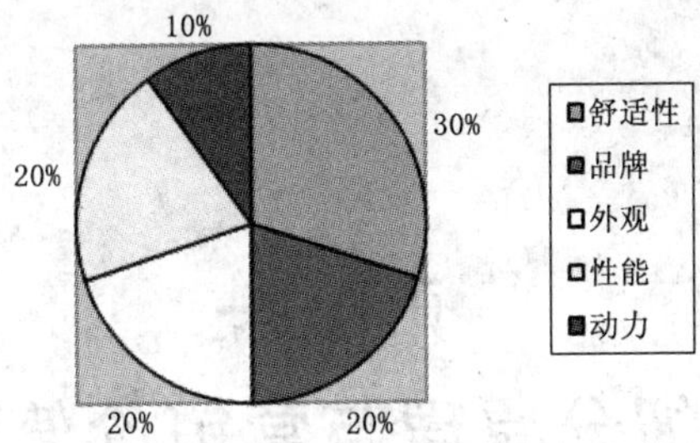

图 5－7 三种汽车的优势

在上面的分析中，我们曾提到售后服务也是消费者选车时较为关注的因素之一，那么对消费者使用最多的几款车型来说，它们的售后服务情况如何呢？通过比较，捷达车的用户中有13%的用户非常满意，44%的人表示较为满意；宝来车有6%的用户表示非常满意，50%的人表示较为满意，还有44%的人认为一般；本田车的用户中有30%的用户非常满意，40%的人表示较为满意。总体来说，这几个品牌汽车的售后服务都比较令用户满意。而在售后服务过程中，用户最为看重的服务指标就是技术等级，占到43%，接下来依次是收费标准、返修率和服务态度，分别占22%、20%和15%，这反映了在大多数用户心目中质量和价格仍是衡量服务好坏的根本标准。

近几年来关于汽车投诉的比例在逐年上升，其中汽车质量、安全隐患及维修保障等问题突出。在解决纠纷的过程中，有28%的消费者认为最令他们头痛的是缺乏硬性的检测标准，27%的消费者认为是找不到相关的投诉机构，22%的消费者认为检测程序太过复杂，还有15%的消费者认为检测费用过高，另外8%的消费者则认为还存在其他方面的问题。这表明我国政府职能机构还需要进一步改进工作，相关程序需要进一步简化，相关检测设施需要进一步完善，使其更好地为大众服务。在遇到问题需要解决时，消费者最希望得到哪些维护消费者权益的援助呢？46%的消费者希望能设立相关部门以方便检查质量问题，28%的消费者希望能够专设部门判定是非，18%的消费者则希望媒体能对问题车辆进行曝光，还有7%的消费者希望能有专业的律师提供法律咨询。这一方面反映了我国公民维权意识的提高，另一方面也反映了相关职能部门的服务不到位。

思考题：

通过以上案例分析，我们应该如何撰写市场调查报告？市场调查报告的提纲如何撰写？

项目六
市场细分原理与营销价值甄别

> 客户不是越多越好，而是越准确越好。
>
> ——宋新宇

【项目学习目标】

知识目标	（1）市场细分；（2）市场细分标准；（3）完全细分法；（4）一元细分法。
能力目标	（1）了解市场细分的概念、作用、方法和程序； （2）明确消费者市场细分和企业市场细分的标准及有效细分条件； （3）明确掌握市场细分的程序。
职业素养	（1）洞察力；（2）敏锐性；（3）甄别能力。
项目实践及考核	在教师指导下，营销项目小组在完成项目五的基础上，结合市场调查的结论，描述两个以上产品或服务可以选择的不同细分市场的特征，以团队展示方式进行考核。

导入案例

麦当劳的市场细分

回顾麦当劳公司发展历程后发现，麦当劳一直非常重视市场细分的重要性，而正是这一点让它取得令世人惊羡的巨大成功。

麦当劳有美国国内和国外市场，而不管是在国内还是国外，都有各自不同的饮食习惯和文化背景。麦当劳进行地理细分，主要是分析各区域的差异。如美国东、西部的人喝咖啡的口味是不一样的。麦当劳通过把市场细分为不同的地理单位进行经营活动，从而做到因地制宜。

每年，麦当劳都要花费大量的资金进行认真、严格的市场调研，研究各地的人群组合、文化习俗等，再作出详细的细分报告，以使每个国家甚至每个地区都有一个适合当地生活方式的市场策略。

例如，麦当劳刚进入中国市场时大量传播美国文化和生活理念，并以美国式产品牛肉汉堡来征服中国人。但中国人爱吃鸡，与其他洋快餐相比，鸡肉产品也更符合中国人的口味，更加容易被中国人所接受。针对这一情况，麦当劳改变了原来的策略，推出了鸡肉产品。在全世界从来只卖牛肉产品的麦当劳也开始卖鸡了。这一改变正是针对地理要素作的策略调整，也加快了麦当劳在中国市场的发展步伐。

（资料来源：http：//wenku.baidu.com/view/645c07976bec0975f465e224.html。）

启示：准确的市场细分能让企业在激烈的市场竞争中根据企业的资源条件生产一种或几种商品，满足部分消费者的需求。

任务1　市 场 细 分

现代企业所要满足的是成千上万的消费者多样化、复杂化、个性化的需求。任何企业，无论其规模如何，都无法满足整体市场的需求，激烈的市场竞争也要求企业只能根据自身的资源条件生产一种或几种商品，满足部分消费者的需求，这就要求企业必须进行市场细分。

一、市场细分概述

1. 市场细分的基本概念

市场细分是美国市场营销学家温德尔·史密斯于1956年提出来的市场营销概念，是市场营销理论的新发展，是企业贯彻市场营销观念的必然产物。

市场细分是企业通过市场调查研究，根据消费者需求的差异性，把某一产品的整体市场划分为若干个在需求上具有某种相似特征的消费者群，从而形成各种不同细分市场的过程。每一个消费者群就是一个细分市场，亦称“子市场”或“亚市场”，每一个细分市场都是由在需求上具有某种相似特征的消费者构成的消费者群。

2. 市场细分的实质

市场细分的实质是细分消费者的需求。企业进行市场细分，就是要发现不同消费者需求的差异性，然后把需求基本相同的消费者归为一类，这样就可以把某种产品的整体市场划分为若干个细分市场。

知识拓展 6-1

华为市场细分

我们通常总结华为的创业成功就是“以农村包围城市”，这正是华为早期的细分市场策略。华为进入通信市场的时候，中国的电信市场非常广阔，用户的需求多种多样、繁杂无比，但竞争也比较激烈，尤其是要面对强大的国外和合资品牌厂商。华为作为市场后入者和挑战者，不可能在市话市场上与强大对手硬碰硬，所以华为选择了对手的薄弱环节——农话市场作为突破口。这时华为细分市场的依据是“地理差异”，同时也包含了“需求差异”。随着华为实力的增强，华为以接入网逐步切入市话市场，面对竞争对手的远端接入模块，其细分市场的依据是“标准差异”，即强调“V5 接口有利于建立灵活而相对独立于各制造厂商的接入网体系”，从而赢得崇拜这一技术的用户需求。当华为以接入服务器进入数据通信产品市场时，其细分市场的依据是“需求差异”，即根据自身对中国电信网络的了解，满足国内运营商对适合国情的接入服务器的需求。当华为提出“宽带城域网”概念时，其细分市场的依据则是“地理差异”、“需求差异”、“心理差异”综合考虑的结果。宽带城域网能顺应城市信息化的发展趋势，能满足运营商网络改造的需求，能迎合国内运营商因担心国外运营商竞争而“先下手为强”的防御心理。

可见，华为的业务（产品和营销）策略，始终是在市场细分的基础上进行的。

3. 市场细分的最终目的

市场细分的最终目的是为了选择和确定目标市场，并在此基础上运用各种可控因素，实现最优化组合，以达到企业市场营销战略目标。从市场细分的最终目的这个意义来看，市场细分是目标市场营销的起点和基础，是企业市场营销战略的平台。企业的一切市场营销战略，都必须从市场细分出发。没有市场细分，就无法确定企业的目标市场，企业也就无法在市场竞争中找到企业的市场定位。

二、市场细分的客观依据及意义

1. 市场细分的客观依据

市场细分的客观依据，主要表现为：

（1）消费者需求的差异性以及由此决定的购买者动机和行为的差异性是市场细分的内在依据。从消费者需求状况看，消费者由于个人收入、地理位置、文化水平、职业、性别、年龄、民族、生活习惯等方面的差异，形成了消费需求的差异性，即消费者对某一类产品的质量、特性、花样品种、价格、包装等方面的需求是有差异的。由消费者需求差异性所决定的消费者购买动机和行为也存在着差异性。这些差异性是市场细分的内在依据。

从消费者需求状况看，整体市场可分为同质市场和异质市场。同质市场是指消费者对某一产品的需求、购买行为、对企业市场营销组合策略的反应等基本相同或相似的市场。只有少数产品的市场属于同质市场。异质市场是指消费者对某一产品的需求、购买行为、对企业市场营销组合策略的反应等存在差异的市场。绝大多数产品的市场是异质市场。正是异质市场的存在，使市场细分成为可能。从这个意义上说，市场细分就是把异质市场划分为同质市场的过程。

(2) 市场细分的客观基础还在于消费者需求的相似性。从整体看，消费者需求具有差异性是绝对的，因为世界上不存在两个完全相同的消费者，但在同一细分市场内部，消费者需求具有差异性又是相对的，同一细分市场内部消费者需求又具有相似性，形成相似性的消费者群。从这个意义上来说，市场细分并不仅仅意味着把同一产品的整体市场加以分解。实际上，市场细分同时也是一个集聚的过程，就是把对同一产品在需求上具有某种相似性的消费者集合成一个细分市场。

(3) 企业资源的有限性和为了进行有效市场竞争，迫使企业进行市场细分。在现代市场经济条件下，企业受到资源有限性的限制，不可能向整体市场提供满足所有消费者所有需求的一切产品和服务，只能满足一个或几个细分市场的消费者需求。为了进行有效市场竞争，企业必须选择与之相适应的有利可图的细分市场，放弃那些与之不相适应的细分市场，集中企业资源，实现企业市场营销战略目标。

总之，消费者需求的差异性以及由此决定的消费者购买动机和行为的差异性、消费者需求的相似性、企业资源的有限性和为了进行有效市场竞争，使企业进行市场细分成为合乎逻辑的必然产物。

2. 市场细分的意义

(1) 市场细分有利于企业分析、发掘新的市场机会，形成新的富有吸引力的目标市场。市场细分是企业市场营销战略的重要组成部分，是现代企业市场营销活动的重要进步和策略，市场细分对企业来说是非常有力的竞争手段。正因为如此，市场细分的概念一经提出，就被企业广泛运用，成为现代市场营销理论的一块重要基石。现代市场营销实践已经证明并将继续证明，科学合理的市场细分，对于企业市场营销活动成败有着至关重要的作用。

企业只要不断地调查、研究、分析市场，就能及时了解各个细分市场的需求满足程度和竞争状况，发现哪些消费者需求已经得到满足、哪些消费者需求没有得到满足或满足不够、哪些细分市场竞争激烈、哪些细分市场竞争较少。那些没有开发的细分市场及消费者需求没有得到满足或满足不够的细分市场，通常存在着新的市场机会。这对小企业尤为重要，因为小企业资源有限，只能见缝插针、拾遗补缺地选择适宜自身发展的细分市场，从而在激烈的市场竞争中求得生存和发展，提高市场占有率。

(2) 市场细分有利于企业集中使用资源，增强企业市场竞争能力。对于资源有限的小企业来说，只有通过市场细分，才能选择有利可图的细分市场，集中使用资源，投入一个或少数几个细分市场，扬长避短、有的放矢地开展市场营销活动，增强市场调查、研究、分析的针对性。由于一个或少数几个细分市场的市场信息反馈较快，企业就易于掌握细分市场消费者的特点及其变化，使产品适销对路，扩大销售，增强企业的市场竞争能力。

(3) 市场细分有利于企业制定和调整市场营销组合策略，实现企业市场营销战略目标。企业在未细分的整体市场上，一般只会采取一种市场营销组合策略。由于整体市场上的消费者需求差异性较大，企业市场营销活动往往不能得到令人满意的效果，而且由于整体市场需求变化较快、较复杂，企业难以及时掌握，致使企业的市场营销活动缺乏时效性。而市场细分后，某个细分市场的消费者需求基本相似，企业能密切注意细分市场消费者需求变化，并迅速地制定和调整市场营销组合策略，顺利实现企业市场营销战略目标。

同步案例 6－1

细分发现客户 “斯航”成为明星

背景资料：

斯堪的纳维亚航空公司（简称“斯航”）是由挪威、瑞典和丹麦三国合资经营的公司。由于价格竞争、折扣优惠及许多小公司的崛起，“斯航”在其国内和国际航线上都处于亏损状况。

1982 年初，“斯航”首先设计了一种新的、单独的商务舱位等级，这种商务舱是根据工商界乘客不喜欢与那些寻欢作乐的旅游者同舱的特点设立的。工商界乘客常常因为一些情况必须改变日程，他们需要灵活性；他们在旅途中关心的是把工作赶出来，这意味着他们需要读、写，为会议或谈判作准备，或睡觉——以便到达目的地后能够精力充沛地投入工作。换句话说，他们不需要分散注意力或娱乐。旅游者却没有这种压力，对他们来说，旅途就是假期的一部分，而机票价格则是一个敏感的决定因素。设置紧凑的座位和长期预备的机票，使航空公司有可能出售有折扣的机票，因而使一些人获得了旅行的机会，这些人则把省下的钱更多地花在异国情调的度假生活中。商务旅行者与此不同，他们最重视的是时间和日程表，在“斯航”以前，没有一家航空公司懂得怎样在同一架飞机上满足这两类顾客不同的需求。

“斯航”的商务舱票价低于传统的头等舱，高于大多数的经济舱，但给予顾客更多的方便。在每个机场，“斯航”都为商务舱的乘客设置了单独的休息室，并免费提供饮料，有的还可以看电影。在旅馆，为他们准备了有会议室、电话和电传设备的专门房间，并提供免费使用的打字机，使他们能够完成自己的工作，他们还可以保留这些房间，而且不受起程时间、时刻表变动及最低住宿时间的限制，所有这些都以经济实惠的价格提供。机场还为商务舱乘客设置了单独的行李检查处，他们不必去和普通乘客一起拥挤地通过安检。在飞机上，他们享有单独的宽大座椅，空间更为宽敞，还布置了一些传统的头等舱才有的装饰品，比如玻璃器皿、瓷器、台布等，他们还可享用美味佳肴。

“斯航”开辟了一个独特的市场，并赋予它更多的价值。对工商界乘客来说，头等舱太贵，经济舱又太嘈杂，不够舒适。他们可能与旅游者挤在同一机舱内，享受与旅游者同等的待遇但支付较高的价格——因为他们不能像旅游者那样，由于不受日程限制而等待减价或折扣机票。商务舱成为工商界乘客及航空公司双方都很适宜的较好的供需办法。

“斯航”的成功让许多竞争者争相仿效。

问题：

①斯堪的纳维亚航空公司是如何进行市场细分的？在市场上取得了什么样的成绩？

②以上案例对你有什么启示？

分析提示：

“斯航”开辟了一个独特的市场，并正在赋予它更多的价值。企业不断地调查、研究、分析市场，就能及时地了解各个细分市场的需求满足程度和市场上的竞争状况，发现哪些消费者需求已经得到满足、哪些消费者需求没有得到满足或满足不够、哪些细分市场竞争激烈、哪些细分市场竞争较少。那些没有开发的细分市场及消费者需求没有得到满足或满足不够的细分市场，通常存在着新的市场机会。

任务2 市场细分的标准和方法

市场细分对企业市场营销活动有着至关重要的作用，要使之付诸于市场营销实践，就必须研究、分析实际操作市场细分的标准和方法。

一、市场细分的一般原则

企业在实施市场细分时，必须关注市场细分的实用性和有效性，应当遵循市场细分的一般原则。

1. 差异性原则

差异性原则是指市场细分后，各个细分市场消费者需求应具有差异性，而且细分市场对企业市场营销组合策略中任何要素的变化都能作出迅速、灵敏的差异性反应。如果各个细分市场消费者需求不具有差异性，就没有市场细分的可能；如果各个细分市场对企业市场营销组合策略中任何要素的变化都作出相同或相似的反应，细分市场就是同质市场，就没有市场细分的必要。差异性原则在于确保企业产品开发和价格策略的针对性，向消费者提供差异化、个性化的产品。

2. 可衡量性原则

可衡量性原则是指细分市场必须是可以识别和可以衡量的，亦即细分市场不仅范围明确，并且对其容量大小也能作出大致判断。如细分市场中消费者的年龄、性别、文化、职业、收入水平等都是可以衡量的，而要测量细分市场中有多少具有“依赖心理”的消费者则相当困难，以此为依据细分市场将会由于无法识别、衡量而难以描述，市场细分也就失去了操作实际意义。可衡量性原则，在于确保清晰地区分细分市场的消费者群。

3. 可进入性原则

可进入性原则是指细分市场应该是企业市场营销活动能够到达的市场，即企业通过市场营销活动能够使产品进入并对消费者施加影响的市场，这主要表现在三个方面：首先，企业具有进入某个细分市场的资源条件和竞争实力；其次，企业有关产品的信息能够通过一定传播途径顺利传递给细分市场的大多数消费者；最后，企业在一定时期内能将产品通过一定的分销渠道送达细分市场。否则，细分市场的价值就不大。

4. 可盈利性原则

可盈利性原则是指细分市场消费者需求的容量和规模必须大到足以使企业实现其利润目标。进行市场细分时，企业必须考虑细分市场上消费者的数量、消费者购买产品的频率、消费者购买力，并且细分市场能使企业获得预期利润。如果细分市场的规模过小、市场容量太小、获利小，就不值得进行市场细分。

5. 相对稳定性原则

相对稳定性原则是指细分市场必须具有相对的固定性。企业目标市场的变化必然带来市场营销策略的改变和营销成本的增加。如果目标市场变化过快、变动幅度过大，可能会给企业带来经营风险和损失。细分市场的相对稳定性并不是指细分市场要一成不变，随着企业市场营销环境的变化，企业也可以放弃现有的细分市场，选择新的、富有吸引力的细分市场。只有这样，企业的市场营销活动才能适应变化的市场营销环境。

市场细分的内在依据主要在于消费者需求的差异性，而消费者需求的差异性通常是由各种因素造成的，这些因素因此也就成为市场细分的标准。从这个意义上来说，市场细分实际上就是根据影响消费者需求差异性的因素细分某一产品整体市场的过程。

二、消费者市场细分的标准

在消费者市场，影响消费者需求差异性的因素主要有地理环境、人口状况、消费者心理、消费者行为等。以这些影响因素为标准来细分市场，就有地理环境细分、人口状况细分、消费者心理细分、消费者行为细分（见表6－1）等。

表6－1　消费者市场细分标准及变量一览表

细分标准	细分变量
地理因素	国家、地区、城市规模、地形地貌、气候、人口密度
人口因素	性别、年龄、收入、职业与教育、家庭生命周期
心理因素	生活方式、个性、购买动机
行为因素	购买时机、消费者进入市场的程度、使用率、品牌忠诚度

1. 地理环境细分

根据消费者所处的地理位置、自然环境等地理变量来细分市场称为“地理环境细分”。地理环境细分变量包括国家、地区、城市、农村、城市规模、人口密度、气候、地形地貌、生产力布局、交通运输和通讯条件等。

地理环境细分的主要理论依据是：处在不同地理环境的消费者，对企业的产品有不同的需求和偏好，对企业所采取的市场营销组合策略会有不同的反应。防寒降温、保暖类的消费品，可按不同气候带来细分市场；家电、纺织品类的消费品可按城乡来细分市场；基本生活必需品、日用消费品，可按人口密度来细分市场；电信市场按地理区域不同，可细分为内地通信市场和沿海通信市场、城市通信市场和农村通信市场；在同一城市内，按所处地理区域的功能不同，电信市场可细分为工业区市场、商业区市场、文化区市场、机关事业区市场和居民区市场。

根据地理环境细分市场，对于分析、研究处在不同地理环境条件下的消费者需求及其发展变化趋势具有一定的现实意义，有利于企业开拓特定的区域市场，企业应考虑将有限的资源，尽可能投向最能发挥自身优势的区域市场。现代企业，尤其是规模庞大的跨国企业，在进行跨国或跨区域营销时，地理环境细分对营销的成败更显得至关重要。小企业为了集中资源占领市场，也往往对一个小的区域市场再进行细分。地理环境细分是市场细分的一个最常用的标准，也是最明显、最易衡量和运用的细分标准。

知识拓展 6－2

美国雷诺公司的地理环境细分

美国雷诺公司将芝加哥分成三个香烟小型市场：

北岸地区市场。这里的居民大多数受过良好的教育，注重身体健康，因此公司就推销焦油含量低的香烟。

东南部地区市场。该地区是蓝领工人居住区，他们收入低并且保守，因此公司就在此推销价格低廉的云丝顿香烟。

南部地区市场。该地区是黑人居住区，因此公司就大量利用黑人报刊和宣传栏促销含薄荷量高的沙龙牌香烟。

2. 人口状况细分

根据人口统计因素来细分市场称为“人口状况细分”。人口状况细分变量包括性别、年龄、职业、家庭规模、家庭收入、民族、宗教、文化程度、国籍、家庭生命周期等。人口状况细分变量与消费者需求之间存在着密切的因果关系。不同人口状况的消费者需求必然是不同的。

（1）性别。由于生理上的差别，男性与女性在产品需求与偏好上有很大的不同。美国的一些汽车制造商，过去一直是迎合男性要求设计汽车，现在，随着越来越多的女性参加工作和拥有汽车，也开始设计具有吸引女性消费者特点的汽车。

（2）年龄。不同年龄的消费者有不同的需求特点。青年人对服饰的要求与老年人的需求差异较大。青年人需要鲜艳时髦的服装，老年人需要端庄素雅的服装。

（3）收入。高收入消费者与低收入消费者在产品选择、使用时间的安排、社会交往等方面都会有所不同。同是外出旅游，在交通工具以及食宿地点的选择上，高收入者与低收入者都会有很大的不同。正因为收入是引起需求差别的一个直接而重要的因素，在诸如服装、化妆品、旅游服务等领域，根据收入细分市场是相当普遍的。

（4）职业与教育。即按消费者职业的不同、所受教育的不同以及由此引起的需求差异细分市场。在自行车的购买上，农民购买载重自行车；学生、教师则喜欢轻型、样式美观的自行车。由于消费者所受教育水平的差异引起的审美观具有很大的差异，不同消费者对居室装饰用品的品种、颜色等会有不同的偏好。

（5）家庭生命周期。一个家庭，按年龄、婚姻和子女状况，可划分为单身阶段、新婚阶段、满巢阶段Ⅰ、满巢阶段Ⅱ、满巢阶段Ⅲ、空巢阶段、鳏寡阶段七个阶段。在家庭生命周期不同阶段，家庭购买力、家庭人员对产品的兴趣与偏好会有较大的差别（见表6－2）。

表 6－2　家庭生命周期各阶段及消费特点

家庭生命周期阶段	消费特点
单身阶段	几乎没有经济负担，消费观念紧跟潮流，注重娱乐产品和基本的生活必需品的消费

续表

家庭生命周期阶段	消费特点
新婚阶段	经济状况较好，购买力强，对耐用品、大件商品的购买欲望要求强烈
满巢阶段Ⅰ	家庭用品购买的高峰期，不满足现有的经济状况，注重储蓄，购买较多的儿童用品
满巢阶段Ⅱ	经济状况较好，购买趋向理智型，受广告及其他市场营销刺激的影响相对减少，注重档次较高的商品及子女的教育投资
满巢阶段Ⅲ	经济状况仍然较好，妻子或子女皆有工作，注重储蓄，冷静、理智地消费
空巢阶段	前期收入较高；购买力达到高峰期，购买较多老年人用品，如医疗保健品等；娱乐和服务性消费支出增加。后期退休收入减少
鳏寡阶段	收入锐减，特别注重情感、关注等需要及安全保障

人口状况细分是市场细分的一个重要标准。人口状况细分变量更容易测量和获取，但消费者需求和购买行为并不仅仅取决于人口状况变量，所以，市场细分还要依据消费者心理、消费者行为等细分标准。

3. 消费者心理细分

根据消费者心理特征来细分市场称为“消费者心理细分”。消费者心理细分变量包括消费者的生活方式、个性、购买动机、消费态度等。

（1）生活方式细分。生活方式是指个体在成长过程中，在与社会诸要素相互作用下，表现出来的活动兴趣和态度模式。来自不同文化、社会阶层、职业的人有不同的生活方式，他们对产品有不同的需求。在现代市场营销实践中，越来越多的企业根据消费者的不同生活方式来细分市场，并且为生活方式不同的消费者设计不同的产品和市场营销组合策略。如美国一服装公司把妇女分为“朴素型”（喜欢大方、清淡、素雅的服装），“时髦型”（追求时尚、新潮、前卫），“有男子气质型”三种类型，分别为她们设计制造出不同式样和颜色的服装。

（2）个性细分。有的企业使用个性因素来细分市场，设计出产品的品牌个性，以吸引那些相应个性的消费者。当企业品牌产品和其他竞争品牌的产品显而易见地相似，而其他因素又不能细分市场时，消费者个性细分市场便非常有效（见表6－3）。

表6－3　不同性格消费者的需求特点

性　格	消费需求特点
习惯型	偏爱、信任某些熟悉的品牌，购买时注意力集中，定向性强，反复购买
理智型	不易受广告等外来因素影响，购买时头脑冷静，注重对商品的了解和比较
冲动型	易受商品外形、包装或促销的刺激而购买，对商品评价以直观为主，购买前并没有明确目标
想象型	感情丰富，善于联想，重视商品造型、包装及命名，以自己丰富的想象去联想产品的意义
时髦型	易受相关群体、流行时尚的影响，标新立异、追赶潮流，购物注重引人注意，或显示身份和个性
节俭型	对商品价格敏感，力求以较少的钱买较多的商品，购物时精打细算、讨价还价

同步案例6－2

卖疯了！世界杯期间国内2.5秒就能卖出一台彩电

背景资料：

当家庭进入移动互联网时代之后，电视、笔记本电脑、手机将家里的方寸之地也作为收视的主战场。人们在家里的收视习惯也在悄然发生着改变，在这场战斗中，电视无疑受到了巨大的冲击。不过当2014年巴西世界杯来临之际，电视又一次在这场战斗中占了上风。目前中国的电视机保有量为5.7亿台，巴西世界杯期间电视的激活率为54%，这一数据无疑领先于其他收视方式。今年的世界杯，央视独家买断了电视直播以及网络直播权，而且央视也拒绝向其他电视台以及网站出售世界杯的转播权。所以，今年的世界杯，大部分球迷只能通过电视来收看世界杯，这也在一定程度上刺激了彩电的销售。据奥维咨询的数据统计，在世界杯期间，开赛前每2.5秒钟就能卖出一台彩电。从6月份的数据来看，6月的第二周彩电销售增幅最为明显，同比增幅高达68%，因为世界杯是从6月13日开赛的，恰好也是6月的第二周，而这种提升明显是受到了世界杯的刺激和拉动。

大屏、4K、智能电视在世界杯期间的销售最受益。《现代快报》记者随后对一些彩电品牌以及家电卖场进行采访，从市场的反馈来看，大屏、4K以及智能电视是世界杯期间消费者选购的主力机型。6月份，南京市场彩电销售额增幅高达20.97%，这个增幅高于行业预期的15%，销售额增长了32.27%。从苏宁、五星和国美三大家电卖场了解到，今年世界杯期间，大屏电视的销售非常火爆，大部分来采购电视的消费者都是冲着世界杯而来的，而且选购的尺寸主要集中在50寸左右，这也符合家庭电视大屏化的趋势。除了大屏外，4K超高清电视在世界杯期间也颇受消费者的青睐。专家表示，体育赛事对于电视画面的要求非常高，这恰恰是4K电视的一个优势。所以，借助世界杯的东风，4K电视进入千家万户也是顺理成章的事情。此外，最近两年智能电视一直是商家主打的一张牌。世界杯期间，消费者购买的大屏、4K电视基本上都是智能机。据卖场介绍，不少来买彩电的消费者在购买彩电的过程中，除了关心尺寸以及清晰度外，最关心的就是电视机是否是智能机。

虽然世界杯对于彩电的销售刺激超出了预期，但是由于上半年彩电销售整体比较低迷，仅仅依靠世界杯的拉升还很难补足差距。不过世界杯交出的这份成绩单，对于众多彩电品牌以及卖场来说已是相当满意了。

（资料来源：《现代快报》）

问题：

“彩电卖疯了！”这是为什么？

分析提示：

购买动机细分。购买动机是引起消费者购买行为的内在推动力。

（3）购买动机细分。消费者购买动机不同，便产生不同的消费者购买行为。购买动机主要有：求美动机、求廉动机、求实动机、求新动机、求名动机、求便动机、炫耀动机、好胜动机、嗜好动机、惠顾动机等。企业针对不同购买动机的消费者，在产品中突出能满足他们购买动机的特征或特性，并设计不同的市场营销组合策略，往往能取得良好的经营效果。

（4）购买态度细分。企业可以按照消费者对产品的购买态度来细分消费者市场。消费者对企业产品的态度有五种：热爱、肯定、不感兴趣、否定和敌对。企业对持不同态度的消费者群，应当酌情分别采取不同的市场营销组合策略。对那些不感兴趣的消费者，企业要通过适当的广告媒体，大力宣传介绍企业的产品，使他们转变为感兴趣的消费者。

4. 消费者行为细分

根据消费者不同的消费行为来细分市场称为“消费者行为细分”。消费者行为细分的变量包括消费者购买时机、消费者进入市场的程度、消费者使用率、消费者对品牌的忠诚度等。

（1）购买时机细分。在现代市场营销实践中，许多企业往往通过购买时机细分市场，扩大消费者使用企业生产的产品的范围。购买时机包括节假日、结婚、离婚、购房、受伤或生病、换工作或改变职业生涯规划、退休等。

（2）消费者进入市场的程度细分。根据消费者进入市场的程度情况，可将某种产品的整体市场分为经常购买者、初次购买者、潜在购买者等不同细分市场。一般来说，大型企业实力雄厚、市场占有率较高，因而特别注重吸引潜在购买者，使他们成为企业产品的初次购买者，进而成为经常购买者，以扩大市场范围；而小型企业资源有限，无力开展大规模的促销活动，因而以吸引和保持住一部分经常购买者为上策。

（3）使用率细分。根据消费者使用率及消费者盈利能力，可将某种产品的整体市场细分为非使用用户、大量用户、中量用户、少量用户等细分市场。按消费者盈利能力进行市场细分的依据是“80/20 原则”，即盈利收入的 80% 是由 20% 的客户带来的；这 20% 的客户就是企业的最佳客户，应让他们对企业的产品或服务更满意。

（4）品牌忠诚度细分。企业可根据消费者对品牌的忠诚度来细分市场。品牌忠诚度是指由于价格、质量等诸多因素的吸引力，使消费者对某一品牌的产品情有独钟，形成偏好，并长期购买这一品牌产品的行为。根据消费者对品牌的忠诚度可将某种产品的整体市场分为单一品牌忠诚者、几种品牌忠诚者、无品牌忠诚者。如果是单一品牌忠诚者和几种品牌忠诚者占较大或很大比重的市场，则其他企业难以进入；反之，则有利于其他企业进入，并逐步扩大市场份额；对于非品牌偏好者，企业应在促销方面吸引该细分市场的消费者。

此外，随着现代网络技术的迅猛发展，消费者行为细分还可按是否上网、上网能力、上网地点、上网时间等标准细分。

三、产业市场细分的标准

产业市场细分的标准相比较消费者市场细分的标准而言，产业市场的消费者数量较大而独特，因而，除根据一般的消费者市场细分标准外，还要根据最终用户行业、用户规模、用户地理位置、其他变量等对产业市场进行细分。

1. 最终用户行业

最终用户行业就是最终使用生产资料的使用者所属的行业。最终用户行业是产业市场细分最通用的标准。最终用户行业可分为工业机械、汽车制造、交通运输、电力、采掘、冶金、建筑、电讯、家电、食品、医药等。

在产业市场上，不同最终用户行业对同一类产品的使用往往不尽相同，对同类产品的具体需求也会不同。一种最终用户行业的要求便可成为企业的一个细分市场。企业应该用最终用户行业的细分标准，不断寻找市场机会。例如，飞机制造商对于橡胶轮胎安全性能的要求要高于汽车制造商；同一汽车制造商对赛车所用轮胎的耐磨性的要求与汽车用轮胎的要求大不相同，因此，企业对不同的最终用户行业要相应采取不同的市场营销组合策略，从而满足不同最终用户行业的需要。

2. 用户规模

用户规模也是产业市场细分的主要标准。在产业市场上，按用户规模可细分为大量用户、中量用户、少量用户、非用户。

企业应根据用户规模不同，采取不同的市场营销组合策略。对于个体数量较少的大量用户，宜由销售经理负责，采取直接联系、直接销售的渠道；对于个体数量众多的少量用户，宜由指定推销员负责，通过上门推广、展销、广告等手段推销其产品。

3. 用户地理位置

由于产业市场的用户地理位置受一个国家的资源分布、地形气候分布、产业布局、社会经济环境、历史传承等因素的影响，产业市场一般会形成若干个产业区。如山西省、淮北和东北地区是我国煤炭产业区；江苏省、浙江省是我国丝绸产业区；四川省、湖北省、湖南省是我国柑橘产业区。

企业可以根据用户地理位置细分市场，选择用户较为集中的地区作为目标市场，这样可以集中销售力量，便于产品运输，节省运输费用，降低生产成本。

4. 其他变量

最终用户行业、用户规模、用户地理位置是产业市场细分的三个最主要的标准。此外，在产业市场，企业还可以根据用户能力（需要很多服务、需要一些服务、需要很少服务）、用户采购标准类型（追求价格型、追求服务型、追求质量型）等变量细分市场。

四、市场细分的一般方法

市场细分的标准很多，且各种标准相互影响、相互作用。市场细分的一般方法必须根据产品整体市场的特点，综合各种标准来细分市场。

市场细分的一般方法有完全细分法、一元细分法、多元细分法、系列变量细分法。

1. 完全细分法

完全细分法就是对某种产品整体市场所包括的消费者的数目进行最大限度细分市场的方法。每一个消费者都是一个细分市场。

完全细分法是市场细分极端化的方式，同时也是最理想的方式，即企业向每一个消费者提供不同的市场营销组合策略。例如，服装店为消费者定制服装，家具厂为消费者定做家具等就是完全细分法的典型表现形式。在现代市场营销实践中由于考虑到经济规模效益，不能将整体市场分得过细，因此，当完全细分法带来消极影响时，就应当实施“反细分化”策略，即减少细分市场的数目。

2. 一元细分法

一元细分法就是对某种具有替代性较大、挑选性强的产品的整体市场，根据一个标准来细分市场的方法。

服装市场按年龄细分，可分为童装市场、少年装市场、青年装市场、中年装市场、老年装市场等细分市场。粮食市场按粮食品种细分，可分为大米市场、小麦市场、玉米市场、绿豆市场等细分市场。

3. 多元细分法

多元细分法就是对某种产品的整体市场，根据两个或两个以上的标准来细分市场的方法。企业选择哪些因素作为细分市场的依据，要具体问题具体分析，而且细分市场的依据也要随市场营销环境的变化而变化，以便寻找新的、更有利可图的细分市场，如表 6－4 所示。

表 6－4　　多元细分法

年龄	性　别	收　入	婚　姻	住　址	购买心理
幼儿	男	低	──→未婚──→	──→大中城市──→	求实
儿童	──→女──→	中下	已婚	小城市	求新
青年──→		中		郊区	──→求名
中年		──→中上──→		农村	求廉
老年		高			

4. 系列变量细分法

根据企业经营的特点并按照影响消费者的诸因素，由粗到细地进行市场细分。这种方法可使目标市场更加明确、具体，有利于企业更好地制定相应的市场营销策略。如自行车市场可按地理位置（城市、郊区、农村、山区）、性别（男、女）、年龄（儿童、青年、中年、老年）、收入（高、中、低）、职业（工人、农民、学生、公务员）、购买动机（求新、求美、求价廉物美、求坚实耐用）等变量因素细分市场。

值得强调的是，企业在进行市场细分时，必须注意以下三个问题：一是市场细分的标准是动态的，它是随着市场营销环境的变化而变化的；二是不同的企业在市场细分时，应采取不同的标准和方法，因为各个企业的生产技术条件、资源和产品是不同的，所采用的标准和方法也应不同；三是市场细分所需信息和数据主要来源于政府部门、图书馆、互联网络、市场调查研究公司和企业自行市场调查研究等。

五、市场细分程序

美国市场营销学家麦卡锡（E. J. McCarthy）提出市场细分的整套程序，这一程序包括七个步骤：

第一，选定产品市场范围，即确定进入什么行业、生产什么产品。产品市场范围应以消费者的需求而不是产品本身特性来确定。

第二，列举潜在消费者的基本需求。

第三，了解不同潜在消费者的不同需求。对于列举出来的基本需求，不同消费者强调的侧重点可能会存在差异。

第四，抽掉潜在消费者的共同需求，以特殊需求作为细分标准。

第五，根据潜在消费者基本需求上的差异，将其划分为不同的群体或细分市场，并赋予每一个细分市场一定的名称。

第六，进一步分析每一个细分市场的需求与购买行为特点，并分析其原因，以便在此基础上决定是否可以对这些细分出来的市场进行合并，或作进一步细分。

第七，估计每一细分市场的规模，即在调查基础上，估计每一细分市场的消费者数量、购买频率、平均每次的购买数量等，并对细分市场上产品竞争状况及发展趋势作出分析。

六、市场细分策略

1. 超细分策略

超细分策略实质是把每一个消费者作为一个分市场，然后根据每一个分市场的需要分别制订具体的营销方案。实际上，这是对市场细分的一种误解，市场并不是分得越细越好。

2. 反细分策略

反细分策略并不反对市场细分，而是反对超细分。这种策略是通过减少产品线，将许多过于狭小的细分市场组合起来。它能有效降低成本，增加批量，降低商品的售价，来迎合顾客的需要。

3. 过分聚合策略

市场细分的目的是选择和确定企业的目标市场。市场细分的关键在“分”字上。首先，从“分”的观点出发，企业才能把整体市场看成多元的分割体；其次，通过“分”把市场竞争由价格竞争转变为产品差异化和服务多样化的竞争；最后，由于“分”，企业才有可能选择自己的目标是哪一个。应注意市场细分的实质是一个聚集过程而不是一个分解过程。

本项目知识脉络

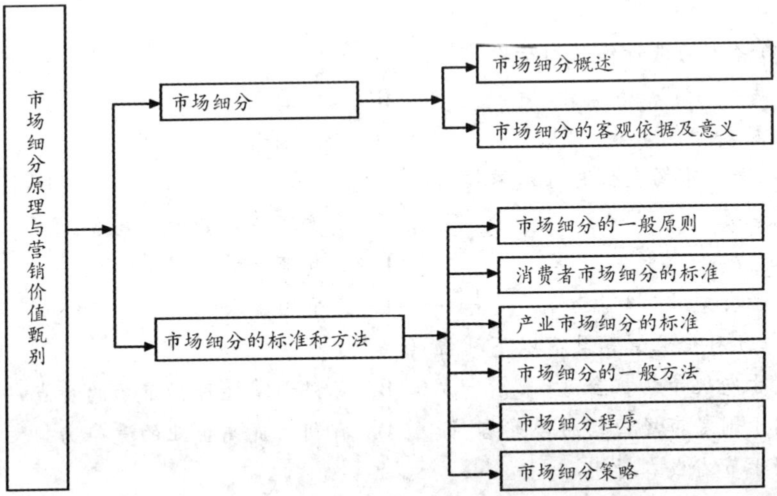

思考与练习

1. 理论题

(1) 单选题

①市场细分的客观基础是（　　）。

A. 需求的差异性　　B. 需求的同质性

C. 需求的客观性　　D. 需求的有效性

②市场细分中的“市场”是指（　　）。

A. 场所　　B. 商品交换关系

C. 人口　　D. 商品

③（　　）是被企业选定作为市场营销对象的细分市场。

A. 市场细分　　B. 细分市场

C. 目标市场　　D. 终端市场

④“班博”服饰请香港明星陈小春做代言人，打出“不要束缚，只要自由”的口号。针对目标市场，该服饰主要是依据（　　）因素进行细分的。

A. 地理因素　　B. 人口因素

C. 心理因素　　D. 行为因素

⑤“喝汇源果汁，走健康之路”，“汇源”是依据（　　）进行细分的。

A. 地理因素　　B. 人口因素

C. 心理因素　　D. 行为因素

(2) 多选题

①按购买行为细分消费者市场要考虑消费者（　　）等因素。

A. 对商品利益的追求　　B. 对商品的忠诚程度

C. 购买动机　　D. 所处的购买阶段

E. 对商品的态度

②对消费者市场进行细分的标准有（　　）。

A. 地理因素　　B. 人口因素

C. 心理因素　　D. 行为因素

③企业在进行市场定位时可以依据（　　）。

A. 产品特性　　B. 用途及特定的使用场合

C. 需求　　D. 零售商

E. 使用者类型　　F. 竞争的需求

④市场细分对企业营销具有以下利益（　　）。

A. 有利于发现市场机会　　B. 有利于掌握目标市场的特点

C. 有利于制定市场营销组合策略　　D. 有利于提高企业的竞争力

E. 有利于节省成本费用

⑤消费者心理细分的依据是（　　）。

A. 消费者生活方式　　B. 消费者的个性

C. 消费者的购买动机　　　　　　　　D. 消费者的态度

（3）判断题

①目标市场就是企业拟投其所好、为其服务的那个顾客群，这个顾客群有颇为相似的需求。（　　）

②差异性市场营销战略追求的不是在较大市场上占有较少的份额，而是在较小的市场上占有较大份额。（　　）

③市场细分是选择目标市场的前提和条件。（　　）

④市场细分实际上是对产品进行分类。（　　）

⑤依据消费者对商品的同质需求和异质需求，可以把市场分为同质市场和异质市场。（　　）

（4）简答题

①选择市场细分的标准应注意哪些问题？

②举例说明在市场营销实践中市场细分的意义。

③市场细分的步骤及策略是什么？

2. 实务训练题

【案例分析】

案例资料：

星力百货细分市场

星力百货于1995年诞生在贵阳，它以提升民众时尚生活品质为信念，历经十余年，已成为贵阳市民生活的一部分。现在星力百货已发展成为“贵阳星力百货集团有限公司”，其核心产业之一的百货体系目前已拥有六家大中型百货分店。

中山店是星力百货的第一个百货店面，1995年开业时，这个目前看似小巧而精致的卖场却创造了贵阳的奇迹，给沉闷许久的传统零售业带来前所未有的震撼。从诸多品牌的初次进驻，到第一家实行开架销售的百货公司，到第一家在晚间营业的商场，再到第一家实行折扣活动促销的商场……购物由此变得快乐和享受。经营了12年的中山店在2007年9月美丽蝶变成贵阳市第一家也是唯一一家女性主题会员店，全部经营女性商品，购物环境也充满女人味，让都市时尚爱美的女性有了属于自己的购物空间。

瑞金店是星力集团旗下开创的第二家百货店铺，力图创造与顾客没有距离感的购物氛围，集服装、鞋、珠宝、饰品、化妆品、家居用品及超市于一体，提供一站式购物服务，品牌齐全。针对18岁至60岁顾客群体，集中了国内最流行、最时尚的服饰品牌。热闹而亲切的购物环境，被贵阳市民亲切地称为“我们大家的百货公司”。

荔星名店位于贵阳市中华南路50号大南门钻石广场，营业面积约20000平方米，是以经营国际顶级品牌服饰系列为主题的精品百货公司，将国际高档货品的售卖概念引入贵阳，使顾客在贵阳即可亲身感受世界奢华。专业的大客户主任全程为荔星会员服务，包括购物咨询、代客送礼、电话购物、市内免费接送、节日贺礼、代客泊车以及为VIP提供饮料、咖啡等，让消费者时刻感受体贴入微的五星级购物服务。

星天地是星力集团旗下最“炫”的一个店铺，专为拥有青春心态、渴望展示自我、敢于创造个性、展示新炫势力的年轻一族，打造一种追赶时代前沿的流行生活方式，是市内第一家以都市青年消费为主的新时尚百货公司，为青年人追逐潮流、把玩时尚提供详细指南。时尚新颖的店面设计、个性时髦的产品，让星天地成为时尚一族的购物首选。

星力购物广场位于甲秀楼南明广场旁，是贵州省内目前最大的百货公司，面积达4万多平方米，众多品牌以店中店的旗舰形式缤纷亮相，有日式超级市场以及出味茶餐厅、味千拉面、禾绿寿司等多家餐厅。国内外百货精品丰富了顾客的城市生活，新奇的购物体验满足顾客购物的乐趣，底层大型停车场为顾客购物停车提供了便利，广场店以其大而全充当了城市的购物中心。

荔星名品是位于贵州省唯一一家国际五星级标准的喜来登酒店内的奢侈品名店廊，拥有很多国际一线品牌，满足城市名流对品质生活的追求。荔星名店与荔星名品以高品位的装修、优雅舒适的购物环境，成为贵阳独一无二的形象，与各个高级品牌配合，成为贵阳的时尚新地标。

思考题：

（1）星力百货是如何进行市场细分的？

（2）星力百货的六家分店目标市场是否相同？它采用的目标市场策略是什么？请你结合贵阳的市场现状，试分析它为什么要这么做。

项目七
目标市场原理与营销价值定位

赢得和保持顾客的关键就是比竞争对手更好地理解顾客的需要和购买过程，以及向他们提供更多的价值。

——菲利普·科特勒

【项目学习目标】

知识目标 （1）目标市场；（2）目标市场选择；（3）市场定位。

能力目标 （1）熟悉目标市场选择的策略及影响目标市场选择的因素；

（2）掌握市场定位的概念、市场定位步骤和定位方法。

职业素养 （1）驾驭市场的能力；（2）依据市场变化有效变革的能力。

项目实践及考核 在教师指导下，营销项目小组在完成项目六的基础上，结合市场细分的结论，描述两个以上产品或服务可以选择的目标市场特征，以团队展示方式进行考核。

导入案例

米勒啤酒重新定位

在20世纪60年代末，米勒啤酒公司在美国啤酒业排名第八，市场份额仅为8%，与百威、蓝带等知名品牌相距甚远。为了改变这种现状，米勒公司决定采取积极进攻的市场战略。

他们首先进行市场调查。通过调查发现，若按使用率对啤酒市场进行细分，啤酒饮用者可细分为轻度饮用者和重度饮用者，而前者人数虽多，但饮用量只有后者的1/8。他们还发现，重度饮用者有着以下特征：多是蓝领阶层；每天看电视3个小时以上；爱好体育运动。米勒公司决定把目标市场确定在重度使用者身上，并果断决定对米勒的“海雷夫”牌啤酒进行重新定位。重新定位从广告开始。他们首先在电视台特约了一个“米勒天地”的栏目，广告主题变成了“你有多少时间，我们就有多少啤酒”，以吸引那些“啤酒坛子”。广告画面中出现的都是些激动人心的场面：船员们神情专注地在迷雾中驾驶轮船，年轻人骑着摩托车冲下陡坡，钻井工人奋力止住井喷等。

结果，“海雷夫”的重新定位战略取得了很大的成功。到了1978年，这个牌子的啤酒年销售量达2000万箱，仅次于AB公司的百威啤酒，在美名列第二。

（资料来源：摘自吾喜杂志网《米勒啤酒定位制胜》。）

启示：市场定位的关键不是针对产品本身，而是针对消费者心理，单凭产品质量上乘或价格的低廉已难以获得竞争优势。米勒啤酒通过改变目标消费者对其原有的印象，使目标消费者对其产品新形象有一个重新认识的过程，从而获得成功。

任务1　目标市场选择

市场细分的最终目的是为了选择和确定目标市场。目标市场选择是目标市场营销的第二个步骤。企业的一切市场营销活动，都是围绕目标市场进行的。确定目标市场、实施目标市场策略是目标市场选择的重要内容。

一、目标市场的概念

目标市场是指在市场细分的基础上，企业要进入的最佳细分市场。

在企业市场营销活动中，企业必须选择和确定目标市场。这是因为：首先，选择和确定目标市场，明确企业的具体服务对象，关系到企业市场营销战略目标的落实，是企业制定市场营销战略的首要内容和基本出发点；其次，对于企业来说，并非所有的细分市场都具有同等吸引力，都有利可图，只有那些和企业资源条件相适应的细分市场才对企业具有较强的吸引力，是企业的最佳细分市场。

目标市场选择首先要求企业确定目标市场，然后选择目标市场策略。

知识拓展7-1

中国移动“动感地带”的目标市场

“动感地带”面世以来的一系列活动吸引了众多注意力，促使“动感地带”的知名度和市场占有率迅速提升。一位广告界人士说：“动感地带是中国移动通讯领域的第一个真正意义上的品牌。”系列广告中周杰伦现身说法，展现出品牌新奇、时尚、好玩、探索的个性，吸引年轻的消费者融入“动感地带”的天地，拓展出一片属于自己的领地。

“动感地带”是中国移动继“全球通”、“神州行”之后推出的第三个品牌，与前两个品牌对所有的消费者大包大揽不同，“动感地带”一推出就确定了自己的目标市场和定位。它的目标市场是15~25岁年龄段的，崇尚新奇事物的年轻一代，通过提供时尚、好玩、探索的移动服务，拉近与消费者的距离，使自己成为消费者生活的一部分。从以上资料可看出，25岁以下的年轻新一代消费群体将成为未来移动通信市场最大的增值群体，因此，中国移动将以业务为导向的市场策略率先转向了以细分的客户群体为导向的品牌策略，在众多的消费群体中锁住15~25岁年龄段的学生、白领，产生新的增值市场。

二、确定目标市场

确定目标市场，就是对能够吸引企业的、有可能成为企业目标市场的细分市场进行分析和评估，然后根据企业的市场营销战略目标和资源条件，选择企业最佳的细分市场。

1. 细分市场分析和评估

（1）细分市场的规模及成长潜力。企业必须考虑的第一个问题是潜在的细分市场是否具有适度规模和成长潜力。“适度规模”是个相对的概念，大企业往往重视销售量大的细分市场，而小企业往往也避免进入大的细分市场，转而重视销售量小的细分市场。

细分市场的规模衡量指标是细分市场上某一时期内，现实消费者购买某种产品的数量总额。细分市场成长潜力的衡量指标是细分市场上某一时期内，全部潜在消费者对某种产品的需求总量。这就要求企业首先要调查细分市场的现实消费者数量及购买力水平，其次要调查细分市场潜在消费者数量及购买力水平。

（2）细分市场的吸引力。细分市场可能具有适度规模和成长潜力，然而从长期盈利的观点来看，细分市场未必具有长期吸引力。细分市场吸引力的衡量指标是成本和利润。

（3）企业的市场营销战略目标和资源。细分市场可能具有适度规模和成长潜力，而且细分市场也具有长期的吸引力，然而，企业必须结合其市场营销战略目标和资源来综合评估。某些细分市场虽然有较大的吸引力，但不符合企业长远的市场营销战略目标，不能推动企业实现市场营销战略目标，甚至会分散企业的精力，阻止企业实现市场营销战略目标，因此，企业不得不放弃。即使细分市场可能符合企业长远的市场营销战略目标，企业也必须对企业资源条件进行评估，必须考虑企业是否具备细分市场所必需的资源条件。如果企业在细分市场缺乏必要的资源，并且没有获得必要资源的能力，企业就要放弃这个细分市场。企业如果确实能在该细分市场取得成功，也需要发挥其经营优势，以压倒竞争者。企业如果无法在细分市场创造某种形式的优势地位，就不应贸然进入。

2. 确定目标市场的原则

（1）产品、市场和技术三者密切关联。企业所选择的目标市场，应能充分发挥企业的技术特长，生产符合目标市场需求的产品。

（2）遵循企业既定的发展方向。即目标市场的选择应根据企业市场营销战略目标的发展方向来确定。

（3）发挥企业的竞争优势。即应选择能够突出和发挥企业特长的细分市场作为目标市场。这样才能利用企业相对竞争优势，在竞争中处于有利的地位。

（4）取得相乘效果。即新确定的目标市场不能对企业原有的产品带来消极的影响。新、老产品要能互相促进，实现同时扩大销售量和提高市场占有率的目的，从而使企业所拥有的人才、技术、资金等资源都能有效地加以利用，使企业获得更好的经济效益。

企业通过对不同细分市场的评估，可确定一个或几个细分市场为其目标市场，即确定企业目标市场策略。

3. 目标市场策略

有三种不同的目标市场策略供企业选择，它们是：无差异市场营销策略、差异市场营销策略、集中市场营销策略。

（1）无差异市场营销策略。无差异市场营销策略就是企业不考虑细分市场的差异性，把整体市场作为目标市场，对所有的消费者只提供一种产品，采用单一市场营销组合的目标市场策略，如图 7－1 所示。

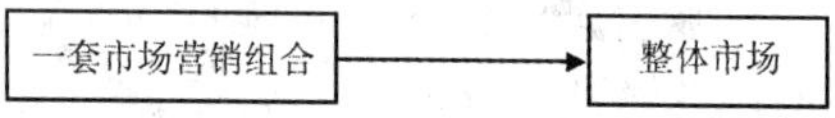

图 7－1　无差异市场营销策略

无差异市场营销策略适用于少数消费者需求同质的产品；消费者需求广泛，能够大量生产、大量销售的产品；以探求消费者购买情况的新产品、某些具有特殊专利的产品。

采用无差异市场营销策略的企业一般具有大规模、单一、连续的生产线，拥有广泛或大众化的分销渠道，并能开展强有力的促销活动，投放大量的广告和进行统一的宣传。无差异市场营销策略是一种成本领先策略，企业必须通过有效途径降低成本，使企业的全部成本低于竞争对手的成本，甚至是在同行业中最低的成本，从而获取相对竞争优势的策略。

无差异市场营销策略的优点是有利于标准化和大规模生产，有利于降低单位产品的成本费用，获得较好的规模效益。因为只设计一种产品，产品容易标准化，能够大批量的生产和储运，可以节省产品生产、储存、运输、广告宣传等费用；不搞市场细分，也相应减少了市场调研、制定多种市场营销组合策略所要消耗的费用。无差异市场营销策略的缺点是不能满足消费者需求的多样性，不能满足其他较小的细分市场的消费者需求，不能适应多变的市场形势。因此，在现代市场营销实践中，无差异市场营销策略只有少数企业才采用，而且对于一个企业来说，一般也不宜长期采用。

知识拓展 7－2

美国可口可乐公司早期目标市场策略

1886 年，在美国亚特兰大市，药剂师约翰·潘伯顿（John S. Pemberton）将碳酸水、糖及其他原料混合在一个三脚壶里，就这样人类历史上最成功的软饮料奇迹般地出现了。美国可口可乐公司由于拥有世界性的专利权，在 20 世纪 60 年代前相当长的一段时期内，仅生产一种口味、一种大小和一种形状瓶装的“可口可乐”，广告宣传内容也只有一种“请喝可口可乐”。一百多年以来，不论是在北美还是全球，都是奉行的无差异化营销策略，保证了可口可乐的品质、口感始终如一，使之成为一个全球的超级品牌。

（2）差异市场营销策略。差异市场营销策略是在市场细分的基础上，企业以两个以上乃至全部细分市场为目标市场，分别为之设计不同产品，采取不同的市场营销组合，满足不同消费者需求的目标市场策略，如图 7－2 所示。

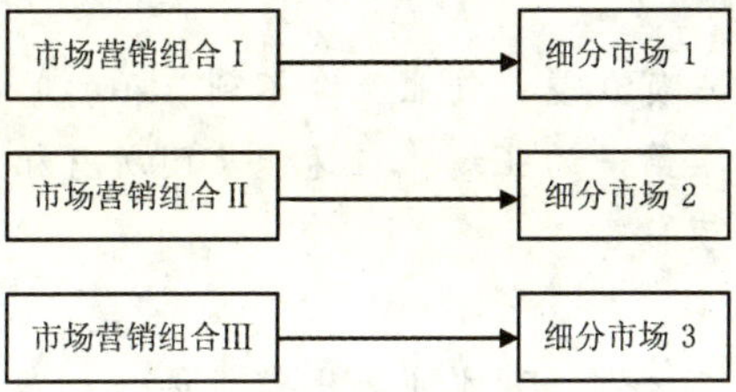

图7-2　差异市场营销策略

差异市场营销策略适用于大多数异质的产品。企业要突出其产品与竞争对手之间的差异性，主要有四种基本的途径：一是产品差异化，重点突出产品的特征、工作性能、一致性、耐用性、可靠性、易修理性、式样和设计；二是服务差异化，主要突出送货、安装、顾客培训、咨询服务等；三是人事差异化，重点突出员工在胜任、礼貌、可信、可靠、反应敏捷、善于交流等特征上训练有素；四是形象差异化，重点突出企业的经营理念、经营实力、市场规模、生产经营技术等特色。

采用差异市场营销策略的企业一般是大企业，有一部分企业，尤其是小企业无力采用，因为采用差异市场营销策略必然受到企业资源和条件的限制。拥有较为雄厚的财力、较强的技术力量和素质较高的管理人员，是企业实行差异市场营销策略的必要条件，而且随着产品品种的增加，分销渠道的多样化，以及市场调研和广告宣传活动的扩大与复杂化，生产成本和各种费用必然大幅度增加，需要企业拥有大量资源作为依托。

差异市场营销策略的优点是能扩大销售，减少经营风险，提高市场占有率。因为多品种的生产能分别满足不同消费者群的需要，扩大产品销售。这样即使由于一两种产品经营不善产生的损失也可以由其他产品收益弥补。如果企业在数个细分市场都能取得较好的经营效果，就能树立企业良好的市场形象，提高市场占有率。

20世纪70年代以来，世界上越来越多的大企业，如美国的可口可乐、日本的松下电器和三洋电机等都采取差异市场营销策略，并取得经营上的成功。

同步案例7-1

乐百氏桶装水的差异市场营销策略

背景资料：

通过不懈的努力，乐百氏（广东）饮用水有限公司的管理层独树一帜地建立了桶装水工作人员标准、健全了人性化的管理制度，使乐百氏桶装水工作人员的服务、言行大大区别于其他桶装水品牌的人员，博得了所有接触过乐百氏桶装水服务的消费者的认同和喜爱。企业敢为天下先，从理解顾客的需要和购买过程入手，以敏锐的目光找出市场中的差异之处和发展机会。

首先是在确立品牌形象的问题上，充分利用乐百氏高品质、全国性知名品牌的形象，使乐百氏桶装水在当时鱼龙混杂的桶装水市场上独特地显示出高档、标准和规范的大品牌形象。

其次，在水站和水桶的形象设计管理上，乐百氏是桶装水行业中第一个导入CI设计的公司，通过其创新的设计明显地区别于其他桶装水品牌，提高和突出了乐百氏高品质、全国性知名品牌形象。

而乐百氏桶装水似乎也不负众望，创业至今不到三年的时间，已一举夺得全国桶装水市场销售量第一、市场占有率第一的业绩；在达能集团所有相关企业里，乐百氏桶装水被评为全球投资回报率最高的项目。

问题：

乐百氏桶装水为什么能在全国桶装水市场上销量第一？它采取了哪些营销策略？

分析提示：

差异首先主要来自于需求差异，其次是产品满足需求能力的功能差异，最后是产品外在表现形式的差异，针对差异而采用区别于竞争对手的策略才是有效的策略。

（3）集中市场营销策略。集中市场营销策略是企业以一个或少数几个细分市场为目标市场，集中力量，实行专业化生产和经营的目标市场策略，如图 7－3 所示。

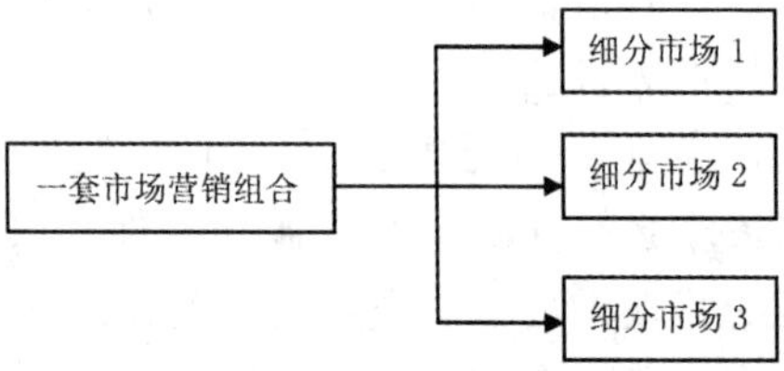

图 7－3　集中市场营销策略

集中市场营销策略主要适用于资源有限的中小型企业或是初次进入新市场的大型企业。中小型企业由于资源有限，无力在整体市场或多个细分市场上与大型企业展开竞争，而在大型企业未予注意或不愿顾及而自身又力所能及的某个细分市场上全力以赴，往往容易取得成功。实行集中市场营销策略是中小企业变劣势为优势的最佳选择。

集中市场营销策略的优点是目标市场集中，有助于企业更深入地注意、了解目标市场的消费者需求，使产品适销对路，有助于提高企业和产品在市场上的知名度。集中市场营销策略还有利于企业集中资源、节约生产成本和各种费用，增加盈利，取得良好的经济效益。

集中市场营销策略的缺点是企业潜伏着较大的经营风险。由于目标市场集中，一旦市场出现诸如较强大的竞争者加入、消费者需求的突然变化等，企业就有可能因承受不了短时间的竞争压力，而立即陷入困境。因此，采用集中市场营销策略的企业，要随时密切关注市场动向，充分考虑企业对未来可能出现的意外情况的各种对策和应急措施。

上述三种营销策略的对比如表 7－1 所示。

表 7－1　　三种营销策略比较

	追求利益	营销稳定性	营销成本	营销机会	竞争强度	管理难度
无差异市场营销策略	经济性	一般	低	易失去	强	低
差异性市场营销策略	销售额	好	高	易发展	弱	高
集中性市场营销策略	形象和小市场占有率	差	低	易失去	强	低

三、影响目标市场策略选择的因素

三种目标市场策略各有优缺点，企业在确定了目标市场后，究竟采取哪种策略，取决于下列影响目标市场策略选择的各种因素。

1. 企业实力

如果企业实力较强，可根据产品的不同特性选择采用差异市场营销策略或无差异市场营销策略；如果企业实力较弱，无力顾及整体市场或多个细分市场，则可选择采用集中市场营销策略。

2. 产品同质性

这里的产品同质性是指产品在性能、特点等方面差异性的大小。如果企业生产同质产品，诸如大米、小麦、煤炭、自来水、食盐等，则可选择采用无差异市场营销策略；如果企业生产异质产品，诸如食品、服装、家电、汽车、机械设备等，则可选择采用差异市场营销策略或集中市场营销策略。

3. 市场同质性

这里的市场同质性是指市场上消费者需求差异性的大小。如果市场是同质的，即消费者需求差异性不大、购买行为基本相同，企业可选择采用无差异市场营销策略；反之，企业可选择采用差异市场营销策略或集中市场营销策略。

4. 产品市场生命周期

处在介绍期和成长期初期的新产品，由于竞争者少，品种比较单一，市场营销的重点主要是探求市场需求和潜在消费者，企业可选择采用无差异市场营销策略；当产品进入成长期后期和成熟期时，由于市场竞争激烈，消费者需求差异性日益增大，为了开拓新的市场、扩大销售，企业可选择采用差异市场营销策略或集中市场营销策略或保持原有市场，延长产品市场生命周期。

5. 企业的市场营销战略目标和资源

企业的目标市场策略应当与竞争对手的目标市场策略不同。如果竞争对手强大并采取无差异市场营销策略，那么企业应选择采用差异市场营销策略或集中市场营销策略，以提高产品的市场竞争能力；如果竞争对手与自身实力相当或面对实力较弱的竞争对手，那么企业可选择采用与之相同的目标市场策略；如果竞争对手都采用差异市场营销策略，那么企业应进一步细分市场，实行更有效、更深入的差异市场营销策略或集中市场营销策略。

企业选择目标市场营销策略时，应综合考虑以上影响目标市场策略选择的因素，权衡利弊，综合决策。目标市场策略应保持相对稳定，但当市场营销环境发生重大改变时，企业应当及时改变目标市场策略。竞争对手之间没有完全相同的目标市场策略，企业也没有一成不变的目标市场策略。

任务2 市 场 定 位

企业选择目标市场及确定目标市场策略后，还必须对产品进行市场定位（Positioning)。市场定位是目标市场营销的重要组成部分。它关系到企业及产品在激烈市场竞争中，占领消费者心理，树立企业及产品形象，实现企业市场营销战略目标等一系列至关重要的问题。

一、市场定位的概念与程序

1. 市场定位的概念

现代市场营销理论认为，市场定位是指针对消费者对企业或产品属性的重视程度，确定企业相对于竞争者在目标市场上所处的市场位置，通过一定的信息传播途径，在消费者心目中树立企业与众不同的市场形象的过程。因此，市场定位的依据：一是消费者的需求特征，二是该产品的主要竞争者的产品主要特征。

市场定位的实质是使企业与其他企业严格区分开，突出企业及其产品的特色，使消费者明显感觉和认识到这种差别，在消费者心目中占有特殊的位置，让消费者留下良好的印象，从而取得目标市场的竞争优势。市场定位的关键不是对产品本身，而是针对消费者，单凭产品质量上乘或价格的低廉已难以获得竞争优势。

市场定位在现代市场营销实践中具有极其重要的作用。市场定位通过向消费者传播信息，使产品差异性清楚地展现于消费者面前，从而有利于赋予产品个性，树立产品独特形象。市场定位由于针对消费者对企业或产品不同属性的重视程度，能适应细分市场的特定要求，又因为与消费者实现了有效的信息沟通，强有力地塑造了企业或产品的独特市场形象，所以使得企业与市场竞争对手与众不同，从而有效增强了企业的市场竞争力。市场定位可以避免企业恶性竞争，有利于促进企业良性发展。市场定位是制定市场营销组合策略的基础，企业市场营销组合策略要受到企业市场定位的制约。

知识拓展 7-3

星巴克定位

星巴克在1990年中后期登陆中国大陆市场，定位在曾经“稀少”的中高端人群，起初“曲高和寡”，后来还是获得了前所未有的“高歌猛进”。它的成功之处，就在于它是“面对”着消费者，而不是“背对”着消费者。

100多年前，星巴克是美国一本家喻户晓的小说里主人公的名字。1971年，3个美国人开始把它变成一家咖啡店的招牌。1987年，霍华德·舒尔茨和他的律师，也就是比尔·盖茨的父亲以380万美元买下星巴克公司，开始了真正意义上的“星巴克之旅”。如今，星巴克咖啡已经成为世界连锁咖啡的第一品牌。星巴克咖啡已经在全球38个国家开设了13000家店。虽然传统意义上“根正苗红”的咖啡并非起源于美国，但星巴克咖啡目前已经俨然是这些品类最“正宗”的代名词。

2. 市场定位的程序

市场定位的主要任务，就是通过集中企业的若干竞争优势，将自己与其他竞争者区别开来。市场定位是企业明确其潜在的竞争优势，选择相对的竞争优势和市场定位策略以及准确地传播企业市场定位的过程。

（1）明确企业潜在的竞争优势。主要包括：调查研究影响定位的因素，了解竞争者的定位状况，竞争者向目标市场提供了何种产品及服务，在消费者心目中的形象如何，对其成本及经营情况作出评估，并了解目标消费者对产品的评价标准。企业应努力搞清楚消费者最关心的问题，以作为决策的依据，并要确认目标市场的潜在竞争优势是什么，是同样条件能比竞争者定价低，还是能提供更多的特色满足消费者的特定需要。企业通过与竞争者在产品、促销、成本、服务等方面对比分析，了解企业的长处和不足，从而认定企业的竞争优势。

（2）选择企业相对的竞争优势和市场定位策略。相对的竞争优势，是企业能够胜过竞争者的能力。有的是现有的，有的是具备发展潜力的，还有的是可以通过努力创造的。简而言之，相对的竞争优势是企业能够比竞争者做得更好的工作。企业可以根据自己的资源配置，通过营销方案差异化突出自己的经营特色，如：产品差异（突出产品的某种属性、特色、性能等）、服务差异（送货及时、准确、储运、装卸、配送等）、形象差异（品牌、标志等），使消费者感觉自己从中得到了价值最大的产品及服务。

（3）准确地传播企业的市场定位。这一步骤的主要任务是企业要通过一系列的宣传促销活动，使其独特的市场竞争优势准确地传播给消费者，并在消费者心目中留下深刻印象。为此，首先，企业应使目标消费者了解、知道、熟悉、认同、喜欢和偏爱企业的市场定位，要在消费者心目中建立与该定位相一致的形象。其次，企业尽可能地保持对目标消费者的了解，稳定目标消费者的态度和加深目标消费者的感情，来巩固企业市场形象。最后，企业应注意目标消费者对其市场定位理解出现的偏差或由于企业市场定位宣传上失误而造成目标消费者的模糊、混乱和误会，及时纠正与市场定位不一致的市场形象。

二、市场定位策略

1. 迎头定位策略

迎头策略是指企业选择靠近于现有竞争者或与现有竞争者重合的市场位置，争夺同样的消费者，彼此在产品、价格、分销及促销等各个方面差别不大。迎头定位策略就是与市场上同行竞争对手“对着干”。使用迎头定位策略的企业，一般都具有相当的规模和实力，在竞争策略上有相当大的主动性，它们可以向市场领导者企业或其他企业发动进攻。企业迎头定位，要使自己的挑战获得成功，必须明确企业营销目标和挑战对象，然后选择相当的定位策略。迎头定位策略是一种挑战策略，向处于领导者地位的企业挑战，意在夺取其市场份额和产品优势；向与自己实力相当的企业挑战，意在扩展自身市场份额以改变市场地位；进攻力量薄弱的小企业，意在夺取其市场份额或进行兼并，扩充自身实力。

2. 避强定位策略

避强定位策略是指企业回避与目标市场上的竞争者直接对抗，将其位置定在市场“空白点”，开发并销售目前市场上还没有的产品，开拓新的市场领域。企业避强定位的竞争策略关键在于专业化、精细化营销，由于营销目标和营销力量相对集中，所实现的产品高度差别化，使企业具有其他人无法轻易仿效的特殊竞争力量。

企业具备弥补该市场空隙的营销能力，并且能够与竞争者抗衡。避强定位策略的优点是：能够迅速地在市场上站稳脚跟，并在消费者心中尽快树立起一定的企业形象。由于这种定位策略市场风险较小、成功率较高，常常为多数企业所采用。

同步案例7－2

柒牌，定位中华立领

背景资料：

柒牌男装创立的柒牌中华立领，诞生于2003年，是柒牌在深度挖掘中国优秀传统文化精髓的基础上，运用现代时尚元素进行创新设计的系列产品。2004年，在第12届中国国际服装服饰博览会上，柒牌中华立领一亮相，首度举起“时尚中华”大旗。其后，柒牌中华立领受到陈香梅、张纪中、蔡琴、窦文涛、李自健、莫言等名人青睐，掀起“时尚中华”旋风。在近期举行的中国国际时装周上，两百多名外交官身穿中华立领出席了柒牌“柒彩中华”时装发布会，更是引起了公众广泛关注。自上市以来，仅两年时间，柒牌中华立领迅速得到了广大消费者的认同，创造了从0到数亿元的销售神话。柒牌创新的脚步并没有停止。柒牌让形象大使李连杰来演绎中华立领的时尚中华之魅力，在服装界掀起了一股“时尚中华”旋风。为了让“时尚中华”之风更完美、更持久、更有魅力，柒牌不但请来了中国金顶奖——最年轻的获奖者武学凯担任首席设计师，还邀请服装界的泰斗、清华大学美术学院院长李当歧教授担任总顾问，并将与清华美院强强联手，展开一系列男装创新的合作，包括在清华美院成立“柒牌中华立领”男装系列研究设计项目组，设立“清华之友”柒牌100万奖学金。名牌和名校的强强联手将极大推动中国男装产业的发展，从而使柒牌成为男装品牌价值快速提升的典范。

（资料来源：中国广告人网站）

问题：

在这个案例主要说明了什么问题？对你有什么启示？

分析提示：

柒牌针对服装采取定位策略，其目的是根据市场的具体情况采取相应的措施，从而实现企业的营销目标。

3. 重新定位策略

重新定位策略是指企业变动产品特色，改变目标消费者对其原有的印象，使目标消费者对其产品新形象有一个重新认识过程。市场重新定位对于企业适应市场营销环境，调整市场营销战略是必不可少的。企业产品在市场上的定位即使很恰当，但在出现下列情况时也需考虑重新定位：一是竞争者推出的产品市场定位在本企业产品的附近，侵占了本企业品牌的部分市场，使本企业品牌的市场占有率有所下降；二是消费者偏好发生变化，从喜欢本企业某品牌转移到喜爱竞争对手的品牌。

同步案例7－3

“万宝路”的重新定位

尽管世界的控烟浪潮汹涌澎湃，但是“万宝路”在美国《商业周刊》和纽约国际名牌公司联合推出的2003年全球100大品牌排行榜上仍然高居第9位，其品牌价值为221.8

亿美元。它的成功，得益于“万宝路”的市场定位。美国20世纪20年代的青年被称作“迷惘的一代”，时髦女郎们更是信奉及时行乐主义，致使女烟民的数量激增。菲利普·莫里斯公司决定生产一种适合女性嗜好的香烟，于是“万宝路”于1924年问世，但一直到20世纪50年代，始终默默无闻。公司逐渐意识到了问题的症结所在：对女性脂粉气的附和，使广大男性烟民对其望而却步，而女性难以形成固定的“瘾君子”群。于是，1954年，公司对“万宝路”香烟的形象进行了大胆的改造：产品品质不变；改变产品包装，使之更富有男子汉气息；广告不再以妇女为主要对象，而转为铮铮铁骨的男子汉。1955年，万宝路香烟在美国香烟品牌销量排名中一跃成为第10位，之后扶摇直上。

问题：

“万宝路”为什么要重新定位？对你有什么启示？

分析提示：

定位是在目标对象心中确定形象地位，目标对象不同，表现形式必有差异。重新定位，是在原来定位错误的前提下，为产品在全新目标对象心中确定位置，调整后完全颠覆了原有形象。“万宝路”新的定位与目标对象对产品的心理期待吻合，因此成就了一个国际品牌。

同步案例7-4

市场定位失误

背景资料：

美国的“派克”钢笔质优价贵，1982年“派克”品牌开始生产每支售价仅3美元的低档钢笔，结果，派克公司不但没有打入低档笔市场，反而丧失了一部分高档笔市场，市场占有率大幅下降。

美国Scott公司最早是一家生产卫生纸的大企业，其产品“舒洁”牌卫生纸曾是美国卫生纸市场的头号品牌。但是该公司盲目推出“舒洁”牌餐巾纸。随着“舒洁”牌餐巾纸的出现，消费者的心理发生了微妙的变化，使用时，总令他们想到卫生纸，因此感到非常不舒服。结果在“舒洁”牌餐巾纸推出不长时间后，“舒洁”牌卫生纸的头号品牌地位很快被其竞争对手宝洁公司的“Charmin”牌卫生纸所取代。

“娃哈哈”最初是一种儿童营养饮品，以鲜明的个性博得孩子们的好感，但后来出的“娃哈哈”红豆沙、绿豆沙、八宝粥、纯净水等产品模糊了“娃哈哈”极具魅力的原有个性。

问题：

请分析以上各品牌营销策略失误的原因。

分析提示：

企业为适应市场营销环境，调整市场营销战略是必不可少的。企业产品在市场上出现问题时，就需要考虑重新定位，从而迎合消费者的需求。

本项目知识脉络

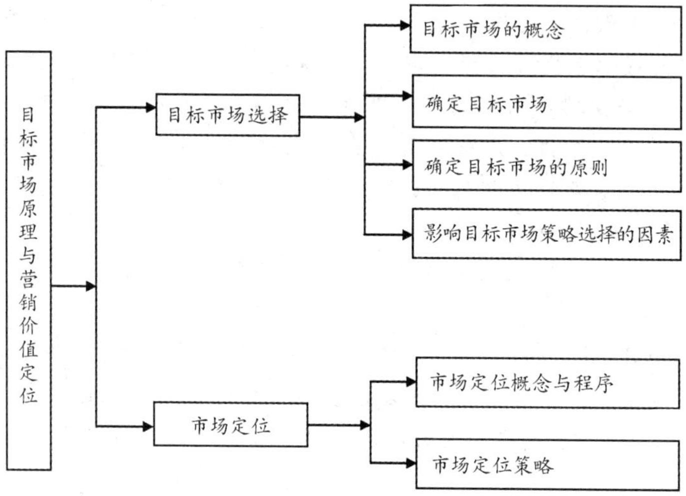

思考与练习

1. 理论题

(1) 单选题

①无差异性目标市场营销策略的最大优点是(　　)。

A. 策略的有效性　　B. 成本的经济性

C. 实施的便利性　　D. 结果的可控性

②市场定位是指(　　)。

A. 产品在市场上所处的位置　　B. 产品在消费者心目中所处的地位

C. 产品销售对象的选择　　D. 产品销售渠道的选择

③消费者对某种产品的需求和爱好比较接近，企业在选择目标市场可采取(　　)。

A. 无差异性目标市场策略　　B. 差异性目标市场策略

C. 集中性目标市场策略　　D. 密集性目标市场策略

④企业市场定位是把企业产品在(　　)确定一个恰当的地位。

A. 市场的地理位置上　　B. 产品质量上

C. 顾客心目中　　D. 产品价格上

⑤目标市场营销由三个步骤组成：一是市场细分；二是选择目标市场；三是进行(　　)。

A. 推销　　B. 促销

C. 竞争　　D. 市场定位

(2) 多选题

①影响目标市场策略选择的因素有(　　)。

A. 购买者的可支配收入状况
B. 产品特性
C. 市场特性
D. 产品的生命周期
E. 竞争对手的市场策略
F. 企业的资源积累状况

②对消费者市场进行细分的标准有(　　)。

A. 地理因素
B. 人口因素
C. 心理因素
D. 行为因素

③企业在进行市场定位时可以依据(　　)。

A. 产品特性
B. 用途及特定的使用场合
C. 需求
D. 零售商
E. 使用者类型
F. 竞争的需求

④市场定位的方式包括（　　）。

A. 迎头定位
B. 重新定位
C. 模糊定位
D. 随机定位
E. 避强定位

⑤影响目标市场策略选择的因素有（　　）。

A. 企业资源
B. 产品性质
C. 市场规模
D. 产品生命周期

(3) 判断题

①企业的市场定位战略，要受市场营销组合策略的制约，它必须适应这个组合。（　　）

②市场定位就是进行目标市场选择。（　　）

③一个理想的目标市场必须有足够的市场需求。（　　）

④对同质市场，可选用差异目标市场营销策略。（　　）

⑤市场定位与产品差异化无关。（　　）

(4) 简答题

①选择目标市场应考虑哪些因素？

②请阐述市场定位的步骤。

③请说明市场定位策略在市场营销实践中的应用。

2. 实务训练题

【案例分析】

案例资料：

对王老吉品牌市场定位策略的思考

在2002年以前，从表面看，红色罐装王老吉（以下简称红色王老吉）饮料的销售业绩连续几年维持在1亿多元，盈利状况良好。但加多宝的管理层发现，企业要走向全国，就必须克服一连串的问题，而这些困扰中，最核心的问题是——红色王老吉当“凉茶”卖，还是当“饮料”卖？

在广东，消费者觉得“它好像是凉茶，又好像是饮料”，陷入认知混乱之中。而在浙南，消费者将“红色王老吉”与康师傅、旺仔牛奶等饮料相提并论。在两广以外的地区，人们没有凉茶的概念，将其作为凉茶推广困难重重，作为饮料推广同样危机四伏，以可口可乐、百事可乐、康师傅、统一等为代表的饮料企业处在难以撼动的市场领先地位。而且红色王老吉有淡淡中药味，对口味至上的饮料而言，存在不小障碍。这就使红色王老吉面临一个极为尴尬的境地：既不能固守两地，也无法在全国范围推广。在宣传策略上，加多宝公司不愿意以“凉茶”推广，限制其销量，但作为“饮料”推广又没有找到合适的市场区隔，因此广告宣传上也不得不模棱两可。

2002 年年底，加多宝找到成美顾问公司，其初衷是想为红色王老吉拍一条以赞助奥运会为主题的广告片，以期推动销售。成美经初步研究后发现，红色王老吉虽然销售了 7 年，连企业也无法回答红色王老吉究竟是什么，消费者更不用说，完全不清楚为什么要买它——这是红色王老吉的品牌定位问题，经沟通后，加多宝公司最后决定暂停拍广告片，委托成美先对红色王老吉进行品牌定位。

为了了解消费者的认知，成美顾问公司从市场上红色王老吉竞争者入手，摸清其在消费者心中的定位，分析其优势和弱点。

由于调查目的明确，很快就在“消费行为”研究中发现，消费者对红色王老吉并无“治疗”要求，而是作为一个功能饮料购买。消费者购买红色王老吉用来“预防上火”。并且发现红色王老吉的直接竞争对手，如菊花茶、清凉茶等由于缺乏品牌推广，仅仅是低价渗透市场，并未占据“预防上火”这一饮料定位。而可乐、茶饮料、果汁饮料、水等明显不具备“预防上火”的功能，仅仅是间接的竞争。

任何一个品牌定位，都必须是该品牌最有能力占据的。结果表明，红色王老吉的“凉茶始祖”身份、神秘中草药配方、175 年的历史等，显然是有能力占据“预防上火的饮料”。而且调查显示，中国几千年的中药概念“清热解毒”在全国广为普及，“上火”、“去火”的概念也在各地深入人心，这就使红色王老吉突破了地域品牌的局限。

至此，成美顾问公司向加多宝提交了品牌定位研究报告，报告中首先明确红色王老吉是在“饮料”行业中竞争，其竞争对手应是其他饮料；其品牌定位为“预防上火的饮料”，其独特的价值在于——喝红色王老吉能预防上火，让消费者无忧地尽情享受生活，如烧烤、通宵达旦看足球……凭借在饮料市场丰富的经验和敏锐的市场直觉，加多宝董事长全部接受该报告的建议，并决定立即根据品牌定位对红色王老吉展开全面推广。

思考题：

（1）红色王老吉最初的定位是什么？它为什么需要重新定位？

（2）红色王老吉是如何进行定位的？请结合案例分析产品定位应考虑哪些因素？

（3）加多宝公司在进行重新定位时，是否同时对“绿盒王老吉”进行了重新定位？为什么带来了后续品牌之争？

模块四

创造营销价值载体与表现营销价值

目标市场确定以后，在完成了营销价值定位构想的基础上，首先要变虚为实，企业就要根据目标市场的需要来开发和生产满足市场需求的产品，把构想变成产品实体（或服务），把营销价值变成满足需求的效用功能。同时企业把交换价值变成价格表现，定价具有买卖双方双向决策的特征，价格是否合理直接影响产品或劳务的销售，是竞争的主要手段，关系到企业营销目标的实现。而这仅是第一次华丽转身完成了市场交换的准备。进而，要变实为虚，企业还要制定相应的品牌包装策略，利用合理的产品组合，根据产品在市场上的寿命状况运用各种营销策略，把产品实体（服务）特色功效变成顾客个性，把产品实体（服务）的标志变成顾客识别标志，把产品实体（服务）的文化变成顾客生活方式，从而因第二次华丽转身完成品牌打造，两次华丽转身是营销者自身价值的两次升华。

项目八
产品策略与营销价值载体创造

> 未来竞争的关键，不在于工厂能生产什么产品，而在于其产品能提供的附加利益（如服务、顾客咨询、及时交货以及人们以价值来衡量的一切东西）。
>
> ——西奥多·莱维特

【项目学习目标】

知识目标　(1) 产品；(2) 产品生命周期；(3) 品牌；(4) 新产品开发。

能力目标　(1) 掌握产品整体概念和产品的生命周期；(2) 掌握产品生命周期不同阶段的市场营销策略；(3) 掌握基本的产品组合策略概念；(4) 了解常用的产品包装策略。

职业素养　(1) 产品表现形式的创造力；(2) 敏锐的市场变革感知力；(3) 消费需求的洞察力。

项目实践及考核　在教师指导下，营销项目小组在完成模块三的基础上，结合选定的产品或服务表现形式，从产品整体概念的角度编写产品或服务的说明书，并进行品牌及包装创意设计，撰写产品功能推销词，以团队展示方式进行考核。

导入案例

宝洁公司的多品牌之路

在现今中国，没有用过宝洁公司产品的人恐怕不多。据估计，在中国日用化学品市场上，“宝洁”产品所占的比例在60%左右。与麦当劳、可口可乐不同，宝洁公司对消费者的承诺是系列产品：海飞丝、舒肤佳、潘婷、飘柔、佳洁士、玉兰油……这些著名品牌是宝洁公司在追踪消费者需求基础上，经多年研究开发出来的。

到目前为止，宝洁公司已开发出的品牌涉及洗涤和清洁用品、纸品、美容美发、保健用品、食品饮料等，共计300多种。宝洁公司向中国推介自己的产品是从老百姓的头发开始的。当“头屑去无踪，秀发更出众”的广告词出现在电视屏幕上时，人们认识了宝洁公司在中国推出的第一个品牌——海飞丝。

1988年8月，宝洁公司与广州肥皂厂、和记黄浦（中国）有限公司以及广州经济技术开发区联手，组建了广州宝洁有限公司。同年10月，海飞丝洗发香波在广州投产，4个月后，海飞丝产品正式投向市场。“宝洁”告诉消费者，头皮屑会影响一个人的形象。调查表明，一个月后，海飞丝在广州的市场认知率达到99%。

此后，宝洁公司以广告为重点，将触角伸向北京、天津和成都等地，通过独资、合资、合作以及设立投资性机构的方式，将它的产品打向全国。到目前为止，宝洁公司已经在中国投资了11家企业，投资总额超过3亿元，这些企业效益大多良好，多数进入了全国500家外商投资企业行列。从1993年开始，宝洁公司一直是全国轻工行业向国家上缴利税最多的企业。继“海飞丝”之后，宝洁公司在中国市场又相继推出“飘柔”、“碧浪”、“潘婷”、“舒肤佳”、“玉兰油”、“护舒宝”、“汰渍”、“佳洁士”、“沙宣”等一系列著名品牌，这些品牌在国内市场十分畅销。

（资料来源：摘自品牌中国网《宝洁：品牌大师的中国之路》。）

启示：多品牌可以增加品牌的陈列面积，增加零售商对产品的依赖性；可以吸引喜好新牌子的消费者；使组织内部直接产生竞争，有利于提高企业的工作效率和管理准备效率；可以满足不同的细分市场的需要，为提高总销售量创造条件。

任务1　产品与产品组合

一、现代营销产品的概念

随着科学技术的快速发展，社会的不断进步，消费者需求特征的日趋个性化，市场竞争程度的加深，导致了产品内涵和外延的不断扩大。人们从传统的实物产品向意识产品认识的转变，推动着产品概念的发展。

1. 产品的概念

菲利普·科特勒认为，“产品是指为留意、获取、使用或消费以满足某种欲望和需要而提供给市场的一切东西。”因而从营销学的意义上讲，产品的本质是一种满足消费者需求的载体，或是一种能使消费者需求得以满足的手段。由消费者需求满足方式的多样性所决定，产品由实体和服务构成，即产品 = 实体 + 服务。

2. 产品的整体概念

消费需求不断地扩展和变化使产品的内涵和外延不断扩大。从内涵看，产品从有形实物产品扩大到服务、人员、地点、组织和观念；从外延上看，产品从实质产品向形式产品、附加产品拓展。为此，我们应以发展的眼光，联系消费者需求和企业间的产品竞争，从整体上对产品进行研究，这就是营销学提出的产品的整体概念，如图 8－1 所示。

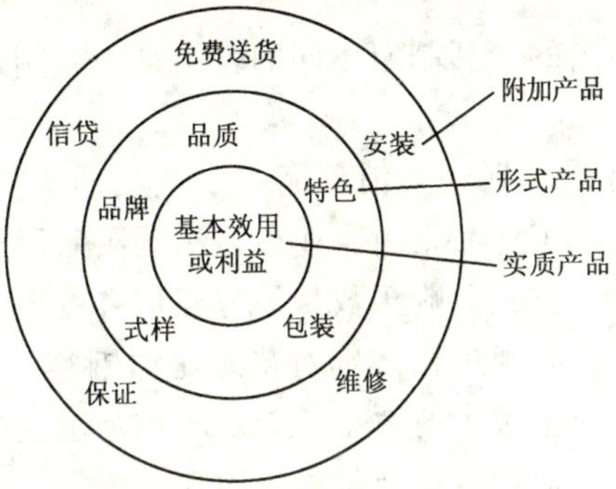

图 8－1　产品的整体概念

（1）实质产品。它是向消费者提供产品的基本效用和性能，是指消费者需求的核心部分，是产品整体概念中最主要的内容。消费者购买产品，并不是为了获得产品本身，而是为了获得满足自身某种需要的效用和利益，例如，在旅馆夜宿的顾客的需求是“休息与睡眠”。因此，企业的产品生产或营销经营活动，首先考虑能为消费者提供哪些效用和功能，并且着眼于产品的这些基本效用和性能上。

（2）形式产品。它是指产品的本体，是核心产品借以实现的各种具体产品形式，即向市场提供的产品实体的外观。而外观是指产品出现于市场时，可以为消费者识别的面貌，它一般由产品的质量、特色、品牌、商标、包装等有形因素构成。由于产品的基本效用必须通过某些形式才能实现，消费者购买产品，除了要求该产品具有某些基本性能外，还要考虑产品的质量、包装、特色等有形因素。因此，企业在产品设计时，应着眼于消费者所追求的基本利益，同时市场营销人员也要重视如何以独特的形式将这种利益呈现给消费者。因为形式产品的各种有形因素虽然不全部直接进入产品的使用过程，但也间接影响消费者对产品的满足程度和评价。

（3）附加产品。它是指消费者购买产品时随同产品所获得的全部附加服务与利益，包括提供信贷、免费送货、安装调试、保养、包换、售后服务等。附加产品是产品整体概念中的一部分，因为消费者购买产品就是为了需要得到满足，即希望得到满足其需求的一切东西。在现代市场经济中，特别在同类或同质产品中，附加产品有利于引导、启发、刺激消费者购买、重复购买和增加购买量。正如美国学者西奥多·莱维特所指出的：“新的竞争不是发生在各个公司的工厂生产什么产品，而是发生在其产品能提供何种附加利益，如包装、服务、广告、顾客咨询、融资、送货、仓储以及具有其他价值的形式。”由此可见，企业要增强竞争优势，应着眼于比对手提供更多的附加产品。

实质产品、形式产品和附加产品作为产品的三个层次，构成产品整体概念，是不可分割的一个整体。其中，核心产品是实质，它必须转化为形式产品才能得以实现，在提供产品的同时，还要提供广泛的服务和附加利益，形成附加产品，提高企业的竞争力。

产品的整体概念这一原理告诉我们，没有需求就没有产品，通过对产品整体概念三个层次的内容进行不同的组合，可以满足不同消费者对同一产品的差异性的需求。消费者对产品质量的评价是从产品整体概念的角度进行的，因而不同企业产品质量的竞争实质上是产品整体概念的竞争。

3. 产品分类

在市场营销中要根据不同的产品制定不同的营销策略，制定科学有效的营销策略，就必须对产品进行分类。

（1）按产品的用途划分，可划分为消费品和工业品两大类。消费品是直接用于满足最终消费者生活需要的产品，工业品则由企业或组织购买后用于生产其他产品。消费品与工业品两者在购买目的、购买方式及购买数量等方面均有较大的差异。因此，对于这两类不同的产品，企业的营销策略必须进行区别对待。比如钢笔，在向学生作消费品推销时，新颖的式样和鲜明的广告会产生很大的效果，而对于作为工业品成批购买的企业或组织则更具吸引力的是书写质量、舒适程度以及价格等因素。

（2）按消费品的使用时间长短划分，可分为耐用品、半耐用品和非耐用品。

①耐用品。这类产品使用寿命较长，且价格比较昂贵或者体积较大，如电视机、电冰箱、洗衣机、空调、汽车等。因此，消费者在购买时，都很谨慎，重视产品的质量以及品牌，对产品的附加利益要求较高。企业在生产此类产品时，应注重产品的质量、销售服务和销售保证等方面，同时选择信誉较好的、大型零售商进行产品的销售。

②半耐用品。这类产品的特点在于能使用一段时间，因此，消费者不需要经常购买，但购买时，对产品的适用性、样式、色彩、质量、价格等基本方面会进行有针对性的比较、挑选，如大部分纺织品、服装、鞋帽，一般家具等。企业生产此类产品时，在保证质量的同时，也应注重产品的多样性，且要选择比较繁华的商业区来销售产品。

③非耐用品。即日常用品，如食品、牙膏、肥皂、日用百货等。其特点是一次性消耗或使用时间很短，因此，消费者需要经常购买且希望能方便及时的购买。企业应在人群集中，交通方便的地区设置零售网点。

（3）按产品之间的销售关系划分，可分为独立产品、互补产品和替代产品。

①独立产品。即产品的销售不受其他产品销售的影响。比如钢笔与手表、电视机与电冰箱等都互为独立产品。

②互补产品。即产品与相关产品的销售相互依存、相互补充。一种产品销售的增加（或减少）就会引起相关产品销售的增加（或减少）。

③替代产品。即两种产品之间销售存在着竞争关系。也就是说一种产品销售量的增加会减少另外一种产品潜在的销售量。比如机械表与石英表、石英火炉与暖风机、电磁炉与煤气炉、白炽灯与日光灯等产品都互为替代产品。

二、产品组合

1. 相关基本概念

（1）产品组合。它是指企业生产或销售的全部产品的大类产品项目组合。产品组合不恰当可能造成产品的滞销积压，甚至引起企业亏损。

（2）产品线。它指同一产品种类中具有密切关系的一组产品。它们以类似的方式起作用，或通过相同的销售网点销售，或者满足消费者相同的需要。比如，在工业生产上按品种、型号、规格划分产品线。在销售部门按消费品的相关程度划分产品线，如服装部、五金部、市场部等。

(3) 产品项目。它是指一类产品中品牌、规格、式样、价格所不同的每一个具体产品。

(4) 产品组合的宽度。它是指产品组合所包含产品大类的多少。

(5) 产品组合的深度。它是指每个产品所包含花色、式样、规格的多少。

(6) 产品组合的长度。它是指产品组合中所包含产品项目的总和。

(7) 产品组合的关联性。它是指一个企业的各个产品线在最终使用、生产条件、分销渠道和其他方面相互关联的程度。

一般情况下，企业增加产品组合宽度，有利于扩大经营范围，发挥企业特长，提高经济效益，分散经营风险；增加产品组合的深度，可占领更多细分市场，满足消费者广泛的需求和爱好，吸引更多的消费者；增加产品组合的长度，可以满足消费者不同的需求，增加企业经济效益；增加产品组合关联性，可以使企业在某一特定领域内加强竞争力和获得良好声誉。

同步案例 8-1

宝洁公司的产品组合

背景资料：

	产品组合的宽度				
	清洁剂	牙膏	条状肥皂	纸尿布	纸布
产品线长度	象牙雪	格利 1952	象牙 1879	帮宝适 1961	媚人 1928
	德来夫特	佳洁士	柯克斯 1885	露肤 1976	粉扑 1960
	汰渍 1946		洗污 1893		旗帜 1982
	快乐 1950		佳美 1926		绝顶 1992
	奥克雪多		香味		
	德希 1954		保洁净 1963		
	波尔德		海岸 1974		
	圭尼 1996		玉兰油 1993		
	伊位 1972				

问题：

宝洁公司产品组合的宽度是多少？产品线的长度是多少？

分析提示：

一般情况下，企业增加产品组合宽度，有利于扩大经营范围，发挥企业特长，提高经济效益，分散经营风险；增加产品组合的长度，可以满足消费者不同的需求，增加企业经济效益。

2. 产品组合策略

(1) 拓展产品组合。企业可以充分利用资源，发展优势，分散企业的市场风险，增强竞争力。其渠道主要是扩大产品组合的宽度和加深产品组合的深度，即增加一条或多条生产线，拓宽产品经营领域和在原生产线的基础上增加新的产品项目。若企业现有的产品线销售和利润下降时，应及时扩大产品组合宽度、增加生产线；若企业需要进军更多的细分市场，满足更多不同需求的消费者，可以选择加深产品组合的深度、增加新的产品项目。实行这一策略的主要特点是降低企业的市场风险或平衡风险，但企业的投入将增加，成本提高，利润可能减少。

知识拓展 8－1

农村冰箱市场潜力大，康佳“战略拓展”主打节能健康产品

借助“家电下乡”东风，国产冰箱企业纷纷开始进行“战略拓展”。2009 年 1 月 7 日，康佳 2009 年冰箱新品发布会在重庆召开，康佳集团多媒体事业部副总裁陶卫表示，2009 年康佳将不遗余力地开发农村市场，向三、四级市场寻求利润增长点。

“三、四级市场是康佳彩电的发源地，康佳更了解农村消费者的需求。”陶卫表示，针对 2009 年农村市场，康佳此次共推出 7 大系列 42 款冰箱新品，其中多款是针对农村市场需求，主打健康、节能和绚丽外观，其中包括终极节能 0.27 度的鲜极系列、鲜智系列、多门系列等多款具有国内先进水平的产品。

（2）缩减产品组合。与拓展产品组合策略相反，企业为了减少不必要的投资、降低成本、增加利润，必须发展一些获利较多的产品线和产品项目。该策略的主要特点是集中企业优势发展利好产品、降低成本，但增加了企业的市场风险。

（3）产品延伸。即企业根据市场的需求，重新对全部或部分产品进行市场定位。对产品线内的产品项目进行延伸。比如企业原来定位于低档产品市场，在原产品线内增加高档产品项目进入高档品市场，原因在于高档品有较高的利润率；反之，企业原定位于高档品市场，现增加低档产品项目，进入低档品市场，来弥补高档品增长缓慢，市场需求有限，竞争激烈的风险，通过高档品市场建立的形象和声誉，满足更多消费者的需求，吸引更多的消费者。

任务 2　产品的市场生命周期

一、产品市场生命周期各阶段的特点和策略

1. 产品市场生命周期的概念

产品市场生命周期，是指产品从投放市场到被淘汰出市场的全过程，即产品在市场上的存在时间。产品市场生命周期受消费者需求变化、产品更新换代的速度等多种因素的影响。产品市场生命与产品的使用寿命概念不同，市场营销学所研究的是产品市场生命周期。

2. 产品市场生命周期各阶段的特点

产品市场生命由于受到市场诸多因素的影响，其各个时期或阶段一般是以销售量和利

润额的变化来衡量和区分的，如图 8－2 所示。

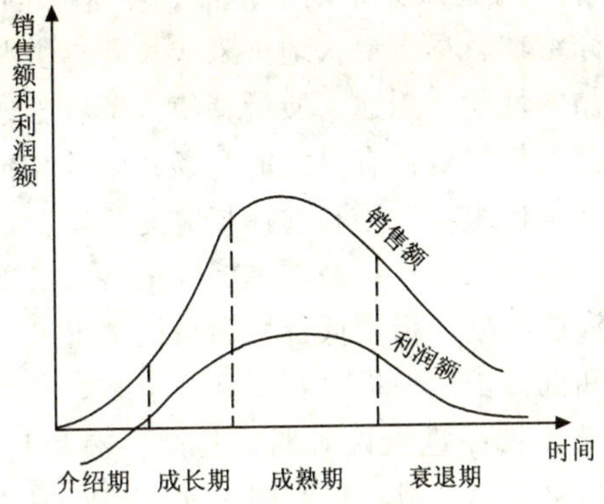

图 8－2　产品市场生命周期图

由图 8－2 所示，典型的产品市场生命周期包括四个阶段，即介绍期、成长期、成熟期和衰退期。其生命周期表现为一条“S”型的曲线，对于各阶段则体现出不同的特点。

（1）介绍期。又称引入期、试销期，一般指产品从发明投产到投入市场试销的阶段。其主要特点有：①生产批量小，试制费用大，制造成本高；②由于消费者对产品不熟悉，广告促销费较高；③产品售价常常偏高。这是由于生产量小、成本高、广告促销费较高所致；④销售量增长缓慢，利润少，甚至发生亏损。

（2）成长期。又称畅销期，指产品通过试销阶段以后，转入成批生产和扩大市场销售的阶段。其主要特征如下：①销售额迅速增长；②生产成本大幅度下降，产品设计和工艺定型，可以大批量生产；③利润迅速增长；④由于同类产品、仿制品和代用品开始出现，使市场竞争日趋激烈。

（3）成熟期。又称饱和期，产品在市场上销售已经达到饱和状态的阶段。其主要特征有：①销售额虽然仍在增长，但速度趋于缓慢；②市场需求趋向饱和，销售量和利润达到最高点，后期两者增长缓慢，甚至趋于零或负增长；③竞争最为激烈。

（4）衰退期。又称滞销期，产品不能适应市场需求，逐步被市场淘汰或更新换代的阶段。其主要特点体现如下：①产品需求量、销售量和利润迅速下降；②新产品进入市场，竞争突出表现为价格竞争，且价格压到极低的水平。

产品生命周期各阶段的特点如表 8－1 所示。

表 8－1　　产品生命周期各阶段的特点

特点 阶段	介绍期	成长期	成熟期	衰退期
销售额	小	快速增长	达到最大值有下降	下降
利润	微利或负	大	最大且开始下降	低或负
消费者	喜新	较多	大众	少数
竞争	甚微	加剧	激烈	减弱

3. 产品市场生命周期各阶段的企业策略

（1）介绍期的营销策略。对进入介绍期的产品，企业总的策略思想应该是迅速扩大销售量，提高盈利，缩短介绍期，尽量更快地进入成长期。主要策略有：①促销活动的重点是向消费者宣传介绍产品的性能、用途、质量，使消费者尝试使用新产品。②价格上可采取低价渗透策略，迅速扩大销售量占有一定的市场，以及高价取脂策略提高盈利。③根据市场具体情况，把促销与价格组合运用和选择相应的策略：一是迅速掠取策略，指以高价格和高促销水平推出新产品的策略；二是缓慢掠取策略，指以高价格和低促销水平推出新产品的策略；三是迅速渗透策略，指用低价格和高促销水平推出新产品的策略；四是缓慢渗透策略，指用低价格和低促销水平推出新产品的策略。

（2）成长期的营销策略。产品进入该时期，其销售额和利润都呈现出迅速增长的势头，故企业的策略思想应尽可能延长成长期时间，并保持旺销的活力，其主要策略有以下几方面：①为适应市场需求，集中企业必要的人、财、物资源，改进和完善生产工艺，改进产品质量，增加花色品种，扩大产品批量；②进一步细分市场，扩大目标市场；③改变广告宣传目标，由投入期提高知名度为中心转为树立企业和产品形象，为产品争创名牌；④建立高绩效的分销渠道体系。

（3）成熟期的营销策略。产品进入该时期，销售额和利润出现最高点。由于生产能力过剩，市场竞争加剧，销售增长速度缓慢甚至出现下降趋势，而此时期企业营销思想应是尽量延长生命周期，使已处于停滞状态的销售增长率和利润率重新得以回升，其主要策略有以下几种：

第一，市场改革策略，即开发新的目标市场，寻求新顾客。其方式有：①发展产品的新用途，即不改变产品质量和功能，发掘产品新用途，从而延长产品的生命周期；②寻求新市场。比如发达国家通常是把已经处于成熟期甚至衰退期的产品向发展中国家销售，或直接转移到国外生产，以延长产品的生命周期。

第二，产品改革策略，即通过对产品自身作某种改进，来满足消费者不同需要。

第三，市场营销组合改革策略，即对产品自身、定价、分销渠道和促销这四个因素加以改革，以刺激销售额的回升，通常采用如降价、增加广告、改善销售渠道以及提供更多的售后服务等方法。

（4）衰退期的营销策略。①立刻改革策略。对于企业已准备好替代的新产品，或者该产品的资金可以迅速转移，或者该产品的存在危害其他有发展前途的产品，应当机立断，放弃经营。②逐步放弃策略。如果企业立刻放弃该产品将会造成更大损失，则应采取逐步放弃的策略。③自然淘汰策略。企业不主动放弃该产品，继续沿用以往的营销策略，保持原有的目标市场销售渠道，直到产品完全退出市场为止。其中可以采用把企业人、财、物集中到最有利的细分市场获取利润的集中策略，以及把目标市场做出调整的转移策略。

总之，如何放弃衰退期产品是企业最难作出的决策问题，首先必须要正确判断产品是否已进入衰退期；其次选择淘汰产品的最佳方式。而解决好这些问题的基础就是要有健全的商情分析制度和确切的市场信息资料。

二、判断企业产品市场生命周期的方法

对于产品生命周期各阶段的划分是一种理论上的定性划分，其方法主要有以下三种：

1. 类比法

类比法即参照类似产品的生命周期曲线或资料来划分某一新产品生命周期阶段。如参照黑白电视机的资料来判断彩电的生命周期阶段及其市场发展趋势。

2. 销售增长率比值法

销售增长率比值法即以销售增长率来划分产品生命周期的各个阶段，以 ΔQ 表示产品销售量的增量，以 ΔT 表示时间的增量，若 $P=\Delta Q/\Delta T$，按国际惯例，下述 P 值数据可供确定产品生命周期阶段参考（见表 8－2）。

表 8－2　　销售增长率法

销售增长率	所处阶段
$0<P\leq 10\%$	引入期
$P>10\%$	成长期
$0.1\%<P<10\%$	成熟期
$P<0$	衰退期

这种划分标准是典型的理想方式，并非所有产品都如此，因此要结合其他分析方法来进行判断。

3. 产品普及率分析法

产品普及率＝社会拥有量/人口总数。经验表明：对于一般消费品，产品普及率在15%以下为引入期，在15%—50%为成长期，在50%—80%为成熟期，超过80%为衰退期；对于高档耐用消费品，产品普及率在5%以下为引入期，在5%—50%为成长期，在50%—90%为成熟期，超过90%为衰退期。

三、产品市场生命周期的特殊表现形式

事实上，各种产品生命周期的曲线形状是有差异的。有的产品一进入市场就快速成长，迅速跳过引入期；有的产品则可能越过成长期而直接进入成熟期；还有的产品可能经历了成熟期以后，进入第二个快速成长期。

产品生命周期与产品定义的范围有直接关系。产品定义范围不同，所表现出来的生命周期曲线形状就不同。根据定义范围的大小，可分为种类、型式和品牌三种。产品种类是指具有相同功能及用途的所有产品。产品型式是指同一类产品中，辅助功能、用途或实体销售有差别的不同产品。而产品品牌则是指企业生产与销售的特定产品。如北京牌彩色电视机：电视机表示产品种类；彩色电视机是产品型式；北京牌彩色电视机则是一种产品品牌。产品种类的生命周期要比产品型式、产品品牌长，有些产品种类生命周期中的成熟期可能无限延续。产品型式一般表现出上述比较典型的生命周期过程，即从介绍期开始，经过成长期、成熟期，最后是走向衰落期。至于品牌产品的生命周期，一般是不规则的，它受到市场环境及企业市场营销策略、品牌知名度等影响。品牌知名度越高，生命周期就越

长，反之亦然。

任务3 新产品开发

产品生命周期理论说明，不会有一种产品经久不衰，永远获利。企业必须经常对其各类产品的市场状况进行分析，淘汰老产品，开发新产品，使产品组合处于最优状态。当一种产品进入衰退期时，必须保证有其他产品处于介绍期、成长期或成熟期，以避免因老产品的淘汰而引起的利润下降。

一、新产品的概念

1. 新产品的含义

市场营销意义上的新产品含义很广，除包含因科学技术在某一领域的重大发现所产生的科技新产品外，还包括在生产销售方面，只要在功能或形态上比老产品有明显改进，或者是采用新技术原理、新设计构思，从而显著提高产品性能或扩大使用功能的产品，甚至只是产品从原有市场进入新的市场，都可视为新产品。

现代市场营销观念下的新产品概念是指凡是在产品整体概念中的任何一个部分有所创新、改革和改变，能够给消费者带来新的利益和满足的产品，都是新产品。

2. 新产品的分类

按不同的划分标准，新产品可以分为不同的种类。

（1）按产品研究开发过程划分。

①全新产品。全新产品指应用新原理、新技术、新材料制造出前所未有，能满足消费者的一种新需求的产品。它占新产品的比例为10%左右。

②改进型产品。改进型产品指在原有产品的基础上进行改进，使产品在结构、品质、功能、款式、花色及包装上具有新的特点和新的突破的产品。改进型产品有利于提高原有产品的质量或产品多样化，满足消费者对产品的更高要求，或者满足不同消费者的不同需求。它占新产品的比例为26%左右。

知识拓展8-2

松下的只改进不发明

日本松下电器公司有23个生产试验室。但是，他们一直奉行松下先生“只改进不发明”的原则，即针对公司买进的电器专利，以及竞争对手的产品进行改进。松下先生认为，这种做法与发明相比较有几个好处：一是节省时间，二是降低费用，三是保证效益。比如，他们曾经成功地改进了索尼公司的“贝塔马克斯”录像机。虽然索尼公司的录像机先行进入市场，但是，因为松下改进后的录像机容量大、体积小、性能可靠且价格低，最后还是超越了索尼公司而赚了大钱。

有时候，在竞争日益激烈的当今时代，“改进”也是一种竞争优势。“把脚踏在已有基础之上的人，总比那些从深沟往上爬的人要先行到达。”——一位哲人的至理名言，正是对松下电器公司创新之道的最好诠释。

③模仿型产品。模仿型产品指企业对国内外市场上已有的产品进行模仿生产，形成本企业的新产品。这类产品占新产品的比例为20%左右。

④系列产品。系列产品指在现有产品大类中开发出新的品种、花色、规格等，从而与原有产品形成系列，扩大产品的目标市场。它占新产品的比例为26%左右。

⑤降低成本型产品。降低成本型产品指企业通过新科技手段，削减原产品的成本，但保持原有功能不变的新产品。这类产品占新产品的11%左右。

⑥重新定位型产品。重新定位型产品指企业的老产品进入新的市场而被该市场称为新产品。该类产品占新产品的7%左右。

同步案例 8-2

娃哈哈富氧弱碱性饮用水

背景资料：

氧是地球上所有生命赖以生存的基本条件，是机体进行有效活动的基础，是生长发育和生命活动的根本需要。在人类生命极限中，不进食一般可存活数十天，不喝水一般能活7天左右，而在无氧环境中一般5分钟大脑细胞就可产生不可逆性的损害。因此，氧气是人类生存和发展必备的物质。没有充分的氧气供应，人体组织器官的新陈代谢就会发生障碍，进而导致细胞损伤，从而产生各种疾病甚至死亡。很多人初到海拔3000米以上的高原地区时会出现高原反应，日常生活中，诸如在空气流通较差的会议室、地下商场、隧道、高空等环境下，也会偶有缺氧的表现。基于这一需求娃哈哈集团经多年研究，采用全球领先的尖端锁氧技术，于2014年重磅推出了“娃哈哈富氧弱碱性水”，提出了“氧气除了吸，还能喝”的理念。经CNAS（中国合格评定国家认可委员会）认可实验室检测，产品中的溶解氧含量为普通饮用水的6—10倍，可有效补充人体所需氧气，一瓶畅饮，如漫步森林两小时！同时，娃哈哈富氧水不仅含氧量高，水的pH值还大于7.0，呈弱碱性，在补氧的同时帮您调节身体酸碱平衡，让你远离缺氧环境，摆脱亚健康的困扰。娃哈哈富氧弱碱性水，上市后引起热销，同时也产生了很多质疑，其生命力如何，市场会拭目以待。

（资料来源：娃哈哈官网）

问题：

娃哈哈为什么要开发这种新产品？它是如何做的？

分析提示：

娃哈哈除了对原有技术进行改进外，还加大了新产品的投放力度。对原有产品进行改进和重新定位的目的，就是根据环境资源条件的变化和健康概念的提升，提高产品满足新的需求的能力。但娃哈哈是否夸大了产品功能，还有待时间的验证。

（2）按地区、范围来划分。

①世界性新产品。世界性新产品指世界上第一次试制成功，并生产和销售的产品。

②全国性新产品。全国性新产品指在国内试制生产并投入市场的产品。

③地区性新产品。地区性新产品指在其他地区已投入生产，但本企业所在地区是首次试制成功并投入市场的产品。

④企业新产品。企业新产品指企业采用引进或仿制的方法首次生产和销售的产品。

二、新产品的发展趋势

随着市场经济的不断发展，消费者的需求水平不断的提高，消费领域也不断的扩大，因而新产品的生产也必须注重发展趋势。

1. 新产品的科技含量不断提高

企业必须在新产品开发中投入更多的科研力量，使之转化成更多的知识经济技术成果，确保新产品更加完美，更具有市场竞争力。

2. 新产品多样化

由于消费者的需求层次不同，喜好也不同，而且复杂多变，因而新产品开发应做到多样化，适应市场的发展趋势，以满足消费者多层次的需求。

3. 产品更美观，更舒适，更适用

消费者的物质文化生活水平不断提高，使得对产品的要求朝着舒适性、艺术性、功能更齐全的方面发展。

4. “绿色产品”的发展

随着社会公众优化环境意识的提高，“绿色”消费迅速普及，因此，开发新产品时，除严格做到无污染外，还要注意保护环境，维护生态平衡。

三、新产品的开发程序

一个新产品从独立构思到开发研制成功，其过程主要经历八个阶段：创意产生、创意的筛选、概念发展和试制、试验与鉴定、市场分析、产品开发、市场试销和商品化。

1. 创意产生

创意产生是提出新产品的设想方案。产生一个好的新产品构思或创意是新产品成功的关键。企业通常可以从企业内部和企业外部寻找新产品创意的来源。而寻求创意的主要方法有以下几种：①产品属性列举法，将现有产品的属性一一列出，寻求改良这种产品的方法；②强行关系法，列出多个不同的产品或物品，考虑它们彼此之间的关系，从中启发更多的创意；③调查法，向消费者调查使用某种产品时出现的问题或值得改进的地方，然后整理意见，转化为创意；④头脑风暴法，选择专长各异的人员进行座谈，集思广益，以发现新的创意。

2. 创意的筛选

创意的筛选采用适当的评价系统及科学的评价方法对各种创意进行分析比较，选出最佳创意的过程。在这个过程中，力求做到除去亏损最大和必定亏损的新产品构思，选出潜在盈利大的新产品创意（见表 8－3）。

表 8-3 新产品创意评估表

产品成功的必备条件	权数	企业能力水平											评定 (A×B)
		0	0.1	0.2	0.3	0.4	0.5	0.6	0.7	0.8	0.9	1.0	
企业声誉													
市场营销													
研究与开发													
人员状况													
财务													
生产													
位置与设施													
采购与供应													
合计	1												

新产品创意评估表如表 8-3 所示。表中第一栏列出了产品成功打入市场必备的因素；第二栏为管理部门根据这些因素对自己企业的相对重要性而给予的权数；接着，根据每一因素对公司的能力水平进行打分，分值为 0 至 1.0；最后一栏是将每一成功因素的权数和本公司的能力水平相乘，再将各因素的得分相加，最终得到公司把这种产品成功引入市场的能力总评分。可以根据这个总评分对新产品创意进行筛选。但是，它并不能取代管理部门的决策，而只是管理部门的决策依据之一。

3. 概念发展和试制

新产品概念是企业从消费者的角度对产品创意进行的详尽描述，即创意具体化，描述出产品的性能、具体用途、形状、优点、价格、提供给消费者的利益等。同时将筛选出的创意发展成更具体、明确的产品概念，试制转变成真正的产品，而试制一般包括样品试制和小批量试制。

4. 试验与鉴定

新产品试制后，须进行全面鉴定，对新产品从技术和经济上作出评价。鉴定的内容主要包括：设计文件的完整性和样品是否符合已批准的技术文件的要求；样品精度与外观质量是否符合设计要求，并进行有关试验；对质量、工艺、经济性的评价、改进意见、编写鉴定书。新产品只有通过鉴定合格，才可进行定型，正式生产产品。

5. 市场分析

市场分析是对新产品估计的销售量、成本、利润等财务情况、消费者满足程度和市场占有率等情况进行综合分析，判断该产品是否满足企业开发的要求。

6. 产品开发

产品开发主要解决产品构思能否转化为在技术上和商业上可行的产品的问题。它通过对新产品的设计、试制、测试和鉴定来完成。

7. 市场试销

市场试销是将正式产品投放到有代表性的小范围市场上进行销售，旨在检查该产品的市场效应，然后决定是否大批量生产。通过试销可为新产品能否上市提供全面、系统的决策依据，也为新产品的改进和市场营销策略的完善提供启示。有许多产品是通过试销改进后才取得成功。但并非所有的新产品都要经过试销，可根据新产品的特点及试销对新产品的利弊分析来决定。如果市场呈现高试用率和高再购率，表明该产品可以继续发展下去；如果市场呈现高试用率和低再购率，表明消费者不满足，必须重新设计或放弃该产品；如果市场呈现低试用率和高再购率，表明该产品很有前途；如果试用率和再购率都很低，则表明该产品应当放弃。

8. 商品化

新产品试销成功后，就可以正式批量生产，全面推向市场。而企业在此阶段应在以下几方面作好决策：

（1）何时推出新产品，即在什么时候将产品推入市场最适宜。针对竞争者而言，可以作三种选择：首先进入、平行进入和后期进入。

（2）何地推出新产品，企业如何推出新产品，必须制定详细的上市计划，如营销组合策略、营销预算、营销活动的组织和控制等。

（3）向谁推出新产品，企业应把分销和促销目标面向最理想的消费者，利用他们带动其他消费者。

（4）如何推出新产品，即企业制定较为完善的营销综合方案，有计划地进行营销活动。

四、新产品的推广策略

人们对新产品的接受过程，存在一定的规律性，西方学者总结归纳为五个阶段，即“认识—说服—决策—实施—证实”。根据这些阶段的特点，在推广新产品时可以采取以下几种策略：

1. 市场导向策略

新产品投放市场，促销活动重点应该是向消费者宣传和介绍产品的用途、性能、质量，其主要宣传渠道可采用报刊、杂志、广告、新闻媒体等，引导和说服消费者购买新产品。

2. 技术领先型策略

技术领先型策略即企业以掌握的先进技术，生产出具有科技含量较高的新产品，推入市场时着重展示产品的技术含量。

3. 竞争型模仿策略

竞争型模仿策略即新产品进入市场时可以采纳或模仿成功品牌经验。如外形、色彩、营销策略等。

4. 综合型策略

综合型策略即新产品投入市场可将市场导向、技术领先型、竞争型模仿等策略结合起来使用。

同步案例 8-3

技术领先的东芝公司

背景资料：

东芝株式会社创建于1875年，总部设在日本东京，是生产各种电子和电气产品的综合性制造公司。其在该行业的技术领域处于世界领先地位，目前在全世界最大的电子电气产品制造厂商中居第八位。

东芝公司之所以能在一个世纪以来不断发展和成功，关键在于公司全力以赴地开发新技术。

为了保证科技能迅速转化为产品，达到预期目标，东芝将其研究开发活动按功能分成三层结构。第一层，也就是核心层，是东芝所属的综合研究所，下属13个门类研究所，重点进行可在5—10年内加以应用的基础和先进技术的研究。第二层是附属于各个部门的8个技术研究所，专门从事实用和与生产有关的研究开发工作。第三层是东芝公司营业部门和技术部门，全面负责上两层研究所的研究成果，使之成为新产品。

此外，公司还有3个独立的研究所，从事未来最有前途领域的研究。ULSI（超大规模集成电路）研究中心，进行下一代高集成度半导体的基础研究；系统和软件技术研究所进行人工智能和软件生产技术的研究；制造技术研究所开发合理化的、自动化水平更高的制造工艺。

充足的研究资金与合理的研究结构，使东芝公司能把握世界尖端技术的潮流，取得了一个又一个的日本第一与世界第一。

东芝对新技术开发的重视还表现在：东芝公司每向市场推出一项新产品，总是另有一项产品处于试用阶段，还有一项产品处于试制阶段，以保证自己的产品永远处于技术领先地位，永远与市场需求相吻合。这种设计、制造、市场一体化，是东芝产品一个世纪以来畅销不衰的重要原因。

问题：

东芝产品为什么一直以来畅销不衰？它是如何做的？

分析提示：

东芝公司之所以能在一个世纪以来不断发展和成功，关键在于公司全力以赴地开发新技术，东芝公司每向市场推出一项新产品，总是另有一项产品处于试用阶段，还有一项产品处于试制阶段，以保证自己的产品永远处于技术领先地位，永远与市场需求相吻合。这种设计、制造、市场一体化，是东芝产品一个世纪以来畅销不衰的重要原因。

任务4　品牌与包装

一、品牌与品牌策略

1. 品牌的概念和特征

（1）品牌的概念。品牌与包装都是产品整体观念的重要组成部分。品牌又称为产品的牌子，它是制造商或经销商加在产品上的标志，是指用来识别卖者的产品或劳动的名称、符号、象征、设计或它们的组合，用来区别本企业与同行业其他企业同类产品的商业名称。

品牌是一个集合概念，它包含品牌名称、品牌标志等概念。

品牌名称指品牌中可以用语言来称呼和表达的部分。如电冰箱有海尔，电视机有康佳、长虹、创维等。

品牌标志指品牌中可被识别而不能用语言表达的特定标志。包括专门设计的符号、图案、色彩、文字等。比如，TCL、金利来的特定图案、李宁服装的图案等。

（2）商标的概念。商标是一个法律术语。品牌或品牌的一部分在政府有关部门依法注册登记后，获得专用权，受到法律保护，称为商标。经注册登记的商标有“R”标记，或“注册商标”的字样。

（3）商标的特征。①商标是商品或服务的标志。非商品上的图案、符号、标记都不是商标。②商标是受到法律保护的产权标志，是经商标局核准注册而取得的特殊权利，具有独占性，不容他人或企业侵犯。③商标是生产者或经营者的标志，区别于其他商品，它是企业声誉和评价的象征。

（4）商标与品牌的区别与联系。①两者的联系：商标的实质是品牌，两者都是产品的标记；②区别：并非所有的品牌都是商标，品牌与商标可以相同也可以不同；商标必须办理注册登记，品牌则无须办理；商标是受法律保护的品牌，具有专门的使用权。

2. 商标的种类

现代商标可划分为不同种类，具体划分如下：

（1）根据商标的构成分为文字商标、符号商标、图形商标、组合商标、立体商标与非形象商标。

（2）根据用途分为营业商标、等级商标和证明商标。

（3）根据使用者不同分为制造商标、销售商标、集体商标和服务商标。

3. 品牌策略

品牌策略对应的是企业如何合理地使用品牌、发挥品牌积极作用的问题。具体有以下策略：

（1）有品牌和无品牌策略。采用品牌对大部分产品来说可以起到积极作用，但并不是所有产品都必须采用品牌。有的产品使用品牌对促进销售的作用很小，比如没有特点的产品钢材、煤炭，以及临时性或一次性产品，都可以不使用品牌。

（2）制造品牌与销售品牌策略。由于消费者对所要购买的产品并不具备充分的选购知识，所以在购买产品时除了以产品制造者的品牌作为选择依据外，还要以经销者的品牌为依据，即在有良好信誉的商家购买。因此产品制造者需衡量品牌在市场上的声誉，在采用谁的品牌上作出选择。一般如果制造者在一个新的市场上销售产品，或者制造者的信誉不及其经销者的信誉，则适宜采用经销者的品牌，等到这种产品被市场接受后，再转而使用制造者的品牌，或者同时使用经销者品牌和制造者品牌。

（3）统一品牌和个别品牌策略。统一品牌策略，即生产企业对其全部产品使用同一个品牌。这种策略的好处是节省品牌的设计费用，有利于建立消费者的信任感，壮大企业的声誉，如三九集团。但采用这种策略应注意以下几点：①这种品牌在市场上已有较好的声誉；②各种产品应具有相同的质量水平；③产品属于同一细分市场，否则易造成企业信誉和品牌的错位。

而个别品牌策略，即对各种产品分别采用不同的品牌。如果企业的产品类型较多，产品线之间的关联程度较小，企业生产产品有较大差别，采用个别品牌的策略较为有利。

统一品牌和个别品牌相结合策略，是一个拥有多条生产线或者具有多种类型产品的企业可以考虑该策略。如美国通用汽车公司生产多种类型汽车，采用 GM 两个字母组成总品牌，对各类产品又分别使用卡迪拉克（Cadillac）、别克（Buick）、雪佛莱（Chevrolet）等不同品牌，每个个别品牌都有自己的特点，如雪佛莱牌表示普及型的大众化轿车，卡迪拉克牌表示豪华型品牌轿车。

（4）多重品牌策略，即生产企业在同类产品中同时使用两种或两种以上品牌，由宝洁公司（P&G）首创。此策略可以给企业带来几方面利益：①可以增加品牌的陈列面积，增加零售商对产品的依赖性；②可以吸引喜好新牌子的消费者；③使组织内部直接产生竞争，有利于提高生产企业的工作效率和管理效率；④可以满足不同细分市场的需要，为提高总销售量创造条件。其存在的风险是使用的品牌量过多，导致每种产品的市场份额较小；企业资源分散，而不能集中到少数几个获利水平较高的品牌。

4. 品牌成长的一般规律

每个企业都希望自己的品牌成长、壮大，直到成为名牌。从国内外许多著名的企业品牌成长来看，虽各有特色，但都有共同的成长规律可循。

（1）企业品牌在适应市场需求中成长。只有适应市场需求，掌握市场需求规律，制定有效的营销策略，企业才能真正地发展和成长起来，产品品牌才能从知名到著名。

（2）在激烈的市场竞争中成长。品牌要想在变化无常、竞争激烈的市场中占有一席之地，并得到发展，就必须遵循市场上的“游戏规则”。首先是优胜劣汰的规则。企业可以采取以下几个策略：①以奇取胜，即通过满足部分消费者的特殊需要而赢得市场；②以质取胜，质量是产品的生命，也是品牌成名的关键；③以新取胜，企业通过开发新产品，满足市场的新需求，把消费者的潜在需求转化为现实需求，把潜在的市场转化为企业的实际市场；④以诚取胜，企业以加强销售服务，提高服务质量，以诚取信，赢得消费者信赖，从而赢得市场。其次是后来者居上的规则。市场竞争是企业实力的较量，在一般情况下，雄厚的实力是竞争取胜的条件之一，但不是唯一的条件。实力较弱的企业通过自己的努力积累实力，善于利用竞争战略和策略，是可以与实力雄厚的对手进行较量并战胜对手。再次是又竞争又联合规则。在当前市场竞争中，运用联合的策略来增强自己的实力，目的是在局部或全部取得相对的优势，与对手竞争，逐步使自己壮大起来。

（3）在强化市场营销中成长。企业的产品从生产环节进入销售环节，从生产经营到商品经营，再转化为品牌经营，直到创立品牌优势并逐步成为名牌，是企业品牌成长的必经之路。在市场竞争中，以品牌为核心已成为企业重组和资源重新配置的重点内容。美国学者莱利·莱特认为：“拥有市场将会比拥有工厂更重要，拥有市场的唯一方法是拥有占市场主导地位的品牌。”因此，当某企业品牌在一个较大的市场上占有主导地位，并且其信誉度不断提高时，该品牌就逐步成长为名牌。

（4）在追求技术进步中成长。品牌只有依靠技术的不断更新，推陈出新而求得发展。技术的进步可以促进产品的产量和销售量增加，提高效率，增加企业利润，进而增加企业科研经费的积累，实现产品的升级换代，提高产品的附加价值，以优质的产品和新颖的产品供应市场，从而提高品牌的信誉度和消费者对产品的忠诚度。

（5）在先进的管理中成长。企业管理不断地进步和优化，以及不断地吸取先进管理思想，才能有力地促进企业品牌走向知名品牌。

5. 品牌的作用

（1）有利于广告宣传和树立企业以及产品的形象。

（2）有利于产品组合的扩充。可以在品牌的产品线中增加新的产品项目，使新产品容易为消费者所接受。

（3）有利于扩大市场占有率。品牌的建立可以吸引消费者重复购买，也可以防止假冒伪劣产品的侵害，扩大市场份额。

（4）有利于监督、提高企业产品的质量。无论是处于创立还是维护品牌阶段，品牌都是公众监督产品质量的重要手段。

知识拓展 8-3

案例："大宝"品牌成功之路

许多知名品牌的生产企业，不得不在两线作战——与合法的对手竞争，与假冒者斗争。且不说由于地方保护主义的存在，争取到保护有多难，就说企业在打假上的投入，就很可观。在假冒的重围中，为什么"大宝"的销量不仅不降，反而大幅度上升呢？"大宝"人有自己的分析：之所以能在与假冒品的斗争中壮大，质量是根本。

"大宝"现有30条生产线，抽查结果常让人心里没底——什么毛病没有。是真没有，还是不容易发现？于是，"大宝"人对抽查又提出了新标准，把台面和工作服、手上的杂菌量都作为考核内容。企业标准制定对杂菌的控制量在百万分之一以下，而国家标准才是十万分之一以下。正是由于真"大宝"的质量让所有的假"大宝"望尘莫及，才能顶住假冒品的冲击。

"大宝"的质量再高，如果消费者无从比较，产品的销售也会受影响，甚至还可能下滑。比如"大宝"护肤系列产品是生物制品，杜斌厂长介绍：我们研制开发的产品不仅含有天然营养物质，而且特别注重使用后的感觉如何。我们的新产品在理化指标、功能全部达到预定目标后，还要在人身上做试验。我的这张脸就是试验田。至少要有30人试用后认为效果好，才投产。

于是就出现了这样的现象，不少用过假"大宝"上当受骗的人，找来真"大宝"试一试，便成了真"大宝"的铁杆用户。

二、包装与包装作用

1. 包装的概念

包装是指产品的容器或外部包扎物，是产品策略的重要内容，有着识别、便利、美化、增值和促销等功能，是产品整体概念的重要组成部分。产品包装有两层含义：其一是指采用不同形式的容器或物品对产品进行包容或捆扎；其二是指企业采用一定的技术方法将产品盛装于一定容器或包装物的操作活动。

产品包装是一项技术性和艺术性很强的工作，通过对产品的包装可以达到多种效果。包装设计应适应消费者心理，显示产品的特色、风格和包装形状，大小应为运输、携带、保管和使用提供方便。在发达国家，75%以上的商品是经由包装再供应市场的。人们把包装比喻为“沉默的推销员”，它在现代市场营销活动中显示出越来越重要的作用，成为刺激消费、参与市场竞争的重要手段。

2. 包装的作用

作为商品生产的最后一道工序和产品的外衣，包装的作用主要体现在以下几方面：

（1）保护商品。保护商品质量安全和数量，是商品包装的最原始、最基本的目的。商品在从生产领域向消费领域转移过程中，要经过多次运输和储存的环节，其中会出现震动、挤压、碰撞、日晒、变质等情况，给商品造成一些不必要的损失。所以，包装可以保证产品在储存、运输和销售过程中不至于损坏、变质，同时使产品保持清洁、卫生和使用方便。

（2）便于运输、携带和储存。产品的物质形态有气态、液态、固态、胶态等，它们的理化性也各异，可能是有毒的、有腐蚀性的或易挥发、易燃、易爆等，外形上可能有棱角、刃口等危及人身安全的形状，进行合理的包装，便于商品的运输，从而节省流通时间及降低运输费用。经过合理包装的产品，便于储存和点检，有利于仓库作业，合理堆砌，保护商品品质，同时便于计数，有利于管理。

（3）便于使用。适当的包装可以起到便于使用和指导消费者的作用。比如，瓶装酒有一斤装或半斤装，味精有一斤装（适用于食堂和饭馆）、一两装（适用于家庭）等，并在包装上说明用法用量。这里包装的大小，就起到了便于使用的作用。再如拉环式、掀钮式的易开罐头、拉链式包装盒、喷射式包装容器等，也是如此。

（4）美化商品，促进销售。产品采用包装后，首先进入消费者视觉的往往不是产品本身，而是包装。能否引起消费者的兴趣和激发购买动机，在一定程度上取决于产品的包装，因而包装成了“无声推销员”。产品经过包装，尤其加上装潢后，更加美化，一个好的包装还可以增加产品的价值，引起或刺激消费者的兴趣，从而促进产品的销售。

（5）增强竞争力。不同产品采用不同包装，或同类产品不同厂家、不同品牌，采用不同的包装，可以使消费者易于识别。同时，通过产品包装，企业可以与竞争者的同类产品有所不同，不易仿制和伪造，有利于维护企业信誉，增强企业竞争力，提高经济效益。

（6）增收节支。首先在运输过程中，包装能减少损坏、变质等情况，减少损耗，从而减少支出，增加利润；其次在销售中，由于可以刺激消费者的消费，使销售量增加，进而也增加利润。

三、包装的策略

1. 类似包装策略

类似包装，亦称产品线包装，即企业所生产的各种不同产品，在包装上采用共同或相似的图案、形状或其他共同的特征，使消费者容易发现是同一家企业的产品。类似包装具有和采用统一品牌策略相同的好处，可以节省包装设计的成本，有利于提高企业的整体声誉，壮大企业声誉。特别是新产品进入市场时，容易进入市场。但如果企业产品品质相差太大，则不宜采用这种策略。

2. 等级包装策略

等级包装策略即按照产品的价值、品质将产品分成若干等级，并实行不同的包装，使包装与产品的价值相称。比如优质包装与普通包装、豪华包装与简易包装等，有利于消费者辨别产品的档次差别和品质的优劣。它适用于产品相关性不大，产品档次、品质比较悬殊的企业。其优点是能实现产品的特点，并与产品质量协调一致；缺点是增加包装设计成本。

3. 组合包装策略

组合包装策略指把使用时相互关联的多种商品纳入一个包装容器中，同时出售。比如家用药箱、针线包、工具包等。这种策略不仅有利于充分利用包装容器的空间，而且有利于同时满足同一消费者的多种需要，扩大销售。

4. 复用包装策略

复用包装策略指原包装的产品使用后，其包装物还可以作其他用途。比如果酱、咖啡、酱菜采用的杯形包装瓶，可用作茶杯。糖果、饼干的包装盒还可以作文具盒、针线盒等。利用消费者一物多用、得到额外使用价值的心理，吸引消费者购买；同时，包装物在作其他用途过程中，也可起到广告宣传的作用，诱发消费者购买或引起重复购买。

5. 附赠品包装策略

附赠品包装策略指在商品包装物内附赠给购买者一定的物品或奖券，从而吸引消费者购买。比如儿童用品中附赠玩具，购买某品牌牛奶附赠一个相同品牌的杯子等。

6. 更换包装策略

更换包装策略指对原商品包装进行改进或更换，重新投入市场以吸引消费者；或者原商品声誉不是太好，销售量下降时，通过更换包装，重塑形象，保持市场占有率的策略。采取该策略，可以重塑产品在消费者心中的形象，改善一些不良影响。但对于优质名牌产品，不宜采用这种策略。

本项目知识脉络

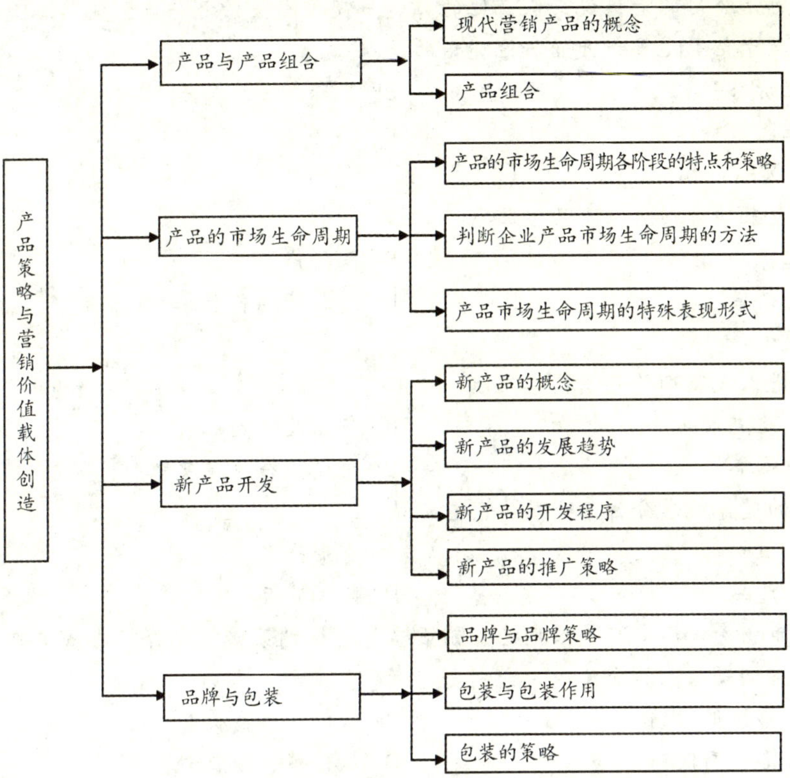

思考与练习

1. 理论题

（1）单选题

①属于附加产品的是（　　）。

A. 产品基本效用　　　　B. 质量

C. 包装　　　　D. 售后服务

②从产品的整体概念来看，核心产品是指产品的（　　）。

A. 基本功能　　　　B. 质量

C. 商标　　　　D. 售前和售后服务

③一个家电企业生产4种电冰箱产品、8种洗衣机产品、5种空调产品，那么这个企业的产品线有（　　）。

A. 1条　　　　B. 3条

C. 17条　　　　D. 8条

④将牙膏、刮脸刀、指甲刀、肥皂、牙膏等几种旅游必备品放在一个盒内，这种包装

策略称为（　　）。

A. 一致性包装策略　　B. 一次性包装策略

C. 组合包装策略　　D. 再使用包装策略

⑤可口可乐公司的老板说，假若他的公司一夜之间被付之一炬，他第二天就可以从国际银行贷款数十亿美元重新开始。他凭借的是（　　）。

A. 企业形象　　B. 商标

C. 标准色　　D. 品牌

（2）多选题

①产品包装的作用有以下几方面（　　）。

A. 美化产品　　B. 保护产品

C. 促进销售　　D. 增加产品价值

E. 方便生产

②产品进入成熟期的营销策略有（　　）。

A. 市场改进策略　　B. 产品改进策略

C. 集中策略　　D. 营销组合改革策略

③产品的整体概念分为三个层次，它们是（　　）。

A. 产品核心　　B. 有形产品

C. 劳动产品　　D. 附加产品

④商品市场寿命周期在导入期的营销策略是高格调策略、选择性渗透策略、密集型渗透策略和低格调策略，其含义依次分别是（　　）。

A. 高价格、低促销　　B. 低价格、高促销

C. 高价格、高促销　　D. 低价格、低促销

⑤（　　）属于形式产品。

A. 使用价值　　B. 造型

C. 款式　　D. 售后服务

（3）判断题

①企业营销的目标就是要尽量延长其产品的生命周期。（　　）

②在产品的成长期，企业竞争最激烈。（　　）

③品牌形象难以培育，难以维护，但损害它却非常容易，既然它如此娇气，企业就不应该在这方面浪费大量的人力财力。（　　）

④企业产品的市场寿命越长，企业的经济效益越好。（　　）

⑤现代企业都希望把自己做大做强，所以在运用产品组合策略时，通常都采用“扩大产品组合策略”。（　　）

（4）简答题

①什么是产品整体概念？企业应如何正确处理产品整体概念三层次之间的关系？

②以计算机为例，分析高科技产品的市场扩散过程。

③什么是品牌？品牌与商标的区别与联系是什么？

④品牌成长的一般规律是什么？

⑤销售包装作用有哪些？

2. 实务训练题

【案例分析】

案例资料：

罗林洛克啤酒的独特包装策略

随着市场竞争的加剧和消费力的下降，美国啤酒的竞争变得越来越残酷。像安豪斯·布希公司和米勒公司这样的啤酒业巨人正在占据越来越大的市场份额，从而把一些小的地区性啤酒商排挤出了市场。

出产于宾夕法尼亚州西部小镇的罗林洛克啤酒在20世纪80年代后期勇敢地进行了反击。营销专家约翰·夏佩尔通过他神奇的经营活动使罗林洛克啤酒摆脱了困境，走上了飞速发展之路。包装在重新树立罗林洛克啤酒的形象时，扮演了重要角色。夏佩尔为了克服广告预算的不足，决定让包装发挥更大的作用。他解释道："我们不得不把包装变成牌子的广告。"

该公司为罗林洛克啤酒设计了一种绿色长颈瓶，并漆上显眼的艺术装饰，使产品在众多啤酒中引人注目。夏佩尔说："有些人以为瓶子是手绘的，它跟别的瓶子都不一样，独特而有趣。人们愿意把它摆在桌子上。"事实上，许多消费者坚持认为装在这种瓶子里的啤酒更好喝。公司也重新设计了啤酒的包装箱。夏佩尔解释道："我们想突出它的绿色长颈瓶和罗林洛克啤酒是用山区泉水酿制的这个事实。包装上印有放在山泉里的这些瓶子。照片的质量很高，色彩鲜艳、图像清晰。消费者很容易从30英尺外认出罗林洛克啤酒。"

夏佩尔喜欢用魅力这个词来形容罗林洛克啤酒的新形象。"魅力，这意味着什么呢？我们认为，瓶子和包装造就了这种讨人喜欢的感觉。看上去它不像大众化的产品，而有一种高贵的品质感。这种形象在很大程度上适合啤酒本身。罗林洛克啤酒出产于宾州西部的小镇。它只有一个酿造厂、一个水源。这和安豪斯·布希啤酒或库尔斯啤酒完全不同。我们知道，并非所有的库尔斯啤酒都是在科罗拉多州的峡谷中酿造的。"

包装对增加罗林洛克啤酒的销量有多大作用呢？夏佩尔说："极为重要。那个绿瓶子是确立我们竞争优势的关键。"

思考题：

（1）为什么说绿瓶子是确立罗林洛克啤酒竞争优势的关键？

（2）结合案例谈谈在进行产品包装时企业应考虑的相关因素，罗林洛克啤酒的包装策略符合哪一条设计原则？有哪些好处？

项目九
价格策略与营销价值表现

今天的消费者每次购物时都得掂量一下，甚至于那些在花钱方面最为随心所欲的人也开始反复考虑购物的支出。大多数消费者都要根据成本和必要性作出决定。

——马歇尔·科恩

【项目学习目标】

知识目标 （1）价格；（2）定价目标；（3）撇脂定价策略；（4）渗透定价策略；（5）满意定价策略。

能力目标 （1）分析影响企业产品定价的因素；（2）掌握三种基本的定价方法；（3）掌握三种基本的定价策略；（4）了解竞争者变价的应对措施。

职业素养 （1）树立成本意识、竞争意识；（2）树立系统观念。

项目实践及考核 在教师指导下，营销项目小组在完成项目八的基础上，明确定价方法，列出价格清单，并设计产品或服务项目的价格策略体系，以团队展示方式进行考核。

导入案例

珠宝品质“一口价”

蜚声国际珠宝业的香港周大福金行，在1929年创立于广州市。在60年代初，周大福由郑裕彤先生接手经营，其后由他首创999.9纯金首饰，现已成为香港金行典范。周大福在珠宝首饰行业积累70年经验，备受社会人士信赖和支持。在90年代，周大福创新推行

“珠宝首饰一口价”政策，决不像一般商号滥开价格。在制定货品价格时以直接成本加以最低利润，省去讨价还价的时间，让顾客以优惠的价钱买到优质的产品，真正体验到货精价实感觉。一般人买珠宝首饰，都有讲价的习惯，认为购物能够打折很有面子及个人优越感，一旦没有折扣就认为商家没有人情味，其实这只是一种错觉。一般滥开高价者，往往想以“低折扣”取巧，若顾客还价不小心，就会招致无形的损失。“一口价”的推行，是启动新潮流的创举，而非一般的减价宣传招揽顾客的短期活动。因为敢于承诺，使其“货真价实”的形象深入人心，赢得了目标消费群的钟爱与好评。

（资料来源：摘自中金在线网《周大福一口价就是品质标杆》。）

启示：企业在特定的定价目标指导下，依据对成本、需求及竞争情况的研究，运用价格决策理论，并选择适当的定价方法而最终确定产品价格，从而为企业赢得市场。

任务1　影响定价的主要因素

定价策略是指在制定价格和调整价格的过程中，为了达到企业的经营目标而采取的定价艺术和技巧。定价策略是市场营销组合中十分关键的组成部分。价格通常是影响交易成败的重要因素，同时又是市场营销组合中最难以确定的因素。企业定价的目标是促进销售，获取利润。这要求企业既要考虑成本的补偿，又要考虑消费者对价格的接受能力，从而使定价策略具有买卖双方双向决策的特征。此外，价格还是市场营销组合中最灵活的因素，它可以对市场变化作出灵敏的反应。

价格形成及波动是商品经济中最复杂的现象之一，除了价值这个形成价格的基础因素外，现实中企业价格的制定和实现还受到多方面因素的影响和制约，因此企业应给予充分的重视和全面的考虑。

一、市场需求及变化

1. 需求规律

一般情况下，商品的成本影响商品的价格，而商品的价格影响商品的需求。经济学原理告诉我们，如果其他因素保持不变，消费者对某一商品需求量的变化与这一商品价格变化的方向相反，如果商品的价格下跌，需求量就上升，而商品的价格上涨时，需求量就相应下降，这就是商品的内在规律——需求规律。需求规律反映了商品需求量变化与商品价格变化之间的一般关系，是企业决定自己的市场行为特别是制定价格时必须考虑的一个重要因素。

2. 需求价格弹性

需求价格弹性表明，需求量Q对于价格P的变动反应的灵敏程度。需求弹性一般分为需求价格弹性、需求收入弹性和需求交叉弹性，这里主要讨论需求价格弹性。需求价格弹性依据需求价格弹性系数的大小来测定。需求价格弹性系数 E_D 反映需求量变动的百分比与价格变动百分比之比，它表明当价格变动百分之一时，需求量发生变动的百分比，其计算公式为：

$$E_D=\frac{\Delta Q_D}{Q_D}\Big/\frac{-\Delta P}{P}=\frac{-\Delta Q_D}{\Delta P}\times\frac{P}{Q_D}$$

ΔP = 价格变动的数量　　ΔQ_D = 需求变动的数量

影响需求价格弹性的因素主要有以下几个方面：①属于生活必需的商品，其需求对价格不敏感，需求价格弹性较小；而非生活必需品的需求价格弹性则较大。②消费者购买力水平较高，个人可任意支配的收入较多，生活必需品的支出在其总支出中所占比例小，其需求价格弹性较大；反之，购买力水平低的消费者，需求价格弹性较小。③替代商品供给充分，其价格变动幅度较小时，需求价格弹性就较大；反之，替代商品供给不充分，或者其价格变动幅度更大时，则需求价格弹性较小。④连带商品价格不变，或者呈相反方向变动，则需求价格弹性较小；反之，若连带商品的价格呈同一方向变动，则需求价格弹性较大。

需求价格弹性由于受到多种因素的影响，表现为以下几种形式：需求对价格没有弹性，需求弹性系数 $E_D=0$；需求对价格的弹性无穷大，需求弹性系数 $E_D\rightarrow\infty$；需求价格弹性等于1，需求变动与价格发生等比例变动；需求价格弹性小于1，需求变动小于价格变动；需求弹性大于1，需求变动大于价格变动，即价格发生较小的变动会引起需求较大的变动。由于需求量与价格两者成反比例关系，需求价格的弹性系数为负值。考察需求价格弹性，以其绝对值来衡量弹性的大小。

二、市场竞争状况

企业定价的“自由程度”，首先取决于市场竞争格局。在不同市场竞争条件下企业定价的自由度有所不同，企业定价时必须对其产品的市场模式予以考虑。在现代经济中可分为四种竞争格局：

（1）完全竞争。在完全竞争的条件下，买卖双方都只是价格的接受者，而不是价格的决定者，价格完全由供求关系决定，各自的行为只受价格因素的支配，企业无需去进行市场分析、营销调研。

完全竞争的市场在现实中是不存在的，它主要被用于理论分析。对于某些产品差异性很小、有大量买主和卖主的近似完全竞争的市场，企业的主要竞争策略是降低成本。

（2）纯粹垄断（或称完全垄断），指某种产品或服务完全被一个企业所独占。从理论上分析，垄断企业有完全自由定价的可能，但在现实中，其价格也会受到消费者情绪及政府干预等方面的限制。

（3）不完全竞争（也叫垄断性竞争），是介于完全竞争和纯粹垄断之间的市场条件。不完全竞争市场上众多卖方企业的产品在质量、外观、花色、式样、包装等存在着差异。某些企业依仗“差异”的优势，由价格的消极接受者，变为强有力的价格决定者。

（4）寡头竞争，指一个行业中少数几家企业生产和销售的产品占该行业市场销售量的绝大部分，价格实际上由它们共同控制。各个寡头之间相互依存、影响，一个企业调整价格都会引起其他企业的连锁反应。因此，寡头企业之间都互相密切注意对方战略的变化和价格的调整。

三、政府的干预程度

除了竞争状况之外，各国政府干预企业价格制定也直接影响企业的价格决策。世界各国政府对价格的干预和控制是普遍存在的，只是程度不同而已。我国政府除了通过宏观控制货币发行、财政收支、信贷、积累与消费的关系影响价格的总水平外，还有规范企业定价行为的法律法规，这些法律法规有：《价格法》、《反不正当竞争法》、《明码标价法》、《制止牟取暴利的暂行规定》、《价格违法行为行政处罚规定》、《关于制止低价倾销行为的规定》等，这些法律法规以结合的形式规定了企业的定价权限，如作价原则、利润水平、价格浮动方向和浮动幅度。这是对企业制定价格的一种外部限制和规定。

四、产品特点

产品的自身属性、特征等因素，在企业制定价格时也必须考虑。

(1) 产品的种类。企业应分析自己生产或经营的产品种类是日用必需品、选购品、特殊品，是威望与地位性产品，还是功能性产品，不同的产品种类对价格有不同的要求。如日用必需品的价格必然要顾及大众消费的水平，特殊品的价格则侧重特殊消费者。

(2) 标准化程度。产品标准化的程度直接影响产品的价格决策。标准化程度高的产品，价格变动的可能性一般低于非标准化或标准化程度低的产品。标准化程度高的产品的价格变动如过大，也很可能引发行业内的价格竞争。

(3) 产品的易腐、易毁和季节性。一般情况下容易腐烂、变质并不宜保管的产品，价格变动的可能性比较高。如生鲜产品，价格变化的幅度比较大。常年生产、季节性消费的产品与季节性生产、常年消费的产品，在利用价格的作用促进持续平衡生产和提高效益方面有较大的主动性。

此外，产品本身的易储、易运特征也在一定程度上影响企业的定价决策。

(4) 时尚性。时尚性强的产品价格变化较显著。一般新潮的高峰阶段，价格要定高一些。新潮高峰过后，应及时采取适当的调整策略。

(5) 需求弹性。如果企业所经营产品的需求价格弹性大，价格的调整会影响市场需求。反之，价格的调整对销售量不会产生大的刺激和影响。

(6) 生命周期阶段。处在产品生命周期不同阶段对价格策略的影响可以从两个方面考虑：

第一，产品生命周期的长短对定价的作用。有些生命周期短的产品，如时装等时尚产品，由于市场变化快，需求增长较快，消退也快，其需求量的高峰一般出现于生命周期的前期，所以，企业应抓住时机，尽快收回成本和利润。

第二，不同周期阶段的影响。处在不同周期阶段的产品的变化有一定规律，是企业选择价格策略和定价方法的客观依据。

五、企业状况

企业状况主要指企业的生产经营能力和企业经营管理水平对制定价格的影响。不同的企业由于规模和实力的不同，销售渠道和信息沟通方式不同以及企业营销人员的素质和能力高低的不同，往往对价格的制定和调整应采取不同的策略。

（1）企业的规模与实力。规模大、实力强的企业在价格制定上余地大，企业认为必要时，有条件大范围地选用薄利多销和价格正面竞争策略。而规模小、实力弱的企业生产成本一般高于大企业，价格的制定上往往比较被动。

（2）企业的销售渠道。渠道成员有力、控制程度高的企业在价格决策中可以有较大的灵活性，反之，则应相对固定。

（3）企业的信息沟通。包括企业的信息控制和与消费者的关系两个方面。信息通畅、与消费者保持良好的关系可在适时调整价格中得到消费者的理解和认可。

（4）企业营销人员的素质和能力。拥有熟悉生产经营环节、掌握市场销售、供求变化等情况并具备价格理论知识和一定的实践能力的营销人员，是企业制定最有利价格和选择最适当时机调整价格的必要条件。

六、成本因素

成本是制定商品最低价格的限度。一般说来，商品价格必须能够补偿产品生产及市场营销的所有支出，并补偿商品的经营者为其所承担的风险支出。成本的高低是影响定价策略的一个重要因素。

根据市场营销定价策略的不同需要，对成本可以从不同角度作以下分类：

（1）固定成本。是企业在一定规模内生产经营某一商品支出的固定费用，在短期内不会随产量的变动而发生变动的成本费用。如固定资产折旧、房租、办公费用、管理人员的工资等，不论产量多少，都必须支出，但从长期看固定成本也是变动成本。

（2）变动成本。是指企业在同一范围内支付变动因素的费用，这是随产量的增减变化而发生变化的成本，如原材料、生产工人工资、销售佣金及直接营销费用。

（3）总成本。是固定成本与变动成本之和。当产量为零时，总成本等于固定成本。

（4）平均固定成本。即总固定成本除以产量的商。固定成本不随产量的变动而变动，但是平均固定成本必然随产量的增加而减少，随产量的减少而增加。

（5）平均变动成本。即总变动成本除以产量的商。平均变动成本不会随产量增加而变动。但是当生产发展到一定的规模，工人熟练程度提高，批量采购原材料价格优惠，变动成本呈递减趋势；如果超过某一极限，则平均变动成本又可能增加。

（6）平均成本。即总成本除以产量的商。因为固定成本和变动成本随生产效率提高、规模经济效益的逐步形成而下降，单位产品平均成本呈递减趋势。

（7）边际成本。每增加或减少一单位产品而引起总成本变动的数值。在一定产量上，最后增加的那个产品所花费的成本引起的总成本的增量，即边际成本。企业可根据边际成本等于边际收益的原则，寻求最大利润的均衡产量；同时，按边际成本制定产品价格，使全社会的资源得到合理利用。

（8）长期成本。企业能够调整全部生产要素时，生产一定数量的产品所消耗的成本。所谓长期，是指足以使企业能够根据它所要达到的产量来调整一切生产要素的时间量。在长时期内，一切生产要素都可以变动。所以长期成本中没有固定成本和可变成本之分，只有总成本、边际成本与平均成本之别。

（9）机会成本。指企业为从事某项经营活动而放弃另一项经营活动的机会，或利用一定资源获得某种收入时所放弃的另一种收入，另一项经营活动所应取得的收益或另一种收入即为正在从事的经营活动的机会成本。

任务2 定价目标与定价方法

由于受到资源的约束，企业的规模和企业所采用的管理方法有差异，企业可能从不同的角度选择自己的定价目标。企业在特定的定价目标指导下，依据对成本、需求及竞争情况的研究，应运用价格决策理论，并选择适当的定价方法来确定最终产品价格。

一、定价目标

1. 以利润为定价目标

利润是企业从事经营活动的主要目标，也是企业生存和发展的源泉。在市场营销中不少企业就直接以获取利润为制定价格的目标。

（1）以获取投资收益为定价目标。企业之所以投资于某项经营活动，是期望在一定时期内收回投资并获得一定数量的利润。所谓投资收益定价目标，是指企业以获取投资收益为定价基点，加上总成本和合理的利润作为产品销售价格的一种定价目标。

（2）以获取最大利润为定价目标。获取最大利润是市场经济中企业从事经营活动的最高展望。但获取最大利润不一定就是给单位产品制定最高的价格。有时单位产品的低价，也可通过扩大市场占有率、争取规模经济效益使企业在一定时期内获得最大的利润。企业在追求最大利润时，必须遵循边际收益等于边际成本的原则。市场营销中以获取最大利润为定价目标，是指企业综合分析市场竞争、产品专利、消费需求量、各种费用开支等以后，以总收入减去总成本的差额最大化为定价基点，确定单位商品价格，争取最大利润。

（3）以获取合理利润为定价目标，指企业在激烈的市场竞争压力下，为了保全自己，减少风险，以及限于力量不足，只能在补偿正常情况下的社会平均成本的基础上，加上适度利润作为商品价格，称为合理利润定价目标。因为这一定价目标可以稳定市场价格，避免不必要的竞争，又能获得长期利润，价格适中，消费者愿意接受，又符合政府的价格指导方针，是一种兼顾企业利益和社会利益的定价目标。

2. 以销售数量为定价目标

以销售数量为定价目标，指企业以巩固和提高市场占有率，维持或扩大市场销售量为制定商品价格的目标。提高市场占有率，维持一定的销售额，是企业得以生存的基础，以销售额为企业定价目标的主要风险是利润率具有不确定性。

3. 以对付竞争者为定价目标

大多数企业对于竞争者价格十分敏感，在分析企业的产品竞争能力和市场竞争位置后，以对付竞争者作为企业的定价目标。当企业具有较强的实力，在该行业中居于价格领袖地位时，其定价目标主要是对付竞争者或阻止竞争对手，首先变动价格。具有一定竞争力量，居于市场竞争的挑战者位置时，定价目标是攻击竞争对手，侵蚀竞争对手的市场占有率，价格定得相对低一些。而市场竞争力较弱的中小企业，在竞争中为了防止竞争对手的报复一般不首先变动价格，在制定价格时主要跟随市场领袖价格。

二、定价方法

1. 成本导向定价法

在成本的基础上加上一定的利润和税金来制定价格的方法称为成本导向定价法。由于产品形态不同以及成本基础上核算利润的方法不同，成本导向定价法可分为以下几种形式：

（1）成本加成定价法。它是在单位产品完全成本的基础上，加上一定比例的利润和税金，构成单位产品的价格。采用成本加成定价法，一般是按成本利润率来确定的。其计算公式为：

单位产品单价 =（完全成本 + 利润 + 税金）÷产品产量

产品单价 = 单位产品完全成本 ×（1 + 成本利润率）÷（1 - 税率）

其中：成本利润率 = 要求提供的利润总额 ÷ 产品成本总额 ×100%

知识拓展 9-1

成本导向定价法实例

某电视机厂生产2000台彩色电视机，总固定成本600万元，每台彩色电视机的变动成本为1000元，确定的目标利润率为15%，产品税率5%，按成本加成定价法计算该种产品的售价：

解：单位产品成本 =（6000000 + 2000 × 1000）÷2000 = 4000（元）

单位产品价格 = 4000 ×（1 + 15%）÷（1 - 5%）= 4842（元）

采用成本加成定价法，确定合理的成本利润率是一个至关重要的问题，而成本利润率的有效确定，必须依据研究市场环境、竞争程度、行业特点等多种因素。某一行业的某一种产品在特定市场以相同的价格出售时，成本低的企业能获得较高的利润率，并在激烈的市场竞争中有较大的回旋空间。

成本加成定价法的优点是：计算简便，成本资料可直接获得，便于核算；价格能保证补偿全部成本并满足利润要求。这种定价法的缺点是：定价所依据的成本是个别成本，而不是社会成本或行业成本，因此，制定的价格可能与市场价格有一定偏离，价格难以反映市场供求状况和竞争状况，定价方法也不够灵活。这种定价方法适用于经营状况和成本水平稳定的企业，适用于供求大体平衡、市场竞争比较缓和的产品，一般卖方市场条件下使用较多。

（2）目标成本加成定价法。它是以目标成本为基础，加上预期的目标利润和应缴纳税金来制定价格的方法。上述涉及的完全成本是企业生产经营的实际成本，是在现实生产经营条件下形成的成本支出，它同将来的生产经营条件没有必然的联系。而目标成本则属于预期成本或计划成本，它同制定价格时的实际成本有一定差别。目标成本加成法的计算公式为：

产品价格 = 目标成本 ×（1 + 目标利润率）÷（1 - 税率）

目标成本 = 价格 ×（1 - 税率）÷（1 + 目标利润率）

目标利润率 = 预期目标总利润 ÷ 目标成本 × 目标销售量 × 100%

目标成本并不是实际成本，它受预期定价、预期利润、目标利润率、目标销售量以及税率等多种因素的影响。其中税率是法定的，企业无修改的权力。所以，在确定目标成本时，必须建立在对价格、成本、销售量和利润进行科学预测的基础上，不能凭主观想象，才能使定价与实际相符合，以实现预期利润。

2. 边际贡献定价法

所谓边际贡献是指产品销售收入与产品变动成本的差额，单位产品边际贡献指产品单价与单位产品变动成本的差额。边际贡献弥补固定成本后如有剩余，就形成企业的纯收入，如果边际贡献不足弥补固定成本，那么企业将发生亏损。在企业经营不景气、销售困难，生存比取得利润更重要时，或企业生产能力过剩，只有降低售价才能扩大销售时，可以采用边际贡献定价法。

边际贡献定价法的原则是，产品单价高于单位变动成本时，可以考虑接受。因为不管企业是否生产、生产多少，在一定时期内固定成本都是要发生的，而产品单价高于单位变动成本，这时产品销售收入弥补变动成本后的剩余可以弥补固定成本，以减少企业的亏损（在企业维持生存时）或增加企业的盈利（在企业扩大销售时）。这种方法的基本计算公式如下：

单位商品销售价格 =（总的变动成本 + 边际贡献）÷ 总销量

知识拓展 9-2

边际贡献定价法实例

某企业的年固定成本为 20 万元，每件商品的单位变动成本为 40 元，如果计划的边际贡献为 10 万元，当订货量分别为 5000 件、8000 件、10000 件时，其价格应分别定为多少元？

解：价格 1 =（40 × 5000 + 100000）÷ 5000 = 60（元）

价格 2 =（40 × 8000 + 100000）÷ 8000 = 52.5（元）

价格 3 =（40 × 10000 + 100000）÷ 10000 = 50（元）

3. 盈亏平衡定价法

盈亏平衡定价法又称收支平衡定价法，是适用损益平衡原理实行的一种保本定价方法。首先计算损益平衡点，其公式如下：

损益平衡点产量 = 固定成本 ÷（单位产品价格 - 单位可变成本）

当企业的产量达到损益平衡点产量时，企业不盈不亏，收支平衡，保本经营。保本定价的计算公式如下：

保本定价 = 固定成本 ÷ 损益平衡销售量 + 单位产品变动成本

如果企业把价格定在保本点价格上，则只能收回成本，不能盈利；若高于保本点定价便可获利，获利水平取决于高于保本点的距离；如低于保本定价点，企业无疑是亏损的。因此，也可以将盈亏平衡定价法理解为，它规定了在产量一定的情况下，什么价格是保证企业不亏本的最下限价格。

4. 竞争导向定价法

竞争导向定价法是根据竞争者产品的价格来制定企业产品价格的一种方法。常用的有以下四种方法：

（1）随行就市定价法，即企业根据同行业企业的平均价格水平定价。在竞争激烈的情况下，是一种与同行和平共处、比较稳妥的定价方法，可避免风险。

（2）追随定价法，即企业以同行主导企业的价格为标准制定本企业的产品价格，如同行业中实力最强、影响最大的企业的单位产品定价为 15 元，本企业可根据产品、需求的具体情况将本产品的单位定价定在 14—14.9 元之间。此方法可避免企业之间的正面价格竞争。

（3）密封投标定价法，是一种竞争性很强的定价方法。一般在购买大宗物资、承包基建工程时，发表招标公告，由多家卖主或承包者在同意招标人所提出的条件的前提下，对招标项目提出报价，招标者从中择优选定。一般来说，征求承包人的一方（买方）称为“招标人”，应征前来参加竞争的应聘者称为“投标人”（卖方），经过竞争的优胜者称为“中标人”。投标人为了在竞争中获胜，往往会千方百计地探听标底内容，因此，招标人在正式开标之前，一定要保守秘密，不许泄露标底。

密封投标定价法的定价程序是：①招标。由买方发布招标公告，提出征求产品或劳务的具体条件，引导卖方参与竞争。②投标。卖方或承包者根据招标公告的内容和具体要求，结合自己的条件，考虑成本、利润和竞争者可能提出的报价，在买方规定的截止日期内，将自己愿意承担的价格密封提出。③开标。买方在规定期限内，积极认真地选标，全面认真地审查卖方提出的投标报价、技术力量、工作质量、生产经验、资本金情况、信誉高低等，以此为基础选择承包商，并到期开标。

5. 需求导向定价法

需求导向定价法是以消费者对产品价值的理解程度和需求强度为依据的定价方法。主要方法有以下几种：

（1）理解价值定价法。所谓理解价值，也叫感受价值、认知价值，就是指消费者对某种商品的主观评判。理解价值定价法是指企业不以成本，而以消费者对商品价值的理解度为依据的定价。使用这种方法定价，企业首先应以各种营销策略和手段，影响消费者对产品的认知，形成对企业有利的价值观念，然后再根据产品在消费者心目中的价值来制定价格。理解价值定价法的关键在于获得消费者对有关商品价值理解的准确资料。企业如果过高估计消费者的理解价值，价格就可能过高，影响商品的销量；反之，如果企业低估了消费者的理解价值，其定价就可能低于应有的水平，企业可能会因此减少收入。所以，企业必须搞好市场调查，了解消费者的消费偏好，准确地估计消费者的理解价值。

知识拓展 9-3

理解价值定价法实例

常州某电子仪器厂在开发中小学、幼教单位教学用电子琴过程中，了解到这类单位经费往往不充裕，且单位负责人财务审批权在 200 元以内，加之被替代的老式风琴价格在

200 元以下，便认定此目标市场的电子琴的理解价值应在 200 元以下。经过努力，反复修改设计，将电子琴的最终零售价格定在 199 元。获得了较好的销售效果。

（2）区分需求定价法。区分需求定价法，是根据需求的差异，对同种产品或劳务制定不同价格的方法称为区分需求定价法，也叫“价格歧视”。主要定价方式如下：

因顾客而异。同种产品或劳务，对不同职业、收入、阶层或年龄的消费者群制定不同的价格，企业可根据上述差异在定价时给予相应的优惠或提高价格。如航空公司票价对国内、国外乘客分别定价，放假期间，对教师、学生优惠销售；“六一”儿童节期间，各商场以优惠儿童商品价格吸引顾客光顾。

因式样而异。对式样不同的同种商品制定不同的价格，价格差异比例往往大于成本差异的比例。如相同质量、规格而花色不同的产品，对花色陈旧的价格要定得低些，而对花色艳丽、款式新颖的价格要定得高些。还有对于某些有纪念意义的商品，价格也可相应定得高些。

因时间而异。根据产品季节、日期及钟点上的需求差异制定价格。如防寒服在夏天的价格可定得低些，而冬天正是销售旺季，价格可定得高些；电视广告在黄金时段和非黄金时段的价格有很大的区别；旅游淡旺季制定的旅馆住宿价格和旅游景点的价格也有一定的差别。

因空间而异。企业根据自己产品销售区域的空间位置来确定商品的价格。如同一地区的用户所付运价相同，较远地带的运价则较高；还比如同样的饮料在高档饭店的价格要高于街边餐饮店的价格；电影院、体育馆不同档次的座位价格也有一定的差别。

因用途而异。同一种商品有时会有不同的用途和使用量，因而价格也应有所区别。如电力，可用于工业、农业和家庭等等。这时电费应根据不同的用途而有所区别。

实行区分需求定价法要具备一定的前提条件：一是市场能够根据消费者的需求强度不同进行细分；二是细分后的市场在一定时期内相对独立，互不干扰；三是竞争者没有可能在企业以高价销售产品的市场上以低价销售；四是价格差异程度不会引导消费者的不满或反感。

任务 3　定价策略

定价策略是企业为了实现预期的经营目标，根据企业的内部条件和外部环境，对某种商品或劳务，选择最优定价目标所采取的应变谋略和措施。定价策略的抉择是较高层次的决策。由于企业所处的市场环境不同、定价对象不同以及实施方法上的差异，企业定价策略也多种多样，归纳起来，主要有以下几种策略。

一、新产品定价策略

新产品定价是企业制定价格策略的关键环节。因为新产品的成本高，顾客对它不了解，竞争对手也可能还没有出现，所以新产品价格确定的合适与否，关系到新产品能否顺利进入市场，并为以后占领市场打下基础。常见的新产品定价策略有三种。

1. 撇脂定价策略

撇脂定价策略，指如同把烧热的牛奶表面一层油脂精华取走一样，企业在新产品刚投放市场时把价格定得很高，以求在尽可能短的期限内迅速获取高额利润。随着商品进一步成长再逐步降低价格。采用此策略的企业商品一上市能高价厚利，是因为新产品对消费者产生的新吸引力。

实行撇脂定价策略有一定的条件。首先，新产品相比市场上现有产品有显著的优点，能使消费者“一见倾心”；其次，在产品新上市阶段，商品的需求价格弹性较小或者早期购买者对价格反应不敏感；另外，短时期内由于仿制等方面的困难，类似仿制产品出现的可能性小，竞争对手少。此策略的优点是尽早争取主动，达到短期最大利润目标，有利于企业竞争地位的确定。但缺点也明显，即由于定价过高，有时渠道成员不支持或得不到消费者认可；同时，高价厚利会吸引众多的生产者和经营者转向此产品的生产和经营，加剧市场竞争的白热化。

2. 渗透定价策略

渗透定价策略也称渐取定价策略，指企业在新产品投放市场的初期，将产品价格定得相对较低，以吸引大量购买者，获得较高的销售量和市场占有率。这种策略同撇脂定价策略相反，是以较低的价格进入市场，具有鲜明的渗透性和排他性。

采用渗透定价策略的条件是商品的市场规模较大，存在着强大的竞争潜力；商品的需求价格弹性较大，稍微降低价格，需求量会大大增加，通过大批量生产能降低生产成本。

渗透定价策略的优点是可以占有比较大的市场份额，通过提高销售量来获得企业利润，也较容易得到销售渠道成员的支持，同时，低价低利对阻止竞争对手的介入有很大作用。其不利之处在于定价过低，一旦市场占有率扩展缓慢，收回成本速度也慢。有时低价还容易使消费者怀疑商品的质量。

3. 满意定价策略

满意定价策略是一种介于撇脂定价和渗透定价之间的折中定价策略，其新产品的价格水平适中，同时兼顾生产企业、购买者和中间商的利益，能较好地得到各方面的接受。正是由于这种定价策略既能保证企业获得合理的利润，又能兼顾中间商的利益，还能为消费者所接受，所以，称为满意定价策略。

这种价格策略的优点在于满意价格对企业和顾客都是较为合理公平的，由于价格比较稳定，在正常情况下盈利目标可按期实现。其缺点是价格比较保守，不适于竞争激烈或复杂多变的市场环境。这一策略适用于需求价格弹性较小的商品，包括重要的生产资料和生活必需品。

以上三种新产品定价策略利弊均有，并有其相应的适用环境。企业在具体运用时，应从企业的实际情况、生产能力、市场需求特征、产品差异性、预期收益、消费者的购买能力和对价格的敏感程度等因素出发，综合分析，灵活运用。

二、产品阶段定价策略

产品阶段定价策略指在“产品经济生命周期”分析的基础上，依据产品生命周期不同阶段的特点而制定和调整价格。

1. 介绍期定价策略

一般可参考新产品的定价策略，对上市的新产品（或者是经过改造的老产品）采取较高或较低的定价。

2. 成长期定价策略

成长期阶段，消费者接受产品，销售量增加，一般不贸然降价。但如果产品进入市场时价格较高，市场上又出现了强有力的竞争对手，企业为较快地提高市场占有率，也可以适当降价。

3. 成熟期定价策略

成熟期阶段，消费者人数、销售量都达到最高水平并开始出现回落趋势，市场竞争比较激烈，一般宜采取降价销售策略。但如果竞争者少也可维持原价。

4. 衰退期定价策略

衰退期阶段，消费者兴趣转移，销售量急剧下降，一般宜采取果断的降价销售策略，甚至销售价格可低于成本。但如果同行业的竞争者都已退出市场，或者经营的商品有保存价值，也可以维持原价，甚至提高价格。

各类产品在其产品生命周期的某个阶段一般具有共同的特征，但由于不同种类产品的性质、特点及其在国计民生中的重要程度、市场供求状况的不同，可对不同的产品采取实事求是、机动灵活的定价策略。

三、折扣定价策略

折扣定价策略是利用各种折扣和让价吸引经销商和消费者，促使他们积极推销或购买本企业产品，从而达到扩大销售、提高市场占有率的目的。在现实中经常被企业所采用。常见的价格折扣主要有以下几种形式：

1. 数量折扣

数量折扣，指按顾客购买数量的多少给予不同的价格折扣，也是企业运用最多的一种价格折扣策略。一般来说，顾客购买的数量越多，或数额越大，折扣率越高。以鼓励顾客大量购买或一次性购买多种商品，并吸引顾客长期购买本企业的商品。数量折扣分为累计数量折扣和非累计数量折扣。累积数量折扣是指在一定时期内累计购买超过规定数量或金额而给予的价格折扣，易腐蚀性商品或耐用消费品常采用这种策略，其优点在于鼓励消费者成为企业的长期顾客。非累计数量折扣是指按照每次购买产品的数量或金额确定折扣率，其目的在于吸引买主大量购买，利于企业组织大批量销售，以节约流通费用。企业采用数量折扣有助于降低生产、销售、储运和记账等各环节的成本费用。

2. 现金折扣

现金折扣，是指企业为了鼓励购买者尽早付清货款，加速资金周转，规定凡提前付款或在约定时间付款的买主可享受一定的价格折扣。运用现金折扣策略，可以有效地促使顾客提前付款，从而有助于盘活资金，减少企业的利率和风险。折扣大小一般根据付款期间的利率和风险成本等因素确定。

3. 季节折扣

季节折扣，是指企业针对季节性产品，为鼓励买主提早采购，或在淡季采购而给予的一种价格折让。在季节性商品销售淡季，资金占用时间长，这时如果能扩大产品销售量，便可加快资金周转，节约流通费用。在这种情况下，卖方以价格折扣来鼓励买方在淡季购买商品，并向其转让一部分因节约流通费用带来的利润，这对买卖双方都具有积极意义。厂家和中间商之间采用季节性折扣，可以促使中间商提早进货，保证企业生产能够正常进行。而零售企业在销售活动中实行季节折扣，能促进消费者在淡季提前购买商品，减少过季商品库存，加速资金周转。如冬天买空调，夏天买羽绒服等。商品销售的季节性折扣率，应高于银行存款利率。

4. 业务折扣

业务折扣也称同业折扣或功能折扣，是生产厂家给予批发企业和零售企业的折扣。折扣的大小因商业企业在商品流通中的不同功用而各异。对批发商来厂进货给予的折扣一般要大些，零售商从厂方进货的折扣低于批发企业。

四、心理定价策略

心理定价策略指企业针对消费者心理活动而变化定价的方法与技巧。一般在零售企业中对最终消费者应用得比较多。主要有以下六种定价策略。

1. 组合定价策略

组合定价策略即企业迎合消费者求全的心理，将两种或两种以上有关联的商品合并制定一个价格。具体做法是将这些商品捆绑在一起或装入一个包装物中，如“六一”儿童节销售的礼品袋等。此策略易激发消费者的购买欲望，有促进多种商品销售的作用。

2. 尾数定价策略

尾数定价策略，是指企业在制定产品价格时以零头数结尾。据心理学家分析，消费者通常认为整数价格如 10 元、20 元、200 元等是概略价格，定价不准确，而认为非整数价格如 9.96 元、19.95 元、198 元等，是经过精确核算的价格，容易产生安全和信任的感觉，满足了部分消费者求廉的心理。有关市场营销专家曾作过调查，发现价格尾数的微小差异对产品的销路有较大的影响，一般情况下，价格在 5 元以下，尾数为 8 或 9 最受欢迎；价格在 5 元以上，100 元以内，尾数是 95 最受欢迎；价格在 100 元以上，尾数 98 或 99 最受欢迎。例如，花 4.98 元买一件商品，在购买者看来，只花了 4 元多，而花 5 元买一件商品，尽管只多了两分钱，但买者认为花了 5 元，这里的 4 元和 5 元相差了一个档次。对于价格较低的商品，特别是日用消费品采用尾数定价策略，能使消费者对商品产生便宜的感觉，从而作出购买决策。

3. 整数定价策略

整数定价策略也叫声望定价或整数原则，即在消费者购买注重心理需要满足的商品时，企业把商品的价格定为整数。如 9950 元的皮毛大衣，定价应为 10000 元。原因是有这种消费能力的消费者不在意多花 50 元钱，而提高这 50 元钱不仅使企业多收入还能使这件大衣的声望价值由 4 位数升为 5 位数，给高消费购买者以心理上的满足。另外，一些名店、名牌商品或选择品采用整数定价策略以提高商品的身份，进而起到标志和提高消费者身份的作用。对于一些需求价格弹性不高的商品，如中、小学生的课本，采用整数定价可以方便结算和提高结算效率。

4. 期望与习惯定价策略

根据消费者的愿望与购买习惯、接受水平制定价格。日用消费品的价格通常容易在消费者心目中形成一定的习惯性标准。如用作馈赠的礼品，消费者一般要求体面一些，同时价格与自己习惯预算一致。如某地祝寿时送礼的水平分别为200元、300元、500元三个档次，企业便可将祝寿礼品如生日蛋糕和经常用作寿礼的商品的价格尽可能向这三档靠近。对于有些商品，如果消费者长期习惯于某种价格，则一般应考虑这种习惯，不宜轻易变动，以免给消费者造成全面涨价的恐惧心理。

5. 安全定价策略

安全定价策略也叫"一揽子定价"策略。针对消费者在购买大件耐用消费品时担心维修不便等心理，把商品本身的价格与确保消费者安全使用的费用加总计算，并将送货上门、代修代装、免费换易损件等售中、售后服务的措施广泛宣传，消除购买者的心理障碍，降低消费者的消费风险。

6. 特价品定价策略

企业将商品的价格定得低于市价，并广泛宣传，引起消费者的兴趣，此策略常在经营多品类的超级市场、百货商店使用。许多超级市场常年有特价产品销售，并配有醒目的黄色标签。企业有意将店中几种商品的价格标低，有时甚至低于成本以吸引顾客来店，目的在于召唤顾客，引发连带购买行为。

五、相关产品价格策略

相关产品，指在最终用途和消费购买行为等方面具有某种相互关联性的产品。制造或经营两种以上产品的企业可以利用此特点综合考虑企业产品的定价。

1. 互补产品价格策略

互补商品指两种（或以上）功能互相依赖、需要配套使用的商品。互补商品价格策略是企业利用价格对消费互补品需求进行调节，全面扩展销售量所采取的定价方式和技巧。具体做法是把价值高、购买频率低的主件价格定得低些。如将剃须刀架定低些，而刀片的价格提高些；小轿车的价格定低些，零配件的价格定高些；西方一些企业廉价向一些销区提供饮料罐装生产线，而高价销售浓缩液或固体半成品，都是应用此策略。

2. 替代商品价格策略

替代商品是指功能和用途基本相同、消费过程中可以互相替代的产品。替代产品价格策略是企业为达到既定的营销目标，有意识安排企业替代产品之间的关系而采取的定价措施。

企业若生产或经营着两种以上有替代关系的产品，那么这两种产品的市场销量常常表现为此消彼长，而这种增加或减少与商品价格的高低有着十分密切的关系。企业主动地运用这一规律来实行组合价格策略。如把市场"热销"产品的价格有意提高，将趋冷的替代品的价格适当降低，从总体上把握企业的盈利水平。

六、地理定价策略

地理定价策略，是指企业根据产销地的远近、交货时间的长短和运杂费用的分担所制定不同价格的策略。这一定价格策略主要有以下几种形式：

1. 产地交货价格

产地交货价格，是指卖方按照厂价交货或按产地某种运输工具交货的价格。这是说买方按照出厂价购买某种产品，生产企业只负责将这种产品运到产地某种交通工具（如火车、船舶、飞机、货车等）上交货，并承担这期间的一切风险和费用；交货后，从产地到目的地的一切风险和费用都由买方承担。这一定价方法具有通用性，在国际贸易中通常称为“离岸价格”或“船上交货价格”（英文缩写为“FOB”）。采用这种价格，对卖方来说比较简单，对购买者来说既要承担运输费用和一定的风险，又要办理货物托运等杂务，会影响其购买的积极性，特别是对远途顾客，这一问题更为突出。

2. 买主所在地价格

买主所在地价格则指企业负责将产品运到买主所在地，并承担运输费和保险费等费用。企业采用这种价格，由于承担的风险较大，因而价格和利润往往制定得比较高。这种价格在国际贸易中叫“到岸价格”（英文缩写为“CIF”）。

3. 统一交货价格

统一交货价格，是指企业对于不同地区的顾客都按照相同出厂价（产地价格）加相同的运费（按平均运费）定价。实行这一定价策略，有利于鼓励远距离顾客购买该企业产品，扩大销售区域。一般运费低廉或运费占成本比例很小以及商品重量轻、体积小的情况下，适宜使用这种定价策略。

4. 区域定价

区域定价，是指把产品的销售市场分成几个价格区域，对于不同价格区域的顾客制定不同的价格，实行地区价格。一般来说，距离企业较远的地区，价格定得高些；距离企业较近的地区，价格定得低些。这种策略多适用于体积大、交货费用在价格中占用比例大，不可能对所有顾客都使用统一交货价格的产品。该策略的优点是计算方式简单，便于扩大销售区域，提高市场占有率。但是，企业采用区域定价也会遇到一些问题，如在同一价格区域内，有些顾客离企业较近，有的顾客则离企业较远，则前者就不划算。

5. 基点定价

基点定价，是指企业选定某些城市作为基点，按一定的厂价加基点（最靠近顾客所在地的基点）至顾客所在地的运费来定价，而不管货物是从哪个城市起运的。采用这一策略可以使企业产品在各地的交货价格基本相同，有利于开拓远距市场，扩大产品销售。它适用于产品体积较大、运费占成本比重较大的商品。

6. 运费免收定价

运费免收定价，是指企业替买主负责全部或部分运费，企业采用运费免收价，一般是为了与购买者加强联系或开拓市场，通过扩大销量来抵补运费开支。

七、价格变动策略

营销者在定价之后，由于宏观环境和市场供求发生变化，企业必须主动地调整价格，以适应激烈的市场竞争。

1. 降价策略

当市场营销环境发生变化，如产量过多、库存积压严重、其他营销策略无效，或者在激烈的价格竞争中，市场占有率下降等，企业为了扩大销售或稳住市场占有率只有降低销售价格。在降价之前，卖方应向自己的代理商、经销商保证，降价后对他们原来的进货或存货按新价退补降价损失，使长期客户以及该商品分销渠道的各个环节的利益得到保证，才能保住市场。

2. 提价策略

由于资源约束而产生严重的供不应求或发生通货膨胀时，企业不得不采用提高价格的办法来弥补成本上升带来的利润损失。提价必然会引起顾客和中间商的不满。市场营销中应采用不同的提价策略，来平抑提价引起的不满。主要策略有：

（1）限时提价。

（2）在供货合同中载明随时调价的条款。

（3）对商品的附加服务收费或取消附加服务。

（4）减少或取消折扣和津贴。

（5）改动产品的型号或增加某种功能等等。并配合其他营销手段，消除提价的负面影响。

同步案例 9-1

吉利渗透定价已抢占先机，继而是否失去高端市场

背景资料：

2001 年的中国汽车市场，一是市场继续发育，二是受中国“入世”的影响，车型频出，产销量上升，价格逐渐下降。神龙富康推出的 9.78 万元的“新自由人”，将中国车价打破 10 万元的心理关口，标志着中国汽车企业对待降价的心态日渐成熟。

2001 年 5 月，国家放开轿车定价之后，轿车价格战拉开序幕。6 月 7 日，长安铃木在全国范围内调整奥拓系列 11 款轿车销售价格，降至 35800—52500 元。此后，一直以低价位著称的吉利汽车将其三缸化油器车型由 3.99 万元降至 3.49 万元，继续保持同类车低价王的位置，目标直指售价 3.91 万元的夏利 7100A 小康型轿车。紧跟着夏利狂降 1.5 万元，捷达宣布优惠 3000 元……11 月，神龙汽车公司推出 9.78 万元的 1.4 升富康车，在桑塔纳、捷达、富康三大品牌中率先把价格降到了 10 万元——中国轿车一大价格门槛以下。6 月 8 日，“10 万元轿车赛欧”正式上市前就接到了 1.6 万辆的订单，把整个国内轿车市场搅得沸沸扬扬。降价成了 2001 年中国轿车市场的主旋律。

尽管吉利进入轿车领域资历很浅，但它“为中国百姓造车”的气魄却给中国轿车市场带来了大冲击，引发了一波又一波的轿车价格战。

吉利集团在全国民营企业经营规模中排第四，公司以汽车、摩托车制造为核心产业，在动力机械、装潢材料、农业机械制造和商贸、房地产、教育等方面有广泛涉足。

1997 年，吉利集团以民营企业的身份跨入了汽车制造行业。1999 年，吉利在宁波投资建设了宁波美日汽车制造有限公司，生产吉利·美日家庭轿车。2001 年 4 月，吉利与豪情两家公司成立浙江吉利汽车工业股份有限公司。吉利集团投资 10 亿元进军汽车制造业，在中国汽车工业市场中争得了一席之地。

问题：

吉利是如何在国外汽车巨头和国内汽车大厂家的夹缝中求生发展的？它的低价策略有

何特别？这样的定价是否会失去进入高端轿车的机会？

分析提示：

市场营销环境发生变化，在激烈的价格竞争中，市场占有率下降，企业为扩大销售或稳住市场占有率只有降低销售价格。吉利“为中国百姓造车”的气魄却对中国轿车市场带来了大冲击，引发了一波又一波的轿车价格战，是否也给自己带来了发展隐患？

本项目知识脉络

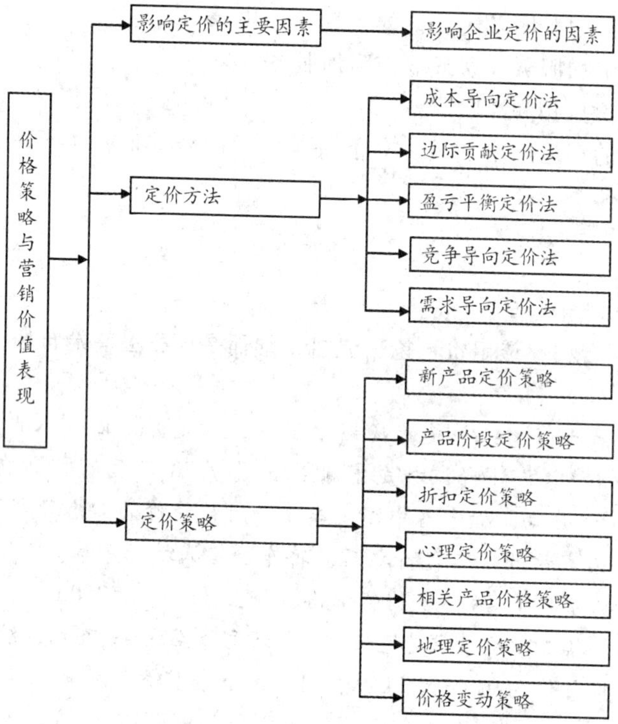

思考与练习

1. 理论题

（1）单选题

①依据需求价格弹性理论，可通过降低产品价格提高其销售量。一般情况下，这种策略对(　　)类产品效果明显。

A. 特效药　　B. 原材料

C. 生活必需品　　D. 高级化妆品

②超市经常会推出一些低于成本价格的商品出售，以带动其他产品的销售。这种定价方法属于(　　)。

A. 分档定价法　　B. 整数定价法

C. 声望定价法　　D. 尾数定价法

E. 招徕定价法　　F. 习惯定价法

③为鼓励顾客购买更多产品，企业给那些大量购买产品的顾客一种折扣，称为(　　)。

A. 功能折扣　　B. 数量折扣

C. 季节折扣　　D. 现金折扣

④某企业经营某种产品，其需求弹性系数为2.5，为进一步扩大销量，价格决策上应(　　)。

A. 适当降价　　B. 保持不动

C. 大幅度降价　　D. 适当上调

⑤企业产品定价的基本目的是(　　)。

A. 获得最大利润　　B. 使顾客满意

C. 价格具有竞争力　　D. 符合政策要求

(2) 多选题

①企业的定价导向主要有(　　)。

A. 成本导向　　B. 需求导向

C. 竞争导向　　D. 利润导向

②一般来说，(　　)是高价格，(　　)是低价格。

A. 新产品撇脂定价策略　　B. 新产品渗透定价策略

C. 心理声望定价策略　　D. 以争取达到一定投资收益率作为定价目标

E. 以维持营业作为定价目标　　F. 以获得较高市场占有率作为定价目标

③影响价格的因素有(　　)等。

A. 商品成本　　B. 价格弹性

C. 市场供求状况　　D. 国家方针政策

E. 消费者心理　　F. 市场竞争的特点

④声望定价策略的条件是(　　)。

A. 产品本身价值较高　　B. 竞争者多

C. 消费者存在成名心理　　D. 企业和商品声誉较高

E. 消费者对产品内在质量易辨认

⑤企业的促销价策略主要包括(　　)等。

A. 折扣定价　　B. 招徕定价

C. 零数定价　　D. 附属产品定价

E. 特殊事件定价

(3) 判断题

①单位产品价格越高，越能实现企业利润最大化。(　　)

②尾数定价法通常适用于高级的奢侈商品。(　　)

③若某商品的需求富有弹性，此时适当地降低价格能够增加销售量，同时也可能使利润增加。(　　)

④在一定情况下，通过价格与供求的相互作用，能够达到供求平衡和均衡价格。(　　)

⑤商品价格与其需求量成反比；与其供应量成正比。（　）

（4）简答题

①企业定价的依据是什么？

②简述影响企业定价的因素。

③定价策略如何与其他营销组合策略相配合？

④如何看待我国手机产品市场目前的价格战？

2. 实务训练题

【案例分析】

案例资料：

撇脂定价　输了两家

——透析福特嘉年华及东南菱帅的价格策略

两款在中国上市不足一年的进口品牌轿车——长安福特嘉年华和福建东南菱帅相继于2003年8月1日和8月8日宣布降价，这一事件引出了业内人士的诸多话题。当然，有一点大家是一致的，即“这完全是意料中的事”。

先来看看福特嘉年华。

这款车在欧洲虽号称集万千宠爱于一身，曾包揽“金方向盘奖”、“年度汽车奖”、“设计理事会奖”、欧洲区销售冠军、英国销量冠军、德国销量冠军、西班牙销量冠军——但撷取这些荣耀的年份却被主人在有意无意间忽略了，但大部分消费者早已清楚。另外，最让中国人如鲠在喉的还有嘉年华萎靡不振的三厢车外形居然来自印度！

我们再来看看菱帅。

从台湾中华汽车转手引进日本三菱LANCE整车技术，以动力纯粹而闻名于世，最大输出功率高达74千瓦，0—100公里加速时间仅需12.36秒。该车由厂家全力推介的价值亮点，在于日本三菱汽车曾以此车为基础平台开发出夺取WRS比赛冠军的LANCEREVO车型；该车在中国的配置诸如ABS+四轮碟刹、双SRS气囊、电动除雾后视镜、倒车雷达、HUD抬头显示器等也是菱帅的抢眼点，且整车尺寸已达4.43/1.7/1.41米，与捷达相当。于是东南汽车借此向消费者开出了12.38万—18.8万元的天价。对于此定价，有消费者戏言：“相对于18.8万元的高价，不要说菱帅开个天窗，就是在车内开个花园也不值！”

总而言之，中国有句俗话叫“不怕不识货，就怕货比货”。就福特嘉年华而言，它的荣耀不仅年代稍远，车型也并非原汁原味，远比不了大众高尔夫，近比不了波罗；而东南菱帅在开发年代上很难讲与世界同步，在造型与配置上更不是别克凯越、雪铁龙赛纳、日产阳光等车型的对手。不仅如此，无论东南汽车还是长安福特，其在销售渠道及售后服务整体素质上也不是国内几大主力轿车企业的对手。

如此，两大品牌在上市半年就不得不舍本逐末大幅降价，不仅对硕果仅存的老客户的忠诚度带来重大挫败，其品牌形象的大幅缩水也已成定局。

思考题：

（1）福特嘉年华及东南菱帅的定价策略失败的原因是什么？

（2）两家企业应在此次定价策略中吸取什么样的教训？

模块五

布局分销网络与传递营销价值

营销价值的最终实现是在产品实体（服务）与市场（顾客）的真实接触中产生的，建立一个有效的分销渠道网络，是企业在激烈的市场竞争中脱颖而出，并持续、稳定发展的关键因素之一。布局产品（服务）传递的管网，链接传递过程中各种角色的价值，搭建与顾客真实接触的分销平台，把商品适时、适地、方便、经济地提供给消费者。同时，还需加强企业与社会公众的信息交流和沟通工作，即开展有效的促销活动。现代企业促销的手段与方式日新月异，由于各种手段和方式具有不同的特点，因此需要在实际促销活动中组合运用，导演触动顾客情感的真实体验剧，这是营销者帮助顾客完成满足其自身需求的购买活动的重要路径，也是营销者核心能力关键的外在彰显。

项目十
分销渠道策略与营销价值传递

中间商不属于制造商所铸成的锁链中被雇用的一个环节，而是一个独立的市场，并成为了一大群客户的焦点。

——菲利普·麦克威

【项目学习目标】

知识目标　(1) 分销渠道的定义；(2) 分销渠道的功能；(3) 中间商及类型；(4) 分销渠道的选择；(5) 分销渠道设计及管理。

能力目标　(1) 掌握分销渠道的功能及不同类型渠道的特点；(2) 了解各种类型中间商的特征；(3) 掌握影响分销渠道设计和选择中间商的主要因素；(4) 掌握管理中间商的方法及管理渠道网络的方法。

职业素养　(1) 高度的工作热情；(2) 良好的团队合作精神；(3) 思路清楚；(4) 乐于接受挑战。

项目实践及考核　在教师指导下，营销项目小组在完成模块四的基础上，进行产品或服务的分销体系设计，绘制分销网络图，并针对重点网络和重点中间商拟定管理方案，以团队展示方式进行考核。

导入案例

“丽人”重组渠道

A 公司是一家医药保健品企业。其开发的减肥产品“丽人”已经在全国大部分市场销售三年了，且销售量稳步增长，每年都能给公司带来百万元以上的利润回报。同时，公司为“丽人”申报了保健食品批号。极为有利的市场条件，推动 A 公司进一步扩大市场。

为此，A公司推出了三项大的分销改革。一是在省会中心城市的重点市场，采用多种途径加大招商力度。二是设立省级经销商，全面负责“丽人”的营销管理工作，同时设立强势市场区域经销商，负责大区域市场营销管理。三是淘汰了部分中小经销商，使经销商数量从原来的130多个缩减到了30多个。经过有效的调整和营销努力，营销管理成本降低，工作成效增强，营销部对市场的服务得到有效深化。A公司的渠道变革，由其产品“丽人”的批号升级而引发，反映了企业营销要素或环境变化后对企业销售渠道格局的影响。

（资料来源：摘自中华医药保健药品网《一个医药保健品企业渠道变革案例析》。）

启示：建立一个有效的分销渠道网络，是企业在激烈的市场竞争中脱颖而出，并持续、稳定发展的关键因素之一。

任务1　分销渠道概述

分销渠道是指某种货物和劳务从生产者向消费者转移时取得这种货物和劳务的所有权或帮助转移其所有权的所有企业和个人。生产企业和消费者分别处于分销渠道的两个端点，作为商品的提供者和接收者。虽然生产者和消费者之间也可以直接形成一种分销渠道，但是，在现实经济中，绝大多数商品的分销渠道中存在第三者。一般来说，商品从生产厂家到消费者大多需要经过批发、零售等环节，投入其中的中间力量是批发商、零售商、代理商以及储运商等等。这些机构处于流通领域，履行商品从生产厂家到消费者之间的信息沟通、所有权转移和实物转移等各种职能，因此被称为中间商。

分销渠道是市场营销组合策略中的四个基本要素之一，如果产品是企业的立身之基，分销渠道网络则是企业的生存之本。建立一个有效的分销渠道网络，是企业在激烈的市场竞争中脱颖而出，并持续、稳定发展的关键因素之一。研究分销渠道策略的目的在于：企业如何通过销售网络建设与管理，采取有效的渠道竞争策略，把商品适时、适地、方便、经济地提供给消费者，实现企业的经营目标。

一、分销渠道的功能与分销流程

1. 分销渠道的功能

从经济系统的观点来看，分销渠道的基本功能在于把自然界提供的不同原料根据人类的需要转换为有意义的货物搭配。分销渠道对产品从生产者转移到消费者所必须完成的工作加以组织，其目的在于消除产品（或服务）与使用者之间的差距。市场营销渠道的主要职能有如下几种：

（1）研究，即收集制订计划和进行交换时所必需的信息。

（2）促销，即进行关于所供应的货物的说服性沟通。

（3）接洽，即寻找可能的购买者并与其进行沟通。

（4）配合，即使所供应的货物符合购买者需要，包括制造、评分、装配、包装等活动。

（5）谈判，即为了转移所供货物的所有权，而就其价格及有关条件达成最后协议。

（6）实体分销，即从事商品的运输、储存。

（7）融资，即为补偿渠道工作的成本费用而对资金的取得与支用。

（8）风险承担，即承担与从事渠道工作有关的全部风险。

2. 分销流程

分销流程即把商品从生产厂家转移到消费者手上，能够同时满足生产厂家、消费者以及中间商的需要的过程。为了使这一转移过程能够有效完成，在销售渠道中，通常有五大流程发生，即实体流程、所有权流程、付款流程、信息流程及促销流程。

（1）实体流程（如图 10－1 所示）。

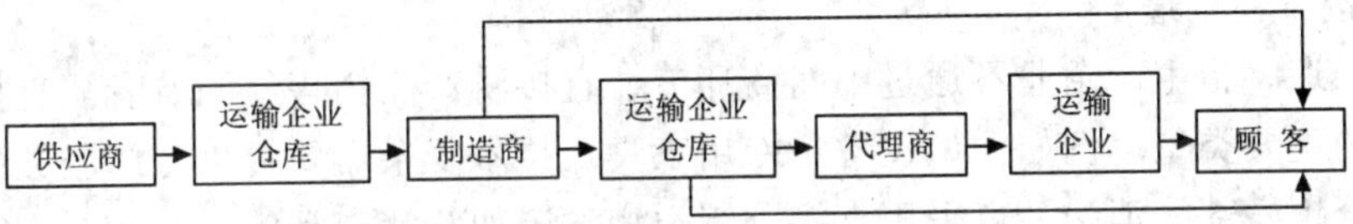

图 10－1　实体流程图

（2）所有权流程（如图 10－2 所示）。

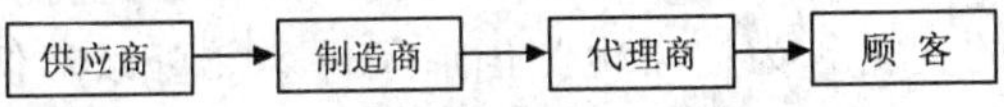

图 10－2　所有权流程图

（3）付款流程（如图 10－3 所示）。

图 10－3　付款流程图

（4）信息流程（如图 10－4 所示）。

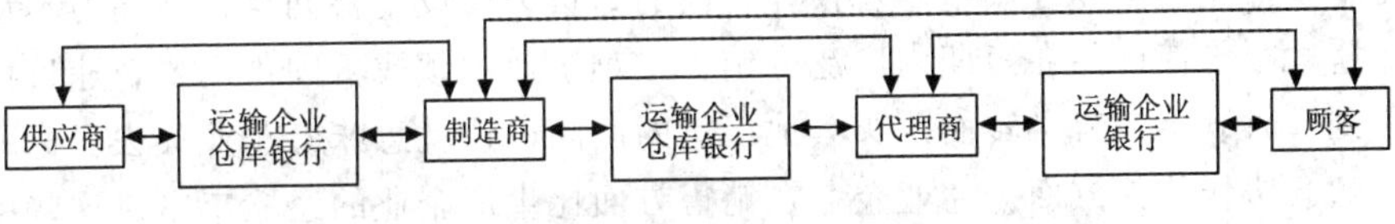

图 10－4　信息流程图

（5）促销流程（如图 10－5 所示）。

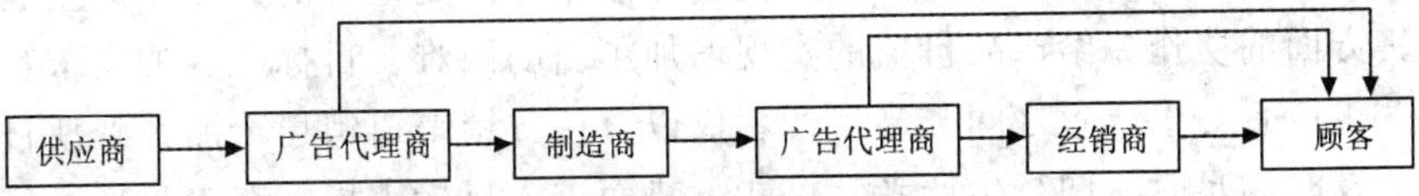

图 10－5　促销流程图

实体流程是指实体产品从制造商转移到最终顾客的过程；所有权流程是指货物所有权从一个市场营销机构到另一个市场营销机构的转移过程；付款流程是指货款在各市场营销中间机构之间的流动过程；信息流程是指在市场营销渠道中，各市场营销中间机构相互传递信息的过程；促销流程是指由一单位运用广告、人员推销、公共关系、促销等活动对另一单位施加影响的过程。五大流程构成商品销售渠道中所有成员共同执行和完成的职能。虽然各个成员发挥的作用不尽相同，通过合理的组织、执行完成上述流程，客观上就形成了销售渠道的整体功能。销售渠道的主要职能是使生产厂家的商品快速、准时、安全地到达目标市场和消费者手中，同时有效地完成货款回收和信息沟通。

二、分销渠道类型

按流通环节的多少，可以将分销渠道划分为直接渠道与间接渠道；间接渠道又分为短渠道与长渠道。直接渠道与间接渠道的区别在于有无中间商。

1. 直接分销渠道

直接渠道，指生产企业不通过中间商环节，直接将产品销售给消费者。直接渠道是工业品分销的主要类型。例如大型设备、专用工具及技术复杂需要提供专门服务的产品，都采用直接分销，部分消费品也采用直接分销类型，诸如鲜活产品等。

（1）直接分销渠道的优点：①有利于产、需双方沟通信息，可以按需生产，更好地满足目标顾客的需要。由于是面对面的销售，用户可以更好地掌握产品的性能、特点和使用方法；生产者能直接了解用户的需求、购买特点及其变化趋势，进而了解竞争对手的优势和劣势及其营销环境的变化，为按需生产创造条件。②可以降低产品在流通过程中的损耗。由于去掉了产品流转的中间环节，减少了销售损失，能加快产品的流转。③可以使购销双方在营销方式上相对稳定。一般来说，按直销渠道进行商品交换，交换的数量、时间、价格、质量、服务等都按合同规定履行，购销双方的关系以法律的形式于一定时期内固定下来，可以使双方把精力用于其他方面的战略性谋划。④可以在销售过程中直接进行促销。企业直接分销，可以针对最终客户开展促销活动。例如，企业派员直销，不仅促进了用户订货，同时也扩大了企业和产品在市场中的影响，促进新用户的订货。

（2）直接分销渠道的缺点：①目标顾客方面，对于绝大多数生活资料产品，其购买呈小型化、多样化和重复性。生产者仅凭自己的力量去广设销售网点，往往力不从心，甚至事与愿违，很难使产品在短期内广泛分销，很难迅速占领或巩固市场，企业目标顾客的需要得不到及时满足，势必转而购买其他厂家的产品，这就意味着企业失去目标顾客和市场占有率。②协作伙伴方面，商业企业在销售方面比生产企业的经验丰富，这些中间商最了解顾客的需求和购买习性，在产品流转中起着不可缺少的桥梁作用。而生产企业自销产品，就拆除了这一桥梁，势必要自己去进行市场调查，包揽了中间商所承担的人、财、物等费用。这样，将加重生产企业的工作负荷，分散精力。更重要的是，生产企业将失去中间商在销售方面的协作，给产品价值的实现增加了新的困难，目标顾客的需求难以得到及时满足。③生产者与生产者之间，当生产者仅以直接分销渠道销售产品，致使目标顾客的需求得不到及时满足时，同行生产者就可能趁势而进入目标市场，夺走目标顾客和商业协作伙伴。在生产性团体市场中，企业的目标顾客常常是购买本企业产品的生产性用户，他们又往往是本企业专业化协作的伙伴。所以，失去目标顾客，就意味着失去了协作伙伴。当生产者之间在科学技术和管理经验的交流上受到阻碍以后，将使本企业在专业化协作的旅途中更加步履维艰，这又影响着本企业的产品实现市场份额和商业协作，从而形成一种不良循环。

2. 间接分销渠道

间接分销渠道是指生产者利用中间商将商品供应给消费者或用户，中间商介入交换活动。间接分销渠道的典型形式是：生产者——批发商——零售商——最终使用者。现阶段，我国消费品需求总量和市场潜力很大，且多数商品的市场正逐渐由卖方市场向买方市场转化。与此同时，生活资料产品的销售已经基本由市场调节，工商企业之间的协作已日趋广泛、密切。因此，如何利用间接渠道使自己的产品广泛分销，已成为现代企业进行市场营销时所需研究的重要课题之一。

（1）间接分销渠道的优点：①有助于产品广泛分销。中间商在产品流转的起点同生产者相连，在其终点与消费者相连，从而有利于调节生产与消费在品种、数量、时间与空间等方面的矛盾。既有利于满足目标顾客的需求，也有利于企业产品价值的实现，更能广泛分销产品，巩固已有的目标市场，扩大新的市场。②缓解生产者人、财、物等力量的不足。中间商购买了生产者的产品并交付了款项，就使生产者提前实现了产品的价值，开始新的资金循环和生产过程。此外，中间商还承担销售过程中的仓储、运输等费用，也承担着其他方面的人力和物力成本，弥补了生产者营销力量的不足。③可以进行间接促销。消费者往往是货比数家后才购买产品，而一位中间商通常经销众多厂家的同类产品，中间商对同类产品的不同介绍和宣传，对产品的销售影响甚大。此外，实力较强的中间商还能支付一定的宣传广告费用，具有一定的售后服务能力。所以，生产者若能与中间商进行良好协作，就可以促进产品的销售，并从中间商那里及时获取市场信息。④有利于企业之间的专业化协作。现代机器大工业生产的日益社会化和科学技术的突飞猛进，使专业化分工日益精细，企业只有广泛地进行专业化协作，才能更好地迎接新技术、新材料的挑战，才能经受住市场的严峻考验，才能大批量、高效率地进行生产。中间商是专业化协作发展的产物。生产者产销合一，既难以有效地组织产品的流通，又使生产精力分散。有了中间商的协作，生产者可以从繁琐的销售业务中解脱出来，集中力量进行生产，专心致志地从事技术研究和技术革新，促进生产企业之间的专业化协作，以提高生产经营的效率。

（2）间接分销渠道的缺点：①可能形成“需求滞后差”。中间商购买了产品，并不意味着产品就从中间商手中销售出去了，有可能销售受阻。对于某一生产者而言，一旦其多数中间商的销售受阻，就形成了“需求滞后差”，即需求在时间或空间上滞后于供给，但生产规模既定，人员、机器、资金等照常运转，生产难以剧减。当需求继续减少，就会导致产品的供给更加大于需求。若多数产品出现类似情况，便造成所谓的市场疲软现象。②可能加重消费者的负担，导致抵触情绪。流通环节增大储存或运输中的产品损耗，如果都转嫁到价格中，就会增加消费者的负担。此外，若中间商服务工作欠佳，可能导致顾客对产品产生不满，甚至引起购买的转移。③不便于直接沟通信息。如果与中间商协作不好，生产企业就难以从中间商的销售中了解和掌握消费者对产品的意见、竞争者产品的情况、企业相较于竞争对手的优势和劣势、目标市场状况的变化趋势等信息。在当今风云变幻、信息爆炸的市场中，企业信息不灵，生产经营必然会迷失方向，也难以保持较高的营销效益。

3. 长渠道和短渠道

分销渠道的长短一般是按通过流通环节的多少来划分，具体包括以下四层：

（1）零级渠道：制造商——消费者。

（2）一级渠道：制造商——零售商——消费者。

（3）二级渠道：制造商——批发商——零售商——消费者，或者是制造商——代理商——零售商——消费者。

（4）三级渠道：制造商——代理商——批发商——零售商——消费者。

可见，零级渠道最短，三级渠道最长。长渠道是指产品分销过程中经过两个或两个以上的中间环节；短渠道是指企业仅采用一个中间环节或直接销售产品。两种策略各有利弊，必须认真分析和选择。

长渠道由于渠道长、分布密，能有效覆盖市场，从而扩大商品销售范围和规模。缺点则主要表现为：销售环节多，流通费用相应增加，使商品价格提高，价格策略选择余地变小；信息反馈慢，且失真率高，不利于企业正确决策；需要更好地协调渠道成员间的关系。

短渠道可以减少流通环节，节约流通费用，缩短流通时间；使信息反馈迅速、准确；有利于开展销售服务工作，提高企业信誉；有利于密切生产者与中间商及消费者的关系。缺点是难于向市场大范围扩张，市场覆盖面较小；渠道分担风险的能力下降，加大了生产者的风险。

4. 宽渠道与窄渠道

渠道宽窄取决于渠道的每个环节中使用同类型中间商数目的多少。企业使用的同类中间商多，产品在市场上的分销面广，称为宽渠道。如一般的日用消费品（毛巾、牙刷、开水瓶等），由多家批发商经销，又转卖给更多的零售商，能大量接触消费者，大批量地销售产品。企业使用的同类中间商少，称为窄渠道，它一般适用于专业性强的产品，或贵重耐用消费品，由一家中间商统包，几家经销。生产企业容易控制分销，但市场分销面受到限制。

同步案例 10－1

条条道路通罗马

背景资料：

美娜宝公司的前身是一家面料厂，出于“看厌了服装厂的脸色，干脆自己做成品”的初衷，改制为一家生产、销售高档床上用品和布艺饰品的公司。但作为半成品供应商的前身，其留下的资源，除了技术开发和生产管理方面尚能借鉴外，其余对“美娜宝”来说，所用不大。特别是销售渠道这一块，一切都要重新建立。现在公司着重考虑的是，如何尽快为这个新公司拿出“渠道规划方案”，即为美娜宝床上用品规划合适的销售渠道并制定相关政策。而这个问题，仅销售部门内部就有四种完全不同的意见，更不要说其他部门了。一种是找行业内的代理商，依靠他们的原有渠道逐步做大；一种是开自营店，自产自销；一种是找代销商场，让他们担当直供经销商；还有一种是寻找社会投资者，以特许经营的方式来确定合作关系，“美娜宝”只提供产品和管理。但相应的现实困难是：行业内的现有代理商很分散，高端产品的代理商更是少之又少；作为新公司，自营的投资费用太大，短时间铺市到位也很难；进商场超市，除了会遇到进门难的问题，对于这样的新牌子，交易成本也很高；如果搞特许经营，“美娜宝”不仅没有管理经验，也缺乏品牌影响力。

问题：

美娜宝公司应该采取什么样的营销渠道？

分析提示：

案例中讨论的各种分销渠道，包括直接渠道、间接渠道、长渠道、短渠道、宽渠道、窄渠道等，在实际运用中是相互联系的。一般说来，长渠道必然是宽渠道，短渠道同时也是窄渠道。例如：生产企业自销属于直接渠道，是最短，也是最窄的渠道；间接渠道中，最长的渠道也是最宽的，即经过几道批发环节再零售的产品，在渠道宽度上必然是广泛性渠道。因此，企业在选择分销渠道策略时，必须全面考虑，避免出现渠道间的矛盾而影响分销效果。

任务2 中 间 商

中间商是指处于生产者和消费者之间，参与产品交易活动，促进买卖行为发生和实现的具有法人资格的经济组织或个人。中间商，按其在流通过程中所起的不同作用可以分为批发商和零售商，按其是否拥有商品所有权可以分为经销商和代理商。在商品流通过程中，中间商所起的作用非常重要，他们是生产者和消费者之间的纽带与桥梁。实际上，分销渠道策略的中心问题就是中间商的选择以及生产者与中间商、最终消费者或用户之间关系的协调问题。

一、批发分销渠道

1. 批发商的性质和作用

如果购买的目的是为了向其他商品经营单位转售，或向生产企业提供设备和生产资料，而不是为了销售给最终消费者或用户，这样的经营单位就是批发商。批发商处于商品流通起点和中间阶段，交易对象是生产企业和零售商，一方面它从生产企业购进商品，另一方面它又向零售商按批发价格经营大宗商品。其业务活动结束后，产品仍处于流通领域中，并不直接服务于最终消费者。批发商是产品流通的大动脉，是关键性的环节，是连接生产企业和商业零售企业的枢纽，是调节商品供求的蓄水池，是沟通产需的重要桥梁，对企业改善经营管理及提高经济效益、满足市场需求、稳定市场具有重要作用。

（1）批发商专门从事市场产品流通业务，把生产商的供给与零售商的需求结合在一起。这里，它充当了生产商推销中心和零售商采购中心的角色，减少了众多买主与卖主各自频繁交易的次数，节省了流通费用，提高了产品的成交率。

（2）独立批发商采购产品后，通过分类、分等、分割，将各个生产商生产的各类商品分配成零售商所需要的货色并供给，以满足消费者的多样化需求。这一职能对于中小零售商来讲尤为重要，可满足他们勤进快销、品种多、数量少、加快资金周转的需要。

（3）批发商把来自生产商和零售商（代表消费者）的购销信息汇集在一起，成为沟通信息的中枢。扩大了产品质量、价格等方面的可比性，提高了市场的透明度，从而减少了生产商、零售商因盲目推销、采购所造成的巨大损失。

（4）独立批发商还通过仓储、运输等业务，调节不同时间、不同地区的供求。这种调节生产与消费之间客观上存在的时间和空间矛盾的作用，被称为地点效用和时间效用。

（5）此外，批发商还具有多种服务功能，包括帮助厂家扩大宣传、提高产品声誉、诱导消费需求；协助零售商，为其提供支援和服务（商业信用等资金融通的服务）；为生产厂家提供产品开发、竞争趋势等信息。

当前，随着以计算机为基础的信息技术的广泛应用，给传统的流通结构、流通方式带来了巨大的冲击，对传统的批发业也提出了严重挑战。尽管如此，由于批发业享有专业化和规模经济优势以及在产品流通过程和社会经济运行中发挥着特殊职能作用，仍有其存在的必要性。

2. 批发商的主要类型

批发商主要有三种类型，即商人批发商、经纪人和代理商、制造商的销售机构。

（1）商人批发商（也称为独立批发商）。商人批发商，指的是自己进货，取得商品所有权后再批发出售的商业企业。商人批发商是批发商最主要的类型。商人批发商按职能和提供的服务是否完全可以分为两种类型：①完全服务批发商。完全服务批发商执行批发商的全部职能，他们提供的服务主要有保持存货、提供信贷、运送货物以及协助管理等。完全服务批发商又分为批发商人和工业分销商，批发商人主要是面向零售商销售商品，工业分销商主要是面向制造商销售商品。②有限服务批发商。有限服务批发商为了减少成本费用、降低批发价格，只执行批发商的部分职能。有限服务批发商主要有以下五种类型：一是现购自运批发商。现购自运批发商不赊销不送货，客户要自备货车去批发商的仓库选购货物并即时付清货款，自己把货物运回来。现购自运批发商主要经营食品杂货，客户主要是小食品杂货商、饭馆等。二是承销批发商。承销批发商拿到客户（包括其他批发商、零售商、用户等）订货单后，向生产者求购，并通知生产者将货物直接运送给客户。承销批发商不需要有仓库和产品库存，只需要一间办公室或营业所办公，因而也被称为“写字台批发商”。三是卡车批发商。卡车批发商从生产者处把货物装车后立即运送给各零售商店、饭馆等客户。由于卡车批发商经营的产品多是易腐或半易腐产品，所以一接到客户的要货通知就需立即送上门。实际上卡车批发商主要执行推销员和送货员的职能。四是托售批发商。托售批发商在超级市场和其他食品杂货店设置货架，展销其经营的产品，产品卖出后零售商才付给其货款。这种批发商的经营费用较高，主要经营家用器皿、化妆品、玩具等产品。五是邮购批发商。邮购批发商指那些全部批发业务均采取邮购方式的批发商，主要经营食品杂货、小五金等商品，其客户主要是边远地区的小零售商等。

（2）经纪人和代理商。经纪人和代理商是从事购买、销售或二者兼有的洽商工作，但不取得商品所有权的商业单位。与商人批发商不同的是，他们对其经营的产品没有所有权，所提供的服务比有限服务商人批发商还少，其主要职能在于促成产品的交易，借此赚取佣金作为报酬。与商人批发商相似的是，他们通常专注于某些产品种类或某些顾客群。

经纪人和代理商主要有以下几种：①产品经纪人。产品经纪人的主要作用是为买卖双方牵线搭桥，协助双方进行谈判，成交后向雇佣方收取一定的费用。产品经纪人不备有存货，不参与融资，也不承担买卖风险。②制造商代理（也称为制造商代表）。制造商代理代表两个或若干个产品线种类互补的制造商，分别和每个制造商签订有关定价政策、销售区域、订单处理程序、送货服务、各种保证以及佣金比例等方面的正式书面合同。制造商代理商了解每个制造商的产品情况，利用其广泛关系为代表的制造商销售产品。制造商代理商多为小型企业，雇佣的销售人员虽少但都极为干练。服饰、家具、电器等产品生产企业以及无力为自己雇佣外勤销售人员的小公司往往雇佣制造商代理商，某些大公司也会利用制造商代理商开拓新市场。③销售代理商。销售代理商是在签订合同的基础上，为委托人销售某些特定产品或全部产品，对价格条款及其他交易条件可全权处理的代理商。尽管销售代理商与制造商代表商一样，同许多制造商签订长期代理合同，替这些制造商代销产品，但两者也有显著不同。两者的不同表现为：一是每一个制造商只能使用一个销售代理商，而且将其全部销售工作委托给某一个销售代表商，以后不得再委托其他代理商代销产品，也不得再雇佣推销员去推销产品；而每一个制造商可以同时使用几个制造商代理商，制造商还可以设置自己的推销机构。二是销售代理商通常替委托人代销全部产品，没有销售地区限定，在规定销售价格和其他销售条件方面有较大的权力；制造商代理商则要按照委托人规定的销售价格或价格幅度及其他销售条件，在一定地区内替委托人代销一部分或全部产品。所以，销售代理商实际上就是委托人的独家全权销售代理人。④采购代理商。采购代理商一般与委托人有长期关系，代委托人采购、收货、验货、储运。由于采购代理商消息灵通，因而可以向委托人提供有价值的市场信息，而且能以最低价格买到最好的货物。⑤佣金商（也称为佣金行）。佣金商是指对委托销售的商品实体具有控制力并参与商品销售谈判的代理商。大多数佣金商从事农产品的委托代销业务。佣金商和委托人的业务一般包括一个收获季节或一个销售季节。佣金商通常备有仓库，可以替委托人储存、保管货物；佣金商还执行替委托人发现潜在买主、获得最好价格、分等、打包、送货、给委托人和购买者以商业信用（即预付货款和赊销）、提供市场信息等职能。佣金商对委托代销的货物通常有较大的经营权力，佣金商收到农场主运来的货物以后，有权不经过委托人同意而以自己的名义按照当时可能获得的最好价格出售货物，以免经营的易腐品变质造成损失。佣金商卖出货物后扣除佣金和其他费用即将余款汇给委托人。

（3）制造商的分销机构以及零售商的采购办事处。制造商的分销机构以及零售商的采购办事处，属于卖方或买方自营批发业务的内部组织。①制造商的分销机构和销售办事处。制造商的分销机构执行产品储存、销售、送货以及销售服务等职能。制造商的销售办事处主要从事产品销售业务，没有仓储设施和产品库存。制造商设置分销机构和销售办事处，目的在于改进存货控制、销售和促销业务。②零售商的采购办事处。许多零售商在大城市设立采购办事处，这些办事处的作用与经纪人或代理商相似。

二、零售分销渠道

1. 零售商的作用

如果购买目的是为了向最终消费者出售，而不是向其他产品经营单位转售，这样的产品经营单位就是零售商。从它在营销渠道中所处的地位来看，它一头联结生产企业或批发企业，另一头联结消费者。零售商是推销系统中数量最多的组织，又是产品流通过程中的最后一个中间商业环节，因此，它在整个营销渠道中有着举足轻重的作用。对于制造商和批发商来说，他们既是营销者又是顾客。他们要从事众多的营销活动：买、卖、分级整理、承担风险。收集有关顾客需求的信息，为制造商和批发商服务。对于消费者而言，通过提供使消费者满意的各种产品，零售商能创造时间、空间和所有权效用。他们把产品从制造商或批发商那里转移到需求地点，创造出空间效用；通过库存，在消费者需要时随时供给，创造出时间效用；还要通过所有权承担风险和库存占用的资金，创造出所有权效用。

2. 零售商的种类

零售机构多种多样，五花八门、新形式不断涌现。在此，我们仅对主要的零售商的形式作一个简单的介绍。零售商可以分为三种基本类型，即商店零售商、非商店零售商、零售组织。

（1）商店零售商。①百货商店。百货商店的经营特色是经营的产品组合广而深。对每一条产品线都作为一个独立部门实施专业管理，规模一般较大。百货商店大多设在城市繁华区和郊区购物中心，店内装饰富丽堂皇，橱窗陈列琳琅满目。经营的商品主要是优质、时尚、高档商品，其价格也高于一般的超级市场（约高10%—20%）。经营的目标顾客是中产及中产以上阶层。百货商店通常采用传统的售货方式，每个商品部都有若干服饰整洁、彬彬有礼、主动热情的营业员为顾客介绍商品，解答问题，取拿包装商品。百货商店为顾客提供一系列服务，例如分期付款、送货到家；有的还设有餐厅、茶室、儿童游乐场所、休息室等。②专业商店。专业商店是专门经营某一类或几类专业性商品的商店。其产品线比较窄，但规格式样品种齐全，一般以经营的主要商品类别为店名招牌。如服装商店、五金商店、饮食商店等。这种商店的专业化程度可以非常高，如专营纽扣的商店、专营婚纱的商店。这种超级专用品商店将会随着细分市场的再细分和目标市场的再发展而更加完善和成熟。③超级市场。超级市场的特点是规模庞大、薄利多销、一次结算，消费者购物量多而且自我服务，对购买量大的顾客实行折扣优惠，并开辟大型停车场和提供购物小推车，便于购买者把货物运至自己的车上。有的还出售本商场的定牌商品，以扩大声誉，加强竞争力。为了满足消费者需要和低成本竞争的要求，超级市场越来越向多品种发展，一般拥有商品2万种以上，多为中低档商品，但包装精美、说明详细，以吸引顾客和代替售货员讲解。④便利店。便利店是一种以经营最基本的日常消费用品为主的综合商店，规模相对较小，位于住宅区附近。便利店营业时间较长，不少是24小时营业，每周营业7天的商店，如“7-11”商店就是早晨7点开门，晚上11点关门。一般经营周转较快的方便产品，如日用百货、药品、应急商品、即食食品等。由于便利店能随时满足消费者的即时需要，所以商品的价格相对较高。⑤仓储商店。仓储商店的特点是店堂装饰简单、产品价格低廉、服务有限，商品既有家具等体积较大、比较笨重的用品，也有各种日常生活用品等。商店往往设在房租低廉的郊区，消费者从货架上选中商品，付清货款，就可取走货物。商品价格比一般商店便宜10%—20%。⑥折扣商店。折扣商店也是一种百货公司，因其价格具有吸引力，深受消费者喜爱。商品以日常用品为主，同一产品有两种价格，一是牌价，二是折扣价，消费者按折扣价购买。这种商店经营全国性品牌的产品，质量可靠，同时折扣形式也经常改变。⑦样本目录陈列商店。这种形式的商店是将商品样本陈列在店堂内，大部分是价值大、毛利高、周转快的商品，如珠宝、首饰、摄影器材等。同时印制精美的商品目录供消费者选购。目录中附有每种商品的价格、货号、折扣，顾客可打电话订货，商店送货上门，也可亲自去商店看样选购。⑧超级商店、联合商店、特级商场。超级商店是以满足消费者的全部生活需求为目标而建立的，规模比超级市场更大，同时提供洗衣、支票兑现、餐饮、休息等服务项目。联合商店则比超级商店更大，呈现出经营多元化的趋势，主要向医药和仓储领域发展。特级商场比前面两者规模都大，综合了超级市场、折扣商店和仓储商店的特点，规模品种超出人们的日常所需，产品原装陈列，以减少搬运成本，并给愿意自行提货的消费者以价格优惠。

（2）非商店零售商。非商店零售商主要有以下三种形式：①直复市场营销。直复市场营销，是使用一种或多种广告媒体传播商品信息，以使广告信息所到之处迅速产生需求反应并最终达成交易的销售系统。直复市场营销者利用广告介绍产品，顾客可通过写信、打电话等形式订货，订购的货物一般通过邮寄交货，顾客用信用卡付款。直复市场营销者可在广告费用开支的一定范围内，选择可获得最大订货量的传播媒体，目的是迅速实现潜在交换，而不是为了刺激顾客的偏好和树立品牌形象。②直接销售。直接销售主要有挨门挨户推销、逐个办公室推销和举办家庭销售会推销等形式。由于需要支付雇用、训练、管理和激励销售人员的费用，因而直接销售的成本费用很高。目前，直接销售所存在的问题已经引起很多人对这种销售方式的反感。从发展来看，除某些特定种类商品及以某些特定顾客为对象的直接销售外，一般的直接销售很可能被电子销售所代替。③自动售货。自动售货就是利用自动售货机进行商品销售。由于自动售货机向顾客提供全天候售货服务、要经常给相当分散的售货机补充存货、机器常遭破坏、失窃率高等原因，自动售货的成本很高，因此商品的销售价格比一般物价水平要高15%—20%。但是，售货机被广泛安置在工厂、办公室、大型零售商店、加油站、街道等地方，方便了人们的购买。自动售货始于第二次世界大战后，现已被用在相当多产品的销售上，包括经常购买的产品（如饮料、糖果、香烟、报纸等）和其他产品（如食品、化妆品、书刊、唱片、胶卷、T恤、袜子、鞋油、保险等）。目前，自动销售的领域还在进一步扩展，自动售货的硬件也不断得到完善。

（3）零售组织。零售组织主要有连锁商店、自愿连锁商店、零售店合作社、消费者合作社、特许专营机构和销售联合大企业这样五种类型，下面着重介绍其中的三种。①连锁店。连锁经营主要有三种形式：正规连锁，即总店对分店拥有资产所有权，对人、财、物实行统一管理，各分店不是独立的法人；自由连锁，即总店和分店都是独立的法人，两者依靠契约关系进行连锁；特许连锁（也称为特许经营），这种形式介于正规连锁和自由连锁之间，以总店向分店提供的特定商品和服务规范为基础进行连锁。连锁店能够在市场竞争中取得成功的根本原因，就在于连锁经营形式能够促使其实现成本优势、价格优势、品牌效应、大销售量的良性循环。②消费者合作社。消费者合作社是一种消费者自发组织、自己出资、自己拥有的零售单位。某一社区的消费者出资自发组织消费者合作社的原因很多，如社区没有零售商店，居民购物很不方便；当地的零售商店服务欠佳，或者售价太高，或者提供的产品质量低劣。消费者合作社采用出资人投票方式进行决策，并推选出一些人对合作社进行管理。消费者合作社可以定价较低，也可以按正常价格销售，年终根据每个人的购货数量给予惠顾红利。③销售联合大企业。销售联合大企业是一种组合形式的公司，它以多种所有制的形式将不同类型、不同形式的零售商组合在一起从事多样化零售，并通过综合性、整体性的管理运作为所属零售商创造良好的经营环境与条件。

3. 零售商业发展趋势

零售市场是产品销售过程中具有决定性意义的市场，因而也是“商战”兵家必争之地。零售市场的激烈竞争推动了零售商业的迅速发展。从世界范围看，零售商业的发展出现了如下趋势：

（1）新的零售形式不断涌现，威胁着现有零售方式。从历史上看，百货商店、超级市场、连锁商店，都曾以其新的特点威胁并摧毁了若干旧的零售方式。今天，一些创造性的零售方式仍在不断涌现，如网络售货方式、上门服务的零售形式等，正在迅速发展。

（2）零售生命周期正在缩短。据一些学者研究，百货商店从开始出现到成熟期经历了80年时间，超级市场为35年，便利店为20年，超级专营商店为10年，新的零售形式的生命周期也在明显缩短。

（3）非商店零售异军突起。在过去10年，美国邮购销售量的增长是店内销售量增长的两倍。电子时代为非商店零售提供了广阔的发展空间，其发展前景不可估量。

（4）垂直渠道系统迅速发展。渠道管理与计划的专业化程度越来越高。由于大公司逐步增强对营销渠道的控制，独立的小型商店正在被排挤出来。

（5）零售经营手段日益现代化。许多零售商正在用电脑提高预测水平、控制仓储成本，用电子技术向供应商订货、在商店之间传递信息，建立电子检测系统、资金电子转账系统、店内闭路电视和改进的商品处理系统。

同步案例10－2

7－11便利店在北京的首家店开业迎客

背景资料：

昨天早晨7点，7－11便利店在北京的首家店开业迎客。有意思的是，7－11便利店一开张就不会因下班而关门了，因为它将24小时营业，365天不关门。刚刚开业不到一小时，就有大批闻讯而动的附近居民被要求排队等候，分批进入店内，以免造成店内拥挤混乱。这家位于东直门桥西北角的7－11便利店，面积100多平方米。店面被设计成特有的红、绿、黄三色标志。这里商品非常丰富，据说是7－11便利店的商品专家经过很长时间调研最终确定的商品方案。便利店商品主要以食品为主，包括方便面、饼干、薯片、口香糖等，还有书报、洗发护发用品、电池、香烟、啤酒，甚至有家里请客急需的茅台酒等一系列生活中的“急需”用品。这里最大的特色是自制食品和自有品牌食品，油条、豆浆、各式面包、热乎乎的大米粥、饭团等在“快餐岛”卖的食品，都是后厨刚刚加工出的“新鲜货”。面包、饭团、套餐等都是“7－11”品牌。据介绍，开发适合当地人口味的自有品牌食品是7－11便利店最大的经营特色之一。

问题：

7－11便利店这样的经营模式对你有什么启示？

分析提示：

零售市场的激烈竞争推动了零售商业的迅速发展，7－11便利店经过长时间市场调研最终确定的商品方案迎合了消费者的需求。据介绍，开发适合当地人口味的自有品牌食品是7－11便利店最大的经营特色之一。因此，7－11便利店在众多便利店中脱颖而出。

三、电商网络分销渠道

1. 网络分销渠道概念

网络分销渠道是利用互联网提供可利用的产品和服务，以便使用计算机或其他能够使用技术手段的目标市场通过电子手段进行和完成交易活动。以互联网作为支撑的网络营销渠道也应具备传统营销渠道的功能。营销渠道是指与提供产品或服务以供使用或消费这一过程有关的一整套相互依存的机构，它涉及信息沟通、资金转移和事物转移等。一个完善的网上销售渠道应有三大功能：订货功能、结算功能和配送功能。

2. 网络分销渠道特点

利用中间商能够在广泛提供产品和进入目标市场方面发挥最高的效率。营销中间商凭借其业务往来关系、经验、专业化和规模经营，提供给公司的利润通常高于自营商店所能获取的利润。但互联网的发展和商业应用，使得传统营销中间商凭借地缘原因获取的优势被互联网的虚拟性所取代，同时互联网的高效率的信息交换，改变着过去传统营销渠道的诸多环节，将错综复杂的关系简化为单一关系。互联网的发展改变了营销渠道的结构。利用互联网的信息交互特点，网上直销市场得到大力发展。因此，网络营销渠道可以分为两大类：

（1）通过互联网实现的从生产者到消费（使用）者的网络直接营销渠道（简称网上直销），这时传统中间商的职能发生了改变，由过去的环节的中间力量变成为直销渠道提供服务的中介机构，如提供货物运输配送服务的专业配送公司，提供货款网上结算服务的网上银行，以及提供产品信息发布和网站建设的 ISP 和电子商务服务商。网上直销渠道的建立，使得生产者和最终消费者直接连接和沟通。

（2）通过融入互联网技术后的中间商机构提供网络间接营销渠道。传统中间商由于融合了互联网技术，大大提高了中间商的交易效率、专门化程度和规模经济效益。同时，新兴的中间商也对传统中间商产生了冲击，如美国零售业巨头为抵抗互联网对其零售市场的侵蚀，从 2000 年元月份开始在互联网上开设网上商店。基于互联网的新型网络间接营销渠道与传统间接分销渠道有着很大不同，传统间接分销渠道可能有多个中间环节如一级批发商、二级批发商、零售商，而网络间接营销渠道只需要一个中间环节。

3. 网络分销渠道功能

（1）订货系统。它为消费者提供产品信息，同时方便厂家获取消费者的需求信息，以求达到供求平衡。一个完善的订货系统，可以最大限度降低库存，减少销售费用。

（2）结算系统。消费者在购买产品后，可以有多种方式方便地进行付款，因此厂家（商家）应有多种结算方式。目前国外流行的几种方式有：信用卡、电子货币、网上划款等。而国内付款结算方式主要有：邮局汇款、货到付款、信用卡等。

（3）配送系统。一般来说，产品分为有形产品和无形产品，对于无形产品如服务、软件、音乐等可以直接通过网上进行配送；对于有形产品的配送，要涉及运输和仓储问题。国外已经形成了专业的配送公司，如著名的美国联邦快递公司，它的业务覆盖全球，实现全球快速的专递服务，以致于从事网上直销的 Dell 公司将美国货物的配送业务都交给它完成。因此，专业配送公司的存在是国外网上商店发展较为迅速的一个原因所在，在美国就有良好的专业配送服务体系作为网络营销的支撑。

4. 网络营销渠道的分类

（1）网上直销。网上直销与传统直接分销渠道一样，都是没有营销中间商。网上直销渠道一样也要具有上面营销渠道中的订货功能、支付功能和配送功能。网上直销与传统直接分销渠道不一样的是，生产企业可以通过建设网络营销站点，让顾客可以直接从网站进行订货。通过与一些电子商务服务机构如网上银行合作，可以通过网站直接提供支付结算功能，简化了资金流转的问题。对于配送方面，网上直销渠道可以利用互联网技术来构造有效的物流系统，也可以通过互联网与一些专业物流公司进行合作，建立有效的物流体系。

（2）网络时代的新型中间商。由于网络的信息资源丰富、信息处理速度快，基于网络的服务便于搜索产品，但在产品（信息、软件产品除外）实体分销方面难以胜任。目前出现了许多基于网络（现阶段为 Internet）的提供信息服务中介功能的新型中间商，可称之为电子中间商（Cybermediaries）。

知识拓展 10－1

雅芳的网络营销渠道策略案例

作为“全球最有价值的100个品牌”之一的跨国公司，雅芳公司于2000年底自主开发了一套基于互联网的经销商管理软件系统，简称为DRM系统，雅芳称这套系统为“直达配送”。该系统是由雅芳公司帮助雅芳专卖店拓展业务而设计的电子商务系统软件，它利用互联网赋予的强大功能，将企业的顾客、零售商与企业各个部门联系起来，覆盖了公司销售策略、促销、订货、配送、销售、客户服务等整个交易过程，使经销商足不出户，就能实现与企业之间的信息流、资金流和物资流的准确、顺畅的流通和运转。通过DRM系统，经销商可以在互联网上查询产品信息，了解最新的市场促销活动。此外，借助DRM系统中的支付功能，经销商可以在网上订购产品，并通过银行的网上支付业务实现网上结算。此时，雅芳的供应链体系转变为“工厂生产—区域服务中心—经销商”模式。住在新疆南门和川地区的经销商，如今进货时，再也不需要长途跋涉、肩扛手提了，只需要在互联网下订单，在线通过银行网上支付业务付款，然后就可以等着第三方物流公司在72小时内将货物送到店里，最后在网上签收就可以了。

任务3 分销渠道的设计、选择与管理

生产者在设计分销渠道时，必须在理想的渠道和可能得到的渠道之间作出抉择，最后确定达到目标市场的最佳渠道。最佳渠道是对目标市场的覆盖能力最强，使目标市场的顾客满意程度最高，对生产者能提供较多利润的渠道。生产者对渠道的设计过程，由确定渠道目标与制约因素，确定主要渠道选择方案和评估渠道方案几个重要步骤构成。

一、影响分销渠道选择的因素

1. 产品因素

不同产品适合采用不同的分销渠道，这是企业选择分销渠道时必须首先考虑的。产品因素通常包括以下几方面：

（1）产品价格。一般说来，单位产品价格高的产品，宜采用短渠道，尽量减少流通环节，降低流通费用；而单位产品价格低的产品，则宜采用较长和较宽的分销渠道，以方便消费者购买。例如，日用百货品的生产企业经常把自己的产品卖给批发商，由批发商转卖给零售商，再经零售商交给最终顾客，而高级服装的生产企业，则愿意把自己的产品直接交给大的百货公司或高级时装商店出售给顾客。

（2）产品的重量和体积。重量和体积直接影响运输费用和储存费用。一般来说，较轻、较小的产品运输和储存比较便利，费用也比较少，选择较长、较宽的销售渠道。笨重和大件的产品，比如重型机器、水泥及其他建筑材料，由于运输和储存困难，费用又比较高，则应选择较短的销售渠道。

（3）产品的时尚性。对于时尚性强、款式花色变化快的产品，应选用短渠道，以免产品过时；而款式花色变化较小的产品，渠道则可长一些。如各种新式玩具和女士时装，应选择较短的销售渠道，以减少中间层次；款式不易变化的产品，则可选择较长的销售渠道。

（4）产品本身的物理化学性质。凡是易腐、易毁产品，如鲜活产品、陶瓷制品、玻璃制品及有效期短的产品，如食品、药品等，应尽可能选择短而宽的渠道，以保持产品新鲜，减少腐坏损失。

（5）产品的技术服务要求。技术复杂、售后服务要求高的产品，宜采用短渠道，由企业自销或由专业代理商销售，以便提供周到服务。相反，技术服务要求低的产品，则可选择长渠道。如各种机械设备、电子计算机等技术复杂的产品，最好由生产企业直接销售给最终顾客，以免中转过多而影响顾客对产品的了解，或对服务不周产生不满。

（6）产品的通用性。通用产品由于产量大、使用面广，分销渠道一般较长较宽；定制产品由于具有特殊要求，最好由企业直接销售。产品的标准化程度高、通用性强，可选择较长、较宽的销售渠道；而非标准化的专用性产品，则应选择较短的销售渠道。

（7）产品所处的生命周期阶段。产品处于生命周期的不同阶段对分销渠道的要求也不同。处于投入期的产品，其分销渠道是短而窄的，因为新产品初入市场，许多中间商往往不愿经销，生产企业不得不直接销售；处于成长期和成熟期的产品，消费需求迅速扩大，生产者要提高市场占有率，就要选择长而宽的渠道，扩大产品覆盖面。

2. 市场因素

市场状况直接影响产品销售，因此，它是影响分销渠道策略选择的又一重要因素。市场因素主要包括：

（1）目标市场范围。市场范围大的产品，消费者地区分布较广泛，企业不可能直接销售，因而渠道较长较宽；若目标市场范围较小，则可采用短渠道。例如，产品若在全国范围内销售或要出口到几个国家去，则要通过批发商、代理商乃至许多的零售商进行销售；若产品销售的市场范围很小，只在当地销售，则生产企业通过自销即可。

（2）市场的集中程度。市场比较集中的产品，可采用短渠道；若顾客比较分散，则需要更多地发挥中间商的分销功能，采用较宽较长的渠道。

（3）每次的销售批量。每次销售批量大的产品，可采用短渠道；批量小及零星购买的产品，交易次数频繁，则需要采用较长较宽的渠道。

（4）消费者购买习惯。消费者的购买习惯直接影响着企业分销渠道的选择。如消费品中的便利品，消费者要求购买方便，随时随地都能买到，因此需要通过众多中间商销售产品，渠道长而宽；消费品中的特殊品，消费者习惯上愿意花较多时间和精力去挑选，生产者一般只通过少数几个精心选择的中间商销售其产品，因此渠道窄而短。

（5）需求的季节性。季节性商品由于时间性强，要求供货快销售也快，因此要充分利用中间商进行销售，渠道相应就宽些。

（6）市场竞争状况。企业出于市场竞争的需要，有时应选择与竞争对手相同的分销渠道。因为消费者购买某些产品，往往要在不同品牌、不同价格的产品之间进行比较、挑选，这些商品的生产者就不得不采用竞争者所使用的分销渠道；有时则应避免“正面交锋”，选择与竞争对手不同的分销渠道。

（7）市场形势的变化。当市场繁荣、需求上升时，生产商应考虑扩大其分销渠道；而在经济萧条、需求下降时，则需减少流通环节。

3. 企业因素

影响渠道策略选择的企业因素主要有：

（1）企业的规模和声誉。企业规模大、声誉高、资金雄厚、销售力量强，具备管理销售业务的经验和能力，在渠道选择上主动权就大，甚至可以建立自己的销售机构，渠道就短一些，反之就要更多地依靠中间商进行销售。

（2）企业的营销经验及能力。一般而言，企业市场营销经验丰富，则可考虑较短的分销渠道。反之，缺乏营销管理能力及经验的企业，就只能依靠中间商来销售。

（3）企业的服务能力。如果生产企业有能力为最终消费者提供各项服务，如安装、调试、维修及操作服务等，则可取消一些中间环节，采用短渠道。如果服务能力有限，则应充分发挥中间商的作用。

（4）企业控制渠道的愿望。企业控制分销渠道的愿望各不相同。有的企业希望控制分销渠道，以便有效控制产品价格和进行宣传促销，因而倾向于选择短渠道；而有些企业则无意控制分销渠道，因此采用宽而长的渠道。

二、确定渠道选择方案

1. 建立渠道目标

渠道目标也就是在企业营销目标的总体要求下，选择营销渠道应达成的服务产出目标。这种目标一般要求建立的分销渠道达到总体营销规定的服务产出水平，同时使全部渠道费用减少到最低程度。企业在认真分析影响销售渠道选择决策的主客观因素的基础上，划分出若干分市场，然后决定服务于哪些分市场，并为之选择和使用最佳渠道。

2. 确定营销渠道模式

确定渠道模式，即决策渠道的长度，首先要根据影响渠道的主要因素，决定采取什么类型的营销渠道，是派销售人员上门推销或自设销售商店的短渠道，还是选择通过中间商的长渠道，以及选择什么规模和类型的中间商，渠道选择模式首先要确定渠道的长度。一般认为；生产者—批发商—零售商—消费者（包含两个中间层次）的模式是比较典型的市场营销渠道类型。当然，营销渠道的长与短只是相对而言，因为随着营销渠道长短的变化，其产品既定的营销职能不会增加或减少，而只能在参与流通过程的机构之间转移或替代。例如，某制鞋公司决定改由自己的推销机构直接向顾客出售商品。由此，公司必须把原来批发商、零售商承担的储存、运输、资金融通等职能全部承担统管起来。因此，渠道长度决策的关键点是选择适合企业自身特点的渠道类型，权衡利弊得失，使营销渠道产生最理想的销售效益。

3. 确定中间商的数目

确定中间商的数目，即决策渠道的宽度。每个渠道层次使用多少个中间商，这一决策在很大程度上取决于产品本身的特点、市场容量的大小及市场需求面的宽窄，通常有三种可以选择的形式：

（1）密集分销策略。实施这一策略的企业会尽可能多地通过批发商、零售商销售其产品，使渠道尽可能加宽。密集分销策略的主要目标是扩大市场覆盖面，使消费者和用户可以随时随地买到商品。消费品中的便利品（香烟、火柴、洗衣粉等）及工业品中的小型通用机具，适合采用密集分销策略。

（2）独家分销策略。实施此策略的企业在一定区域仅通过一家中间商经销或代销，通常双方协商签订独家经销合同，独家经销公司在享有该产品经销的特权下，其经营具有排他性，制造商规定经销商不得经营竞争产品。独家经销是一种最极端的形式，是最窄的分销渠道，通常对某些技术强的耐用消费品、名牌商品及专利产品适用。独家经销对生产者的好处是有利于控制中间商，提高中间商的经营水平，加强产品形象，并可获得较高的利润率。但这种形式具有一定风险，如果独家经销商因经营管理不善或其他原因造成销售业绩不佳，生产者将蒙受损失。

（3）选择性经销策略。这是介于密集分销和独家分销之间的销售形式，即生产厂家在某一销售区域精选几家最合适的中间商销售公司的产品。这种策略的特点是：比独家经销面宽，有利于开拓市场，展开竞争；比密集分销面窄，有助于厂商对中间商进行控制和管理，同时还可以有效地节省营销费用。这一策略的重点在于着眼稳固企业的市场竞争地位，维护产品在该地区的良好声誉。同时，促使中间商之间彼此了解，相互竞争，能够使被选中的中间商努力提高销售水平。选择性经销适用于消费品中的选购品（如时装、鞋帽、家用电器等），从某种意义上说，也适合于各类产品，特别是新产品开发与试销阶段。

4. 确定渠道成员的条件和义务

制造商在确定了渠道的长度和宽度之后，需要进一步规定渠道成员彼此的条件和应尽的义务，即制定“贸易关系组合”协议，协议主要涉及价格政策、销售条件、地区权利以及每一方为对方提供的服务及应尽的责任义务。

价格政策要求制造商制定价目表，对不同地区、不同类型的中间商和不同的购买数量给予不同的价格折扣比率，价格政策的原则及主要内容应得到中间商的理解和认可。

销售条件是中间商的付款条件及生产者的担保。对及时全部付清货款的中间商应给予现金折扣，生产者还应向中间商提供有关产品质量保证和跌价保证，生产者的跌价保证能够吸引并激励中间商大量购货。

除上述条件外，生产者还应明确中间商应具有的特许权利，规定交货的时间、结算条件以及彼此为对方提供哪些服务。例如，制造商提供维修、配件、培训、促销等义务和责任，经销商提供市场信息和各种业务统计资料等。对于双方的义务和权利，必须十分谨慎地确定，尤其是采用特许代营或独家代理等渠道形式时，更应明确双方的义务和责任。在确定了制造商与经销商之间的贸易组合协议之后，营销渠道的设计还应认真地研究渠道的经济成本，即比较不同渠道方案的销量及成本。例如，认真地衡量公司使用自身的销售力量能获得的销量及成本以及使用经销商或代理商的销量与成本。这个问题在产品销售的不同阶段会得出不同的结论。一般而言，在产品销售前期，利用代理商的成本较生产者自销成本低，但到销售的中、后期阶段，即当销售增长超过一定水平时，用代理商的成本则愈来愈高。这是因为代理商的佣金比公司推销员的佣金高得多。

5. 选择渠道成员

中间商选择合理与否，对企业产品进入市场、占领市场、巩固市场和发展市场有着关键性的影响。选择中间商时，应主要考虑以下因素：

（1）服务对象。不同制造商有不同的目标市场，不同中间商有不同的服务对象。生产企业选择分销渠道，应首先考虑中间商的服务对象是否与企业要求达到的目标市场相一致，只有一致的中间商才能选择。

（2）地理位置。中间商的地理位置直接影响到产品能否顺利到达目标顾客手中。因此，选择中间商必须要考虑其地理分布情况，要求既要接近消费者，又要便于运输、储存及调度。

（3）经营范围。在选择中间商时，如果其经营主要竞争对手的产品，就需格外谨慎，不宜轻易选取。当然，若本企业产品在品质、价格、服务等方面优于同类产品，也可以选择。

（4）销售能力。即考察中间商是否有稳定的、高水平的销售队伍，健全的销售机构，完善的营销网络和丰富的营销经验。如果中间商不具备较好的经营能力，则不宜选用。

（5）物质设施与服务条件。一些特殊商品要求一定的物质设施和储运条件，这就要求中间商具备这种物质储运条件。此外，有些商品属高档耐用消费品，需要提供一系列的售中和售后服务，这也同样对中间商提出了要求。

（6）财务状况。中间商财务状况的好坏，直接关系到其是否可以按期付款，甚至预付货款等问题。企业在选择中间商时，必须对此严加考察。

（7）合作诚意。若没有良好的合作诚意，再有实力的中间商也不能选择。

6. 对分销渠道方案进行评估

分销渠道方案确定后，生产厂家就要根据各种备选方案进行评价，找出最优的渠道路线，通常渠道评估的标准有三个：即经济性、可控性和适应性，其中最重要的是经济性标准。

（1）经济性标准评估。经济性标准评估主要是比较每个方案可能达到的销售额及费用水平。①比较由本企业推销人员直接推销与使用销售代理商哪种方式销售额水平更高。②比较由本企业设立销售网点直接销售所花费用与使用销售代理商所花费用，看哪种方式支出的费用大。企业对上述情况进行权衡，从中选择最佳分销方式。

（2）可控性标准评估。企业对分销渠道的选择不应仅考虑短期经济效益，还应考虑分销渠道的可控性。因为分销渠道稳定与否对企业能否维持并扩大其市场份额、实现长远目标关系重大。企业自销对渠道的控制能力最强，但由于人员推销费用较高，市场覆盖面较窄，因此不可能完全自销。利用中间商分销就应充分考虑渠道的可控性，一般说来，建立特约经销或特约代理关系的中间商较容易控制，但这种情况下，中间商的销售能力对企业的影响又很大，因此应慎重决策。对分销渠道的控制应讲究合理适度，以求在合理的控制程度下，较好地实现企业的销售目标。

（3）适应性标准评估。每一个分销渠道的建立都意味着渠道成员之间的关系将持续一定时间，不能随意更改和调整，而市场却是不断发展变化的，因此，企业在选择分销渠道时就必须充分考虑其对市场的适应性。首先是地区的适应性，在某一特定的地区建立商品的分销渠道，应与该地区的市场环境、消费水平、生活习惯等相适应。其次是时间的适应性，根据不同时间商品的销售状况，应能采取不同的分销渠道与之相适应。总之，适应性要求企业在分销渠道决策时保留适度弹性，能根据市场形势的变化，对其分销渠道进行适当调整，以更好地实现企业营销目标。

三、分销渠道的管理

1. 检查中间商

企业必须定期评估中间商的绩效是否达到某些标准。也就是说，企业要对中间商进行有效的管理，还需要制定一定的考核标准，检查、衡量中间商的表现。这些标准包括：销售指标完成情况、平均存货水平、向顾客交货的快慢程度、对损坏和损伤商品的处理、与企业宣传及培训计划的合作情况以及对顾客的服务表现，等等。在这些指标中，比较重要的是销售指标，它表明企业的销售期望。通常，企业可定期对中间商进行考核并公布考核结果，目的在于鼓励那些销量大的中间商继续保持声誉，同时鞭策销量少的中间商努力赶上。企业还可以进行动态的分析比较，从而进一步分析各个不同时期各中间商的销售状况。若某些中间商的绩效低于标准，应积极查找原因，采取相应的措施。

2. 分销渠道的激励与扶持

企业在选择了分销渠道以后，为了保证中间商努力扩大对本企业产品的销售、不断提高业务水平，必须对其进行激励与扶持。

对中间商的激励，首先体现在向其提供价廉物美、适销对路的产品。只有经销畅销商品，中间商才能加速资金周转，增加企业盈利。因此，提供适销对路的优质产品就是对中间商的最好激励。

对中间商激励的另一种方式是合理分配利润。企业与中间商在一定程度上是一种利益共同体，因此必须“风险共担、利益均沾”，这就要求企业合理分配双方利润，否则中间商就没有销售积极性。所以，对中间商要视其情况采取“胡萝卜加大棒”的政策。对销售指标完成得好的中间商可给予较高的折扣率，提供一些特殊优惠，还可以发放奖金或给予广告补助、促销津贴等；若中间商未完成应有的渠道责任，则对其进行制裁，可降低折扣、放慢交货甚至终止合作。

作必要让步也是对中间商的激励方法之一。这种激励方法要求企业了解中间商的经营目标和需要，在必要时作一些让步，以满足中间商的某些要求，鼓励中间商努力经营。

对中间商的扶持主要体现在资金、信息、广告宣传和经营管理等方面。资金方面，可适当延长中间商的付款期限，放宽信用条件，以解决其资金不足的困难。信息帮助是指将企业了解的市场信息和产品信息等及时传递给中间商，为其扩大产品销售提供信息方面的依据。广告宣传帮助主要包括：帮助中间商策划当地的促销活动，并提供广告津贴、陈列经费、宣传品等。经营管理帮助是指生产企业通过帮助中间商搞好经营管理，从而扩大本企业产品的销售。例如，协助中间商搞好产品陈列、新产品专柜或某些展销活动，主办产品操作表演，协助培训销售人员和推销人员，进行技术指导等，这样不仅密切了双方关系，还可大大提高中间商的工作效率和服务水平。

值得注意的是，对中间商的激励必须适度，激励过少难以刺激其经营积极性，过分的激励或越俎代庖又会造成企业利润的损失，影响中间商独特功能的发挥。

3. 渠道调整

市场营销环境是不断发展变化的，经过一段时间以后，原先的分销渠道可能已不适应市场变化的要求，此时就必须进行相应调整。一般说来，对分销渠道的调整有三个不同层次：

（1）增减分销渠道中的个别中间商。由于个别中间商的经营不善而造成市场占有率下降，影响到整个渠道效益时，可以考虑对其进行削减，以便集中力量帮助其他中间商搞好工作，同时可重新寻找几个中间商替补。市场占有率的下降，有时可能是由于竞争对手分销渠道扩大而造成的，这就需要考虑增加中间商数量。企业决策时必须进行认真分析，不仅要考虑其直接收益，如能带来销售额的多大增长，而且还要考虑对其他中间商的销量、成本与情绪所带来的影响。

（2）增减某一个分销渠道。当生产企业通过增减个别中间商不能解决根本问题时，就要考虑增减某一个分销渠道。例如，企业在经营过程中可能发现有的渠道作用不大需要缩减，有时又会由于渠道不足造成某种商品销售不畅，需要增加新的分销渠道。

（3）调整整个分销渠道。这是渠道调整中最复杂、难度最大的一类，因为它要改变企业的整个渠道策略，而不只是在原有基础上缝缝补补。例如，放弃原有的直销模式，而采用代理商进行销售；或者建立自己的分销机构以取代原先的间接渠道。这种调整不仅是渠道策略的彻底改变，而且产品策略、价格策略、促销策略也必须作相应调整，以期和新的分销系统相适应。总之，分销渠道是否需要调整、如何调整，取决于其整体分销效率。因此，不论进行哪一层次的调整，都必须作经济效益分析，看销售能否增加、分销效率能否提高，以此鉴定调整的必要性和效果。

同步案例 10－3

可口可乐公司全新的 101 分销商管理模式

背景资料：

自 1979 年可口可乐公司重新进入中国后，如何能满足中国消费者的需求成为可口可乐公司首先考虑的问题，可口可乐公司根据中国市场的状况，实施了“3A”营销策略：即“买得到、买得起、乐得买”。随着市场的不断变化，消费者的消费观念也随之变化，可口可乐公司又提出更高层次的“3P”原则，即：可口可乐公司的产品做到“无处不在、物有所值、心中首选”。从2001年起可口可乐开始实施“101计划”，目的是为了强化对渠道出货流向的控制和终端的价格控制。主要内容是和二、三线市场的分销商合作，给终端零售商提供硬件和软件的服务。硬件方面包括给零售商提供冰箱、冰柜、展示架等器材，软件方面则主要是培训零售商关于经营软饮料的知识。101项目是根据CSS（消费者服务系统）原理所发展起来的一个全新的分销商管理模式。它是针对可口可乐公司指定的客户群或者业务区域，以及公司所选定的批发商所共同建立起来的一个适合本地市场状况的客户服务系统。第一个“1”是指公司的产品可以让消费者“一瓶在手，欢乐无穷”；“0”是指公司要帮助合作伙伴（批发商）从被动的服务零售客户，转化为积极、主动地开拓零售客户，协助他们做好零售客户的深度分销工作，从而确立“零售目标，深入民间”；最后的“1”代表公司同合作伙伴之间“一体结盟，互利互助”的双赢局面。101合作伙伴就是可口可乐产品的批发商。但是他们与传统意义上的批发商不同，必须要具备下列三个主要特征：一是能够按照可口可乐公司的业务原则、方法和要求来执行101项目所分派的部分工作，接受指导并提供公司所需要的资讯；二是他们着眼于市场的长远发展，注重自身战略性的业务规划；三是他们期望提高自身的市场竞争地位，并希望与公司共同获得有一定效益的业务增长。也只有符合这样条件的批发商，才能够成为可口可乐公司的合作伙伴。

问题：

可口可乐公司全新的101分销商管理模式主要指什么？这样的模式对你有什么启示？

分析提示：

市场营销环境是不断发展变化的，原先的分销渠道经过一段时间以后，可能已不适应市场变化的要求，必须进行相应调整。可口可乐公司根据中国市场的状况提出“101计划”，目的是为了强化对渠道出货流向的控制和终端的价格控制。

四、客户关系管理

在企业的诸多资源中，客户资源（包括个人客户和团体客户）将是21世纪市场竞争中至关重要的资源。客户要求企业更多地尊重他们，并在服务的质量和及时性等方面提出了更高要求。企业在处理与客户的关系时，越来越感觉到没有信息技术支持的客户关系管理系统（Customer Relationship Management，简称CRM）力不从心，于是CRM系统便应运而生，并将成为21世纪企业竞争获利的“通行证”。

1. 客户关系管理的含义和内容

客户关系管理是企业为赢得顾客的高度满意，建立起与客户的长期良好关系所开展的工作，主要包括以下几方面的内容：

（1）顾客分析。主要分析谁是企业的顾客，顾客的基本类型，个人购买者、中间商、制造商客户的不同需求特征和购买行为，并在此基础上分析顾客差异对企业利润的影响等问题。

（2）企业对顾客的承诺。承诺的目的在于明确企业为客户提供什么样的产品和服务。承诺的宗旨是使顾客满意。

（3）客户信息交流。这是一种双向的信息系统，其主要功能是实现双方的互相联系、互相影响。

（4）以良好的关系留住客户。首先需要良好的基础，即取得顾客的信任；同时要区别不同类型的客户关系及其特征，并经常进行客户关系情况分析，评价关系的质量，采取有效措施；还可以通过建立顾客组织等途径，保持企业与客户的长期稳定关系。

（5）客户反馈管理。反馈管理的目的在于衡量企业承诺目标实现的程度，及时发现在为顾客服务过程中的问题。

以上客户关系管理的思想可以通过客户关系管理软件 CRM 来实现。CRM 的理念要求企业完整地认识整个客户生命周期，提供与客户沟通的统一平台，提高员工与客户接触的效率和客户反馈率。CRM 系统是一种解决方案，同时也是一套人机交互系统。一个企业的 CRM 系统通常包括市场管理、销售管理、客户服务和技术支持四部分。

2. 客户关系管理的功能

（1）企业的客户可通过电话、传真、网络等访问企业，进行业务往来。

（2）任何与客户打交道的员工都能全面了解客户关系，根据客户需求进行交易，了解如何对客户进行纵向和横向销售，记录自己获得的客户信息。

（3）能对市场活动进行规划、评估，对整个活动进行全方位的透视。

（4）能够对各种销售活动进行追踪。

（5）系统用户可不受地域限制，随时访问企业的业务处理系统，获得客户所需信息。

（6）拥有对市场活动、销售活动的分析能力。

（7）能够从不同角度提供成本、利润、生产率、风险率等信息，并对客户、产品、职能部门、地理区域等进行多维分析。

CRM 通过管理与客户的互动，努力减少销售环节，降低销售成本，发现新市场和渠道，提高客户价值、客户满意度、客户利润贡献度、客户忠诚度，实现最终效益的提高。

3. 客户关系管理的实施

（1）要做好客户信息的收集。为了控制资金回收，必须考核客户的信誉，对每个客户建立信用记录，规定销售限额。对新老客户、长期或临时客户的优惠条件应有所不同，因此要建立客户主文件。客户主文件一般包括客户原始记录、统计分析资料、企业投入记录等内容。

（2）企业必须了解客户的需求。通过建立一种以实时的客户信息进行商业活动的方式，将客户信息和服务融入到企业的运行中去，从而有效地在企业内部传递客户信息，尤其是在销售部门和生产部门之间。

（3）获知客户的喜好和需要并采取适当行动，建立并保持顾客的忠诚度。如果企业与顾客保持广泛、密切的联系，价格将不再是最主要的竞争手段，竞争者也很难破坏企业与客户间的关系。通过提供超过客户期望值的服务，可将企业极力争取的客户发展为忠实客户。大家都知道，争取新客户的成本要远远超过保留老客户。

总之，客户关系管理这样一个跨知识管理、业务运作和电子商务等系统的融合概念，正在改变广大企业的营销观念，正在改善企业与客户之间的关系，提高企业的竞争力。

本项目知识脉络

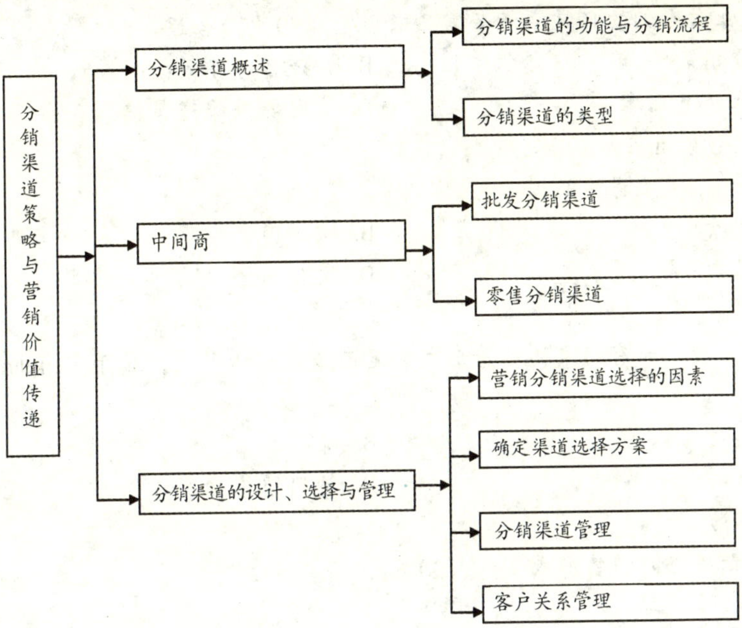

思考与练习

1. 理论题

（1）单选题

①制造商在某一地区通过最合适的几家中间商分销其产品。这种分销策略是(　　)。

A. 密集分销　　B. 选择分销

C. 独家分销　　D. 区域分销

②中间环节较多的渠道称作(　　)。

A. 宽渠道　　B. 长渠道

C. 直接渠道　　D. 多渠道

③对保存期短，易于腐烂变质和易碎商品，应尽可能采用(　　)。

A. 长渠道　　B. 短渠道

C. 宽渠道　　D. 窄渠道

④如果顾客经常小批量购买，则须采用(　　)渠道为其供货。

A. 长　　B. 短

C. 宽　　D. 窄

⑤某企业生产的工业原料要经过中间商销售。G市的一个中间商包揽了该企业在G市的全部产品销售业务，条件是从销售额中提取千分之五的佣金。那么，这家中间商是生产企业的(　　)。

A. 零售商
B. 批发商
C. 批发兼零售商
D. 以上三种都有可能

（2）多选题

①通常企业对人们的日常生活必需品采用(　　)更为合适。
A. 独家分销策略
B. 广泛性分销策略
C. 选择性分销策略
D. 直接销售渠道策略
E. 间接销售渠道策略

②选择分销渠道应考虑的因素有(　　)。
A. 产品因素
B. 市场因素
C. 企业因素
D. 文化因素
E. 外部因素

③零售业一般分为有门市的销售形式和无门市的销售形式，属于有门市的销售形式的有(　　)。
A. 百货商店
B. 邮寄
C. 连锁店
D. 访问销售
E. 超级市场

④直接分销渠道的销售形式有(　　)。
A. 前店后厂
B. 邮购
C. 电话营销
D. 展销会
E. 零售商

⑤指出下列哪些销售方式属于直复式营销的范畴(　　)。
A. 邮购
B. 电话订购
C. 代购
D. 上门销售
E. 店铺销售

（3）判断题

①批发商倡办的自愿连锁和一般连锁店相同。（　　）
②经纪人对经营的商品有一部分所有权，但代理商则没有。（　　）
③相对而言，消费品中的选购品和特殊品最适于采取密集分销。（　　）
④企业对人们的日常生活必需品采用广泛性分销策略更为合适。（　　）
⑤最理想的渠道是“生产者—消费者”，但是这种渠道是不存在的。（　　）

（4）简答题

①制造商、批发商和零售商的经营目标是否一致？为什么？如何协调他们之间的关系？

②为什么说分销渠道能够为消费者创造价值？试举例说明。

③如何设计一套渠道系统来组织复印机或矿泉水产品的分销？

④你认为分销渠道的五大流程彼此之间存在什么关系？是否有必要增加或减少什么流程？

2. 实务训练题

【案例分析】

案例资料：

Zippo 品牌通路营销组合

世界知名的 Zippo 打火机，一直不变的设计和品牌策略，使得竞争对手望尘莫及。Zippo 品牌塑造的忠诚度超乎想象，而坚实的品牌来自于 Zippo 无与伦比的品质和众多的传奇故事，Zippo 的成功在于它的秉执，无论是对于品牌还是品质。

Zippo 的通路很独特，它是由 Zippo 俱乐部、专卖店、专柜等组合而成的。其中最耀眼的要属 Zippo 俱乐部了。在全球的很多网站，都可以看见 Zippo 主题的俱乐部，这是 Zippo 玩家交流心得和藏品的门户。别小瞧这些无处不在的网站，正是它们在维系着 Zippo 和广大用户的情感，使得用户对 Zippo 的认可和痴迷空前绝后。也正是由于互联网的 Zippo 俱乐部，将 Zippo 的故事，Zippo 的玩法、收藏、甄别等知识倾囊相授，用户对 Zippo 的品牌及品质认知才得以提升，Zippo 品牌战略通过俱乐部的形式无声无息地进行着。俱乐部还办理邮购等业务，令一些没有 Zippo 专柜和专卖店的边远地区消费者同样可以成为 Zippo 的用户，让 Zippo 物尽其用，市场最大化、唾手而得。

Zippo 的可收藏性决定了它的价值，它虽构造简单，但决非普通的快速消费品，因此 Zippo 采取了专柜加专卖店的通路形式。专卖店和专柜实行统一售价，不加入疯狂打折的行列，因此，每一件 Zippo 都有保值、升值的可能。专卖店和专柜还可以保证用户购买的 Zippo 打火机都是正宗的，这在一定程度上减少了假货流窜，保障了用户的利益。另外，专卖店和专柜还同样是每支 Zippo 的售后服务中心，向用户提供终身免费维修的周到服务，从而使 Zippo 的“终生保用”承诺落到实处。

思考题：

（1）影响分销渠道选择的主要因素有哪些？请联系案例谈谈你对 Zippo 的通路选择的理解。

（2）结合现在的营销环境，你对 Zippo 的通路选择有什么样的建议？

项目十一
促销策略与营销价值体验

> 产品是有形的，服务是无形的，而所创造出的充满感情的体验是令人难忘的。
>
> 以服务为舞台，以商品为道具，以沟通为核心，导演令顾客难以忘怀的情景大剧。
>
> ——本书编者

【项目学习目标】

知识目标　（1）促销的定义；（2）沟通原理；（3）促销组合；（4）促销方法。

能力目标　（1）掌握促销的本质和沟通的模式；（2）了解促销组合的类型及特征；（3）掌握各种促销方法的特征及选择促销方法的影响因素；（4）学会应用促销组合方法。

职业素养　（1）诚信；（2）自信；（3）耐心；（4）沟通能力。

项目实践及考核　在教师指导下，营销项目小组在完成模块四的基础上，从体验营销的角度设计促销组合方案，以团队展示方式进行考核。

导入案例

优衣库：线上线下互动体验

2013 年 11 月 11 日“光棍节”350 亿元的销售神话让实体店的前景似乎越来越迷茫，但优衣库不一样，几乎是反其道而行之。首先是在中国的店面扩张是全面提速，新开店数量同比增长了 30%。它采用了一种“先装 APP、再开店”线上线下同互动体验的思路。

通过 APP 的推广，让越来越多的用户知道自己的品牌，知名度快速提升。它会通过多种方式吸引用户前往实体店购物，比如 APP 中提供周边店面的位置指引，其线上 APP 提供的优惠券二维码都是专门设计的，只能在实体店内才能扫描使用。

● “Uniqlo lucky line” 网上排队游戏促销

这款小游戏有着时尚的卡通界面和诱人的糖果色，你可以选择自己喜欢的卡通形象作为替身，去参加一个品牌的促销排队。在这里，你会走过长长的队伍，或许队伍里就有你在人人网里的好朋友，你可以跟他打声招呼或者有中奖的消息让朋友通知你，让你心中涌上一阵欣喜和亲切。走到队尾的时候，游戏会立即告诉你是否中奖。如果两手落空，没关系，5 分钟后又可以再去排队，而且可以一遍遍这样每 5 分钟排一次队地重复下去，直到中奖为止。顾客在优衣库网站 Uniqlo 店铺虚拟排队购物，即有机会获得 iPhone4、iPad、旅游券、特别版纪念 T 恤、9 折优惠券等礼物，凭着排队游戏，优衣库成功地将线上的消费者带到实体店，顺利完成促销目标。

● “指定产品区隔 + 时间段区隔” 折扣促销

对于商品打折，优衣库采取了区隔的策略。所谓“产品区隔”，主要是指线上与线下打折的商品都是特别指定的，并在款型上有所区隔。而所谓“时间段区隔”，指定折扣活动的时间段，并采用错峰排序的方式，用户错过线上折扣，也可以耐心等候实体店随之到来的折扣期。

● 不推商品，只推 APP

它的推广方式也比较有趣，以对实体店的员工进行大规模的 APP 培训为基础，在实体店内通过广播以及收银员的提醒，告知用户如果使用 APP 扫描指定产品的二维码，可以享受更好的打折优惠，借助大促的时机，不断提升 APP 的安装量。优衣库的 APP 更像是一种增加客户到店消费粘度的工具，提供真正有价值的折扣活动在线下店直接使用。

启示：信息传播的准确与受众参与的热情，决定了体验的效果。

任务 1　促销与促销组合

促销是企业与市场联系的重要手段，企业将自己的产品和服务向消费者宣传，引起消费者的购买欲望，从而扩大产品和服务的销售。为了充分发挥促销在市场营销中的作用，企业要对促销组合进行正确的选择。

一、促销与促销的目的

1. 促销的概念

促销是指企业以各种有效的方式向目标市场传递有关信息，以启发、推动或创造对企业产品和劳务的需求，并引起购买欲望和购买行为的一系列综合性活动。促销的本质是企业同目标市场之间的信息沟通。促销是企业市场营销活动的基本策略之一，它一般包括广告、人员推销、营业推广和公共关系等促销形式。

2. 促销的目的

（1）提供商业信息。通过促销宣传，可以使顾客了解企业生产经营什么产品，有哪些特点，到什么地方购买，购买的条件是什么等，从而引起顾客注意，激发其购买欲望，为实现和扩大销售作好舆论准备。

（2）突出产品特点，提高竞争能力。在激烈的市场竞争中，企业通过促销活动，宣传本企业产品的特点，努力提高产品和企业的知名度，促使顾客加深对本企业产品的了解和喜爱，增强信任感，从而也就提高了企业和产品的竞争力。

（3）强化企业形象，巩固市场地位。通过促销活动，可以树立良好的企业形象和商品形象，尤其是通过对名、优、特产品的宣传，更能促使顾客对企业产品及企业本身产生好感，从而培养和提高"品牌忠诚度"，巩固和扩大市场占有率。

（4）影响消费，刺激需求，开拓市场。新产品上市之初，顾客对它的性能、用途、作用、特点并不了解，通过促销沟通，引起顾客兴趣，诱导需求，并创造新的需求，从而为新产品打开市场，建立声誉。

二、促销信息的有效沟通

1. 促销的实质是信息沟通

促销的实质是一种沟通活动，是企业作为行为主体发出作为刺激物的信息，以刺激影响信息受众的有效过程。换言之，就是企业发出信息，提出意图，传递到目标对象——消费者或顾客，以影响其态度和行为，使其贯彻企业意图，并产生企业所期待的行动。因此，对企业来说，促销不仅仅是企业自身的事情，而应该是一个与消费者合作来共同完成沟通的过程。

企业与顾客进行有效沟通，应能准确回答6个方面的问题：谁？说什么？通过什么途径？对谁说？效果如何？收集什么样的反馈？

2. 促销信息的沟通过程

为了做好促销工作，营销管理人员应了解信息沟通过程是如何运作的。信息沟通过程一般包括9个要素，这个过程可用图11－1来概括。

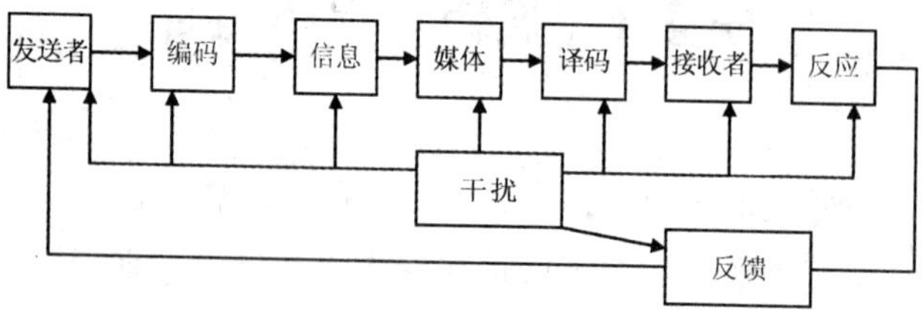

图11－1

（1）发送者。发送信息的一方，也称来源或沟通者。

（2）编码。将信息编译成可传递的符号或形式的过程，如设计广告。

（3）信息。发送者所传递的内容。

（4）媒体。发送者把信息传递给接收者的渠道，如电视、报纸、广播或人员沟通等。

（5）译码。信息接收者破译发送者所传递过来的符号的过程。

（6）接收者。接收信息的一方，也可称为目标受众或目的地。

(7) 反应。接收者收到信息后的反应，如顾客见到广告后，决定购买这种产品。

(8) 反馈。信息接收者将他的反应返回发送者的过程，是接收者对发送者的反向沟通。如顾客把对产品的意见和要求，反馈给企业。

(9) 干扰。信息传递过程中的非预期的干扰和扭曲，导致接收者收到的信息与沟通者发出的信息不一样。这种干扰可能是来自环境的，也可能是来自接收者心理上的。

以上9个要素中，发送者和接收者是信息沟通的两个主体；信息和媒体是沟通的手段；编码、译码、反应和反馈都是沟通的主要功能。

从信息沟通过程可知，为达到成功的信息沟通，信息发送者需了解自己的目标群众，明确自己希望得到何种反应；同时，在编译信息时需考虑目标受众会如何阐释该信息，而且必须通过目标受众可接触到的媒体传送信息；最后，还需要建立反馈系统来了解和评估目标受众对信息的反应。

三、促销组合

促销组合是指企业根据促销的需要，对各种促销方式进行的适当选择和综合编配。促销方式分为人员推销、公共关系、营业推广及广告等，企业对四种促销方式进行适当选择，综合使用，以求达成最好的促销效果。

1. 促销的基本方式

(1) 人员推销。人员推销又称人员销售，是企业通过派出推销人员或委托推销人员亲自向顾客介绍、推广、宣传，以促进产品的销售。可以是面对面交谈，也可以通过电话、信函交流。推销人员的任务除了完成一定的销售量以外，还必须及时发现顾客的需求，并开拓新的市场，创造新需求。

(2) 广告。广告是企业以付费的形式，通过一定的媒介，向广大目标顾客传递信息的有效方法。现代广告不应只是一味地单向沟通，而是形如单向沟通的双向沟通，即应把企业与顾客共同的关心点结合起来考虑广告的制作和传播。

(3) 营业推广。营业推广是由一系列短期诱导性、强刺激的战术促销方式所组成的。它一般只作为人员推销和广告的补充方式，其刺激性很强、吸引力大。与人员推销和广告相比，营业推广不是连续进行的，只是一些短期性、临时性的能够使顾客迅速产生购买行为的措施。

(4) 公共关系。公共关系是企业通过有计划的长期努力，影响团体与公众对企业及产品的态度，从而使企业与其他团体及公众取得良好的协调，使企业能适应它的环境。良好的公共关系可以达到维护和提高企业的声望，获得社会信任的目的，从而间接促进产品的销售。

2. 促销信息流向策略

从促销信息流向的角度看，促销可以分为“推”和“拉”两种策略。

(1) 推式策略。推式策略就是企业把产品推销给批发商，批发商再把产品推销给零售商，最后零售商把产品推销给消费者。在这种方式中，促销信息流向和产品流向是同方向的。因此，人员推销和营业推广可以认为是“推”的方式。采用“推”的方式的企业，要针对不同的产品、不同的对象，采用不同的方法。花费在现有产品和新产品、现有顾客和潜在顾客上的精力是有区别的。

（2）拉式策略。拉式策略就是企业不直接向批发商和零售商做广告，而是直接向广大顾客做广告。把顾客的消费欲望刺激到足够的强度，顾客就会主动找零售商购买这些产品。购买这些产品的顾客多了，零售商就会去找批发商。批发商觉得有利可图，就会去找生产企业订货。采用“拉”的方式，促销信息流向和产品流向是反向的。其优点就是能够直接得到顾客的支持，不需要去讨好中间商，在与中间商的关系中占有主动。但采用“拉”的方式需要注意，中间商（主要是零售商）是否有足够的库存能力和良好的信誉及经营能力。

推式策略和拉式策略都包含了企业与消费者双方的能动作用。但前者的重心在推动，着重强调了企业的能动性，表明消费需求是可以通过企业的积极促销而被激发和创造的；而后者的重心在拉引，着重强调了消费者的能动性，表明消费需求是决定生产的基本原因。企业的促销活动，必须顺乎消费需求，符合购买指向，才能取得事半功倍的效果。许多企业在促销实践中，都结合具体情况采取“推”、“拉”组合的方式，既各有侧重，又相互配合。

四、影响促销组合的因素

企业的促销组合，实际上就是对促销方式的综合运用。在选择采取哪一种或几种促销方式时，有一些因素是企业必须考虑的。这些因素包括：

1. 产品类型

不同类型产品的消费者在信息的需求、购买方式等方面是不相同的，需要采用不同的促销方式。一般地说，工业品购买者希望在掌握大量信息的基础上进行选择，人员推销可以更好地满足这方面的要求；消费品购买者则更多地注重产品的形象，高知名度的产品容易受欢迎，广告的促销效果就比较明显。通常，不同的促销方式在工业品和消费品市场上的作用如图 11－2 所示。

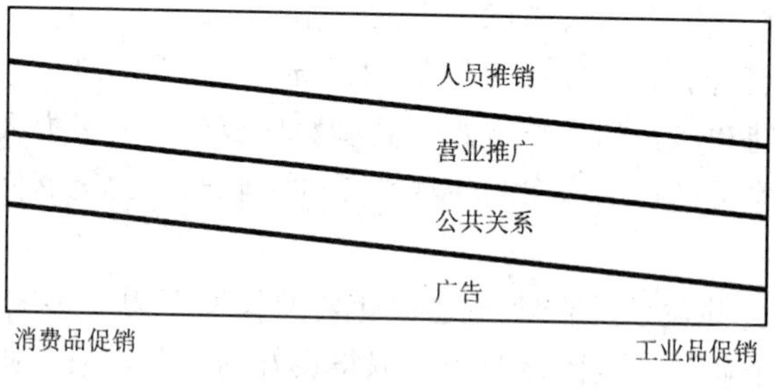

图 11－2

2. 市场特点

企业目标市场的不同特征也影响着不同促销方式的效果。在地域广阔、分散的市场，广告有着重要的作用。如果目标市场窄而集中，则可使用更有效的人员推销方式。此外，目标市场的其他特性，如消费者收入水平、风俗习惯、受教育程度等也都会对各种促销方式产生不同的影响。

3. 促销预算

促销预算的多少直接影响促销手段的选择，预算少，就不能使用费用高的促销手段。预算开支的多少要视企业的实际资金能力和市场营销目标而定。不同的行业和企业，促销费用的支出也不相同。

4. 产品生命同期

在不同的生命周期阶段，企业的营销目标及重点都不一样，因此，促销方式也不尽相同。在投入期，要让消费者认识了解新产品，可利用广告与公共关系广为宣传，同时配合使用营业推广和人员推销，鼓励消费者试用新产品；在成长期，要继续利用广告和公共关系来扩大产品的知名度，同时用人员推销来降低促销成本；在成熟期，竞争激烈，要用广告及时介绍产品的改进，同时使用营业推广来增加产品的销量；在衰退期，营业推广的作用更为重要，同时配合少量的广告来保持顾客的记忆。

任务2 人员推销

人员推销是现代市场营销活动中促销组合的重要手段之一，在现代促销活动中起着重要作用。就如无论现代化程度多高的战争，打阵地战仍需步兵一样，无论现代市场营销活动的促销手段怎样创新，仍需要人员推销实际占领市场与巩固市场。

一、人员推销的特点与任务

1. 人员推销的特点

（1）人员推销具有很大的灵活性。在推销过程中，买卖双方当面洽谈，易于形成一种直接而友好的相互关系。通过交谈和观察，推销员可以掌握顾客的购买动机，有针对性地从某个侧面介绍商品特点和功能，抓住有利时机促成交易；可以根据顾客的态度和特点，有针对性地采取必要的协调行动，满足顾客需要；还可以及时发现问题，进行解释，解除顾客疑虑，使之产生信任感。

（2）人员推销具有选择性和针对性。在每次推销之前，可以选好具有较大购买可能的顾客进行推销，并有针对性地对未来顾客作一番研究，拟定具体的推销方案、策略、技巧等，以提高推销成功率。这是广告所不及的，广告促销往往包括许多非可能顾客在内。

（3）人员推销具有完整性。推销人员的工作从寻找顾客开始，到接触、洽谈，最后达成交易，除此以外，推销员还可以担负其他营销任务，如安装、维修、了解顾客使用后的反应等，而广告则不具有这种完整性。

（4）人员推销具有公共关系的作用。一个有经验的推销员为了达到促进销售的目的，可以使买卖双方从单纯的买卖关系发展到建立深厚的友谊，彼此信任，彼此谅解，这种感情增进有助于推销工作的开展，实际上起到了公共关系的作用。

2. 人员推销的任务

（1）沟通。与现实的和潜在的顾客保持联系，及时把企业的产品及其他相关信息介绍给顾客，同时了解他们的需求，沟通产销信息，成为企业与消费者联系的桥梁。

（2）开拓。不仅要了解和熟悉现有顾客的需求动向，而且要尽力寻找新的目标市场，发现潜在顾客，开展新市场开拓工作。

（3）销售。通过与消费者的直接接触，运用推销的艺术，分析解答顾客的疑虑，达成交易。

（4）服务。除了直接的销售服务外，尚需代表公司提供其他服务，如业务咨询、技术性协助、融资安排等。

（5）调研。利用直接接触市场和消费者的便利，进行市场调研和情报搜集工作，并且将访问情况作出报告，为企业开拓市场和制定营销决策提供依据。

二、人员推销的步骤

不同的推销方式可能会有不同的推销工作步骤，通常情况下，人员推销一般包括以下七个相互关联又有一定独立性的工作步骤。

第一步，寻找顾客，是推销工作的第一步。寻找潜在顾客有很多途径，可以通过现有顾客的介绍以及其他销售人员介绍，查找工商名录、电话号码簿等寻找潜在顾客。

第二步，事前准备。在走出去推销之前，推销人员必须知己知彼，掌握三方面的知识：①产品知识——关于本企业、本企业产品的特点、用途、功能等各方面情况；②顾客知识——包括潜在顾客的个人情况，所在企业的情况，具体用户的生产、技术、资金情况，用户的需要，购买决策者的性格特点等；③竞争者知识——竞争者的能力、地位和他们的产品特点。同时，还要准备好样品、说明材料，选定接近顾客的方式、访问时间、应变语言等。

第三步，接近，即开始登门访问，与潜在客户开始面对面交谈。这一阶段推销员要注意：①给顾客一个好印象，并引起顾客的注意。因而，穿着、举止、言谈、自信而友好的态度都是必不可少的。②验证在准备阶段所准备的全部情况。③为后面的谈话做好准备。在接近时，注意使自己有一个正确的心态：友好，自信。友好：自己与对方是进行利益交换，是互惠互利的交换。自信：你不是低人一等求别人。你的企业产品是能经得起考验的。

第四步，介绍。这是推销过程中的重要一步。任何产品都可以也必须用某种方法进行介绍。即使那些无形产品（如保险、金融、投资业务），也可以采用图形、坐标图、小册子等形式加以说明。介绍时要注意通过视、听、触摸等感官向顾客传递信息，其中视觉是最重要的。在介绍产品时，要特别注意说明该产品可能给顾客带来的利益，要注意倾听对方的发言，以判断顾客的真实意图。

第五步，处理异议，即克服障碍。推销人员应随时准备处理不同意见。顾客在听取介绍的过程中，总会提出一些异议，如怀疑产品的价值，不喜欢交易的条件。这就需要推销员应当具有与持不同意见的买方洽谈的语言能力和技巧，能解释、协商，随时有应对否定意见的措施和论据，但不要争辩。

第六步，达成交易。即推销人员要求对方采取行动，订货购买阶段。有经验的推销人员认为，接近和成交是推销过程中两个最困难的步骤。在洽谈、协商过程中，推销人员要随时给予对方能够成交的机会。有些买主不需要全面的介绍，介绍过程中如发现顾客表现出愿意购买的意图，应立即抓住时机成交。在这个阶段，推销人员还可以提供一些优惠条件，以尽快促成交易。

第七步，售后追踪。达成交易不是推销的结束，而是下一轮推销的起点。如果推销人员希望顾客满意并重复购买，希望他们传播企业的好名声，则必须坚持售后追踪。在这一阶段，推销人员应认真执行订单中所保证的条件，例如交货期、售后服务、安装服务等。售后追踪访问调查的直接目的是了解顾客是否满意已购买的产品，发现可能产生的各种问题，表示推销人员的诚意和关心。另外一个重要的目的，是促使顾客传播企业及产品的好名声，听取顾客的改进建议。

三、人员推销的管理

1. 人员推销的规模和结构

（1）推销人员的规模。合理确定推销人员的规模，是人员推销管理的首要问题，确定推销人员规模的方法有两种：一是销售能力分析法。通过测量每个推销人员在不同范围、不同市场潜力区域内的推销能力，计算在各种可能的推销人员规模下，企业的总销售额及投资收益率，以确定推销人员的规模。二是推销人员工作负荷量分析法。即根据每个推销人员的平均工作量及企业所需拜访的客户数目来确定推销人员的规模。假设某企业在国内有1000个甲级客户和2000个乙级客户，甲级客户每年需要36次登门推销，乙级客户每年需要12次，这样每年共需6万次登门推销。假如每个推销员每年平均能进行1500次登门推销，那么该企业将需要40名专职推销员。

（2）人员推销的组织结构。

①产品型结构。即将企业的产品分成若干类，每一个推销员（或推销组）负责推销其中的一类或几类产品。这种结构适用于产品结构类型较多并且技术性较强、产品间缺少关联的情况。

②区域型结构。将企业的目标市场分成若干区域，让每个推销人员负责一定区域内的全部推销业务，并定出销售指标。采用这种结构有利于推销人员与顾客建立良好的人际关系，并且有利于节约交通费用。

③顾客型结构。按照目标客户的不同类型（如所属行业、规模大小、新老客户等）组织推销人员，即每个推销员（或推销组）负责向同一类顾客进行推销活动。采用这种结构有利于推销人员了解同类顾客的需求特点。

④综合型结构。即综合考虑产品、区域和顾客等因索，来组成推销人员队伍。采用这种结构时，每个推销员的任务都比较复杂。

2. 推销人员的选择、评价和报酬

（1）推销人员的基本条件。推销人员应熟悉企业产品情况，了解市场上同类产品的基本情况并能正确地进行比较和鉴别；熟悉企业情况，以便随时回答顾客的咨询；掌握市场营销的基本理论和技能，在市场上灵活地开展推销活动；认真学习并努力掌握各种政策法规，以便使自己的推销行为符合政策法规的要求，避免违法违纪的现象。

此外，推销人员还应具有胜任推销工作的个人素质。推销员在推销商品的同时也在推销自己。所以，推销员必须有良好的气质和职业素养，仪表端庄，热情大方，谦虚有礼，必须具有一定的沟通和社交能力，能够与各种各样的人打交道，善于倾听和说服；必须具有自我控制能力，无论遇到什么情况，都能沉着冷静，应对自如。

（2）推销人员的评价和报酬。对推销人员进行评价的主要指标是：销售量增长情况、毛利、每天平均访问次数及每次访问的平均时间、每次访问的平均费用、每百次访问收到订单的百分比、一定时期内新顾客的增加数及失去的顾客数目、销售费用占总成本的百分比。

推销人员的报酬主要有两种形式：一是销售定额制，即规定销售人员在一年中应销售多少数额并按产品加以确定，然后把报酬与定额完成情况挂钩。二是佣金制，即企业按销售额或利润额的大小给予销售人员固定的或根据情况可调整比率的报酬。佣金制度能鼓励销售人员尽最大努力工作，并使销售费用与现期收益紧密相连，同时，企业还可根据不同产品、工作性质给予销售人员不同的佣金。但是佣金制度也有不少缺点，如管理费用过高、导致销售人员短期行为等。所以，它常常与薪金制度结合起来运用。

同步案例 11－1

一位新人的成功推销

背景资料：

湖南怀化地区一位刚进入一家综合性服务企业的推销员，接受了一个“十佳礼仪小姐大奖赛”的广告演出活动的推销任务。

湖南怀化地区的工商企业不少，从哪家企业开始呢？他想，参加这个活动必须具有两个条件：一是效益好，能有广告资金投入；二是重视广告宣传，乐于投入资金。于是，一家制药企业——广州白云山制药总厂怀化分厂进入了他的视野。这是一家沿海地区先进企业与内陆合办的工厂，联营后，他们通过加大科技投入、不断开发新产品、努力提高产品质量、强化销售等一系列措施，使企业发生了很大的变化。特别是他们带来的广东人注重广告宣传、注重销售等新的营销观念深深地吸引了他，他决定上门推销。

厂长是一位精明的医学硕士，年龄和他差不多，也是位三十刚出头的年轻人。因为年龄相仿，经历相似，可以交谈的话题很多，容易相处，所以一见面他决定先不谈正事，先联络感情再说。于是自我介绍后，他即代表公司感谢白云山总厂对湖南特别是湘西人民的支持，对他们远离家乡、远离亲人在外艰苦创业的精神表示钦佩，并和厂长谈起了工作、生活和工厂的生产情况。待气氛融洽之后，他就将一本《公共关系》杂志递给了厂长，并翻出事先折好页的文章，请厂长指教。

推销怎么要带上一本杂志呢？原来事前他作了充分准备。临去之前，他请一位与厂里很熟的朋友与他们联系，预先约见。动身时他又带上一本《公共关系》杂志，因为里面刊登着广州白云山制药总厂开展赞助型公关广告的实例，他想，到时肯定会帮上忙的。果然不出所料，杂志起了大作用。当厂长看到已用红线划出的白云山厂实例后，马上来了兴趣，不仅把实例看完，还把从公关广告与商品广告的不同一直到公关广告有赞助型、服务型等七种基本类型的全文都认认真真看了一遍。等厂长看完抬起头来，他乘机把计划和盘托出。或许是文章的宣传效应，没等他怎么解释公关广告宣传的重要性，厂长便对这次活动表现出了浓厚的兴趣，并就其中一些技术性问题进行询问。等听到他圆满的回答，了解到活动安排十分周详后，厂长欣然应允，答应投入广告费一万元，买下本次大奖赛活动的冠名权。很快，一份关于举办“正清杯”十佳礼仪小姐大奖赛的广告宣传协议书正式签署，一万元广告费如期汇到了公司的账户上。

问题：

这位新进的推销员为什么能顺利完成这次推销任务？

分析提示：

该推销员临去之前，他请一位与厂里很熟的朋友与他们联系，预先约见。动身时他又带上一本《公共关系》杂志，找到了厂长感兴趣的事物，这样就顺利地拿下了此次的赞助活动。因此，在推销过程中推销员应了解企业情况，掌握市场营销的基本理论和技能，同时必须具有一定的沟通和社交能力，能够与各种各样的人打交道，善于倾听和说服。

任务3 广　　告

广告的基本功能是传递信息，它既可用来树立企业和产品形象，又可用来刺激销售，是一种被广泛运用的促销方式。企业应根据其特点，扬长避短，灵活运用。

一、广告的特点

1. 广告传播效果的特点

（1）传播面广。广告是借助大众媒体传播信息的，它的公众性和普及性赋予广告突出的"广而告之"的优点。广告主可以通过电视、报纸、广播、杂志等大众传媒在短期内迅速地将其信息告之众多的目标消费者和社会公众，这是人员推销等其他促销方式无法与之比拟的。

（2）传递速度快。广告是利用大众媒体传递信息的，大众传媒是一种迅捷的信息传播途径。它能使广告主发布的信息在很短的时间内传达给目标消费者。因此，在现代信息化社会，广告是一种富有效率的促销方式。

（3）表现力强。广告是一种富有表现力的信息传递方式。它可以借助各种艺术形式、手段与技巧，提供将一个企业及其产品感情化、性格化、戏剧化的表现机会，增大其说服力与吸引力。

2. 广告费用支出具有投资的特点

广告费用作为一种投入，产出的是增加了的销售利润。广告产出的效益不是直接的，广告促进了销售，在销售扩大带来利润扩大的过程中广告虽没直接带来利润，但广告起了重要的作用。广告效果有时虽不会产生即时效应，却能产生一种积累效应。

二、企业广告目标决策

企业的广告目标，取决于企业市场营销组合的整体战略要求以及企业营销管理的不同阶段。要给广告确定具体的目标，归纳起来有以下几种：

1. 以告知为目标

以此为目标的广告主要向市场介绍一种新产品，目的在于使潜在顾客了解新产品，提高认知率，在市场上唤起初步的需求。

2. 以说服为目标

这一广告目标是使消费者和用户不仅知道企业产品的名称，还要使他们了解、记忆企业及产品特点。这种广告在产品成长期配合差异性市场策略特别有效。

3. 以增加销售量为目标

以此为目标的广告除了对商品进行详细的介绍外，一般还附有图示、说明价格、信贷条件、购买地点，有时还有广告附表。顾客通过阅读这样的广告，即可以决定是否购买。

4. 以提醒为目标

当产品进入成熟期之后，配合营业推广采取以提醒为主的广告目标。因为这时市场对此产品已经相当熟悉，没有必要再像投入期那样详细地介绍产品，只需要向人们提醒它的销售地点和新的附加利益等就可以了。

三、广告信息决策

确定了广告目标之后，企业就要设计广告内容，即作出广告信息决策。

1. 广告信息创作

广告信息创作内容直接依据广告主所追求的目标市场及其产品竞争定位策略的选择。同时，还要具体研究目标市场不同年龄、不同收入、不同购买动机对不同广告信息的理解程度，设计几种不同的信息内容，评估、预测潜在市场对不同信息内容的销售反映函数。在此基础上评估、选择最佳的信息表达方式。

2. 广告主题选择

广告主题应根据所推销的商品和不同的广告对象来确定。如果广告对象是最终消费者，宣传的重点应着重强调追求感情动机；如果是工业用户，就把重点放在追求理性购买动机上。但无论是追求感情还是理性购买动机，广告主题最重要是强调产品在使用中给买主带来的收益。企业在确定广告主题时，应注意以下原则：（1）目标市场买主的社会经济条件所决定的买方利益的综合情况。（2）从买主所期望的利益中选择较为重要的因素。（3）选择较为重要的买主利益，检查竞争对手是否也在用其广告主题，避免使用竞争者已采用过的广告主题。（4）一则广告强调突出一个主题，针对性强，可以有效地吸引买主的注意力。

3. 广告信息表达

一则广告信息的效果不仅取决于“说什么”，而且有赖于“怎样说”，即信息的表达方式。广告信息的表达方式，一般有以下几种：

（1）生活片断。表现人们在日常生活中正在使用广告中的产品。

（2）生活方式。强调本产品如何适应人们的生活方式。

（3）音乐化。把企业或产品形象用广告歌曲表达，歌词反复强调产品名称。

（4）想象与情趣。为产品制造一个能够唤起人们美好联想的气氛与形象。

（5）拟人化。使产品人格化，让其能说话。一些日用品和儿童用品经常采用此方法表达。

（6）科学证明，显示调查证明或科学实验。表明产品符合科学标准，一些家庭用保健品常用此方法。

四、广告媒体的选择

为了正确地选择各种广告媒体，实现广告目标，企业在选择媒体之前，必须对媒体的接触度、频率和效果作出决策。接触度是企业必须在一定的时期内使多少人接触广告。频率决策是企业决定在一定时间内，平均使每人接触多少次广告。过多费用太高，过少又难以加深记忆。效果决策是指企业决定广告显露的效果。

1. 广告媒体的种类

广告媒体的种类很多，主要包括报纸、电视、直接邮寄、广播、杂志、户外广告等。各种媒体接触的听（观）众不同，影响力不同，广告效果也不同，为了实现广告的接触度、频率和效果等目标，应了解各类媒体的主要优缺点，以选择适当的广告媒体。

（1）报纸灵活性高、迅速及时、成本低、地理选择性好、可信度高。主要局限是保存性较差、内容庞杂、易分散注意力、清晰度也较差。

（2）电视能够把形象、声音与动作结合起来，能够较好地吸引观众的注意力，在短时间内给人留下深刻的印象。主要局限是成本高、时间短、对象缺乏可选性。

（3）广播传播迅速及时、不受场所限制、成本较低。主要局限是速度快不易记忆、无处查阅、没有视觉上的刺激、不易加深印象。

（4）期刊针对对象明确、收效好、保存率高、阅读率较好、可采用套色印刷有利于吸引读者注意。局限性是传递信息的延迟性较大、读者有一定局限。

（5）户外媒体的地理位置选择好，利用各种美术、造型等艺术手段，使广告鲜明、醒目、美观、简明，容易记忆。局限是受空间限制，复杂的内容无法表达。

（6）邮寄媒体针对对象明确、选择性好、迅速及时，但不易生动化形象化，广告比较呆板，所涉及的范围也有限。

2. 选择媒体时应考虑的因素

（1）目标市场接触媒体的习惯。例如，对青少年顾客来说，电视广告的效果最好。

（2）产品种类。例如，为女士服装做广告，选择彩色印刷杂志广告很有吸引力。

（3）广告信息。选择何种媒介还取决于广告信息本身。例如，复杂的技术信息在广播和电视中都难以说清，而选择专业杂志和邮寄广告较为理想。

（4）成本费用。电视广告成本很高，而广播、报纸广告成本相对较低。

同步案例 11-2

广告帮助百威啤酒成功进入日本市场

背景资料：

百威是1981年以后进入日本市场的，1982年在日本进口啤酒中就名列前茅，1982年销量比1981年增加50%，1984年就取得了销售200万瓶的业绩。

对企业来说，必须为自己的产品确立正确的目标。百威能取得成功首先在于把握了日本年轻人市场的变化，确立了以年青人为诉求对象的广告策略。日本年青人变得更有购买力，有更多时间去追求自己喜爱的事物，新奇而又昂贵的产品很能吸引他们。他们有自己的文字、表达方式和独特的语言，往往是市场舆论的制造者和领袖。如果要想用广告来打动他们，就必须认识他们，了解他们对事物的动机，只有这样才能推出有效的广告打动年轻人的心，这是百威啤酒在日本行销成功的背景。

百威的主要广告对象，先是设定在25—35岁的男性，他们的生活形态是：平常都不喝啤酒以外的烈酒，对运动与时装非常感兴趣，喜欢多姿多彩的休闲活动。这个对象的设定与百威啤酒原本就具有的“年轻人的”和“酒味清淡”的形象十分吻合。

设定了目标后，百威即把重点放在杂志广告上，专攻年轻人市场，并推出精心制作的激情海报加以配合。广告的诉求重心则是极力强化品牌的知名度，以突出美国最佳啤酒的高品质形象。在行销的第一、二个阶段里，传播概念都建立在“全世界最有名的高品质啤酒”，在视觉重点强调在标签和包装上。

百威广告在表现上运用了扣人心弦的创意策略，即将百威啤酒融于美洲或美国的气氛中，如辽阔的大地、沸腾的海洋或宽广的荒漠，使观众面对奇特的视觉效果，产生一种震撼感，给人留下深刻的印象。这种策略在第一个阶段里被运用得非常有技巧。在第二个阶段里，创意方向则针对美国风味加以渲染，突出强大而新鲜的感觉，以勾起目标对象心里的渴望。

在第一阶段里，广告主题是“第一的啤酒，百威”，动人的标题是“我们爱第一”。到了第二阶段，广告的主题改为“百威是全世界最大，最有名的美国啤酒”，广告标题则变成“这是最出名的百威”，并印在啤酒罐上，只要拿起罐子就可看到。

百威在媒体选择上逐年加以扩展，从杂志扩展到海报、报纸、促销活动，到 1984 年开始运用电视媒体。为配合大众媒体的广告宣传，针对年青人市场，百威成功地举行了许多活动，如举办第三届新港爵士音乐节、邀请百威棒球队到日本访问等，这些活动都吸引了大批的年轻人，扩大了产品的影响力。

百威推出的多种不同广告，都博得了消费者的好感，尤其是海报甚至成为受人们青睐的收集品。例如，1984 年在纽约广告竞赛中获奖的一张夏威夷风光印象的海报。一位客户在来信中说：“我们很高兴博服堂（百威在日本的广告代理公司）的夏威夷海报赢得人人仰慕的克莱欧奖。这是享誉世界的广告奖，只有美国或国际性的最佳创意作品，才能获此殊荣。恭贺全体创意群，当然不只是为了这张夏威夷海报，而是为了百威后续的杂志及海报广告。不管是世界上任何角落，这必然是最精彩的广告活动。对此殊荣，我们再次由衷地恭喜您。”

为了确保广告效果，百威授权给有责任感的日籍员工来判断广告的影响力，并同意用日本的方式，选择最具有强烈诉求的语言进行表现，因而有的放矢，更易达到目标。

问题：

百威的成功给人们的启示是什么？

分析提示：

百威能取得成功首先在于把握了日本年轻人市场的变化、确立了以年青人为诉求对象的广告策略。这是百威啤酒在日本行销成功的背景。为了正确地选择各种广告媒体，实现广告目标，企业在选择媒体之前，必须对媒体的接触度、频率和效果作出决策。

任务 4　公共关系

公共关系是促销组合中的一个重要组成部分，企业公共关系的好坏直接影响着企业在公众心目中的形象，影响着企业营销目标的实现。如何利用公共关系促进产品的销售，是现代企业必须重视的问题。

一、公共关系的本质特征

1. 企业的公共关系是指企业与其相关的社会公众的相互关系

这些社会公众主要包括：供应商、中间商、消费者、竞争者、金融保险机构、政府部门、科技界、新闻界等。可见，企业营销活动中存在着广泛的社会关系，不仅限于与顾客的关系，更不能局限于只有买卖关系。企业作为一个社会成员与社会其他个人、群体和组织必然会发生广泛的、频繁的、各式各样的社会联系。良好的社会关系是企业成功的保证之一，因此，建立和保持企业与社会公众的关系在企业营销活动中具有重要的作用。

2. 企业形象是公共关系的核心

公共关系首要的任务是树立和保持企业的良好形象，争取广大消费者和社会公众的信任和支持。一个企业除了生产优质产品和搞好经营管理之外，还必须重视创建良好的形象和声誉。在现代社会经济生活中，一旦企业拥有良好的形象和声誉，就等于拥有了可贵的资源，就能获得社会广泛的支持和合作。如供应商愿意提供货源，中间商愿意经销产品，消费者愿意购买产品，银行愿意提供贷款，新闻界乐于宣传介绍等。良好的公共关系可以使企业在市场竞争中占据有利地位，否则，就会产生相反的不良后果，使企业面临困境。可见，以创建良好企业形象为核心的公共关系这项管理职能，它涉及企业活动的各个方面，而且是长期地、不断积累、不断努力的结果。

3. 企业公共关系的最终目的是促进产品销售

公共关系与人员推销、广告等其他促销活动关系密切但又不尽相同，各有特色。广告等其他活动的目的在于直接促进产品销售，而公共关系的目的在于互相沟通，互相理解，在企业行为与公众利益一致的基础上争取消费者对企业的信任和好感，使广告等促销活动产生更大的效果，从而最终扩大产品的销路。正因为如此，公共关系也属于一种促销方式。不过，它是通过推销企业本身，从而促进产品销售。

4. 公共关系属于一种长效促销方式

公共关系比广告等活动成本少得多，有时甚至不需支付费用，但其效果却大得多，尤其是对于需要使消费者建立信任感的商品。因为有些时候消费者对广告存有戒心，使得广告的宣传作用大打折扣，而通过公共关系的活动却能消除消费者的疑虑，获取他们的信任。

总之，公共关系着眼于企业长期效益，而广告则倾向于产品销售。例如，企业对产品存在的质量问题主动报道，短期内无疑会影响其销售量，但从长远考虑，却使消费者增强了对企业的信任程度。另外，公共关系与广告等促销手段的区别还表现在：作为一项管理职能，企业对广告等促销手段是可以进行控制的，而公共关系工作在很大程度上是难以控制的。

二、公共关系的主要方法

公共关系的主要任务是致力于提高企业和产品的知名度，创建良好的企业形象和产品形象。鉴于此，公共关系活动的开展有如下几种方法：

1. 利用新闻媒介

由新闻媒介提供的宣传报道对企业来说是种免费广告，它能给企业带来许多好处。首先，它比广告创造更大的新闻价值，有时甚至是一种轰动效应，而且能鼓舞企业内部的士气和信心，一个企业或者产品能通过新闻报道而受到赞扬，无疑是一种有力的激励。其次，宣传报道比广告更具有可信性，使消费者在心理上感到客观和真实。宣传报道的内容十分广泛，它可介绍企业的各种产品、商标、组织、活动、人物等。在公共关系活动中，企业应善于将其活动和成果转变成新闻报道，争取"上报"、"上电视"、"上广播"，从而扩大影响，提高知名度。

2. 参与社会活动

企业在从事生产经营活动的同时，还应积极参与社会活动。在社会活动中体现自己的社会责任，赢得社会公众的理解和信任。例如，参与社会组织的各种文化、娱乐、体育活动，参与赞助办学、扶贫、救灾等社会公益活动，参与有关团体、行业协会组织的各种社交活动等。

3. 组织宣传展览

在公共关系活动中，企业可以印发各种宣传材料，如介绍企业的小册子、业务资讯、图片画册、音像资料等，还可以举办形式多样的展览会、报告会、纪念会及有奖竞赛等，通过这些活动使社会公众了解企业的历史、业绩、名优产品、发展前景等，从而达到树立企业形象的目的。

4. 进行咨询和游说

咨询主要是向管理人员提供有关公众意见，主要是企业定位与形象等方面的劝告和建议，也可包括回答和处理顾客的问题、抱怨和投诉。游说的对象主要是立法机构和政府官员。与他们打交道的目的是为了在一定范围内防止不利于本企业的法令、规定的颁布实施，或为了促使有利于本企业的法令、规定的颁布实施。

5. 导入 CIS 战略

为了树立良好的企业形象，许多企业导入 CIS 战略，取得了巨大成功。所谓 CIS 即企业形象识别，是指通过改变企业形象，吸引外界的注意，从而改进业绩，达到预期目标的一种经营战略。其内容具有一定的广度和深度，任务也较艰巨。过去我国的企业促销主要是靠广告来实现的，CIS 引入我国后，人们才越来越清楚地认识到提升企业整体形象的重要意义。良好的企业形象既是产品销售的基础，也是市场竞争的有力武器。

三、公共关系的实施步骤

公共关系在实施中必须遵循一定的程序。主要是确定目标、选择方法、实施项目和评价效果四个相互衔接的步骤。

1. 确定目标

在调查研究的基础上，根据社会公众对企业的了解和意见来具体确定公共关系目标。公共关系主要是利用信息沟通的原理和方法来进行活动的，因此，不同时期公共关系的具体目标是不相同的。例如，当企业推出某一重大举措或新的产品，当社会公众想了解企业有关情况时，公共关系的主要目标就应是传播信息；当社会公众对企业产生了某些误解时，公共关系的主要目标就应是促进理解，改变公众的态度和行为；当企业的产品销售萎缩时，公共关系就应配合其他营销手段以刺激需求、引起购买行为为主要目标。

2. 选择方法

正确的方法是实现目标的保证，上面所介绍的各种方法都具有一定的针对性，有不同的适用范围，有的主要是增进企业目标公众的支持与理解，有的主要是提高企业知名度，有的主要是促进产品销售。企业应根据总目标的要求和具体情况选择公共关系的方法。例如，为了配合新产品的推出，在宣传报道中引用成功的实例写成文章，作为广告推销的参考资料；可以组织专家和权威机构对产品进行鉴定或推荐；可以举办各种活动，如报告会、发布会、义卖等扩大影响。

3. 实施计划

对企业来说开展公共关系活动存在着许多不确定因素，较难控制，困难也较大。为了保证公共关系计划的实现，首先要有组织的保证，明确公共关系部门职责；其次要提高公共关系人员的素质；再次要坚持以诚取信的原则；最后要善于抓住机遇。例如，要将企业某一成果争取新闻媒介进行宣传报道，必须要有专人联系，提供真实资料，及时地满足新闻媒介的需要，这样成功的把握就较大。

4. 评价效果

对公共关系活动效果的评价往往是比较困难的。因为其一，传播信息的成效是一个潜移默化的过程，很难以具体的数据反映出来；其二，公共关系往往是配合着其他营销活动一道进行的，其收效也难单独列出。但人们观念和态度上的转变总会在行为中体现出来，因此可以从传播媒介宣传次数、视听人数、参加活动人数、反应理解程度等方面来评价其效果。

同步案例 11-3

“海底捞勾兑门”事件的危机公关处理

背景资料：

2011 年 8 月 22 日信报报道《记者卧底“海底捞”·揭秘》，直指骨汤勾兑、产品不称重、偷吃等问题，引起社会轩然大波。2011 年 8 月 22 日 15:02 海底捞官网及官方微博发出《关于媒体报道事件的说明》，声明语气诚恳，承认勾兑事实及其他存在的问题，感谢媒体监督，并对勾兑问题进行客观澄清。此微博被转发 1809 次、评论 690 次，用户基本接受海底捞的态度。2011 年 8 月 22 日 16:18 海底捞官网及官方微博发出《海底捞关于食品添加剂公示备案情况的通报》，笔锋更加诚恳，“多年厚爱”、“诚惶诚恐”之类的词语都用上了。2011 年 8 月 23 日 12:00 海底捞官网及官方微博发出《海底捞就顾客和媒体等各界关心问题的说明》，就勾兑问题及员工采访问题进行重点解释。2011 年 8 月 23 日 20:00 海底捞掌门人张勇的一篇微博尤为经典：“菜品不称重、偷吃等根源在于流程落实不到位，我还要难过地告诉大家我从未真正杜绝这些现象。责任在管理不在青岛店，我不会因此次危机发生后追查责任，我已派心理辅导师到青岛以防该店员工压力太大。对饮料和白味汤底的合法性我给予充分保证，虽不敢承诺每一个单元的农产品都先检验再上桌，但责任一定该我承担。”此篇微博瞬间转发近 4000 次，评论 1500 次，在如今遇事自保、互相推诿、丢车保帅的职场中，张勇敢担当，人情味十足，与当时的高铁事件部分领导的做法形成鲜明对比。张勇的人格魅力化解掉此次事件80%的危机。随后，海底捞邀请媒体记者，全程记录骨汤勾兑过程，视频、照片瞬间布满网络，事件就此暂时画上圆满句号。

（资料来源：根据网易新闻编写。）

问题：

从这个案例中得到什么启示？

分析提示：

公共关系首要的任务是树立和保持企业的良好形象，争取广大消费者和社会公众的信任和支持。一个企业除了生产优质产品和搞好经营管理之外，还必须重视创建良好的形象和声誉。从案例中可以看到，主动承认错误比解释更加有效，主动放低身段比高高在上更加有效，主动承担责任比推诿更加有效，主动公开透明流程比规避更加有效。

任务5　营业推广策略

一、营业推广的基本特征

1. 非规则性和非周期性

典型的营业推广不像广告、人员推销、公共关系那样作为一种常规性的促销活动出现，而是用于短期的和额外的促销工作，其着眼点在于解决某些更为具体的促销问题，因而是非规则性、非周期性的使用和出现的。

2. 灵活多样性

营业推广的方式繁多，这些方式各有其长处与特点，可以根据企业经营的不同商品的特点和面临的不同市场营销环境灵活地加以选择和运用。

3. 短期效益比较明显

一般来说，只要营业推广的方式选择运用得当，其效果可以很快地在经营活动中显示出来，而不像广告、公共关系那样需要一个较长的周期。因此，营业推广最适宜应用于完成短期的具体目标。

二、营业推广的作用与类型

1. 营业推广的作用

（1）营业推广可以有效地加速新产品进入市场的过程。当消费者对刚投放市场的新产品还没有足够的了解，未作出积极反应时，通过一些必要的推广措施可以在短期内迅速地为新产品开辟道路。例如，让消费者免费试用新产品样品；把新产品与其他产品以较低的价格搭配出售；利用原有的顾客网络来扩大新产品的市场；对首次购买新产品的顾客给予价格优惠等。

（2）营业推广可以有效地抵御和击败竞争对手的促销活动。当竞争者大规模地发起促销活动时，如不及时地采取针锋相对的促销措施，往往会大面积地损失已享有的市场份额。对此，可采用减价赠券或减价包装的方式来增强企业经营的同类产品对顾客的吸引力，以此来稳定和扩大自己的顾客队伍。此外，还可采用购货累计折扣和优惠的方式来促使顾客增加购货数量和提高购货频率等。

（3）营业推广可以有效地刺激消费者购买和向消费者灌输对本企业有利的意见。当消费者在众多的同类商品中进行选择，尚未作出购买决策时，及时的推广手段的运用往往可以产生出人意料的效果。例如，有的企业对价值较大的家电产品实行包退、包换、包修，通过售后服务来促进销售；有的企业对体积较大的产品实行免费送货，来刺激消费者；还有的企业采取赠送印有本企业的名称、地址、电话号码、企业宗旨的日历、台历、挂历以及打火机、开瓶器、温度计、文具等精美的小物品来向消费者传递企业的有关信息，建立消费者对企业的好感，促进本企业产品的销售。

（4）营业推广可以有效地影响中间商，特别是零售商的交易行为。生产企业在销售产品中同中间商保持良好关系，取得他们的合作是至关重要的。因此，生产企业往往采用多种营业推广方式来促使中间商，特别是零售商作出有利于自身的经营决策。如通过向中间商提供购买馈赠、陈列馈赠来鼓励订货；向零售商提供交易补贴来弥补零售商制作产品广告、张贴商业海报和陈列产品时所支出的费用；通过批量折扣、经销竞赛等方式来劝诱中间商更多地购买并同厂商保持稳定的购销关系；帮助中间商培训销售人员、服务人员、改善促销工作等。

2. 营业推广的类型

（1）对消费者的营业推广。如赠送样品、提供各种价格折扣、消费信用、赠券、服务促销、演示促销、包装促销、购物抽奖等。

（2）对中间商的营业推广。如批量折扣、现金折扣、特许经销、代销、试销、联营、业务会议等。

（3）对推销人员的营业推广。如奖金、带薪休假、销售竞赛等。

三、营业推广的决策过程

1. 建立营业推广的目标

营业推广目标在总体上是受企业市场营销总目标制约的，是这一总目标在促销策略方面的具体化。在不同类型的目标市场上，营业推广的目标是各不相同的。对消费者来说，推广目标可以确定为鼓励经常和重复购买、吸引新购买者试用，改进和树立品牌形象等；对中间商来说，推广目标可以确定为促使零售商购买新的产品项目和提高购买水平，鼓励非季节性购买，建立起零售商对该品牌忠诚，打进新的零售行业等；对推销人员来说，推广目标可以确定为鼓励对新产品成熟型号的支持，鼓励更高的销售水平等。企业营销部门要通过多因素的分析，确定一定时期内营业推广的目标并尽可能使之数量化。

2. 选择营业推广的工具

营业推广的工具是多种多样的，各有其特点和使用范围。在选择营业推广的工具时要考虑的主要因素包括：

（1）市场类型。如生产者市场和消费者市场的需求特点和购买行为有很大的差异时，所选择的推广工具必须适应企业所面对的市场类型的特点和相应的要求。

（2）营业推广目标。特定的营业推广目标往往对促销工具的选择有着较为明确的条件要求和制约，从而规定着这种选择的可能范围。

（3）竞争条件和环境。包括企业本身在竞争中所具有的实力、条件、优势与劣势及企业竞争者的数量、实力、竞争策略等因素的影响。

（4）促销预算分配及每种推广工具的预算。总的市场营销费用中有多少用于促销费用，其中又有多少份额用于营业推广，往往也对推广工具的选择形成一种硬约束。

此外，往往有这样的情况，即同一推广目标可以用多种推广工具来实现。因此就会产生推广工具的比较选择和优化组合问题，目的是为了实现最优的推广效益。

3. 制定营业推广方案

在制定营业推广方案时，要注意以下几点：

（1）比较和确定刺激程度。要使推广取得成功，一定程度的刺激是必要的。刺激程度越高，引起的销售反应也会越大，但这种效应也存在递减的规律。因此，要对以往的推广实践进行分析和总结，并结合新的环境条件，确定适当的刺激程度和相应的开支水平。

（2）选择营业推广对象。推广是面向目标市场的每一个人还是有选择的某类团体？范围控制在多大？哪些人是推广的主要目标？这种选择的正确与否都会直接影响到推广的最终效果。

（3）选择营业推广的媒介。比如选定赠券这种推广工具，那么还须进一步确定有多少用来放在包装中，多少用来邮寄，多少放在杂志、报纸等广告媒介中，而这些又涉及不同的接受率和开支水平。

（4）选择营业推广的时机。在何时开始发动推广战役，持续多长时间效果最好等，也是值得研究的主要问题。持续时间过短，由于在这一段时间内无法实现重复购买，很多应获取的利益不能实现；持续时间过长，又会引起开支过大和损失刺激购买的力量，并容易使企业产品在顾客心目中的身价降低。按照有关研究，每个季度搞三次左右的推广活动为宜，每次的持续时间以平均购买周期的长度为宜。

（5）确定营业推广的预算。这要考虑各种推广工具的使用范围、额度，各种产品所处的生命周期的不同阶段等多种因素来加以平衡和确定。

4. 实验、实施和控制营业推广方案

虽然营业推广方案是在经验的基础上确定的，但仍然需要进行必要的实验来检验推广工具的选择是否适当，刺激程度是否理想，现有的途径是否有效。实验可采取询问消费者、填调研表、在有限的地区内试行方案等方式进行。当实验结果同预期相近时，便可进入实施阶段。在实施中，要密切注意和测量市场反应，并及时进行必要的推广范围、强度、频度和重点的调整，保持对推广方案实施的良好控制，以顺利实现预期的目标。

5. 评估营业推广的效果

评估营业推广效果是一项重要而又困难的工作。应当明确，评估工作事实上在选择推广手段前就已经开始了。如制造商向推广对象的中间商说明将要使用的推广手段，听取他们的意见，通过获得这些人对这些手段的反应来作出某种判断。营销者也可以通过各种方法来了解消费者的意见。比如A、B两种奖品，在一部分零售店中使用A奖品，在另一部分零售店中使用B奖品，通过对两种零售店销售情况的比较，判断哪种推广手段更容易被消费者接受。

在营业推广方案实施后要对其有效性进行总的评估，最普通的方法是比较推广前、推广期间和推广后的市场份额变化。此外，营销人员也可以采用向消费者调研的方式来了解事后有多少人能回忆起这项推广活动，他们如何看待这项推广活动，有多少人从中得益，这项活动如何影响他们后来的品牌选择行为，等等。营业推广效果的评估还可以通过变更刺激程度、推广时间、推广媒介、推广对象来获得必要的经验数据，供比较分析并得出结论。

同步案例11-4

中国南方某移动运营公司一个失败的营业推广活动

背景资料：

1. 活动背景

a. 2001年7月1日，建党80周年纪念日；

b. 信息产业部取消固定电话初装费和移动电话入网费；

c. 该公司用户突破300万户。

2. 活动目的

a. 通过给老客户以优惠，增加老客户的满意度和忠诚度，留住老客户；

b. 促进新入网客户的增加。

3. 实现目的的手段

a. 借此大好时机，于7月1—2日在本市最繁华的户外广场进行户外促销活动；

b. 进行大规模的付费宣传（2天共支出电台、电视台、报纸等宣传费用46万元）；

c. 按在网时间长短给老客户以相应的手机购买补贴，分880元、640元、400元、240元四个档次，每档次名额限制分别为100名、600名、1200名和不限；

d. 按其对外宣传，享受上述优惠补贴的方式是：老客户现场购买手机价格可分别优惠640元、400元、160元和0元，同时赠送一个全球通号码，已包含240元话费，分12个月赠送（但隐去了赠送240元全球通号码的一个前提条件：必须预付200元话费）。

4. 活动的全程简况

该活动由营销中心宣传室主任临时指定几个人，一边由小组的某个成员泛泛的起草一个活动申请报告层层递交到公司分管副总等待审批，一边便开始了手忙脚乱的准备。起草报告、找户外活动代理公司并就有关活动细节进行讨论、签订协议，找手机供应商提供手机、核定价格、制定流程、签订合作协议、找场地等，小组成员忙得晕头转向。

7月1日活动如期开始，不包括手机供应商的人，该公司人员竟一下子去了近50个。由于活动宣传策划上的欠妥，一方面因为第一档次数量太少而使很多顾客产生不满，另一方面又因为没有给顾客讲清楚必须预付200元话费而不断地使顾客发出这样的质问：什么叫赠送一个全球通号码？我已经是全球通顾客了，既然是赠送的号码，我不要不行吗？既然是赠送为什么还要交200元？虚假广告！骗人！太霸道！由于现场业务流程不科学和指挥不善，前台受理处一下子挤做一团。同时由于缺乏经验、组织能力不够，忽略了户外活动的一个关键因素——天气的预测，当天一早就阴云密布，细雨沥沥，中午正值活动高潮的时候突然台风大作，大雨倾盆，现场更是混乱不堪。不凑巧的是由于准备工作不足，现场带去的SIM卡与所放号段不对应，已经办理了业务的一大批顾客将无法开机，只有通过现场喇叭请求顾客再回到指定位置替换。而这时正是台风掀起户外活动帐篷、大雨灌入营业现场的时候，真是乱上加乱。指挥声、抱怨声、怒骂声、雨声风声、帐篷倒塌声、喇叭声，声声刺耳，饥饿、寒冷、疲倦、烦躁，时时在袭击着每个工作人员。活动场景可想而知。

指挥人员当即决定第二天（2日，正好周一）的活动取消。随后现场放置一块告示牌，上面胡乱地写上要顾客到指定的营业厅另外办理的通知。而第二天天气却又开始好转，前来参加活动的顾客中有很多是远道而来，看到这样的通知，再加上第一、第二档次的优惠名额已经出尽，需要顾客降低档次来享受优惠，使顾客感到承诺不能兑现，更加激起顾客的不满。

事后，这个小组又按自己的思路，草草写出一个没有标准要求的活动总结便不了了之，也没有领导要求来检查这一总结。

5. 活动结果

据统计，该活动两天支出宣传费、场地费、手机补贴总共120多万元，发展用户1000人，且平均值严重低于现有顾客的总体平均水平。

问题：

该公司这次营业推广活动失败的原因何在？

分析提示：

任何营业推广方案都需要进行必要的实验来检验推广工具的选择是否适当、刺激程度是否理想、现有的途径是否有效。在实施中，要密切注意和测量市场反应，并及时进行必要的推广范围、强度、频度和重点的调整，保持对推广方案实施的良好控制，以顺利实现预期的目标。该案例中企业并没有对活动的过程进行监控，导致营业推广活动平均值严重低于现有顾客的总体平均水平。

本项目知识脉络

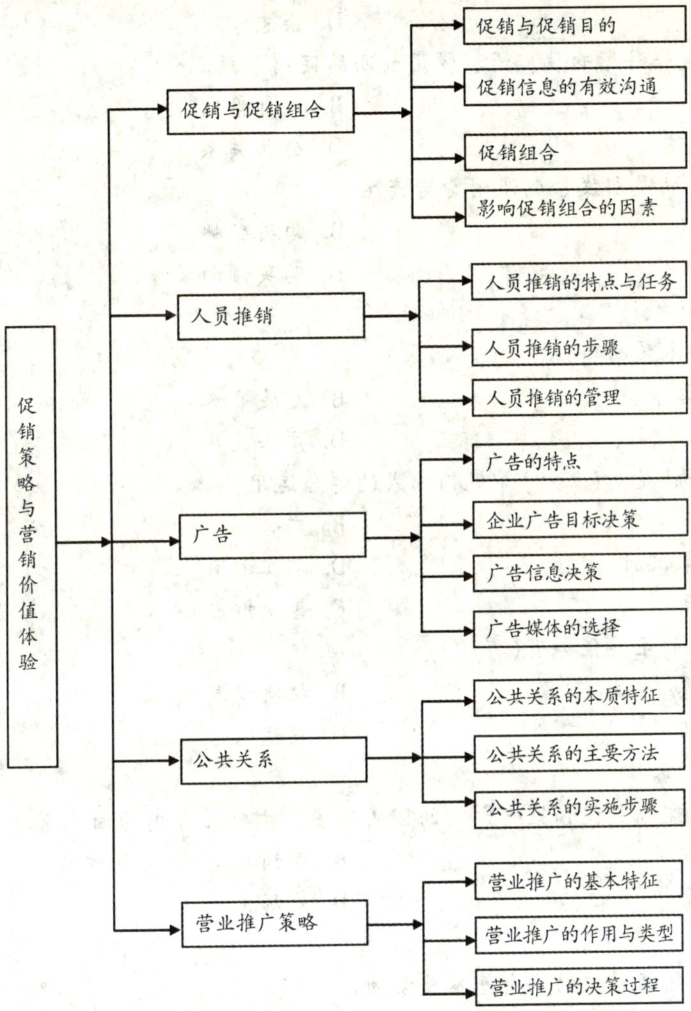

思考与练习

1. 理论题

(1) 单选题

①1995年，宝洁公司在贵阳举办了“汰渍”洗衣粉派送活动，具体做法是：营销人员将“汰渍”试用装洗衣粉派送到每个普通家庭。这属于(　　)。

A. 广告促销　　B. 人员推销

C. 公共关系　　D. 营业推广

②促销的实质是(　　)。

A. 促进销售　　B. 信息沟通

C. 转让商品的所有权　　D. 促使消费者作出购买决策

③儿童智力玩具一般宜选择(　　)作为广告媒介。

A. 报纸　　B. 广播

C. 电视　　D. 杂志

④(　　)是一种影响最广泛、费用最高的促销手段。

A. 广告宣传　　B. 人员推销

C. 营业推广　　D. 公共关系

⑤促销的目的是引发、刺激消费者产生(　　)。

A. 购买行为　　B. 购买兴趣

C. 购买决定　　D. 购买倾向

(2) 多选题

①促销的基本策略有(　　)。

A. 拉引策略　　B. 发展策略

C. 推动策略　　D. 广告策略

②促销组合就是对(　　)等促销方式的综合运用。

A. 人员推销　　B. 广告

C. 企业形象识别　　D. 职工教育

E. 公共关系　　F. 营业推广

③推销人员的主要任务有(　　)。

A. 传递信息　　B. 收集信息

C. 推销产品　　D. 提供服务

E. 寻找新顾客

④影响促销组合和促销策略制定的因素较多，主要应考虑的因素有(　　)。

A. 消费者状况　　B. 促销目标

C. 产品因素　　D. 市场条件

E. 促销预算

⑤在人员推销活动中的三个基本要素为(　　)。

A. 需求　　B. 购买力

C. 产品因素　　D. 市场条件

E. 推销品

(3) 判断题

①从事销售工作的人统统被称为推销员。(　　)

②内部销售人员使外部销售人员有更多时间向主要顾客推销，并寻找主要潜在客户。(　　)

③为选择媒体，广告客户必须先确定达到广告目标所需要的范围。(　　)

④公共关系手段是不需要付费的。(　　)

⑤赠券是最有效也是最昂贵的介绍新产品的方法。(　　)

(4) 简答题

①促销的本质是什么？从促销的本质属性出发，谈谈怎样才能有效提高促销工作的效率？

②什么是促销策略组合？影响促销策略组合的因素有哪些？

③什么是人员推销？人员推销的主要工作流程是怎样的？如何进行人员推销管理？

④什么是广告，广告决策有哪些主要内容？

⑤什么是公共关系？公共关系与广告有何主要区别？

⑥如何进行营业推广的决策，应注意的问题有哪些？

2. 实务训练题

【案例分析】

案例资料：

笨 NANA 的聪明营销

2012 年，雀巢笨 NANA 冰淇淋吸引了上千万人讨论其有趣的吃法、哪里购买、味道如何。

自 2011 年 12 月起的 3 个多月，就发现有四五个时尚美食类微博账号发布“香港有好玩好吃的笨 NANA”之类的话题。到 2 月底的时候，新浪微博“笨 NANA”搜索结果达到 10 万余条。这其中有在香港吃到笨 NANA 的人分享的照片，他们其中或许既有普通用户也有“演员”。这一阶段的传播目标是，提前为笨 NANA 在目标区域市场进行预热，让消费者“未见其人就闻其声”，为产品制造期待。“只要去香港一定吃笨 NANA”、“终于可以去香港吃笨 NANA 了”是当时传播最广的文案。

这款产品研发于泰国，设计初衷是为儿童研发好玩的冰淇淋。但市场调查显示，无论在泰国、香港，比儿童年长很多的年轻人都很喜欢这款产品，雀巢遂决定将其引入大中华区。

这款冰淇淋确实有点不一样。它很像香蕉，黄色外皮可以像香蕉一样剥开，剥皮后里面包的是牛奶雪条，外皮口感与果冻接近，也可以吃掉。就口味来说，这块冰淇淋并无稀奇，卖点在于吃的时候比普通冰淇淋多了一个“剥开”的动作。微博上的讨论也大多集中于此，比如“史上第一支可以剥开吃的冰棍”、“吃香蕉不吐香蕉皮”等带有趣味的评价得到了大量转发。社交媒体上的热议，直接迅速拉高了雀巢这款新产品的销量，上市仅两个月的笨 NANA 已经成为雀巢大中华区销售排名第二的单品，仅次于已经推出七八年的八次方冰淇淋。

接下来雀巢需要考虑的是如何让目标客户群知晓笨 NANA。雀巢发现，中国的年轻人几乎都是互联网、手机用户，他们喜欢谈论新鲜事物，并且尤其相信口碑传播；他们花费在传统电视频道上的时间已经越来越少。而雀巢笨 NANA 的“剥开”，可以满足年轻人追求新鲜、好玩、时尚，并且乐于分享的消费心理。

在笨 NANA 上市前 5 个月，雀巢就与北京奥美签订营销外包服务合作协议。雀巢的传播需求，在北京奥美互动总经理董莉莉看来非常明确：“第一，对新产品有认知度；第二，与消费者有进一步沟通。”最终营销传播方案的大主题定为“雀巢笨 NANA 为你揭开神奇乐趣”。奥美互动必须对雀巢笨 NANA 可以像香蕉一样剥开吃的独特产品特性以及由可剥性带来的新奇感，进行充分的发挥和演绎。最终传播目标则是“让晒笨 NANA 成为一种新时尚，让广大用户成为雀巢笨 NANA 的代言人”。

从 3 月份开始，随着更多的人在本地吃到笨 NANA，网络上热传的笨 NANA 微博内容就更丰富起来了。如“心急吃不了笨NANA”，“有一种崩溃叫买不到笨NANA……有一种甜蜜叫今年我们一起追的笨NANA”。这些微博很容易吸引更多人的兴趣，而且会在不知不觉中转发或创造相同主题的内容进一步传播。董莉莉解释说：“在整个营销过程中，我们会紧密围绕好玩这一点进行纵深，与时下流行元素结合，让话题不断翻新，如此，参与者才能够产生持续的兴趣，并主动成为传播者。”

而这场营销战的主要作战人员只有5位，雀巢品牌部1位加上奥美互动4位。但随着冰淇淋销售旺季的来临，笨NANA的“病毒式”话题传播得将会更加广泛，在3月份，笨NANA已登上新浪话题榜第一名，并七次登上新浪热搜榜。NANA冰淇淋在2012年将注定成为雀巢排名第一的单品。

（资料来源：摘自中国酒业新闻网。）

思考题：

（1）“笨NANA冰淇淋”针对目标人群，选择网络传播作为推广渠道，你认为合适吗？为什么？

（2）你认为在网络推广的同时还有必要在线下实体店进行产品的地面推广吗？为什么？如果需要，请提出你的推广建议。

模块六

营销管理与营销价值实现

营销价值的发现、创造、传递与实现依赖于有机的营销运行系统，对营销系统运行状态进行科学的监控、检测、调试，是营销价值实现的重要保障条件。这就要求企业设置与市场营销战略、计划相适应的组织结构与体系，合理安排和调配企业各种资源，以保证计划的顺利实施。在市场营销计划实施的过程中，为了保证实际绩效与计划内容相一致，企业的管理者必须对营销计划的实施进行控制。控制是组织在动态的环境中为保证既定目标的实现而采取的检查和纠偏活动或过程。因而，设计对营销环境进行监控、检测，形成适应环境变化的具有自我调试功能的控制机制，是持续实现营销价值的重要保障。管理营销价值实现，是营销者生存之基、发展之要。

项目十二
营销组织、实施、控制与管理营销价值实现

管理是一种器官，是赋予机构以生命的、能动的、动态的器官。没有机构（如工商企业），就不会有管理。但是，如果没有管理，那也就只会是一群乌合之众，而不会是一个机构。而机构本身又是社会的一个器官，它之所以存在，只是为了给社会、经济和个人提供所需的成果。可是，器官从来都不是由它们做些什么，更不用说由它们怎么做来确定的。它们是由其贡献来确定的。

——彼得·德鲁克

【项目学习目标】

知识目标 (1) 企业组织结构营销部门地位演变；(2) 营销部门组织设计；(3) 市场营销的实施步骤；(4) 市场营销控制的主要内容与方法。

能力目标 (1) 掌握营销部门组织设计影响要素；(2) 掌握市场营销实施的主要工作内容；(3) 了解影响市场营销实施效果的主要因素；(4) 掌握市场营销控制的主要指标及审计方法。

职业素养 (1) 主动性；(2) 执行力；(3) 培养他人能力。

项目实践及考核 在教师指导下，营销项目小组在完成模块五的基础上，进行营销机构设计，绘制营销机构图，并针对性地拟定管理方案，以团队展示方式进行考核。营销项目小组完成全部项目和任务后，合成营销项目报告书，由教师进行成绩总评。

导入案例

创新的耐克

耐克（Nike）公司成立于1964年，由一位会计师菲尔·奈特和一位运动教练比尔·鲍尔曼共同创立，现已成为领导性的世界级品牌。当年奈特先生仅仅花了35美元请一位学生设计了耐克的标志，如今那个著名的弯钩标志价值已超过100亿美元。经过40多年的发展，耐克已成为一个商业传奇，它的成功之道人所共知，就是虚拟生产的商业模式——耐克以优良的产品设计和卓越的营销手法控制市场，而将生产环节外包。

耐克在体育营销方面的成绩是不容置疑的，而且随着市场环境的变化不断进行营销组织和管理变革，更强化耐克品牌与新兴市场、核心产品以及消费者细分市场的联系。耐克强化了四个地区运营中心，新设立了五个核心产品运营中心。四个地区运营中心是：美国、欧洲、亚太、中东及非洲。五个核心产品运营中心是：跑步运动、足球、篮球、男士训练、女士健康。这是一个矩阵式的管理，目标是把企业的资源向关键区域、核心产品集中，去抓住企业最大的市场机会。与传统的矩阵管理不同，耐克关键是要实现跨地区、跨部门的协同。实际上，耐克公司已经有成功的经验，正是采用这种协同矩阵的管理方式，耐克公司组建了一支专门的队伍，将公司足球用品市场的经营额从1994年的4000万美元扩大到如今的10多亿美元。营销组织和管理变革，使耐克从以品牌创新为支撑的产品驱动型商业模式，逐步转变为以消费者为中心的组织形式，通过对关键细分市场的全球品类管理，实现有效的快速增长。通过这种方式，耐克更好地服务于运动员，更好地加深与消费者的联系，更好地扩大了耐克的市场份额，增强了耐克的全球竞争力。

（资料来源：摘自中国管理传播网《耐克营销组织的变革》。）

启示：与时俱进的变革，成就了世界体育用品王国。

任务1　市场营销组织

企业营销计划只有通过有效的营销组织才能得以实施。营销组织的目标就是要避免企业组织机构的重复设置，使企业的资源达到最佳的配置，发挥最佳的效能。

一、企业组织结构设置的两种模式

组织结构是指组织内部的结构框架，一定的组织结构和一定的组织关系相结合，就构成了一定的组织模式。组织结构的建立是实现目标的一种手段，其目的是为了使组织成员协调地开展工作，共同为组织目标的实现而奋斗。鉴于不同的企业有各自的目标、战略、目标市场、竞争环境和资源条件，为适应不同的环境，企业的组织结构也必然会有所区别，主要有两种模式。

1. 金字塔型

金字塔型是各类组织中最常采用的一种结构模式，多是按职能专业化设置的组织结构，它以企业及其产品为中心，以市场为终点，以推销产品为目的。

这种组织结构模式的特点是：在总经理领导下设置相应的职能部门形成垂直的专业管理。其优点是：指挥权集中，决策迅速，容易贯彻到底；分工细密，职责分明；由于各职能部门仅对自己应做的工作负有责任，既可减轻管理人员的负担，又可充分发挥专家特长。不足之处在于各部门责权范围有限，往往缺乏对企业整个市场营销状况的了解，企业内部规章多，反应较慢，不利于企业适应新的变化。

2. 矩阵型

矩阵型是一种新型的企业组织结构设置模式，是为了适应在一个组织内部同时有几个项目需要完成，每个项目又需要具有不同专长的人共同工作才能完成而形成的，一般适用于创新性任务较多、生产经营复杂多变的组织。具体结构如图 12－1。

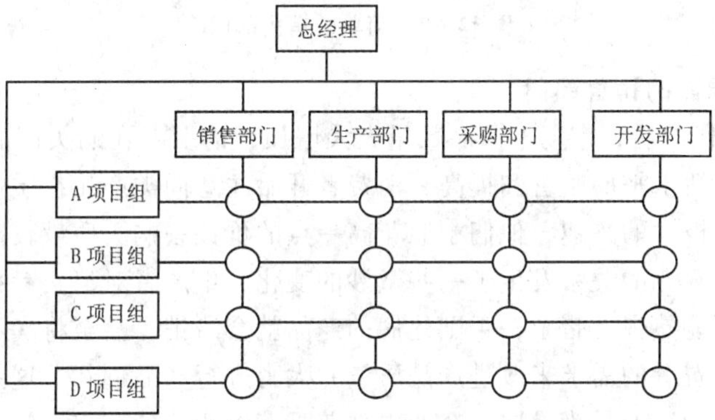

图 12－1　矩阵型组织模式

其特点是：既有按管理职能设置的纵向组织系统，又有按产品、项目、任务等划分的横向组织系统。矩阵型组织的优点在于：有利于加强各部门间的配合和信息交流；有利于集中各种专门的技能，加速完成某一特定项目；可避免重复劳动，加强组织的机动性和灵活性。

二、市场营销部门的演变

市场营销部门是执行市场营销计划、为购买者服务的职能部门。市场营销部门的演变，受宏观市场环境、企业营销管理思想，以及企业自身所处发展阶段和业务特点等因素的影响，尤其与市场营销经营管理观念的变化分不开。纵观企业经营观念发展演变的历史，大致经历了生产观念、产品观念、推销观念、市场营销观念和社会市场营销观念五个阶段，市场营销部门的发展也从简单的销售功能演变为一个复杂的功能群体。

1. 简单的销售部门

在 20 世纪初，市场的一个显著特点就是需求极大，产品供不应求。对消费者而言，就是急于购买必需物品，选择性极少，只要价格不高，他们就会购买。所以，他们的需求及欲望并不受到生产者的重视，在生产者看来，只要他们产品的价格能够被市场接受，无论多少产品都能卖出去，根本不用担心消费者会有其他额外要求，因而企业以生产观念为指导，只是力求产品标准化，提高效率，通过大规模生产来降低制造成本以获取利润。企业组织设置以生产部门为主，销售部门的职能也仅仅是在推销生产部门生产的产品，具体表现为“生产什么，就卖什么”，销售部门对产品生产没有发言权。但简单的销售部门只适合需求比较单一，选择性较小且同质性较高的产品的销售，如图 12 – 2 所示。

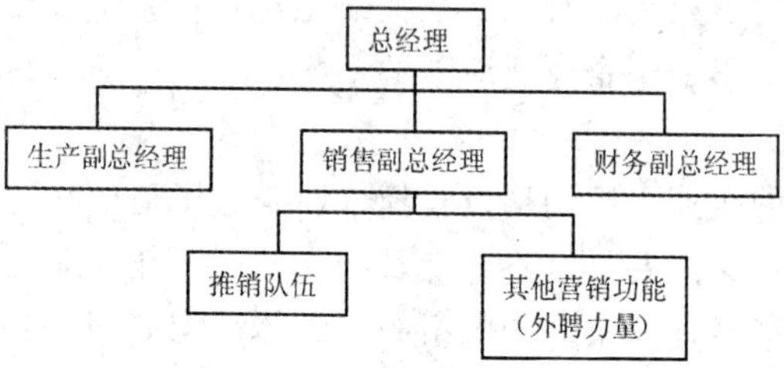

图 12 – 2　简单的销售部门

2. 兼具营销职能的销售部门

20 世纪 30 年代以后，市场上产品数量大大增加，消费者在购买商品时有了更多的选择机会，且由于生活水平的改善和提高，消费者开始注意同类产品在质量上的差异，并对创新的产品表现出极大的兴趣，他们宁愿花高一点的价钱去购买质量较高和比较新型的产品。这样一来买卖双方的关系发生了一些微妙的变化，生产者对消费者在产品质量和类型上的要求，再也不能熟视无睹了，否则他们的产品就会滞销，甚至将卖不出去。于是，生产者开始注重从消费者的需求来改进产品质量并大力进行产品创新。这一时期企业经营观念由生产为导向变为以产品为导向，企业内部兼具营销职能的销售部门出现了，但仍缺乏推销意识，如图 12 – 3 所示。

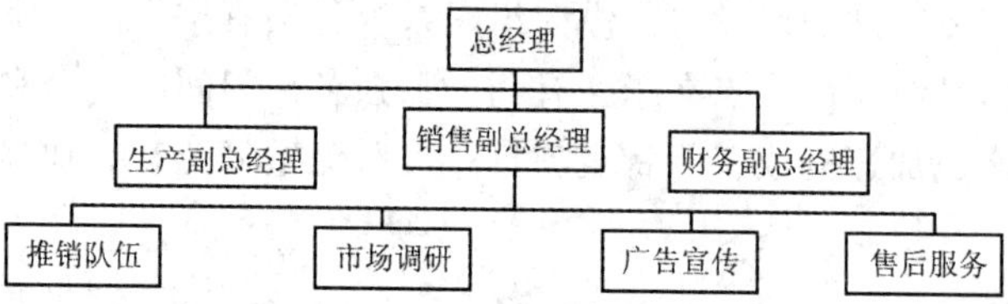

图 12 – 3　兼具营销职能的销售部门

3. 独立的营销部门

随着工业化和机械化的发展，大量产品充斥市场，出现了供大于求的现象。买卖双方的位置也因此发生了显著的变化，市场状态由原来的卖方市场转化成了买方市场。生产者的工作重点是用尽一切手段去刺激消费者购买自己的产品，使用各种推销和促销手段，如广告、打折、赠送礼品、推销员上门游说等，来达到急迫的目的：实现最大的销售量。于是，企业经营管理观念由产品导向转变至推销导向，企业开始设立独立的营销部门，力求把产品能尽快地大量推销出去。在这个阶段，企业设立了一个相对独立于销售副总的营销部门，负责营销调研、新产品开发、广告等营销活动，为企业寻找新的发展机会，如图 12 – 4所示。

4. 现代营销部门

市场竞争变得日益激烈，而消费者却变得越来越挑剔。产品的卖方不仅必须使其商品具有竞争能力，而且更重要的是要真正认清消费者的需求，激起和满足顾客的欲望，把顾

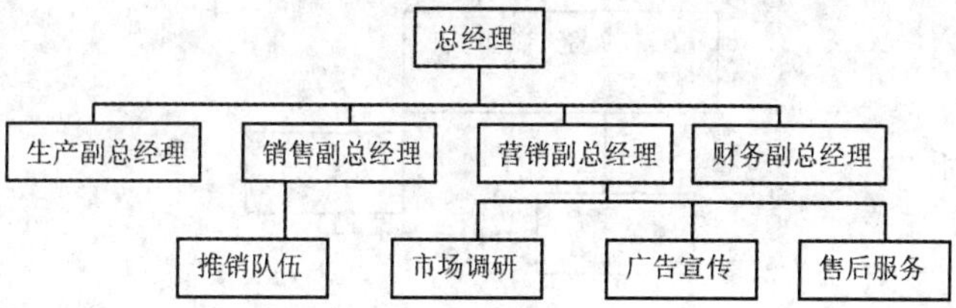

图 12－4　独立的营销部门

客作为整个市场活动的起点和中心，一切从顾客出发，经营企业的推销观念逐渐演变为市场营销观念。在企业内部，营销部门和销售部门之间的关系常常带有互不信任和相互竞争的色彩。营销经理的任务是确定机会，制定营销战略和计划。营销人员依赖营销调研，努力确定和了解细分市场，花费时间在计划上，从长计议，目标是产品利润和市场份额。销售人员则是完成营销计划，花费时间在面对面的推销上，从短期利益考虑问题，并努力完成销售定额。

为了解决销售活动与营销活动之间日益扩大的冲突，现代营销部门的雏形出现了，由营销与销售执行副总全权管理两个部门，如图 12－5 所示。

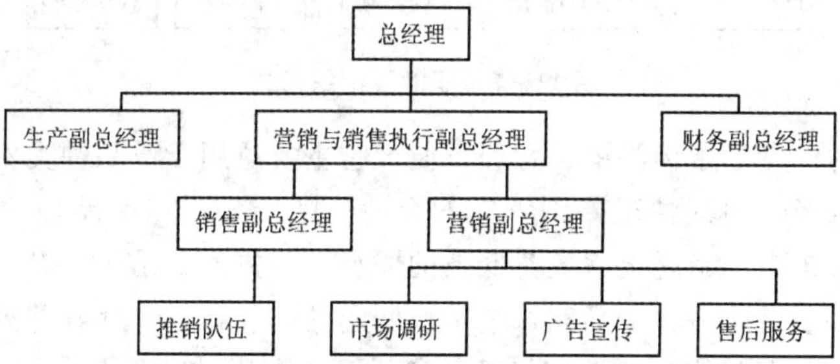

图 12－5　现代营销部门/营销公司

5. 现代市场营销公司

一个公司营销的成败除了需要出色的营销部门外，还取决于公司其他部门对顾客的态度和它们的营销责任，所以，公司所有的管理人员都要认识到企业的一切工作是“为顾客服务”的。在观念及组织权责上，市场营销部门的功能并不大于其他部门的功能。其他部门听从及支持市场营销部门，是因为市场营销部门更能较好地传达消费者的需求和更直接地面对消费者，公司上下形成一致的营销理念，企业就可称为现代市场营销公司（其结构同图 12－5）。

6. 以过程和结果为基础的公司

现在许多公司把它们的组织结构重新集中于关键过程而非部门管理。因为部门组织被看成是顺利执行功能性业务过程的障碍，例如在新产品开发、顾客获得和订单履行上。为了获得过程和结果，公司任命过程负责人，由他管理跨职能的小组工作。营销人员和销售人员作为过程小组成员参与活动，如图 12－6 所示。

三、市场营销部门的组织形式

企业的营销计划要落实到营销部门来完成。规模小的企业，一个人就可以承担所有营

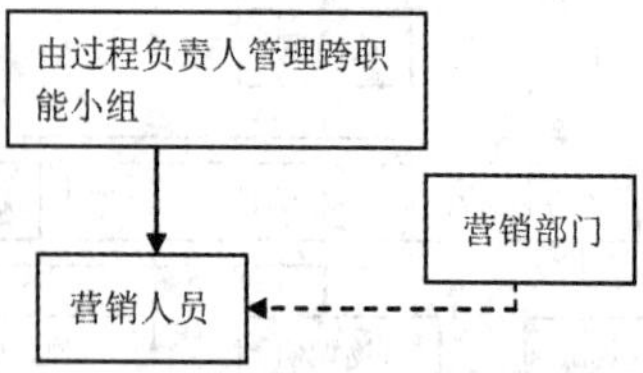

图 12－6 以过程和结果为基础的公司

销任务。随着企业规模的扩大，企业开始建立营销部门，并根据具体任务分解为多个单位或部门。由于企业营销目标不同，企业会根据自身具体情况设置不同的营销组织形式。常见的有以下几种：

1. 职能型组织形式

企业按市场营销各职能设置组织部门。这是最常见、最古老的营销组织形式，如图 12－7 所示。

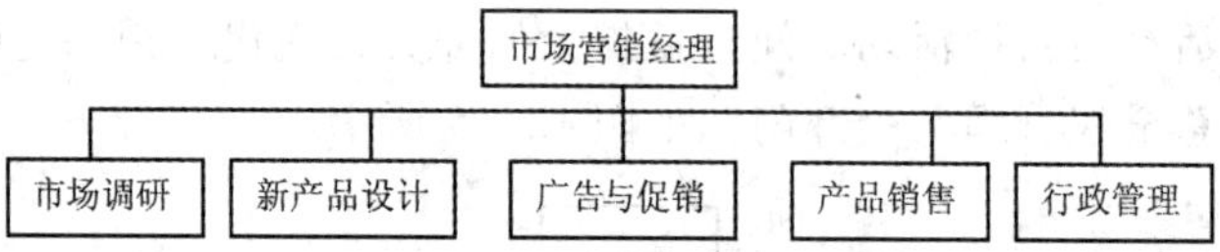

图 12－7 职能型组织形式

职能型组织的优点是结构简单，管理方便。它主要适用于产品种类不多，对相关专门知识要求不高，或经营地区情况差别不大的企业。随着公司产品品种的增多和市场的扩大，这种组织形式越来越暴露出其效益低下的弱点。一方面，由于没有人对该产品或市场负全部责任，所以没有按每种产品和每个市场制定的完整计划，使某些产品或市场容易被忽视。另一方面，各个职能部门常为获得更多预算或取得较其他部门更高的地位而竞争，使营销经理常常面临协调难题。

2. 地区型组织形式

一个从事全国范围销售的公司，通常都按地理区域安排销售队伍。这种形式适用于销售区域大而经营品种单一的企业。其结构如图 12－8 所示。

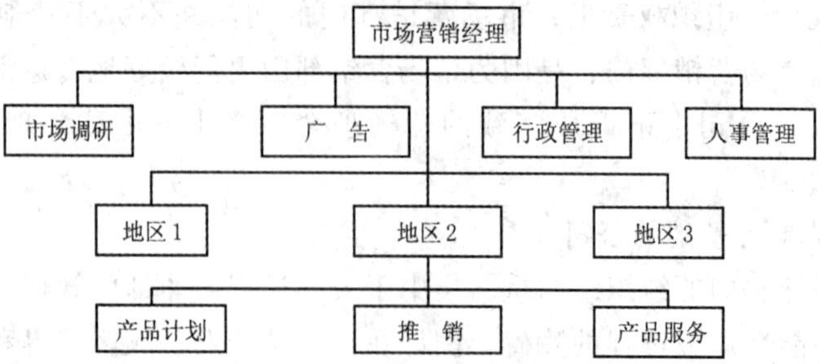

图 12－8 地区型组织形式

在这种组织内部，为避免职能部门重复，市场调研、广告、行政管理等仍归属原职能部门，且与地区部门并列。优点在于可充分发挥每一地区部门熟悉该地区情况的优势。不足之处在于，当产品种类较多时，很难按不同产品的使用对象来综合考虑，各地区的活动也难于协调。

3. 产品/品牌型的组织形式

生产多种产品和品牌的公司，往往按产品或品牌建立管理组织，这种产品管理组织并没有取代职能型组织，只不过是增加一个管理层而已，如图 12－9 所示。

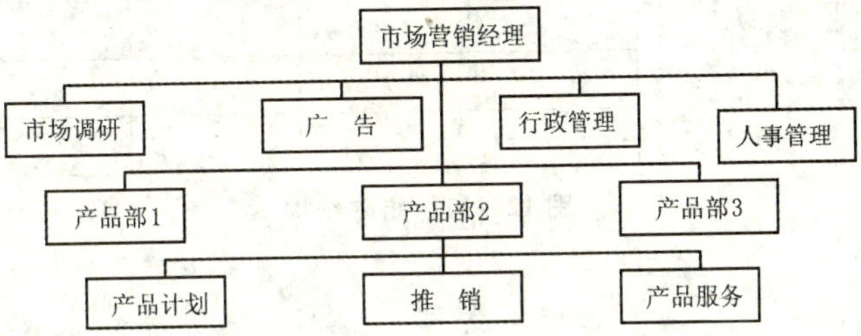

图 12－9　产品/品牌型组织形式

这种组织形式的优点：各类产品责任明确，由于产品互不关联，彼此相互干扰不大，且组织形式灵活，增加新产品时，增加一个部即可。缺点是缺乏地区概念，各产品部不可能对每一地区都能兼顾并做出适当反应。

4. 顾客（市场）型组织形式

企业把顾客按其特有的购买习惯和产品偏好，进行细分并区别对待，就此设立顾客型的组织结构，如图 12－10 所示。

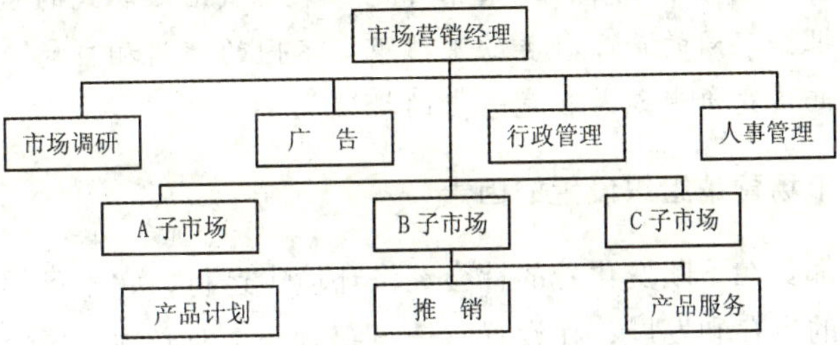

图 12－10　顾客（市场）型组织形式

5. 矩阵式组织形式

这是一种产品型和市场型相结合的矩阵式的组织形式，常见于生产多种产品并向多个市场销售的公司。因为这种公司解决机构设置的方法有三种：一是采用产品管理组织制度，这需要产品经理熟悉广为分散的不同市场；也可采用市场管理组织制度，那就需要市场管理经理熟悉销往各自市场的五花八门的产品；或者还可以同时设置产品经理和市场经理，形成矩阵型结构。

杜邦公司就是按矩阵结构设置营销机构的，如图 12－11 所示。

产品经理负责产品的销售利润和计划，为产品寻找新用途；市场经理负责开发现有的和潜在的市场，必须从长远出发，更多地注意培植适应自己主管市场需要的恰当产品。该组织形式的不足在于费用大，容易产生矛盾与冲突，还会存在权利和责任不清的问题。

市场经理

产品经理	男式服装	女式服装	家庭装饰	工业市场
人造丝				
醋酸纤维				
尼龙				
奥纶				
涤纶				

图 12－11 矩阵结构

知识拓展 12－1

欧莱雅中国市场的矩阵式营销组织

欧莱雅是全球排名第一的化妆品公司，拥有500多个不同品牌，在100多个国家成立了品牌分部。至2000年，欧莱雅在中国50多个大城市成立了870家专卖店，聘用了2000名专业美容顾问，并成功推广了欧莱雅、美宝莲、兰蔻、薇姿四个品牌，欧莱雅的产品，包括皮肤护理产品、美发产品、彩妆、香水等。1997年2月，欧莱雅中国总部正式在上海成立。在竞争激烈的市场中，欧莱雅不但要充分利用整体竞争优势，还要兼顾不同品牌的相对独立性。为了解决这个矛盾，欧莱雅首先在中国试用矩阵式的组织结构，在新的矩阵式组织结构中，根据不同的产品种类欧莱雅规定不同的部门相应的责权。这种组织结构可以更迅速有效地迎接竞争者或潜在竞争者的挑战。

四、影响企业市场营销组织设置的因素

任何一个企业都要在不断变化着的社会经济环境中运行，它不可避免地受到许多因素的制约。为了企业的生存和发展，在设置营销组织时，企业必须考虑以下因素：

1. 市场特点

由于外部环境是企业的不可控因素，市场营销组织的设置必须首先考虑当前企业所面临的外部环境及其发展趋势，外部环境包括政治、经济、社会、文化、科技等因素，其中市场因素对企业的影响最大。当企业面临的市场不稳定时，设立反应快的柔性组织；反之，可采用较稳定的市场营销组织（如市场导向型组织）；如果市场分布的地区化较明显，可按地理因素划分业务区域。

2. 企业规模

企业规模决定了营销组织设置层次的多少。小规模企业，营销组织较为简单，进行销售的人员只有几个到十几个；大企业营销组织层次多，所管理的营销人员多，管理幅度大。

3. 产品类型

企业生产产品的类型也会影响营销组织的设置，尤其是营销工作侧重点的不同。例如，工业品和消费品生产企业的营销组织都倾向于产品型的组织结构，但工业品多采用人员推广，消费品多用广告和分销。

五、市场营销部门与其他部门的关系

企业总体目标的实现，有赖于企业内部各部门间的密切配合。但实际上，企业内部各部门间却存在激烈的竞争和严重的误解，表现为部门利益与公司总体利益相冲突，部门之间有偏见，相互配合差，从而削弱了公司总体战斗力。

在典型的组织体系里，各部门都应通过自己的活动和决策来满足顾客需求。按照市场营销观念，所有部门都应以“满足顾客”为原则，开展工作。营销部门是这一工作的主要责任人，营销经理的任务是，在以满足顾客需求为导向的前提下，要协调公司的全部营销活动，同时向其他职能部门灌输“顾客至上”的观念，协调与公司财务、生产、行政等部门的活动和关系。当然，协调这种部门间的关系，营销经理没有特权，只能依靠说服。

1. 市场营销部门和其他部门的分歧

市场营销部门和其他部门有分歧，主要是因为营销部门的工作是以顾客为核心，强调顾客至上，其他部门则强调自己部门任务的重要性，导致各部门都从自己的角度去考虑公司的目标和各种问题，这样部门间的分歧就无法避免了。具体分歧如表 12－1。

表 12－1　　市场营销部门与其他部门的分歧

部门	其他部门的工作重点	营销部门的工作重点
研究与开发	基础研究 内在质量 功能性特点	应用研究 认知质量 销售特点
工程技术	较长的设计前置时间 型号较少 标准元件	较短的设计前置时间 型号较多 定制元件
采购	产品线窄 标准部件 材料价格 采购批量的经济性 采购次数少	产品线宽 非标准部件 材料质量 大量采购以免断档 为满足顾客需求即时采购
制造	较长的生产前置时间 长期生产少数型号 型号无变化 标准订货 容易装配 一般控制质量	较短的生产前置时间 短期生产许多型号 型号常变化 定制订货 造型美观 严格控制质量
财务	按原则严格控制支出 硬性和固定的预算 定价着眼于回收成本	根据直观方法开支 弹性预算 定价着眼于开发市场

续表

部门	其他部门的工作重点	营销部门的工作重点
会计	标准化交易 报告极少	特殊交易条件和折扣 报告多
信贷	要求客户全面公开财务状况 信贷风险小 信贷条件好 收款程序严格	对客户作最低限度信用审查 信贷风险适中 信贷条件宽松 收款程序简便

（1）研究与开发部门。营销部门与研究开发部门之间合作关系的好坏直接影响企业新产品的开发。这两个部门代表着不同的文化观念。研究开发部门由科学家和技术人员组成，他们对科学充满好奇，喜欢攻克技术难题，对销售利润毫无兴趣，喜欢在较少受人监督或较少谈及研究成本的情况下工作。然而，由营销人员组成的销售部门，精于对市场领域的了解，喜欢能吸引顾客的具有销售特色的新产品，更关心产品的成本。营销人员认为研发人员不切实际，没有生意头脑；研发人员则认为营销人员唯利是图，鉴于双方从各自工作出发，对新产品有不同的要求和看法，使新产品的开发常常功亏一篑。

两个部门意见的分歧，结果是企业要么侧重技术开发，导致新产品成本过高，成功率较低；要么侧重市场研究，研究开发人员专为市场需求设计产品，虽然成功率较高，但大多数是对现有的、生命周期短的产品的改进。只有在技术、市场并重的公司，研究开发与市场营销建立了有效的组织关系，共同为以市场为导向的创新而努力，研究开发人员才不会为发明而发明，从事有实效的革新创造。营销人员也不再只追求产品新的销售特性，而是协助研发人员寻找满足需求的新途径。

公司创新的成功需要研究开发与营销一体化。实现的方法有：①共同举办研讨会，加强沟通和相互了解，达成共识，解决问题。②新项目要同时分配给两个部门，并由专人负责，共同制定计划，从始至终，密切合作。③在新产品开发上，研究开发部门的工作要一直延续到产品销售阶段，以便及时获得反馈的信息。④合作过程中出现矛盾，由高层管理部门解决，研发部门与营销部门应属同一副总领导。

（2）工程技术部门。工程技术部门负责寻找切实可行的方法，来设计和生产新产品。工程师们关心技术质量、产品成本和制造工艺的简化。如果营销人员要求生产多种型号的产品，尤其是要求用定制元件代替标准元件生产特色产品时，工程技术人员就会与营销人员发生冲突，认为他们不注重产品的内在质量，如果营销人员具有工程技术知识，并与技术人员进行有效沟通；或者由技术人员担任营销经理，问题就会迎刃而解。

（3）采购部门。采购人员总是希望以最低成本购进所需质量和数量的原材料与零部件，批量采购是较理想的。但营销部门会在一条生产线上推出多种型号的产品，要求进行多品种、小批量的采购。部门之间的矛盾又出现了，采购部门认为营销部门对原材料及零部件要求过高，尤其当营销部门产品销售预测失误时更为突出，这会使采购部门仓促进货，成本高；或库存增加，费用加大。

（4）制造部门。制造部门的任务是生产产品，他们负责机器的正常运转，在合理的生产期内，以适当的成本生产数量相对稳定的产品。他们成天忙于处理机器故障、原料短缺等问题。营销人员对工厂生产的抱怨是：生产能力不足、质量控制不严、交货不及时、售后服务欠佳等。然而，营销人员在销售中也会出现销售预测失误，建议投产的产品难以生产且型号过多，向顾客承诺的服务项目超出合理范围。营销人员的抱怨和失误是由于他们只考虑满足顾客需求，不了解工厂生产情况，不关心生产成本造成的。这不仅是部门间的沟通不良问题，而且是部门间实际利益冲突的问题。

以生产为导向的企业，倾向于生产简单的产品，希望生产线窄，生产批量大，这样可降低成本，但不能满足期限短集中交货的促销活动的要求；以市场为导向的企业，则以顾客为中心，尽量满足顾客需求。结果是按照营销部门要求，加班加点生产出来的产品，成本高，产品质量也欠稳定。

企业需要生产导向和市场导向并重的发展。在企业里，两部门均处于重要地位，双方共同确定哪些是企业的最大利益。企业的盈利能力很大程度上取决于营销部门与制造部门的良好合作关系。营销人员必须了解制造部门最新的制造能力，如了解弹性工厂、自动化、机器人、准点生产和质量管理小组等新概念的市场营销含义。制造战略取决于公司是否想通过低成本、高质量、多品种或快捷服务来获胜。制造也可成为一种有限的营销工具，例如，可以邀请购买者参观工厂，展示公司的管理能力。

(5) 财务部门。财务部门长于评估各业务部门的盈利能力，碰到营销开支就没精打采。营销副总大笔的预算要求，用于广告、促销活动和人员的开支，却不能保证销售额增加多少。财务副总会怀疑营销人员预算的真实性，认为营销人员没有认真考虑营销支出与销售利润的关系，认为营销人员的降价，是为争取订货，而不是为了盈利。

(6) 会计部门。会计人员反感营销部门不及时提交销售报表，尤其不喜欢销售人员与客户达成有特殊条款的交易，因为这需要特殊的会计手续。营销人员则不喜欢会计人员把固定成本分摊到不同产品上，品牌经理认为，会计部门给它们分摊了较多的管理费用，否则他主管产品的实际利润会高于账面利润。

2. 建立全公司营销导向的战略

在激烈的竞争中，许多公司意识到市场营销不仅是市场营销部门的职能，而且是所有部门的职能；即使最好的营销部门，也无法弥补因其他部门缺乏对消费者的重视而带来的损失，所以，诸如福特、壳牌、索尼等大公司都在努力重组它们自己，成为真正的市场和顾客导向的企业。

(1) 建立全公司营销导向的公司标准。要实现这个目标是很难的，它并不是仅仅停留在口头上，还应体现在工作中，这种变化首先从观念开始。以研究开发部门和制造部门为例。

研究开发人员应花费时间倾听顾客意见，征求顾客反应和建议作为项目方案；积极听取营销部门和其他部门的每一项新建议；以竞争产品为基准，寻求最佳产品；在市场反馈基础上，不断完善和改进产品。

制造部门可以邀请顾客参观工厂；拜访客户，了解用户使用工厂产品的情况；为按时履行订单加班工作；努力寻找高效率和低成本的产品；不断改进产品质量，实现零缺陷；只要能提高盈利能力，满足顾客需求为其“定制”产品。

(2) 建立全公司营销导向公司。如何才能创造一个全公司营销导向公司？公司总经理可采取如下措施：

①让所有部门经理接受以顾客为中心的理念。因为只有关注市场和以顾客为中心，企业才能成功。公司总经理要以身作则地示范顾客至上的观念，并对做得好的员工给予奖励。

②建立完善的营销总部。其主要任务是制定计划，把现代营销思想和方法推广到公司内部。该总部的人员包括总经理、销售、研究开发、采购、制造、财务、人事副总经理及某些其他关键人员。

③争取各界的帮助和指导。营销总部在建立公司营销文化方面，可以请教咨询服务公司的有关专家，或向其他营销导向公司学习。

④建立合理的绩效机制。要改变各部门的工作行为，必须先改变公司的奖励机制。如果生产部门因降低成本而获得奖励，他们就不会为提高产品质量而增加一分成本。

⑤聘请营销专家。考虑从外部聘请营销专家，尤其是在领先的营销公司中工作的专家。

⑥加强内部营销培训。举办营销知识培训班，把营销观念和技能灌输给高层管理人员、各部门经理以及公司员工。

⑦建立现代营销计划制度。培养部门经理们考虑营销问题的最好方法是，建立现代营销计划工作制度，计划工作的程序迫使经理们思考市场营销环境、机会、竞争趋势和营销的其他问题。要求经理们为某些产品制定营销战略，预测销售利润并对此负责。

⑧建立年度营销绩效考评制度。企业各业务单位制定的营销报告有具体的内容和结果。公司对他们提交的年度市场营销活动报告，要组建专门小组进行评审，奖励评出的最佳市场营销人员。同时把获奖人员的事迹在公司内部进行宣传。

⑨将产品导向型企业改组为市场导向型企业。有些企业由许多产品部组成，各产品部在许多市场交叉销售，例如，通用汽车公司 6 个部门各自在汽车市场上推销。要建立一个以特定行业需要为核心的组织，并协调各部门关系，将企业逐渐发展成市场导向型的企业。

⑩从对部门管理变为对过程和结果的管理。公司应清楚了解业务完成的基本过程。指派过程负责人和交叉培训小组，重组和执行这些过程，确保营销人员在小组的工作时间多于在自己部门的时间。

杜邦公司是一个成功地从内向型文化转向外向型文化的公司。在理查德·赫克特总经理领导下，公司曾建立了一个营销总部。重新组建各部门，形成新的产品线。在公司内部推出一系列营销培训研讨班，已培训 300 多名高层管理人员、2000 多名中层管理人员和 14000 员工。杜邦公司还建立了一个集团营销奖励方案，且从杜邦公司在全世界的员工中选出并奖励了 32 位员工。

知识拓展 12－2

营销导向的欧莱雅公司

为了有效地开展活动，在中国的高层管理者组成了欧莱雅中国执行委员会，他们定时开会商讨决策。在每次会上，高层管理者都会强调组织结构变革的重要性，并收集对执行的建议，以使欧莱雅中国公司作为一个整体和谐地运转。

作为一个法国公司，欧莱雅注重组织的灵活性和适应性。鼓励每个员工参与决策，并向他们提供机会表达自己对职业发展的需求。相应地，公司在任命时也充分考虑员工的个人意见。此外，公司鼓励员工提出不同意见。公司认为，由分歧引起的交锋能保持创新的能力，并将激发新的创意。再者，各个层面的管理者通过多种渠道与下属频繁沟通。

过去10年里，欧莱雅用于研究和发展的费用达32亿美元，高于它所有的竞争对手。这些研究花费使欧莱雅每三年更新近50%的生产线，平均每年申请300项专利。欧莱雅将在上海设立研发中心以加强产品的竞争力，并使之更加适合中国的顾客。

任务2　市场营销实施

市场营销实施是把营销策略和计划落实为具体的营销行动，实现营销计划的既定目标。营销实施包括动员公司全部的人力和资源，实施每日或每月的例行营销活动，通过这些活动来有效地实现营销计划。

一、市场营销的实施过程

市场营销的实施过程具体包括相互联系的五项内容：

1. 制定行动方案

制定的行动方案应该明确营销战略实施的关键性决策和任务，并将执行这些决策和任务的责任落实到个人或小组。另外，还应包括具体的时间表，制定行动的确切时间。

2. 调整组织结构

企业的正式组织在营销战略的实施过程中发挥决定性的作用，组织将战略实施的任务分配给具体的部门和人员，规定明确的职权界限和信息沟通渠道，协调企业内部的各项决策和行动。组织结构必须与企业战略相一致，必须同企业本身的特点和环境相适应。组织结构具有两大职能：

（1）提供明确的分工，将全部的工作分解成便于管理的几大部分，再将他们分配给各有关部门和人员。

（2）发挥协调的作用，通过正式的组织联系和信息沟通网络，协调各部门和人员的行动。

3. 健全绩效考评制度

绩效考评制度直接关系到战略实施的成败。企业对管理者的评估和薪酬制度，如果以短期经营利润为标准，则各部门管理人员和公司员工的行为必定趋于短期化，他们就不会为公司的长期目标而努力。

4. 开发人力资源

它涉及人员的考核、选拔、培训和激励等问题。在考核、选拔管理人员时，要注意将适当的工作分配给适当的人，做到人尽其才；为了激励员工的积极性，必须建立完善的工资、福利和奖惩制度。

5. 建设企业文化

企业文化是指一个企业内部全体人员共同持有和遵守的价值标准、基本信念和行为准则。企业文化对企业经营思想和领导风格，对职工的工作态度和作风，均起决定性作用。企业文化包括企业环境、价值观念、模范人员、仪式和文化网络五方面的内容。

企业的管理风格与企业文化是相连的。有些管理者的管理风格属于“专权型”，他们发号施令，独揽大权，严格控制，坚持采用正式的信息沟通，不容忍非正式的组织和活动。另一种管理风格是“参与型”的，他们主张授权给下属，协调各部门的工作，鼓励下属的主动精神和非正式的交流和沟通。

企业文化和企业管理风格一旦形成，就具有相对稳定性和连续性，不易改变。因此，企业战略通常是适应企业文化和管理风格的要求来制定的，而不宜轻易改变企业原有的文化和风格。

上述几个方面必须协调一致，相互配合，企业营销目标才可能实现。

二、影响市场营销计划有效实施的因素

1. 计划脱离实际

企业的营销战略和营销计划通常是由上层的专业计划人员制定的，而实施则要依靠营销管理人员，由于这两类人员之间往往缺少必要的沟通和协调，导致了下列问题的出现：

（1）企业的专业人员只考虑总体战略而忽视了实施中的细节，结果使计划过于笼统和流于形式。

（2）专业计划人员往往不了解计划实施过程中的具体问题，所定计划脱离实际。

（3）专业计划人员和营销管理人员之间没有充分的交流与沟通，致使营销管理人员在实施过程中经常遇到困难，因为他们并不完全理解需要他们去实施的战略。

（4）脱离实际的战略导致计划人员和营销管理人员相互对立和不信任。

公司的计划人员无法为营销经理拟订战略，因为营销人员更了解实际，应由计划人员协助营销经理制定计划。现在很多公司都把制定计划的任务交给低层管理人员。

2. 长期目标和短期目标的取舍不当

营销战略通常着眼于企业的长期目标，涉及今后三至五年的经营活动。但具体实施这些战略的营销人员通常是根据他们的短期工作绩效，如销售量、市场占有率或利润率等指标来评估和奖励。因此，营销人员会选择短期行为。所以，公司必须采取适当措施，克服这种长期目标和短期目标之间的矛盾，保证两者之间的协调。

3. 抗拒变革

企业当前的经营活动往往是为了实现既定的战略目标，新的战略目标如果不符合企业的传统和习惯就会遭到抵制。新旧战略的差异越大，实施新战略可能遇到的阻力也就越大。要想实施与旧战略截然不同的新战略，常常需要打破企业传统的组织机构和供销关系。

4. 缺乏具体明确的实施方案

许多企业面临的困境，只是因为缺乏一个能够使企业内部各有关部门协调一致作战的具体实施方案。管理当局应当制定详尽的实施方案，规定和协调各部门的活动，编制详细

周密的项目时间表，明确各部门经理应负担的责任。

任务3　市场营销控制

市场营销控制是市场营销管理的重要步骤，在营销计划的实施过程中，常常会出现许多意外情况，所以必须严格控制各项营销活动，以确保企业目标的实现。

一、市场营销控制的定义与步骤

1. 市场营销控制

市场营销控制是指衡量和评估营销策略与计划的成果，以及采取纠正措施以确定营销目标的完成，即市场营销经理经常检查市场营销计划的执行情况，看看计划与实绩是否一致，如果不一致或没有完成计划，就要找出原因所在，并采取适当措施和正确行动，以保证市场营销计划的完成。市场营销控制有四种主要类型，即年度计划控制、盈利能力控制、效率控制和战略控制。

2. 市场营销控制的步骤

市场营销控制是营销管理的主要职能之一，是营销管理过程中不可缺少的一个环节，它具有动态性和系统性，包含五个具体步骤。

（1）确定应评价的营销业务范围。企业通常要评价市场营销业务的各个方面，包括人员、计划、职能等，甚至市场营销全部工作的执行效果。在界定的范围内，再根据具体需要有所侧重。

（2）确定衡量标准。评价工作要有一个总的尺度，借以衡量营销目标和计划的实施情况。衡量的标准是企业的主要战略目标，以及为此而规定的战术目标，如利润、销售量、市场占有率、顾客满意度等指标。当然这些指标不是一成不变的，同一企业不同时期标准可能会不一样；不同的企业有不同的标准。

（3）明确控制方法。基本的检查方法是建立并积累与营销活动相关的原始资料，如各种资料报告、报表和原始账单等，它们能及时、准确、全面、系统地记载并反映企业营销的绩效。另一种方法是直接观察法。选择哪一种方法，根据实际情况而定。

（4）按标准检查工作进度。对工作完成好的部门要给以总结，在以后的工作中推广；任务完成较差的要及时找出问题，下一步再针对问题提出解决方案。

（5）及时纠正偏差并提出改进建议。对工作绩效进行差异分析、对比分析，针对问题提出解决方案，及时纠正任务执行中的偏差。

二、市场营销控制的内容与方法

市场营销控制主要包括年度计划控制、盈利能力控制、效率控制和战略控制，它们之间的区别比较如表 12 -2。

表 12-2　　营销控制内容

控制类型	主要负责人	控制目的	方　　法
年度计划控制	高层管理人员 中层管理人员	检查计划目标是否实现	销售分析，市场份额分析，费用与销售分析，财务分析等
盈利能力控制	营销主管人员	检查公司盈亏情况	盈利情况：产品、地区、顾客群、细分市场、销售渠道、订单大小
效率控制	营销主管人员	评价和提高经费开支效率及营销开支效果	效率：销售队伍、广告、促销、分销
战略控制	高层管理人员 营销审计人员	检查公司是否正在市场、产品和渠道等方面寻找最佳机会	营销效率等级评价，营销审计，营销杰出表现，公司道德与社会责任评价

1. 年度计划控制

年度计划控制指营销人员随时检查营业绩效与年度计划的差异，同时在必要时采取修正行动。年度控制是为了确保计划中所确定的销售、利润和其他目标的实现。年度计划控制的核心是目标管理。

（1）年度计划控制的步骤。

①管理者要确定年度计划中的月份目标或季度目标；

②管理者要监督营销计划的实施情况；

③如果营销计划在实施中有较大的偏差，则要去找出发生的原因；

④采取必要的补救或调整措施，以缩小计划与实际之间的差距。发现问题，则应在计划实施过程中查找原因，并加以纠正。

（2）年度计划控制的内容。

①销售分析。销售分析主要用于衡量和评估所制定的计划销售目标与实际销售之间的关系。这种关系的衡量和评估有两种主要方法。

首先，销售差异分析。销售差异分析用于衡量各个不同的因素对销售效率的相应作用。例如，假设年度计划要求第一季度销售 4000 件产品，每件 1 元，即销售额 4000 元。在该季度末，只销售了 3000 件，每件 0.80 元，即实际销售额 2400 元。那么，这个销售绩效差异为 -1600 元，或预期销售额的 40%。问题是，绩效的降低有多少是由于价格下降所造成的？有多少是由于销售数量的下降所造成的？如下计算可回答这一问题：

价格下降所造成的差距 = （1 - 0.80） × 3000 = 600

价格下降所造成的影响 = 600 ÷ 1600 = 37.5%

数量下降所造成的差距 = 1 × （4000 - 3000） = 1000

数量下降所造成的影响 = 1000 ÷ 1600 = 62.5%

可见，没有完成预期的销售数量是造成销售差距的原因。因此，企业应该仔细检查为什么不能达到预期的销售量。

其次，地区销售分析。地区销售分析是从产品、销售地区等方面考察未能达到预期销售额的原因。假设企业在三个地区销售，其预期销售额分别为 1500 元、500 元和 2000

元，总额4000元。实际销售额分别是1400元、525元、1075元。与预期销售额相比，三个地区分别有-6.67%、+5%和-46.25%的差距。主要问题显然在第三个地区，该地区销售量大幅度减少，应进一步调查减少的原因。

②市场份额分析。企业的销售绩效并未反映出相对于其竞争者，企业的经营状况如何。如果企业销售额增加了，可能是由于企业所处的整个经济环境的发展，或可能是因为其市场营销工作较之其竞争者有相对改善。市场份额分析正是剔除了一般的环境影响来考察企业本身的经营工作状况。如果企业的市场份额增加了，表明它较其竞争者发展得更好；如果下降，则说明相对于竞争者其绩效较差。衡量市场份额的第一个步骤是清楚地定义使用何种度量方法。一般说，有四种不同的度量方法。

首先是全部市场份额，它以企业的销售额占全行业销售额的百分比来表示。使用这种测量方法必须作两项决策：第一是要以单位销售量或以销售额来表示市场份额。第二是正确认定行业范围，即明确本行业所应包括的产品、市场等。

其次是服务市场份额，它以其销售额占企业所服务市场的百分比来表示。所谓服务市场是指企业产品较适合的市场或企业市场营销努力所及的市场。一个公司的服务市场份额总是大于公司总的市场份额，企业可能有近100%的服务市场份额，却只有相对较小百分比的全部市场份额。

另外是相对市场份额（相对于三个最大竞争者），是以企业销售额对最大的三个竞争者的销售额总和的百分比来表示。如某企业有30%的市场份额，而最大的三个竞争者的市场份额分别为20%、10%、10%，则该企业的相对市场份额是30/40=75%。一般情况下，相对市场份额高于33%即被认为是实力较强势的公司。

也可用相对市场份额（相对于最大竞争者），是把企业销售额与市场最大竞争者的销售额相比。相对市场份额超过100%，表明该企业是市场领先者；相对市场份额等于100%，表明企业与市场最大竞争者同为市场领先者；相对市场份额的增加表明企业正接近市场最大竞争者。

③市场营销费用率分析。年度计划控制还要检查与销售有关的市场营销费用，以确定企业在达到销售目标时的费用支出。市场营销费用对销售额之比是一个主要的检查比率，其中包括销售队伍对销售额之比；广告对销售额之比；促销销售额之比；营销调研销售额之比；销售管理销售额之比。营销管理人员的工作，就是密切注意这些比率，以发现是否有任何比率失去控制。当一项费用对销售额比率失去控制时，必须认真查找问题的原因。

2. 盈利能力控制

除了年度计划控制之外，企业还需要进行利润控制。通过盈利能力控制所获取的信息，有助于管理人员决定各种产品或市场营销活动是扩展、减少还是取消。进行获利能力分析的步骤如下：

（1）损益表中的有关营销费用转化为各营销职能费用，如广告、市场调研、包装、运输、仓储等。

（2）将已划分的各营销职能费用按分析目标，如产品、地区、客户、销售人员等分别计算。

（3）拟订各分析目标的损益表。

盈利能力分析的目的是为了找出影响获利的原因，以便采取相应措施，排除或削弱不利因素。

3. 效率控制

如果盈利能力分析显示出企业某一产品或地区所得的利润很差，那么企业就应该考虑该产品或地区在销售人员、广告、分销等环节的管理效率问题。

（1）销售人员效率。企业各地区的销售经理要记录本地区内销售人员效率的几项主要指标，这些指标包括：①每个销售人员每天平均的销售访问次数；②每次会晤的平均访问时间；③每次销售访问的平均收益；④每次销售访问的平均成本；⑤每次访问的招待成本；⑥每百次销售访问而订购的百分比；⑦每期间的新顾客数；⑧每期间丧失的顾客数；⑨销售成本对总销售额的百分比。

（2）广告效率。企业应该做好如下统计：①每一媒体类型、每一媒体工具接触每千名购买者所花费的广告成本；②顾客对每一媒体工具注意、联想和阅读的百分比；③顾客对广告内容和效果的意见；④广告前后对产品态度的衡量；⑤受广告刺激而引起的询问次数。

企业高层管理者可以采取若干步骤来改进广告效率，包括进行更加有效的产品定位、确定广告目标、利用电脑来指导广告媒体的选择、寻找较佳的媒体，以及进行广告后效果测定等。

（3）促销效率。为了改善销售促进的效率，企业管理者应该对每一促销的成本和销售影响做记录，做好如下统计：①由于优惠而销售的百分比；②每一销售额的陈列成本；③赠券收回的百分比；④因示范而引起询问的次数。同时企业应观察不同促销手段的效果，并使用最有效果的促销手段。

（4）分销效率。分销效率主要是对企业存货水平、仓库位置及运输方式进行分析和改进，以达到最佳配置并寻找最佳运输方式和途径。

效率控制的目的在于提高人员推销、广告、促销和分销等市场营销活动的效率，市场营销经理必须关注若干关键比率，这些比率表明上述市场营销职能执行的有效性，显示出应该如何采取措施改进执行情况。

4. 战略控制

市场营销环境变化很快，往往会使企业制定的目标、策略、方案失去作用。因此，在企业市场营销战略实施过程中必然会出现战略控制问题。战略控制是指市场营销经理采取一系列行动，使实际市场营销工作与原规划尽可能一致，在控制中通过不断评审和信息反馈，对战略不断修正。市场营销战略的控制既重要又难以准确。因为企业战略的成功是总体的和全局性的，战略控制注意的是控制未来，是还没有发生的事件。战略控制必须根据最新的情况重新评估计划和进展，因而难度也就比较大。企业在进行战略控制时，可以运用市场营销审计这一重要工具。各个企业都有财务会计审核，在一定期间客观地对审核的财务资料或事项进行考察、询问、检查、分析，最后根据所获得的数据按照专业标准进行判断，做出结论，并提出报告。这种财务会计的控制制度有一套标准的理论、做法。但是市场营销审计尚未建立一套规范的控制系统，有些企业往往只是在遇到危急情况时才进行，其目的是为了解决一些临时性的问题。目前，在国外越来越多的企业运用市场营销审计进行战略控制。

三、营销审计

所谓市场营销审计，是对一个企业市场营销环境、目标、战略、组织、方法、程序和业务等做综合的、系统的、独立的和定期性的核查，以便确定问题的范围和各项机会，提出行动计划，提高公司营销业绩。

1. 营销审计的特点

（1）全面性。市场营销审计实际上是在一定时期对企业全部市场营销业务进行总的效果评价，其主要特点是，不限于评价某一些问题，而是对全部活动进行评价。如果它仅仅涉及销售队伍，或者定价，或其他营销活动，那么它便是一种功能性的审计。功能性的审计虽然有用，但它会使管理者迷失方向，以致看不到问题的真实原因。

（2）系统性。市场营销审计包括一系列有秩序的步骤，如营销环境审计、营销战略审计、营销组织审计和其他具体营销活动审计。在审计结果基础上制订调整行动计划，包括长期和短期计划，以提高组织的整体营销效益。

（3）独立性。营销审计可以通过6种途径：自我审计、交叉审计、上级审计、公司审计处审计、公司任务小组审计和局外人审计。一般而言最好的审计来自外界经验丰富的顾问，这些人通常具有必要的客观性和独立性，又有丰富的经验，对本行业颇为熟悉。

（4）定期性。典型的营销审计都是在销售量下降，或其他公司问题发生之后，才开始进行。然而，公司之所以陷入困境，部分原因正是没有在顺利时检查营销活动。所以，营销审计应定期进行，它既有利于业务发展正常的公司，也有利于那些处境不佳的公司。

2. 营销审计的基本步骤和主要内容

（1）营销审计的基本步骤。

①营销审计的第一步是由公司高级管理人员和营销审计人员共同拟定有关审计的协议，其中包括审计目标、范围、资料来源、报告形式以及时间安排等内容；

②审计人员根据协议内容，精心准备一份详细的计划，内容涉及要会见哪些人、询问什么问题、接洽的时间和地点，目的在于使审计所花时间和成本最小化；

③审计计划通过后，严格按计划开始调查和收集各种资料；

④根据调查结果拟订审计总结，对企业存在问题提出合理建议。

（2）营销审计的主要内容。

①营销环境审计。市场营销必须审时度势，必须对市场营销环境进行分析，并在分析人口、经济、生态、技术、政治、文化等环境因素的基础上，制定企业的市场营销战略。这种分析是否正确，需要经过市场营销审计的检验。由于市场营销环境的不断变化，原来制定的市场营销战略也必须相应的改变，也需要经过市场营销审计来进行修订。目前，我国许多企业重复投资、重复建设、盲目上马，不能适应市场需要，不利于形成适度的市场规模，因而难以取得理想的经济效益，原因就在于缺乏充分的市场营销环境的调查与分析。即使有些企业在这方面做了一些工作，但是，绝大多数企业还远没有进行市场营销环境审计。审计内容包括市场规模，市场增长率，顾客与潜在顾客对企业的评价，竞争者的目标、战略、优势、劣势、规模、市场占有率，供应商的推销方式，经销商的贸易渠道等。

②营销战略审计。企业是否能按照市场导向确定自己的任务、目标并设计企业形象，是否能选择与企业任务、目标相一致的竞争地位，是否能制定与产品生命周期、竞争者战略相适应的市场营销战略，是否能进行科学的市场细分并选择最佳的目标市场，是否能合理地配置市场营销资源并确定合适的市场营销组合，企业在市场定位、企业形象、公共关系等方面的战略是否卓有成效，所有这些都需要经过市场营销战略审计的检验。

③营销组织审计。市场营销组织审计，主要是评价企业的市场营销组织在执行市场营销战略方面的组织保证程度和对市场营销环境的应变能力，包括：企业是否有坚强有力的市场营销主管人员及其明确的职责与权利，是否能按产品、用户、地区等有效地组织各项市场营销活动，是否有一支训练有素的销售队伍，对销售人员是否有健全的激励、监督机制和评价体系，市场营销部门与采购部门、生产部门、研究开发部门、财务部门以及其他部门的沟通情况以及是否有密切的合作关系等。

④营销系统审计。企业市场营销系统包括市场营销信息系统、市场营销计划系统、市场营销控制系统和新产品开发系统。对市场营销信息系统的审计，主要是审计企业是否有足够的有关市场发展变化的信息来源，是否有畅通的信息渠道，是否进行了充分的市场营销研究，是否恰当地运用市场营销信息进行科学的市场预测等。对市场营销计划系统的审计，主要是审计企业是否有周密的市场营销计划，计划的可行性、有效性以及执行情况如何，是否进行了销售潜量和市场潜量的科学预测，是否有长期的市场占有率增长计划，是否有适当的销售定额及其完成情况如何等。对市场营销控制系统的审计，主要是审计企业对年度计划目标、盈利能力、市场营销成本等是否有准确的考核和有效的控制。对新产品开发系统的审计，主要是审计企业开发新产品的系统是否健全，是否组织了新产品创意的收集与筛选，新产品开发的成功率如何，新产品开发的程序是否健全，包括开发前的充分的调查研究、开发过程中的测试以及投放市场的准备及效果等。

⑤营销职能审计。市场营销职能审计，是对企业的市场营销组合因素（即产品、价格、地点、促销）效率的审计。主要是审计企业的产品质量、特色、式样、品牌的顾客欢迎程度，企业定价目标和战略的有效性，市场覆盖率，企业分销商、经销商、代理商、供应商等渠道成员的效率，广告预算、媒体选择及广告效果，销售队伍的规模、素质以及能动性等。

本项目知识脉络

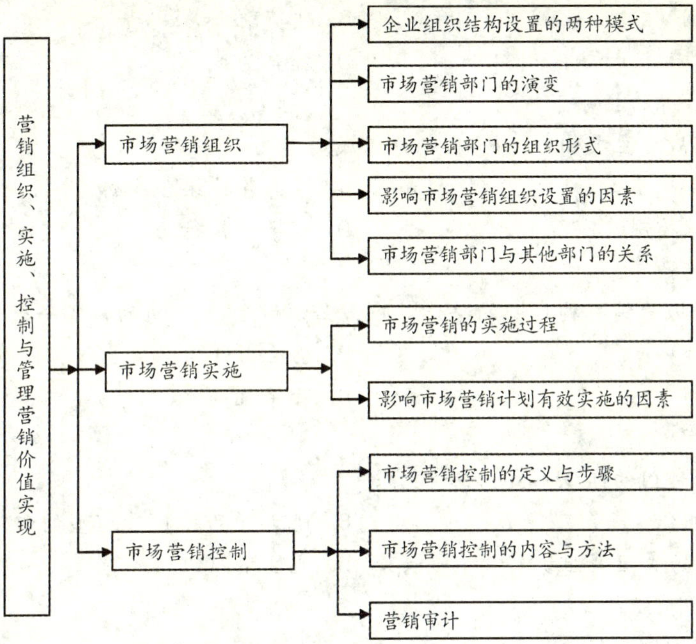

思考与练习

1. 理论题

(1) 单选题

①市场营销管理必须依托于一定的(　　)进行。

A. 财务部门　　B. 人事部门

C. 主管部门　　D. 营销组织

②制定实施市场营销计划，评估和控制市场营销活动，是(　　)的重要任务。

A. 市场主管部门　　B. 市场营销组织

C. 广告部门　　D. 销售部门

③(　　)是最常见的市场营销组织形式。

A. 职能型组织　　B. 产品型组织

C. 地区型组织　　D. 管理型组织

④满足市场的需要，创造满意的顾客，是企业最为基本的(　　)。

A. 组织形式　　B. 宗旨和责任

C. 主要职能　　D. 营销观念

⑤设置(　　)，能够对企业与外部环境，尤其是与市场、顾客之间关系的协调，发挥积极作用。

A. 市场营销机构　　B. 市场营销职能

C. 市场营销企业　　　　D. 市场营销控制

(2) 多选题

①推销和市场营销两个职能及其机构之间，需要(　　)。

A. 互相协调　　　　B. 默契配合

C. 互不干涉　　　　D. 各自为战

E. 前者在后者的指导下行动

②市场营销战略主要由(　　)几部分组成。

A. 目标市场战略　　　　B. 市场营销组合战略

C. 市场营销控制　　　　D. 市场营销行为

E. 市场营销预算

③要发挥市场营销机构自身的整体效应，必须做到(　　)的协调一致。

A. 机构内部　　　　B. 企业内部

C. 企业外部　　　　D. 营销机构

E. 企业目标

④市场营销部门的组织形式为(　　)。

A. 职能型组织　　　　B. 产品（品牌）管理型组织

C. 产品/市场管理型组织　　　　D. 地区型组织

E. 市场管理型组织

⑤市场营销控制包括(　　)。

A. 年度计划控制　　　　B. 盈利控制

C. 质量控制　　　　D. 效率控制

E. 战略控制

(3) 判断题

①市场营销组织设置不应该都按一种模式设置市场营销机构。(　　)

②生产多种产品或拥有多个品牌的企业，通常设置市场管理型组织。(　　)

③设置的市场营销机构，要能够与企业内部的其他机构相互协调。(　　)

④通常情况下如果管理层次过少，容易造成信息失真与传递速度过慢。(　　)

⑤通常情况下管理跨度过大，超出领导者能够管辖的限度，又会造成整个机构内部的不协调、不平衡。(　　)

(4) 简答题

①了解企业内部营销组织结构及特征。

②熟悉营销控制的基本方法。

2. 实务训练题

【案例分析】

案例资料：

美国P&G（Procter & Gamble）公司是目前世界上名列前茅的日用消费品制造商和经销商。P&G公司于1988年8月创建了在中国的第一家合资企业——广州宝洁有限公(P&G)，专门生产洗涤护肤用品；1990年合资各方为满足日益增长的市场需要又创办了广州宝洁纸品有限公司；1992年再次合资创建广州宝洁洗涤用品有限公司，然后陆续在北京、天津、上海、成都建立了分公司，并先后在华东、华南、西北、华北等地建立分销机构，不断向市场推出多种品牌的产品，销售覆盖面遍及全国。

思考题：

（1）实行多品牌战略的P&G公司，其营销组织是一种什么样的结构，这种结构对其市场营销目标的实现有什么现实意义？

（2）这种营销组织结构形式是如何完成营销过程的控制的，对企业营销控制体系的建立有何启示？

参考文献

1. 吴健安:《市场营销学》,高等教育出版社 2007 年版。
2. [美] 菲利普·科特勒:《营销管理》(第十版),中国人民大学出版社 2001 年版。
3. [美] 本·恩尼斯等:《营销学经典》,东北财经大学出版社 2000 年版。
4. [英] 迈克·海德:《市场营销实务》;经济管理出版社 2005 年版。
5. [美] 乔尔·埃文斯、巴里·伯曼:《市场营销教程》,华夏出版社 2001 年版。
6. [美] 菲利普. R. 卡特奥拉:《国际市场营销》,机械工业出版社 2000 年版。
7. 郝渊晓、张鸿、王兴邦:《市场营销管理》,陕西人民出版社 2004 年版。
8. 王学军、李学工:《市场营销策划》,甘肃人民出版社 2002 年版。
9. [美] 约翰·A. 昆奇:《市场营销管理》,北京大学出版社 2000 年版。
10. 卜妙金:《分销渠道管理》,高等教育出版社 2001 年版。
11. 李强等:《超级市场营销学》,东北财经大学出版社 2001 年版。
12. 甘碧群:《国际市场营销学》,高等教育出版社 2001 年版。
13. [美] 迈克尔·波特:《竞争战略》,华夏出版社 1997 年版。

后记

根据高等职业教育对经济管理类专业人才培养目标的要求，本教材把培养学生的实践能力和创造能力放在首要位置，以价值营销为线索，邀请企业营销专家参加编写。教材将市场营销专业的职业活动，分解成若干典型的工作项目，按完成工作项目的需要和操作流程，结合职业技能证书考证知识内容形成工作任务，并以此为基础组织教材内容。教材通过项目引领任务驱动型教学活动，使学生掌握市场营销的理论知识，熟悉营销活动的流程及岗位要求，能够承担销售及销售管理等环节的工作任务，并对各种营销活动的计划、组织、实施等程序能够进行分析和体验。教材坚持了理论知识“必须、够用”的原则，将市场营销最新动态和前沿知识及时地纳入教材，更为强调理论在实践过程中的应用，强化实践实操内容，使教材更贴近本专业的发展和实际需要。同时教材通过实训，强调培养忠于职守、善于沟通、诚实守信、勇于开拓、吃苦耐劳的职业品质，为发展职业能力奠定良好的基础。

本书由贵州商业高等专科学校国家级精品专业建设项目“市场营销专业”负责人侯贵生副教授主持编写，贵州商业高等专科学校彭澜、贵州习酒有限责任公司副总经理胡波等参加编写。本书在编写过程中参阅和吸收了近年来有关市场营销的研究成果，在此对这些研究成果的作者表示感谢。

限于作者的水平与编写时间的紧迫，书中难免存在缺点与不足，欢迎批评指正。

编　者

2014 年 12 月